Das Tierschutzgesetz vom 24. Juli 1972

Rechtshistorische Reihe

Band 294

Peter Lang
Frankfurt am Main · Berlin · Bern · Bruxelles · New York · Oxford · Wien

Julius Ludwig Pfeiffer

Das Tierschutzgesetz vom 24. Juli 1972

Die Geschichte des deutschen Tierschutzrechts von 1950 bis 1972

Peter Lang
Europäischer Verlag der Wissenschaften

Bibliografische Information Der Deutschen Bibliothek
Die Deutsche Bibliothek verzeichnet diese Publikation in der Deutschen Nationalbibliografie; detaillierte bibliografische Daten sind im Internet über <http://dnb.ddb.de> abrufbar.

Zugl.: Kiel, Univ., Diss., 2004

Diese Arbeit wurde von
Herrn Professor Dr. Werner Schubert
zur Aufnahme in diese Reihe empfohlen.

D 8
ISSN 0344-290X
ISBN 3-631-52708-X

www.peterlang.de

Das Tierschutzgesetz vom 24. Juli 1972

Die Geschichte des deutschen Tierschutzrechts von 1950 bis 1972

Inaugural-Dissertation
zur Erlangung des Grades eines
Doktors der Rechte
der Rechtswissenschaftlichen Fakultät
der Christian-Albrechts-Universität
zu Kiel

vorgelegt von
Julius Ludwig Pfeiffer
aus Kiel

Erstgutachter: Prof. Dr. Werner Schubert
Zweitgutachter: Prof. Dr. Hans Hattenhauer
Tag der mündlichen Prüfung: 28. April 2004

Werner und Maria-Gabriele Pfeiffer
Herbert und Charlotte Räbiger
Julius Johannsen
Dr. Ludwig Ahlmann

zum Gedenken

Honorem semper servare

Vorwort

Das Tierschutzgesetz vom 24. Juli 1972 war die erste Neufassung des Tierschutzgesetzes seit dem Reichstierschutzgesetz aus dem Jahre 1933. Die vorliegende Arbeit verfolgt den mühsamen Weg des Tierschutzrechts in Deutschland von 1950 bis 1972, der bis dato nicht ausreichend historisch dargestellt wurde.

Mein besonderer Dank gilt Herrn Prof. Dr. Werner Schubert für die Überlassung des Themas, die freundliche Betreuung, die stets sachliche und hilfreiche Kritik und die Hilfe bei der Überwindung bürokratischer Hürden.

Ebenfalls danke ich Herrn Prof. Dr. Hans Hattenhauer für die Erstellung des Zweitgutachtens.

Für ihre tatkräftige und sachkundige Hilfe danke ich -stellvertretend für Viele- insbesondere: Herrn Maibaum von der Universitätsbibliothek in Kiel, den Mitarbeitern im Bundesarchiv in Koblenz (Herrn Dr. Bauer) und in der Außenstelle St. Augustin-Hangelar, Frau Nelles und Frau Johann vom Parlamentsarchiv des Deutschen Bundestages, den Bayerischen Behörden und Herrn Dr. Styrie vom Bund gegen den Mißbrauch der Tiere in Berlin.

Vor allem aber danke ich meinen Eltern und der ganzen Familie für ihre Unterstützung in jeglicher Hinsicht und meiner Frau Meike für ihr Vertrauen und ihre Geduld.

Kiel, im Mai 2004 Julius Ludwig Pfeiffer

Inhaltsverzeichnis

Abkürzungsverzeichnis

ADT	Arbeitsgemeinschaft Deutscher Tierschutzverbände e. V.
BA	Bundesarchiv
BayHStA	Bayerisches Hauptstaatsarchiv
BGBl.	Bundesgesetzblatt
BMI	Bundesministerium des Innern
BMJ	Bundesministerium der Justiz
BML	Bundesministerium für Ernährung, Landwirtschaft und Forsten
BMT	Bund gegen den Mißbrauch der Tiere e.V.
BPI	Bundesverband der Pharmazeutischen Industrie
BR-Ds.	Bundesratsdrucksache
BRDS	Drucksachen des Bundesrates (Jahrgang/Band)
BT-Ds.	Bundestagsdrucksache
BTDS	Drucksachen des Bundestages (Band)
DFG	Deutsche Forschungsgemeinschaft
DTSB	Deutscher Tierschutzbund e.V.
DudT	Du und das Tier (Zeitschrift)
DVetG	Deutsche Veterinärmedizinische Gesellschaft
DZoolG	Deutsche Zoologische Gesellschaft
E 1958	Entwurf eines Strafgesetzbuches, z.B. 1958
GG	Grundgesetz für die Bundesrepublik Deutschland
GuV	Gesetz- und Verordnungsblatt
HAKTS	Hochschularbeitskreis für den Tierschutz
MDR	Monatsschrift des Deutschen Rechts
NJW	Neue Juristische Wochenschrift
PA	Parlamentsarchiv
RdT	Das Recht der Tiere (Zeitschrift)
RGBl.	Reichsgesetzblatt
RSPCA	Royal Society for the Prevention of Cruelty to Animals
RTSG	Reichstierschutzgesetz
StÄG	Strafrechtsänderungsgesetz
STGB	Strafgesetzbuch
StrRG	Gesetz zur Reform des Strafrechts

Einleitung

In den letzten Jahren wurde die deutsche Bevölkerung, nicht zuletzt durch die zunehmende Verbreitung in den Medien, immer wieder mit neuen Schreckensmeldungen konfrontiert, die sich auf die Tiere, die Tierhaltung und Tierforschung und den Umgang des Menschen mit den Tieren bezogen: Durch moderne, gentechnische Verfahren wurde es beispielsweise erstmals möglich, durch das sogenannte Klonen ein Tier praktisch aus sich selbst heraus zu reproduzieren. In Europa brachen die Bovine Spongiforme Enzephalopathie (BSE), die Creutzfeld-Jakob-Krankheit und die als kontrolliert geltende Maul-und Klauen-Seuche aus, mit teilweise tödlichem Ausgang bei Menschen und immensen wirtschaftlichen Schäden. Hinzu kamen weiterhin mehrere Fälle, in denen Menschen durch Kampfhunde verletzt oder gar getötet wurden, was in den einzelnen Bundesländern zum Erlaß von Kampfhundeverordnungen führte. Und auch das Urteil des Bundesverfassungsgerichts vom Januar 2002, das muslimischen Schlachtern das Schächten „erlaubte“[1], schlug hohe Wellen. Vor diesem Hintergrund wurde stets die Frage aufgeworfen, inwieweit der gesetzliche Tierschutz in Deutschland ausreichend, bzw. unzulänglich sei. Doch diese Frage stellte sich bereits lange vor diesen -zum Teil neuartigen- „Auswüchsen“. Nicht nur die Problematik des Schächtens, sondern auch Tierversuche und Tiertransporte, Schlachtmethoden und sogenannte Legebatterien sind seit Jahrzehnten immer wieder Gegenstand öffentlicher und politischer Diskussionen.

Die vorliegende Arbeit gibt einen Überblick über die historische Entwicklung der Tierschutzgesetzgebung in Deutschland im Zeitraum zwischen dem ersten Deutschen Tierschutzgesetz aus dem Jahre 1933 (Reichstierschutzgesetz, RTierSchG)[2] und dem neuen Tierschutzgesetz von 1972.[3/4] Dabei bot sich ein chronologischer Aufbau der Arbeit an, da sich anhand einer zeitlich geordneten

---

1 BVerfG, Urteil 1 BvR 1789/99 vom 15.01.2002 in: BVerfGE 104, S. 337 ff. Das Urteil wurde zumindest in der Öffentlichkeit verbreitet als generelle „Schächterlaubnis“ angesehen. Tatsächlich sprach es lediglich die Möglichkeit aus, daß muslimische Schlachter in bestimmten Fällen Ausnahmegenehmigungen zum Schächten erhalten können.

2 Reichstierschutzgesetz vom 24. November 1933, RGBl. 1933 I S. 203.

3 Tierschutzgesetz vom 24. Juli 1972, BGBl. I S. 1277 ff..

4 Für die später erfolgten Novellierungen sind die Quellen noch nicht allgemein zugänglich.

Darstellung am besten die Entwicklung von den ersten Anregungen für ein neues Tierschutzgesetz an, über die verschiedensten Entwürfe, erste kleinere Änderungen und Hindernisse, bis hin zum neuen Gesetz 1972, aufzeigen läßt. Nur so werden beispielsweise Parallelen deutlich, die sich, aufgrund der lange Zeit ungeklärten Frage der Gesetzgebungskompetenz, auf Bundes- bzw. auf Landesebene ergaben.

In einem kürzeren ersten Teil wird zunächst einmal die Vorgeschichte, also die Situation des Tierschutzrechts allgemein und in Deutschland bis zum Reichstierschutzgesetz 1933[5], zusammenfassend dargelegt.

Der Hauptteil der Arbeit beschäftigt sich dann mit der Entwicklung, die das Tierschutzrecht in Deutschland von 1933 bis zur Neufassung des Tierschutzgesetzes 1972 genommen hat. Zum besseren Verständnis und aus Gründen der Übersichtlichkeit ist dieser Hauptteil in zeitliche Unterabschnitte gegliedert, die sich aus dem historischen Zusammenhang erklären.

Nach einer Darstellung der Gesetzgebung und der Behandlung von Tieren in der Zeit des Nationalsozialismus werden aus den Jahren 1952-1960 erste Anregungen für ein neues Tierschutzgesetz aufgezeigt sowie kleinere Änderungen in Nebengesetzen. Aus diesem Zeitraum stammen auch die ersten Gesetzesvorschläge, insbesondere von Tierschutzvereinigungen, aber auch vom Bundesministerium für Ernährung, Landwirtschaft und Forsten. Ebenso wurde erstmals die Frage nach der Gesetzgebungskompetenz gestellt, Forderungen nach einer Änderung des § 90 BGB und des Art. 74 GG wurden laut, und die Vivisektionsproblematik trat erneut in den Vordergrund.

Der folgende Abschnitt befaßt sich mit den Jahren 1960-1963, in denen die Politik sich wieder mehr für den Tierschutz zu engagieren begann. Hier wird unter anderem die vor dem Hintergrund grausamer Tiertransporte erarbeitete Bundestagsdrucksache III/1539[6] beschrieben, die zu einer erstmaligen Teiländerung des Tierschutzgesetzes führte. Ebenso stellt dieser Abschnitt die Kontroverse über die Einführung einer Kohlendioxid-Betäubung bei Tierschlachtungen dar[7] und schildert den Weg des ersten Initiativentwurfs für ein neues Tierschutzgesetz, Bundestagsdrucksache IV/85[8], und dessen Ablehnung durch den Bundesrat.

---

5 Ausführlich dargestellt bei Eberstein, Das Tierschutzrecht in Deutschland bis zum Erlaß des Reichstierschutzgesetzes vom 24.11.1933.

6 Bundestagsdrucksache III/1539 vom 12. Januar 1960 zum Pferdeexportverbot; BTDS Band 65.

7 Entwurf einer 3.Verordnung zur Änderung der Verordnung über das Schlachten von Tieren vom 11. September 1962.

8 Bundestagsdrucksache IV/85 vom 14. Dezember 1961; BTDS Band 76.

Anschließend widmet sich die Arbeit einer Zeit des legislativen Stillstandes, der darauf zurückzuführen war, daß in den Jahren 1964 und 1965 die Große Strafrechtsreform abgewartet wurde.

Im Anschluß daran behandelt die Arbeit den wichtigsten Zeitraum auf dem Weg zu einem neuen Tierschutzgesetz, nämlich die Jahre 1966-1972. Diese sind insbesondere gekennzeichnet durch zahlreiche Entwürfe für ein neues Tierschutzgesetz aus Politik, Wissenschaft und von Tierschutzvereinigungen und durch immer neue Veränderungen und Verbesserungen. Ein besonderer Augenmerk richtet sich dabei auf die Endphase des Gesetzgebungsverfahrens und auf die Arbeit in den Ausschüssen von Bundesrat und Bundestag. Schließlich wird das neue Tierschutzgesetz vom 24. Juli 1972 vorgestellt und erläutert.

Ein dritter Teil befaßt sich dann mit Reaktionen auf die Novellierung und gibt einen kurzen Überblick über die Zeit nach dem 24. Juli 1972 bis heute und wirft abschließend einen Blick nach vorne.

Teil I: RÜCKBLICK – Die Geschichte des Tierschutzes in England und Deutschland bis 1933

A. Die Entwicklung des Tierschutzes in England

Für eine umfassende Darstellung des Tierschutzes in den Jahren 1950 bis 1972 ist es zunächst einmal geboten, die Situation des Tierschutzes in England aufzuzeigen; dies zum einen, weil England als das Ursprungsland des Tierschutzes angesehen werden muß, zum anderen, weil bereits im 19. Jahrhundert in England zum Beispiel die Problematik der Vivisektion auftauchte, die auch in den Jahren 1950 bis 1972 eine wichtige Rolle spielte.

1. Der Ursprung des Tierschutzes in England

Bis in das späte 18. Jahrhundert wurden Tiere in England als fühl- und rechtlose Sachen angesehen, deren einzige Funktion darin bestand, den Zwecken der Menschheit zu dienen. Tiere wurden also von einem rein anthropozentrischen Standpunkt aus gesehen. Dies fand seine besondere Ausformung in teilweise äußerst grausamen Tiersportarten, wie z.B. dem Hahnenkampf oder der Bullenhetze. Doch auch in den Schlachthöfen, bei Hunde- und Pferdefuhrwerken und beim Viehtrieb waren Quälereien und Mißhandlungen übliche Praxis. Aufgrund dessen wurden bereits Anfang des 18. Jahrhunderts Zeitungsartikel und belehrende Schriften gegen Tiermißhandlungen verfaßt, um 1770 soll es erste Verurteilungen wegen solcher Vergehen gegeben haben und 1781 wurde ein Gesetz erlassen, das die Quälereien beim Viehtrieb in Londons Straßen unterbinden sollte.[9] Besonders in einer Minderheit von Künstlern, Theologen und Intellektuellen setzte sich jedoch zunehmend die Auffassung durch, daß Tiere sehr wohl leidensfähig seien. Man machte sich Sorgen darüber, daß jemand, der ein Tier quäle, diese Roheit auch gegenüber Mitmenschen zeigen könne.[10] Während die ungebildete Unterschicht hiervon keinerlei oder kaum Notiz nahm, strebte die gebildete Oberschicht zunehmend zu einer Haltung der Volkserziehung, die, da

9 Eberstein, S. 24 f.

10 Diesen Gedankengang drückte Goethe einmal so aus: „Wer Tiere quält, ist unbeseelt, und Gottes guter Geist ihm fehlt. Mag noch so vornehm drein er schauen, man sollte niemals ihm vertrauen.“ Zitiert nach: H.F. Kaplan, S. 72 m. w. N.

man allein durch Aufklärungsschriften nichts erreichen konnte, nunmehr durch gesetzliche Regelungen herbeigeführt werden sollte.

2. Das erste Tierschutzgesetz (1822)

Da die Oberschicht insbesondere die Stierhetze durch die Straßen als proletarisch und als ein öffentliches Ärgernis ansah, wurde am 18. April 1800 ein erster Gesetzesantrag dagegen vor das Parlament gebracht. Doch dieser und weitere Anträge von 1802 und 1804 scheiterten. Dasselbe Schicksal ereilte –neben anderen- ein Vorschlag eines der Vorreiter des Tierschutzes, Lord Thomas Erskine, von 1809, der erstmals alle Tiere grundsätzlich schützen sollte, da dem Eigentümer eines Tieres nicht nur Rechte, sondern auch Pflichten oblägen.[11] Schließlich reichten Richard Martin und Lord Erskine am 07. Mai 1822 einen Gesetzesantrag ein, der dann als das *erste nationale Gesetz der Welt, das sich allein mit der Grausamkeit gegen Tiere* beschäftigte, von einer demokratisch gewählten Legislative verabschiedet wurde.[12] Inhalt dieses Gesetzes war der Schutz landwirtschaftlicher Nutztiere wie Pferde, Ochsen und Esel; Haustiere hingegen fielen nicht darunter. Gleichzeitig enthielt das Gesetz einen Strafenkatalog, der entweder eine Geld- oder eine Freiheitsstrafe androhte, sowie ausführliche Strafprozeßvorschriften. Mit diesem Gesetz wurde aus der Sünde der Tierquälerei eine Straftat.

3. Die englische Tierschutzbewegung

Nach einigen Vorgängergesellschaften wurde am 16. Juni 1824 die SPCA (Society for the Prevention of Cruelty to Animals) gegründet, deren Ziel es war, die menschliche Neigung zu bekämpfen, bestehende Aggressionen durch Mißhandlungen schwächerer Lebewesen zu entladen. Die SPCA war somit der erste Tierschutzverein überhaupt. Durch die Protektion der Gesellschaft seitens Königin Victorias und durch die Aufwertung zur königlichen Gesellschaft im Jahre 1835 (Royal SPCA; RSPCA) erhielt der Tierschutz eine deutliche Aufwertung und wurde Mitte des 19. Jahrhunderts ein wesentlicher Bestandteil der Humanitätsbewegung. Während sich weite Teile des Bürgertums immer stärker nach dem Vorbild des Adels und der Königin zu richten begannen, konnte sich der Tierschutzgedanke in der Unterschicht jedoch lange Zeit nicht durchsetzen, da sich

---

11 Erskine wurde ob dieses Vorschlages ausgelacht, vgl. Stolting/Zoebe, Das Tier im Recht, S. 15.

12 Sogenannter „Martin's Act" vom 22. Juni 1822.

diese in ihrem alltäglichen Umgang mit Nutztieren nicht bevormunden lassen wollte.

4. Weitere Gesetze 1833-1933

Nachdem 1833 bereits in Großlondon die Ausrichtung von Tierkämpfen verboten worden war, wurde 1835 das Tierschutzgesetz von 1822 auch auf alle *Haustiere* ausgedehnt[13]. Ein weiteres Gesetz vom 01. August 1849 hob die früheren Gesetze auf, wiederholte aber die bestehenden Verbote und ergänzte sie um eine Bestrafung bei quälerischen Haustiertransporten auf Wagen. Durch spätere Gesetze wiederum wurden die Eigentümer von Tieren gegen Schädigungen ihrer Tiere durch Dritte geschützt, auch wurden Gesetze gegen Tierkrankheiten und Gesetze zur Verhinderung der Ausrottung seltener Arten erlassen. Im Jahre 1900 wurde der Tierschutz ebenfalls auf alle *wilden* Tiere ausgedehnt, die sich in der Gefangenschaft des Menschen befanden, so z.B. Vögel, Fische, Tiere in Wanderzirkussen, etc.[14] Bemerkenswert an dieser Neuerung ist vor allem die Tatsache, daß es sich hierbei um das erste Tierschutzgesetz handelt, das aus *rein ethischen Gründen erlassen wurde.* Ab diesem Zeitpunkt waren nicht mehr nur nützliche oder niedliche (Haus-) Tiere geschützt, sondern das Tier an sich. Mit dem „Protection of Animals Act" vom 18. August 1911 schließlich wurden sämtliche vorherige Bestimmungen zusammengefaßt, so daß nun praktisch *alle* Tiere einen weitreichenden, wenn auch nicht vollständigen Gesetzesschutz genossen.

5. Die Vivisektion

Da die Vivisektion auch in den Jahren 1950 bis 1972 häufig Gegenstand heftiger Diskussionen war, soll hier kurz auf den Ursprung des Vivisektionsstreits eingegangen werden. Der Begriff *Vivisektion* (sectio corporis vivi) bedeutet eigentlich die Zergliederung lebender Körper. Tatsächlich unterfallen darunter jedoch alle Versuche an lebenden Tieren (und Menschen). Ausgangspunkt und Zentrum der Vivisektionen im 19. Jahrhundert war Frankreich, wo u.a. Louis Pasteur Tierversuche ohne Betäubung durchführte. Öffentliche Vorführungen solcher Tierversuche riefen schnell eine große Zahl von Kritikern hervor, besonders auch in England. Während die Vivisektionsgegner sich gegen jegliche Tierversuche aussprachen, bei denen Tiere zu leiden hätten, berief sich die Ärzteschaft darauf,

---

13 9. September 1835; wohl auch unter dem Einfluß des Protektorats der Königin Victoria über die RSPCA.

14 Gesetz vom 06. August 1900.

daß Tierversuche auch und gerade zur Erforschung und Weiterentwicklung der Humanmedizin absolut notwendig seien. Daraufhin wurde eine Kommission eingesetzt, die zu dem Ergebnis kam, daß Tierversuche wegen ihres unleugbaren Nutzens für die Menschheit zwar nicht gänzlich abgeschafft werden könnten, jedoch eine Fortführung der Methoden nach französischem Vorbild ebenfalls nicht tragbar sei. Mit dem Vivisektionsgesetz von 1876 wurden daher Tierversuche von einer Lizenz abhängig gemacht, die eine Behörde des Innenministeriums erteilte. Weiterhin durften schmerzhafte Experimente nur bei vollständiger Betäubung vorgenommen werden und auch nur dann, wenn sie zur Erforschung lebensrettenden oder lebenserhaltenden Wissens über den Menschen dienten. Eine öffentliche Vorführung von Tierversuchen wurde verboten. In den folgenden Jahren blieb trotz des Gesetzes ein weit verbreiteter Widerstand bestehen, der allerdings durch immer neue Forschungserfolge stetig schwächer wurde.

6. Zusammenfassung

Man kann wohl mit Recht behaupten, daß die englische Tierschutzgesetzgebung die älteste überhaupt ist. Sie war im 19. und 20.Jahrhundert wegbereitend und ein Vorbild für alle Länder.

Bemerkenswert ist dabei auch der Wandel, den England innerhalb von gut zweihundert Jahren durchlaufen hatte. Während noch um das Jahr 1800 in Wendower der letzte Prozeß gegen ein Tier geführt worden war[15], hatte man 1911 das modernste und weitreichendste Tierschutzgesetz der Welt.

B. Die Entwicklung des Tierschutzes in Deutschland bis zum Reichstierschutzgesetz vom 24. November 1933

Da sich die Deutsche Tierschutzgesetzgebung an dem Vorbild Englands orientierte, ist hier oftmals eine parallele Entwicklung auszumachen, die jedoch zeitlich immer etwas später einsetzte.

---

15 Die Tierprozesse waren um 1200 n. Chr. in Frankreich eingeführt worden. Darin kamen Tiere, die einen Schaden angerichtet oder einen Menschen verletzt bzw. getötet hatten, vor Gericht. Oftmals wurden ihnen sogar noch Verteidiger an die Seite gestellt. So wurden z.B. in Burgund am Ende des 14. Jahrhunderts Säue, die einen kleinen Jungen totgebissen hatten, in Menschenkleider gesteckt und aufgehängt; Ennulat/ Zoebe, S. 16.

Während der Fortschritt des Tierschutzes in England in erster Linie auf einem Klassenunterschied beruhte, wobei sich das Bürgertum ein Beispiel am zunehmend „tierfreundlichen" Adel und am Königshaus nahm, begründete sich der Tierschutz in Deutschland vor allem aus religiösen, philosophischen und rechtstheoretischen Überlegungen heraus.[16]

Doch die Geschichte des Tierschutzes geht bereits bis auf die Anfänge der zivilisierten Menschheit zurück. Bereits in der ältesten bekannten Gesetzessammlung, dem Kodex Hammurapi (auch: Hammurabi) aus der Zeit um 2000 v.Chr., findet sich ein Verbot für Tierhalter, ihre Tiere übermäßig arbeiten zu lassen.[17] Im Alten und Neuen Testament ist das Recht des Menschen festgeschrieben, sich die Tiere untertan zu machen, gleichzeitig aber auch die Pflicht, sich den Tieren gegenüber schonend und freundlich zu verhalten. So sagt zum Beispiel das 1. Buch Mose 1, 26: „Wir Menschen, als Gottes Ebenbilder, sind für die Tiere verantwortlich." Weiter heißt es: „... und sollen sie in Ehrfurcht und mit Barmherzigkeit behandeln."[18] Und in den Sprüchen 12, 10 liest man: „Respekt für Tiere ist der Teil der Gerechtigkeit, die Gott schenkt und von uns erwartet" und: „Der Gerechte erbarmt sich seines Viehs." Schließlich wurde auch das Vieh um seiner selbst willen geschützt: „Am Sabbat sollen auch Ochs und Esel ruhen."[19]

Wegbereiter des Tierschutzes waren auch die bedeutenden Kirchengelehrten Augustinus und Thomas von Aquin sowie der Heilige Franz von Assisi durch die ihn umrankenden Legenden.[20] So werden dem Heiligen Franziskus die Aussprüche zugeschrieben: „Alle Geschöpfe der Erde fühlen wie wir, alle Geschöpfe streben nach Glück wie wir. Alle Geschöpfe der Erde lieben, leiden und sterben wie wir. Also sind sie uns gleichgestellte Werke des allmächtigen Schöpfers, unsere Brüder." und „Gott wünscht, daß wir den Tieren beistehen, wenn sie der Hilfe bedürfen. Ein jedes Wesen in Bedrängnis hat gleiche Rechte auf Schutz."[21] Da eine Wiedergeburt auch im Körper eines Tieres erfolgen könnte, verboten asiatische Religionen das grundlose Töten von Tieren[22]; in Indien sind Kühe bis

16 G. M. Teutsch bezeichnet den Tierschutz als „Erbe der Humanität"; Teutsch in: „Alternativen zu Tierexperimenten" (Hrsg. von Gruber/Spielmann), S. 19.

17 Stolting/Zoebe, S. 13.

18 2. Buch Mose 20, 10; 5. Buch Mose 22, 6; 5. Buch Mose 25, 4.

19 5. Buch Mose 5, 14; Lorz, S. 49, Rn. 33.

20 Ennulat/Zoebe, S. 17; Lorz, S. 49, Rn. 34.

21 Zitiert nach H.F. Kaplan, S. 71 m. w. N.

22 Schon Buddha (ca. 560 v. Chr.-ca. 480 v. Chr.) sagte, daß die Liebe gegen *alle* Wesen die wahre Religion sei; zitiert nach H.F. Kaplan, S. 68 m. w. N.

zum heutigen Tage heilig. In Ägypten wurden Hunde und Katzen als Gottheiten verehrt. Ebenso wurde bereits in den „Ädilischen Edikten" aus dem Jahre 367 v. Chr. von römischen Rechtsgelehrten den Tieren der Rechtsstatus einer Sache zuerkannt. Damit waren die Tiere Kindern und Sklaven gleichgestellt worden und genossen so zumindest einen gewissen Schutz.[23]

Auch in der „Lex Salica", dem „Schwabenspiegel" und dem „Sachsenspiegel" finden sich schon erste Strafandrohungen für Tierdiebstähle oder das Töten fremder Tiere, mithin also Vorschriften, die auf den Eigentumsschutz abzielten. Allerdings waren weder in diesen, noch etwa in der „Peinlichen Halsgerichtsordnung" Karls V. auch Tiermißhandlungen unter Strafe gestellt.

Im 17. Jahrhundert prägte der Aufklärer und Philosoph Rene Descartes den bekannten Satz: „cogito ergo sum". Dadurch degradierte er die Tiere zu rein reflexgesteuerten Maschinen und letztlich zu von Menschen abhängigen, gefühllosen Lebewesen.[24]

Immerhin gingen die für den „Tierschutz" verantwortlichen Verwaltungsbehörden im 18. Jahrhundert bisweilen polizeilich gegen Tierquäler vor und vereinzelt wurden auch Gerichtsprozesse geführt. Der Kirchenrechtler Karl Ferdinand Hommel war dann 1769 der erste deutsche Rechtsgelehrte, der den Tierschutz rechtlich festschreiben wollte.[25] Und auch in der Philosophie entwickelte sich eine Neigung hin zum Schutz der Tiere. Während Kant den Tieren zwar keine Rechte zubilligte, sich jedoch aus Gründen der zwischenmenschlichen Moralität gegen Tierquälerei aussprach[26], sah Schopenhauer das Mitleid als einzigen moralischen Antrieb des Menschen zu einem Schutz der Tiere an[27] und wandte sich damit direkt gegen Descartes.[28] Schließlich vollzog sich auch in der Strafrechtswissenschaft ein langsamer Wandel. War die Lehre am Ende des 18. und Anfang des 19. Jahrhunderts noch davon ausgegangen, daß ein Verbrechen

23 Stolting /Zoebe, S. 13. In Deutschland sollte dies erst mit der Einfügung des § 90 a BGB im Jahre 1990 mit dem Gesetz vom 20. August 1990, BGBl. I S. 1762, geschehen.

24 Wäre die westliche Welt auf diesem Standpunkt geblieben, so hätte es den Tierschutz in heutiger Form niemals geben können; vgl. dazu Stolting/Zoebe, S. 15.

25 Eberstein, S. 70.

26 Immanuel Kant, Anthropologie in pragmatischer Hinsicht, Bd. 7 Teil 2, S. 11. Kant war zwar der Ansicht, daß man Tiere nicht ohne Grund grausam behandeln solle, gleichzeitig ließ er jedoch den „guten Zweck" bei Tierversuchen als Grund gelten; dazu ausführlich: Ursula Wolf, „Das Tier in der Moral", S. 33 ff.

27 Arthur Schopenhauer, Grundlage der Moral, § 8, S. 60 ff.; dazu ebenfalls U. Wolf, a.a.O., S. 48 ff.

28 Ennulat/Zoebe, S. 19. Dies macht sich auch in dem Ausspruch deutlich: „Die Welt ist kein Machwerk und die Thiere *kein Fabrikat zu unserem Gebrauch.*" Zitiert nach: H.F. Kaplan, S. 82 m. w. N.

nur möglich sei, wenn in subjektive Rechte eingegriffen werde, welche eben nur den Menschen zustünden, so „nahm jedoch im Verlaufe des 19. Jahrhunderts die Anzahl derer immer mehr zu, die die Tierquälerei als unsittlich ansahen.“[29].

2. Tierschutzgesetzgebung in den Deutschen Partikularstaaten bis 1870/71

In den Ländern, die Polizeistrafgesetzbücher erlassen hatten, fiel Tierquälerei meist in deren Rechtsbereich und somit allein in die Zuständigkeit der Polizei, nicht aber in die der Gerichte. Hier fand nach und nach eine Entwicklung statt, da immer mehr Partikularstaaten eigene Strafrechtsnormen bezüglich des Tiermißbrauchs in ihre Gesetze aufnahmen. Die wichtigsten seien hier im Überblick dargestellt:

Erstmals wurde in *Sachsen* Tierquälerei unter Strafe gestellt. Nachdem es bereits in den Jahren 1821 und 1824 erste Entwürfe von Stübel gegeben hatte, wurde der Tierschutz dann schließlich doch erst 1836 durch folgenden Artikel eingeführt und 1838 in das Kriminalgesetzbuch übernommen: Dort hieß es: „Boshaftes und mutwilliges Quälen von Tieren ist mit Gefängnisstrafe bis zu vier Wochen oder mit verhältnismäßiger Geldbuße zu bestrafen.“[30] Bis 1855 war zur Ahndung die Polizei zuständig. Mit dem neuen Strafgesetzbuch vom 13. August 1855 wurde jedoch die Kompetenz auf die Gerichte verlagert.[31] Erwähnt sei noch, daß die Vorschriften jeweils unter den Abschnitt „Verletzung der Sittlichkeit“ fielen.[32]

Auch in den *thüringischen Staaten und Anhalt* wurde, z.B. im Fürstentum Schwarzburg-Sondershausen 1840, aus sittlichen Gründen Tierquälerei verboten. Im Gegensatz zu Sachsen wurde in *Württemberg* ab 1839 polizeilich bestraft, wer durch eine Tiermißhandlung ein *öffentliches Ärgernis* erregte. Letzteres war also Tatbestandsvoraussetzung, ein Motiv dagegen war unerheblich.

In *Preußen* wies König Friedrich Wilhelm III. bereits in einer Kabinettsordre im März 1836 auf die wiederholten Fälle von Tiermißhandlungen hin. Infolgedessen wurden zwar verschiedene Entwürfe verfaßt[33], dennoch dauerte es bis 1851, bis mit dem neuen Preußischen StGB auch die Tierquälerei sanktioniert wurde. Gemäß § 340 wurde mit Geldbuße oder Gefängnis bestraft, „wer öffent-

---

29 Eberstein, S. 73.

30 Kriminalgesetzbuch vom 30. März 1838; Sächsisches GVBl. 1838, S. 110 (183).

31 Strafgesetzbuch vom 13. August 1855; Sächsisches GVBl. 1855, S. 177 (276).

32 Daraus geht hervor, daß man sich mehr Sorgen um die Moral der Bürger machte, als um das Wohlergehen der Tiere.

33 U.a. durch den Justizminister von Kamptz vom 28. September 1840; v. Hippel, Vergl. Darstellung Band II, S. 242.

lich Tiere boshaft quält oder roh mißhandelt." [34] In *Bayern* wurden erst im Jahre 1861 im Polizeistrafgesetzbuch Strafen gegen Tierquäler angedroht.

Zusammenfassend läßt sich also feststellen, daß die Partikularstaaten ab Ende der Dreißiger Jahre des 19. Jahrhunderts damit begannen, in ihre Straf- oder Polizeistrafgesetzbücher Tatbestände der Tierquälerei und des Tiermißbrauchs aufzunehmen. Unterschiede bestanden –neben der zeitlichen Einführung- vor allem in der Verfolgungskompetenz, im Strafmaß und darin, ob durch die Tiermißhandlungen ein öffentliches Ärgernis erregt wurde oder nicht. Von Lübeck abgesehen waren im Jahre 1870 in allen deutschen Einzelstaaten allgemeine Strafbestimmungen gegen Tierquälerei vorhanden.[35]

3. Das Reichsstrafgesetzbuch von 1870/71

Diese Verschiedenheiten sollten aber mit der Reichsgründung in den Jahren 1870/71 der Vergangenheit angehören. Petitionen der Tierschutzvereine hatten darauf aufmerksam gemacht, daß die Formulierung des „öffentlichen" Quälens im Preußischen Strafgesetzbuch von 1851 für einen Schutz der Tiere nicht umfassend genug sei, da Mißhandlungen ohne Publikum sanktionslos blieben.[36]

Demzufolge lautete dann auch der § 360 Nr. 13 des Reichsstrafgesetzbuchs:
„Mit Geldstrafe bis zu hundertfünfzig Mark oder mit Haft
wird bestraft......13) Wer öffentlich oder in Ärgernis erregender Weise Tiere boshaft quält oder roh mißhandelt."

Danach wurde also bestraft, wer „öffentlich" ein Tier quälte oder mißhandelte, also in einer Weise vorging, die von überhaupt irgendwelchen Personen wahrgenommen werden konnte. Ebenso hatte derjenige mit einer Strafe zu rechnen, der „in Ärgernis erregender Weise" Mißhandlungen an Tieren vornahm, also dergestalt handelte, daß andere daran Anstoß nehmen oder in ihrem Sittlichkeitsgefühl verletzt werden konnten. Maßstab war dabei allerdings das allgemeine Sittlichkeitsdenken und nicht das der einzelnen Person. „Quälen" bedeutete die Verursachung länger fortdauernder oder sich wiederholender Schmerzen oder Leiden. „Boshaft" war das Quälen ohne vernünftigen Zweck um des Quälens willen. „Mißhandlung" war die Erregung erheblicher Schmerzen oder Leiden und „roh" war diese, wenn sie Gleichgültigkeit gegenüber den Leiden des Tieres bekundete.[37] Geschütztes Rechtsgut war „das menschliche Sittlichkeitsgefühl, genauer das Gefühl des Mitleids, das durch Tierquälerei teils empört, teils

34 Preußisches StGB vom 13. Mai 1851; Stenglein, Sammlung der deutschen Strafgesetzbücher, Bd. 3, XI, S. 151 f.
35 v. Hippel, Vergl. Darstellung, Band II, S. 242.
36 Eberstein, S. 120 ff.
37 v. Hippel, Lehrbuch des Strafrechts, S. 401.

abgestumpft wird. Es handelt sich also um einen eigenartigen Angriff auf die Interessen der Gesamtheit."[38] § 360 war keine reichsrechtlich geregelte Materie und ergänzendes Landesrecht daneben zulässig. Solches fand sich insbesondere in Vorschriften über den Transport, die Benutzung von Zugtieren und das Schlachten.[39] Problematisch und umstritten an dem neuen Straftatbestand war die Rechtswidrigkeit und die Frage, ob bei gewissen Fällen der Tierquälerei Rechtfertigungsgründe gegeben seien, etwa wenn bei einem Zusammentreffen von menschlichen Interessen mit tierischen Belangen die ersteren überwogen und die Mißhandlung für die Wahrnehmung dieser menschlichen Interessen notwendig und angemessen war. Dieser Punkt wurde besonders in dem Bereich der Vivisektion und des Schächtens wichtig.

4. Die Vivisektion

Wie bereits dargestellt[40] wurde im 19. Jahrhundert unter dem Einfluß der Franzosen um Louis Pasteur der wissenschaftliche Tierversuch populär und dies in stetig zunehmender Zahl. Die Vivisektion wurde für die medizinische Forschung bald unverzichtbar und verhalf ihr zu einer vorher nie gekannten Fülle von Erkenntnissen. Aber gerade die zahlenmäßige Zunahme der Tierversuche rief - ebenso wie in England- ab 1870 auch im Deutschen Reich Gegner dieser neuen Methode auf den Plan. Andere Vivisektionsgegner sahen es dagegen einfach als inakzeptabel an, einem Tier überhaupt Schmerz und Leid zuzufügen, aus welchen Gründen und mit welch hehren Zielen auch immer. Und wieder andere wandten sich gegen Tierversuche, die ohne Betäubung der Tiere vollzogen wurden, wie es, insbesondere beim Aufkommen dieser Methode, üblich war[41]. Trotz vieler Proteste, Petitionen und Schriften hatten die Gegner der Vivisektion keinen Erfolg. Der bis 1933 geltende § 360 Nr. 13 des Reichsstrafgesetzbuchs verhinderte letztlich eine strafrechtliche Verfolgung auf dem Gebiet des Tierversuchs, teils aufgrund seiner Tatbestandsmerkmale, teils durch Rechtfertigungsgründe. Zwar wurde 1885 die „Gosslersche Verordnung" erlassen, diese enthielt jedoch nur einige generelle Regeln für Tierversuche und hatte als preußische Verwaltungsanordnung keinen Sanktionscharakter.

38 v. Hippel, Lehrbuch des Strafrechts, S. 401.
39 v. Hippel, Lehrbuch des Strafrechts, S. 402.
40 s.o., Teil I, A 5.).
41 Eberstein, S. 162 ff.

Im Mittelpunkt des bis heute andauernden Vivisektionsstreits steht letztlich die Frage, ob der Mensch es sich moralisch erlauben kann, Tieren für seine Zwecke Schmerzen zuzufügen.[42]

5. Das Schächten

Unter *Schächten* (hebr. Schechita) versteht man das betäubungslose Töten eines Tieres durch ein schnelles Durchtrennen des Halses und ein anschließendes, vollständiges Ausbluten des Tieres. Diese Schlachtmethode ist insbesondere den Juden durch die Heilige Schrift vorgeschrieben[43] und darf nur von speziell ausgebildeten Schächtern unter allerstrengsten Regeln durchgeführt werden.[44] Das Betäubungsverbot beim Schächten ergibt sich aus der Thora. Nur durch Schächten gewonnenes Fleisch gilt als *koscher* (rein) und darf von den Gläubigen verzehrt werden.[45] Aufgrund dieser strengen Vorschriften eröffnen sich bis heute mehrere Problemkreise, nämlich zum einen die Frage, ob den Tieren beim Schächten Schmerzen zugefügt werden, zum anderen, ob das Schächten von der Religionsausübungsfreiheit des Art. 4 GG gedeckt ist.

Wie bei der Vivisektion rief auch das Schächten viele Kontroversen hervor und verschiedene Gruppierungen versuchten ab Mitte der achtziger Jahre des 19. Jahrhunderts, dieser Schlachtmethode einen Riegel vorzuschieben. So richtete zum Beispiel 1886 der Vorstand des Verbandes Deutscher Tierschutzvereine eine Eingabe an den Reichstag, mit dem Anliegen, das Schächten nur nach vorhergehender Betäubung der Tiere zuzulassen. Zwar wurden daraufhin in den Einzelstaaten teilweise polizeiliche Verfügungen erlassen, die bei Großtieren eine Betäubung vorschrieben, das Schächten jedoch war davon ausgenommen.[46]

---

42 Vgl. die Begründung des Entwurfs für ein neues Tierschutzgesetz des Bundes gegen den Mißbrauch der Tiere e.V. vom Herbst 1957, S. 4 f.; BA Koblenz Akte 116/19575.

43 Dies gilt grundsätzlich auch für die Moslems durch den Koran; im 19. Jahrhundert waren aber in Deutschland von der Anzahl der jeweils Gläubigen her sicherlich eher die Juden betroffen. Für Moslems gilt das „Dabh". Dieses ist ein „durch islamische Religionsvorschriften festgeschriebenes Schlachtverfahren. Hierbei werden „reine" Säugetiere und Vögel in Gebetsrichtung nach Mekka durch einen mittels scharfem Werkzeug durchgeführten Halsschnitt durch Halsschlagader, Speise- und Luftröhre ... geschlachtet." In islamischen Ländern erfolgt der Schnitt ohne Betäubung, in nichtislamischen Ländern ist die Betäubung umstritten; Jentzsch, Das rituelle Schlachten, S. 19.

44 So muß beispielsweise das Schächtmesser von außergewöhnlicher Breite und extremer Schärfe sein. Schon bei der kleinsten Kerbe in der Schneide darf es nicht mehr zum Schächten benutzt werden; Sax, S. 141.

45 1. Buch Mose 9, 4; 3. Buch Mose 17, 10.

46 Jentzsch, Das rituelle Schlachten, S. 19 ff. und 51 ff.

Anderes galt zunächst in Sachsen aufgrund einer Verordnung von 1892, die eine Betäubung beim Schlachten *aller* Tiere vorschrieb. Durch die Strafrechtsreform von 1909 wurden jedoch alle landesrechtlichen Bestimmungen, die in rituelle Vorschriften von Religionsgemeinschaften über das Schlachten von Tieren eingriffen, für unzulässig erklärt. Es „ ... waren damit um 1910 keine einen Betäubungszwang enthaltenden oder sonstige das Schächten untersagenden Vorschriften mehr in Kraft."[47] Dies änderte sich erst wieder mit dem Bayerischen Schlachtgesetz vom 01. Oktober 1930, das eine Betäubung zwingend vorschrieb und damit das Schächten praktisch unmöglich machte.[48] Ähnliche Regelungen folgten in Braunschweig (1931), Oldenburg, Anhalt und Thüringen (1932). Durch das *Reichsschlachtgesetz* vom 21. April 1933 wurde dann eine Betäubung im gesamten Deutschen Reich obligatorisch, was einem Schächtverbot gleichkam.[49]

Rückblickend läßt sich konstatieren, daß sowohl die Vivisektion, als auch das Schächten ab dem späten 19. Jahrhundert auf großen Widerstand trafen und erbitterte Kontroversen hervorriefen, letztlich aber beide Bereiche bis 1933 im Großen und Ganzen unangetastet blieben.[50] Die Vivisektion wurde im Rahmen des § 360 Nr. 13 Reichsstrafgesetzbuch durch überwiegende und notwendige Zwecke zum Wohle des Menschen, das Schächten aufgrund der freien Religionsausübung gerechtfertigt.

6. Der Tierschutz in den Entwürfen für ein neues Strafgesetzbuch (1909-1932)

Nachdem ab dem Jahre 1902 von einem Komitee aus zunächst acht Rechtsgelehrten[51] und später auch unter Mithilfe der meisten deutschen Strafrechtler eine

47 Eberstein, S. 231.

48 GVBl. Bayern 1930 Nr. 15 vom 22. Mai 1930, S. 133. Das Gesetz war auf Initiative des Münchener Tierschutzvereins zustande gekommen; E. Klueting in: Radkau/Uekötter, Naturschutz und Nationalsozialismus, S. 81.

49 RGBl. 1933 I S. 203; § 1 Absatz 1 lautet: „Warmblütige Tiere sind beim Schlachten vor der Blutentziehung zu betäuben." Dabei ist zu beachten, daß das Schlachten durch Ausbluten nicht nur in der jüdischen Bevölkerung, sondern ebenfalls auf unabhängigen Bauernhöfen -und zum Teil nach uralter Tradition- praktiziert wurde; Sax, S. 145.

50 Zum Schächten s. BGH Urteil vom 27. April 1960 in: DÖV 1960, S. 635 f. In BVerfGE 104, S. 337 ff. heißt es dazu: „Zu Beginn des 20. Jahrhunderts war in Deutschland das Schächten nach jüdischem Ritus weithin erlaubt."

51 U.a. Robert von Hippel, der die Bearbeitung der Tierquälerei im § 360 Nr. 13 RStGB übernommen hatte und jene von einer bloßen Übertretung zu einem Vergehen erheben wollte; vgl v. Hippel, Lehrbuch des Strafrechts, S. 402. Von Hippel hatte bereits 1891 eine eingehende monographische Darstellung über die Tierquälerei in der Straf-

„Vergleichende Darstellung des deutschen und ausländischen Strafrechts" ausgearbeitet worden war, kam es 1909 zum ersten Entwurf für ein künftiges StGB. Im Anschluß an den Entwurf von 1909 wurde von April 1911 bis September 1913 von einer amtlichen Strafrechtskommission der Entwurf eines StGB aufgestellt. Aufgrund des Ersten Weltkrieges kamen die Reformbestrebungen jedoch zunächst bis 1918 zum Stillstand. In den Jahren 1918/19 wurde auf der Grundlage des Entwurfs von 1913 ein weiterer Entwurf erarbeitet, der schließlich in einem wiederum neuen Entwurf des Reichsjustizministers Radbruch von 1922 mündete[52]. Eine davon stark abweichende Reichstagsvorlage des Staatssekretärs im Reichsjustizministerium, Carl Joël, mit dem Titel „Amtlicher Entwurf eines Allgemeinen Deutschen Strafgesetzbuchs", wurde schließlich von 1924 bis in das Jahr 1932 behandelt. Dennoch kam der Reichstag nicht zu einer Beschlußfassung.

Es blieb also seit der Einführung des Reichsstrafgesetzbuchs 1871 allein bei Reformbemühungen, so daß auch der darin enthaltene Tierschutz keine entscheidenden Änderungen erfuhr.

---

gesetzgebung des In- und Auslandes mit Vorschlägen zur Abänderung des Reichsrechts veröffentlicht; v. Hippel, Vergl. Darstellung, Band II, S. 241.

52 Sogenannter "Radbruch´scher Entwurf".

Teil II: Das neue Tierschutzgesetz von 1972

A. Tierschutz im Nationalsozialismus (1933-1945)

Während der Regierungszeit des nationalsozialistischen Regimes wurden zahlreiche Gesetze und Verordnungen im Bereich der Tiere und des Tierschutzes erlassen. Als Wichtigste sind dabei insbesondere zu nennen:

- Das Reichstierschutzgesetz vom 24. November 1933[53], das erstmals in Deutschland ein selbständiges Gesetz zum Schutz der Tiere darstellte, später in der Fassung der Verordnung zur Ergänzung des Reichstierschutzgesetzes vom 23. Mai 1938[54];
- die Ausführungsverordnungen zum Tierschutzgesetz, insbesondere die Erste Ausführungsverordnung vom 20. Juni 1934[55];
- das Gesetz über das Schlachten von Tieren vom 21. April 1933[56], in dem vor allem der Betäubungszwang bei allen Tierschlachtungen eingeführt wurde, sowie die Verordnung über das Schlachten von Tieren vom 21. April 1933[57] in der Fassung der Verordnung vom 14. November 1934[58];
- und weitere Gesetze, die tierschützerische Vorschriften enthielten, z.B. das Reichsnaturschutzgesetz vom 26. Juni 1935[59] mit den entsprechenden Verordnungen.

I. Das Reichstierschutzgesetz vom 24. November 1933

Nach der Machtergreifung der Nationalsozialisten verabschiedeten diese am 26. Mai 1933 zunächst eine Strafgesetznovelle, die aus den vorangegangenen Reformbemühungen hervorging.[60] Was den Tierschutz betrifft, verwundert es da-

53 RGBl. 1933 I S. 987.
54 RGBl. 1938 I S. 598.
55 RGBl. 1934 I S. 516.
56 RGBl. 1933 I S. 203.
57 RGBl. 1933 I S. 212.
58 RGBl. 1934 I S. 1163.
59 RGBl. 1935 I S. 821.
60 Gesetz zur Abänderung strafrechtlicher Vorschriften, RGBl. I 1933, S. 295.

her nicht, daß die darin enthaltenen Änderungen auf den Vorschlägen *von Hippels* basierten.

So lautete § 145 b:

„Wer ein Tier roh mißhandelt oder absichtlich quält, wird mit Gefängnis bis zu sechs Monaten oder mit Geldstrafe bestraft."

Und § 360 Nr. 13 besagte:

„Mit Geldstrafe bis zu einhundertfünfzig Mark oder mit Haft wird bestraft...

...13. wer einer zum Zwecke des Tierschutzes erlassenen Vorschrift zuwiderhandelt."[61]

Somit war, wie von Hippel es seinerzeit vorgeschlagen hatte, die Tierquälerei zum Vergehen erhoben. Es war nunmehr ohne Bedeutung, ob eine Mißhandlung in der Öffentlichkeit oder in Ärgernis erregender Weise vorgenommen wurde. Gleichwohl sollten diese Normen nur kurzzeitig von Bestand sein. Bereits im April 1933 war, nach sechzigjährigen, fruchtlosen Bemühungen der Tierschutzanhänger, vom *Deutschen Tierschutzverein zu Berlin* der Vorschlag gemacht worden, für den Tierschutz ein eigenes Gesetz vorzusehen[62]. Jedoch war man im Reichsinnenministerium schon in dieser Richtung tätig, und in der Folgezeit wurden insgesamt vier Entwürfe erarbeitet.[63] Diese Entwürfe mündeten dann im *Reichstierschutzgesetz* (*RTierSchG*) vom 24. November 1933[64]. Die Gründe für den Erlaß dieses Gesetzes sind vielfältiger Natur. Zum einen waren weder der § 360 Nr. 13 RStGB von 1871 noch die §§ 145 b und 360 Nr. 13 der Strafgesetznovelle umfassend genug. Es fehlten in diesen Normen beispielsweise jegliche spezielle Regelungen hinsichtlich der Vivisektion. Zum anderen wurden Begriffe wie Rechtsunsicherheit und Rechtsungleichheit als Begründung für das neue Gesetz angeführt.[65] Selbstverständlich wurde auch immer wieder auf die große Tierliebe in der Deutschen Bevölkerung hingewiesen -ein Beweggrund,

---

61 Gesetz zur Abänderung strafrechtlicher Vorschriften, RGBl. I 1933, S. 295.

62 Vgl. dazu: Eberstein, S. 321 m.w.N.

63 Entwürfe vom 17. August, vom 07. Oktober, vom 27. Oktober und vom 04. November 1933. Edeltraud Klueting führt dazu aus: „Die ... Kommission benötigte aber ... mehr Zeit als ursprünglich vorgesehen. Die Komplexität der Aufgabe und die Berücksichtigung der widerstreitenden Interessen des Tierschutzes, der Landwirtschaft wie auch der wissenschaftlichen Forschung ... erforderten eine Reihe von Abwägungsprozessen... In der Zwischenzeit löste als Übergangsbestimmung § 145 b RStGB ... die Regelung des § 360 Nr. 13 RStGB ab." In: Radkau/Uekötter, S. 82 f.

64 RGBl. I 1933, S. 203. Das Gesetz trat am 01. Februar 1934 in Kraft. Es handelte sich dabei um ein sog. Regierungsgesetz, das ohne Beteiligung des Reichstags im Reichskabinett durch förmlichen Kabinettsbeschluß zustande gekommen war; s. E. Klueting, ebd.

65 Deutscher Reichs- und Preußischer Staatsanzeiger vom 01. Dezember 1933, Nr. 281/33.

der allerdings auch beim Reichsschlachtgesetz vom 21. April 1933 vorgeschoben worden war, um die antisemitische Motivation des Gesetzgebers zu verdekken.[66] Hermann Göring führte dazu in einer Radioansprache 1933 aus, daß das deutsche Volk schon immer eine große Tierliebe gezeigt und den Bürgern die Frage des Tierschutzes immer am Herzen gelegen habe. Über Tausende von Jahren habe die Bevölkerung ihre Haus- und Arbeitstiere als Gefährten angesehen. Gleichwohl hatten die Deutschen damit zum ersten Male ein *eigenständiges, ethisch fundiertes Tierschutzgesetz, das das Tier um seiner selbst und nicht des Menschen willen schützte.*[67]

Auch viele Jahre später genoß das Reichstierschutzgesetz -zumindest in Deutschland- noch hohes Ansehen. So findet sich in einem Vorwort zu einem Gesetzentwurf des Deutschen Tierschutzbundes aus dem Jahre 1957 die Bemerkung, daß das Reichstierschutzgesetz seinerzeit „eines der besten Tierschutzgesetze der Welt" gewesen sei.[68] Und an anderer Stelle heißt es: „Die Schaffung des Deutschen Tierschutzgesetzes vom 24.11.1933 war eine bedeutsame Kulturtat, die in der ganzen Welt Anerkennung und Nachahmung gefunden hat. Langjährige Forderungen von Tierfreunden und Juristen gewannen durch dieses Gesetz rechtliche Gestaltung. Gegenüber den unzulänglichen früheren Strafrechtsvorschriften wurde das Tier nunmehr *um seiner selbst willen* geschützt, und es wurde nicht mehr, wie im § 360 Nr. 13 StGB a.F. auf die Verletzung menschlicher Empfindung, die sich im Mitgefühl für das Tier äußert, abgestellt."[69]

---

66 s.o., Teil I B 5.). Es sei bereits hier darauf hingewiesen, daß das Gesetz über das Schlachten von Tieren im Rückblick als rassistisch angesehen werden muß, während das Reichstierschutzgesetz nach dem Zweiten Weltkrieg durch die Gerichtspraxis anerkannt worden ist; vgl. BGH DÖV 1960, S. 635 ff.

67 Landgerichtsdirektor Gerhard Zoebe aus Frankfurt am Main, seit 1960 ein ständiger Mitarbeiter der Zeitschrift des DTSB, faßte die Entwicklung des Tierschutzes im Jahre 1971 rückblickend folgendermaßen zusammen: „Der Primitivtierschutz der Frühmenschen -oft in der Form des Totemismus- hatte vorwiegend ökonomische Gründe. Mit zunehmender zivilisatorischer und kultureller Entwicklung trat an die Stelle des Primitivtierschutzes der anthropozentrische, also menschenbezogene Tierschutz. Er schützt das Tier um des Menschen willen. Dem Menschen soll aus ästhetischen, pädagogischen, moralischen und auch materiellen Gründen jede Tierquälerei erspart bleiben. ... Erst der heute weitgehend anerkannte ... ethische Tierschutz schützt das Tier um seiner selbst willen. ... Jetzt und heute aber ist die ethische Idee vom Tierschutz die beste." DudT I-III 1971, S. 4.

68 Gesetzentwurf des DTSB vom 07./08. Dezember 1957; BA Koblenz Akte 116/19573.

69 Vorwort zu einem Gesetzentwurf des DTSB vom 10. Juni 1959; BA Koblenz Akte 136/8666. Das neue Gesetz basierte zudem auf Gedanken der entsprechenden italienischen und englischen Gesetzgebung. Auch dies mag ein Argument sein, das gegen

Das Reichstierschutzgesetz bestand aus fünf Teilen:

Im *ersten Abschnitt* (§ 1) wurde die Tierquälerei unter Strafe gestellt und definiert.[70] Im darauffolgenden *zweiten Teil* (§§ 2-4) wurden dann Vorschriften zum Schutz der Tiere aufgestellt, so zum Beispiel Haltungs- und Transportvorschriften, das Verbot der Geflügelmast (Nudeln) oder auch Kupierverbote. *Kupieren* bedeutet das Kürzen von Ohren und Ruten bei Hunden, sowie der Schweifrübe bei Pferden.[71]

Der *dritte Abschnitt* (§§ 5-8) beschäftigte sich dann erstmals ausführlich mit den Vivisektionen, die zwar gemäß § 5 RTierSchG grundsätzlich verboten, jedoch in Ausnahmefällen, d.h. mit Genehmigung des Reichsinnenministers, unter den Bedingungen des § 7 RTierSchG doch zulässig waren.

Im *vierten Teil* (§§ 9-12) waren die Strafbestimmungen untergebracht. Hierbei beachtlich ist vor allen Dingen § 9 Absatz 1 RTierSchG i.V.m. § 27 RStGB, wonach bei einem Vergehen gemäß § 1 RTierSchG eine Strafe von bis zu zwei Jahren Gefängnis und/oder eine Geldstrafe von bis zu zehntausend Reichsmark angedroht wurde. Hierin lag also eine deutliche Verschärfung der bisherigen Strafen. Das Verbot der Tierquälerei war bis zum Jahre 1933 in § 360 Nr. 13 des Strafgesetzbuches, also in einer *Übertretungsvorschrift*, geregelt. Die Strafrechtsnovelle vom 26. Mai 1933 regelte die Tierquälerei in § 145 b StGB als *Vergehenstatbestand.* § 9 Absatz 1 des Reichstierschutzgesetzes übernahm nun die strafbewehrte Verbotsbestimmung aus dem Strafgesetzbuch in die gesetzliche Sonderregelung des Tierschutzes.

Der *fünfte Abschnitt* (§§ 13-15) enthielt dann noch Schlußbestimmungen, wobei gemäß § 14 RTierSchG dem Reichsinnenminister vorbehalten blieb, zur Durchführung und Ergänzung des RTierSchG Rechts- und Verwaltungsvorschriften zu erlassen.

Am 23. Mai 1938 wurde das RTierSchG durch eine Verordnung ergänzt und somit erstmalig geändert.[72] Hierdurch erhielt der § 2 Nr. 9 RTierSchG -Kastration- eine neue Fassung.

Das Reichstierschutzgesetz blieb -von wenigen Veränderungen abgesehen- bis zum Erlaß der Tierschutzgesetzesnovelle am 24. Juli 1972 in Kraft. Nach

---

eine eventuell zu vermutende nationalsozialistische Motivation spricht. Vgl. Stolting/Zoebe, S. 17.

70 „Die Generalklausel in § 1 mit dem allgemeinen Verbot, „ein Tier unnötig zu quälen oder roh zu mißhandeln", übernahm die Regelung der Übergangsvorschrift des § 145 b RStGB." E. Klueting in: Radkau/Uekötter, S. 85.

71 „Kupieren (frz. „schneiden"): Bei Tieren (v. a. bei bestimmten Hunderassen) den Schwanz oder die Ohren unvollständig amputieren." Brockhaus, Band 3, S. 2605.

72 RGBl. 1938 I S. 598.

dem Zweiten Weltkrieg trug es allerdings nur noch die Bezeichnung „Tierschutzgesetz".[73]

II. Weitere Gesetze und Verordnungen zum Schutz der Tiere

1. Die Ausführungsverordnungen zum Reichstierschutzgesetz

Wie es bei anderen Gesetzen auch der Fall ist, so merkte man erst in der Zeit nach dem Erlaß des RTierSchG[74], daß die Praxis anders lag als die Theorie. Daher wurden insgesamt fünf Verordnungen zur Ausführung des Reichstierschutzgesetzes erlassen.

Gemäß § 2 Nr. 9 RTierSchG war es verboten, an einem Tier einen schmerzhaften Eingriff ohne Betäubung oder in unsachgemäßer Weise vorzunehmen. Um dem Gesetz nachzukommen, gleichzeitig aber auch die Betäubung zu erleichtern, wurde bald nach dem Erlaß des RTierSchG die sogenannte Elektronarkose angepriesen, für die Tierärzte wie auch die gewerbsmäßigen Kastrierer großes Interesse zeigten und sie bereits vielfach anwandten. Dabei gab es jedoch keine Sicherheit dafür, daß die Tiere wirklich betäubt waren, so daß die Vorschriften des RTierSchG in diesen Fällen nicht erfüllt wurden. Dies hatte zur Konsequenz, daß die Elektronarkose bis zur vollständigen wissenschaftlichen Erforschung verboten werden mußte. Ebenso stellte man fest, daß Laien (Melker, Schäfer, Schmiede, Tierbesitzer usw.) schmerzhafte Eingriffe an Tieren vornahmen, wobei sie teilweise unbrauchbare Betäubungsmittel anwandten.[75]

---

73 Recht aus der Zeit vor dem Zusammentritt des Deutschen Bundestages (07. September 1949) gilt grundsätzlich fort, sofern es dem Grundgesetz nicht widerspricht; Artikel 123 Absatz 1 Grundgesetz.

74 Das RTierSchG kam zwar erst relativ spät nach der Machtergreifung der Nationalsozialisten - zumindest im Vergleich zu anderen Gesetzen -, dafür, daß die Materie Tierschutz jedoch vorher nur in einem einzigen Paragraphen im Strafgesetzbuch geregelt gewesen war, handelte es sich nachgerade um einen „Schnellschuß".

75 Giese/Kahler, S. 116. Der Kommentar von Giese und Kahler war bereits während der NS-Zeit in mehreren Auflagen (z.B. 1938, 1944) erschienen und galt als das Standardwerk zum Tierschutzrecht. Dr. med vet. Clemens Giese und Dr. iur. Waldemar Kahler waren Ministerialräte im Reichsministerium des Innern und die Verfasser des Reichstierschutzgesetzes. An der hier zitierten Auflage von 1951 wirkte allerdings nur Giese mit, da Kahler 1945 in russische Kriegsgefangenschaft geraten und bis zum Erscheinen der Neuauflage noch nicht zurückgekehrt war. Giese war in den Fünfzigerjahren der Vertreter Deutschlands im Welttierschutzbund.

Die *Erste Ausführungsverordnung* vom 20. Juni 1934[76] sah also ein Verbot der Betäubung mittels elektrischer Apparate vor (§ 1 Absatz 1); gleichzeitig wurde vorgeschrieben, daß Betäubungen zur Vornahme schmerzhafter Eingriffe nur von Tierärzten ausgeführt werden durften (§ 2).

Die *Zweite Ausführungsverordnung* vom 27. Juni 1936[77] befaßte sich mit der Haltung von Einhufern unter Tage (§ 4 RTierSchG). Dabei legte sie fest, daß die zuständige Landesbehörde im Sinne des § 4 RTierSchG die Bergbaubehörde war. Zudem wurde die Erteilung einer Genehmigung zur Verwendung von Einhufern unter Tage von gewissen Voraussetzungen abhängig gemacht. Die Bergbaubehörde hatte sich schließlich einmal im Jahr stichprobenartig von den Zuständen der Tiere zu unterrichten.

Das RTierSchG war am 01. Februar 1934 in Kraft getreten mit Ausnahme des § 2 Nr. 8 und Nr. 11 und des § 3, für die nach § 15 der Reichsminister des Innern im Einvernehmen mit dem Reichsminister für Ernährung und Landwirtschaft den Zeitpunkt des Inkrafttretens festsetzen sollte. Die *Dritte Ausführungsverordnung*[78] setzte daher den Zeitpunkt des Inkrafttretens des § 2 Nr. 11 RTierSchG –Verbot des Stopfens (Nudelns) des Geflügels- auf den 01. November 1936 fest. Die Vierte Verordnung[79] legte den Zeitpunkt des Inkrafttretens des § 2 Nr. 8 RTierSchG –Verbot, einem Pferd die Schweifrübe zu kürzen (kupieren)- auf den 01. Januar 1940 fest.

Am 05. Dezember 1933 war der Berliner Tierschutzverein autorisiert worden, Grundsätze des Tierschutzes für alle deutschsprachigen Gebiete festzulegen. Nach der Umbenennung zum „Reichstierschutzbund" zog dieser nach Frankfurt am Main; er war die Spitzenvertretung aller deutschen Tierschutzvereine und mit deren Neuorganisation beauftragt. Tierschutzvereine außerhalb des Reichstierschutzbundes waren praktisch nicht geduldet.[80] Ab 1938 sahen die Statuten vor, daß nur Mitglied werden könne, wer „Deutsches oder verwandtes Blut" habe.[81] Im Laufe der Zeit stellte sich nun heraus, daß die „dringend notwendige Zusammenfassung aller im Tierschutz tätigen Kräfte ... ohne besondere gesetzliche

76 RGBl. 1934 I S. 516.

77 RGBl. 1936 I S. 539.

78 Dritte Ausführungsverordnung vom 11. September 1936, RGBl. 1936 I S. 735.

79 RGBl. 1938 I S. 854; vom 12. Juli 1938.

80 Der Reichsminister des Innern führte in dem entsprechenden Erlaß von 1933 aus: „Ich darf annehmen, daß die Tierschutzvereine den mit der Neuorganisation verbundenen Anordnungen des Reichstierschutzbundes nachkommen werden. Vereine, die sich der von mir gebilligten Neuorganisation widersetzen sollten, stellen sich außerhalb der deutschen Tierschutzvereine; gegen solche Vereine würde gegebenenfalls vorgegangen werden." Giese/Kahler, S. 128 m.w.N.

81 Sax, S. 112 ff, S. 124ff.

Grundlage nicht möglich war".[82] Durch die *Fünfte Verordnung* vom 11. August 1938[83] (Tierschutzvereine) wurde schließlich der Reichstierschutzbund als alleinige Vertretung der deutschen Tierschutzvereine anerkannt und erhielt auch die für die Neuorganisation erforderliche Rechtsgrundlage.

2. Die Schlachtvorschriften

Das Gesetz über das Schlachten von Tieren vom 21. April 1933[84] war das zeitlich erste von drei die Tiere betreffenden Gesetzen, die von den Nationalsozialisten im Jahre 1933 erlassen wurden. Der grundlegende § 1 des Gesetzes ordnete an, daß alle warmblütigen Tiere beim Schlachten vor Beginn der Blutentziehung zu betäuben seien. Verstöße wurden mit einer Strafe von bis zu sechs Monaten Gefängnis oder Geldstrafe belegt, § 3. Nachdem bereits in Bayern (1930), Braunschweig (1931), Oldenburg, Anhalt und Thüringen (1932) entsprechende Verbote ergangen waren, „war der Boden für eine allgemeine Regelung des Verfahrens beim Schlachten im Reichsgebiet vorbereitet"[85]. Mit dem neuen Gesetz wurde den Juden in ganz Deutschland praktisch das Schächten endgültig verboten. Zur Begründung hieß es, daß ein betäubungsloses Schlachten „im Interesse des Tierschutzes zu verhindern sei."[86] Bedenken der jüdischen Bevölkerung aus Artikel 135 Satz 2 der Reichsverfassung[87] - Freiheit der Religionsausübung - wurden für unbegründet erklärt, da das Gesetz über das Schlachten von Tieren

82 Giese/Kahler, S. 129.
83 RGBl. 1938 I S. 1004.
84 RGBl. 1933 I S. 203.
85 Giese/Kahler, S. 152.
86 Zitiert nach: Eberstein, S. 249, m. w. N.
87 Art. 135 der Reichsverfassung lautete: „Alle Bewohner des Reichs genießen volle Glaubens- und Gewissensfreiheit. Die ungestörte Religionsausübung wird durch die Verfassung gewährleistet und steht unter staatlichem Schutz. Die allgemeinen Staatsgesetze bleiben hiervon unberührt." Verfassung des Deutschen Reichs vom 11. August 1919 (RGBl. S. 251); die Reichsverfassung war auch nach der Machtergreifung der Nationalsozialisten in Kraft geblieben.
Durch das Gesetz zur Behebung der Not von Volk und Reich (Ermächtigungsgesetz) vom 24. März 1933 (RGBl. I S. 141) hatten die Nationalsozialisten ohnehin freie Hand beim Erlaß von Gesetzen. Artikel 1 des Gesetzes lautete: „Reichsgesetze können außer in dem in der Reichsverfassung vorgesehenen Verfahren auch durch die Reichsregierung beschlossen werden. ..." Und Artikel 2 lautete: „Die von der Reichsregierung beschlossenen Reichsgesetze können von der Reichsverfassung abweichen, soweit sie nicht die Einrichtung des Reichstags und des Reichsrats als solche zum Gegenstand haben."

als allgemeines Staatsgesetz nach Artikel 135 Satz 3 der Reichsverfassung auch der Religionsfreiheit Schranken setzen könne.[88]

Man muß bei dem Gesetz über das Schlachten von Tieren und seiner Begründung und Verteidigung sicher davon ausgehen, daß die Nationalsozialisten dabei weniger aus Tierliebe handelten, als vielmehr aus einem *antisemitischen Motiv* heraus. Der Bundesgerichtshof führte dazu in einem späteren Urteil aus: „Dem Ziel der nationalsozialistischen Politik, die Juden zu unterdrücken und bloßzustellen, entsprach es, diesen Teil der Bevölkerung durch das Verbot des Schächtens in seinen religiösen Empfindungen und Gebräuchen zu verletzen. Das Verbot bot einen willkommenen Vorwand, um die Juden als grausam und die nichtjüdische Bevölkerung als tierliebend hinzustellen. ... Wenn auch diesem Verbot daneben der Gedanke des Tierschutzes zugrunde lag, und wenn auch dieses Gesetz, soweit es sich nicht mit dem Schächtverbot befaßt, rechtsstaatlichen Grundsätzen entsprach, so war die Absicht, die Juden zu diffamieren und zu unterdrücken, doch mitentscheidend für das in dem Gesetz enthaltene Schächtverbot. Dieses erweist sich damit als eine aus rassischen Gründen erfolgte nationalsozialistische Gewaltmaßnahme...“[89]

Die am selben Tage erlassene *Verordnung über das Schlachten von Tieren*[90] definierte den Begriff des Schlachtens und sah u.a. vor, daß nur in geschlossenen Räumen und nur von Fachkundigen geschlachtet werden durfte. Vor allem aber war die in § 1 des Gesetzes über das Schlachten von Tieren vorgeschriebene Betäubung in § 6 der Verordnung geregelt. Danach mußte die Betäubung so vorgenommen werden, daß unnötige Aufregungen und Schmerzen der Tiere vermieden wurden. Zudem mußte die Betäubung unter Anwendung besonderer Betäubungsapparate, z.B. des Bolzenschußapparates, oder durch Schlag auf den Schädel (Kopfschlag, Keulung) mit einem besonderen Hammer, behelfsmäßig mit einer Axt erfolgen, § 6 Absatz 1.

---

88 Giese/Kahler, S. 155.

89 BGH DÖV 1960, S. 636. Das Urteil befaßte sich nur indirekt mit dem Schächten. Der Kläger, ein deutscher Jude, beantragte dort eine Rente als Entschädigung für den Schaden, der ihm durch das Schlachtgesetz von 1933 in seiner rituellen Schlachterei entstanden war. Vgl. (mit einer Übersicht über alle Urteile zum Schächten von 1887 bis 1995) Jentzsch, Das rituelle Schlachten, S. 197 ff.
Trotz allem darf man jedoch nicht übersehen, daß das Schächten zum Beispiel in der Schweiz (bereits seit 1893), Italien, Norwegen, Polen, Ungarn und Schweden verboten war; Sax, S. 144. In Sachsen bestand bereits von 1892 bis 1910 ein vorübergehender gesetzlicher Betäubungszwang; Giese/Kahler, S. 152.

90 RGBl. 1933 I S. 212; diese wurde durch die Verordnung zur Änderung der Verordnung über das Schlachten von Tieren vom 14. November 1934, RGBl. 1934 I S. 1163, noch einmal verändert.

3. Das Reichsnaturschutzgesetz von 1935

Ein wichtiger Bestandteil der nationalsozialistischen Ideologie war die Identifizierung des Deutschen Volkes mit ihrem Land und dies im wörtlichen Sinne. Flüsse und Wälder wurden besungen und das Landleben als dem Stadtleben überlegen dargestellt. So war es denn auch nur folgerichtig, daß im Jahre 1935 das *Reichsnaturschutzgesetz (RNatSchG)* erlassen wurde.[91] Bereits in der Präambel des Gesetzes hieß es: „Heute wie einst ist die Natur in Wald und Feld des deutschen Volkes Sehnsucht, Freude und Erholung. ... Die deutsche Reichsregierung sieht es als ihre Pflicht an, auch dem ärmsten Volksgenossen seinen Anteil an deutscher Naturschönheit zu sichern. ...“

Neben der Verbundenheit mit der Natur hatte aber auch die Tierliebe –jedenfalls nach außen hin- einen besonderen Stellenwert im Dritten Reich, wie schon durch den Erlaß des RTierSchG und der Schlachtvorschriften gezeigt worden war. Das RTierSchG wurde durch das Reichsnaturschutzgesetz und vor allem durch die Verordnung zum Schutze der wildwachsenden Pflanzen und der nichtjagdbaren wildlebenden Tiere (Naturschutzverordnung)[92] in wichtigen Bereichen ergänzt. Das Reichsnaturschutzgesetz diente, wie § 1 deutlich machte, „dem Schutze und der Pflege der heimatlichen Natur in allen ihren Erscheinungen. Der Naturschutz im Sinne dieses Gesetzes erstreckt sich auf:

a) Pflanzen und nichtjagdbare[93] Tiere ...

c) Naturschutzgebiete ...

deren Erhaltung wegen ihrer Seltenheit, Schönheit, Eigenart oder wegen ihrer wissenschaftlichen, heimatlichen, forst- oder jagdlichen Bedeutung im allgemeinen Interesse liegt.“

Dieser Schutz erstreckte sich gemäß § 2 auf die Erhaltung seltener oder in ihrem Bestand bedrohter Tierarten und auf die Verhütung mißbräuchlicher Aneignung und Verwertung von Tieren, z.B. durch Massenfang, industrielle Verwertung von Schmetterlingen oder anderen Schmuckformen der Tierwelt. Daneben regelte § 4 des Gesetzes die Naturschutzgebiete, worunter man bestimmt abgegrenzte Bezirke verstand, in denen ein besonderer Schutz der Natur in ihrer

---

91 Reichsnaturschutzgesetz vom 26. Juni 1935, RGBl. 1935 I S. 821, in der Fassung der Gesetze zur Änderung des Reichsnaturschutzgesetzes vom 29. September 1935 (RGBl. I S. 1191), vom 01. Dezember 1936 (RGBl. I S. 1001) und vom 20. Januar 1938 (RGBl. I S. 36). Literatur zum Reichsnaturschutzgesetz: Klose-Vollbach; Cornelius; Mitzlaff und Mitzschke.

92 Verordnung vom 18. März 1936; RGBl. I S. 181.

93 Schutzmaßnahmen für *jagdbare* Tiere waren nach dem Reichsjagdgesetz vom 03. Juli 1934 (RGBl. I S. 549) zu treffen.

Ganzheit (u.a. natürliche Lebensgemeinschaften der Tierwelt) oder in einzelnen ihrer Teile (z.B. Vogelschutzgehölze) im öffentlichen Interesse lag.

Die *Verordnung zur Durchführung des Reichsnaturschutzgesetzes* vom 31. Oktober 1935[94] ist für den Tierschutz nur insofern interessant, als sie in § 5 festlegte, daß Anordnungen zum Schutz von Pflanzen und nichtjagdbaren Tieren sich auch gegen das Überhandnehmen von solchen Tieren richten konnten, die den Bestand anderer Arten bedrohten (beispielsweise Katzen, Eichelhäher und Krähen).

Von größerer Bedeutung war aber die *Naturschutzverordnung* von 1936, die den gesamten Schutz der Pflanzen und der nichtjagdbaren Tiere und Vögel regelte. Während der erste Teil der Verordnung den Schutz der Pflanzen behandelte (§§ 1-11), ging es in dem zweiten Abschnitt um den Schutz der nichtjagdbaren wildlebenden Vögel (§§ 12-22). Grundsätzlich waren alle einheimischen nichtjagdbaren wildlebenden Vogelarten geschützt, § 12 Absatz 1. So war es verboten, den Vögeln nachzustellen, sie mutwillig zu beunruhigen, insbesondere aber sie zu fangen oder zu töten sowie die Nester zu beschädigen oder auszunehmen, § 12 Absatz 2. Verboten war auch schon die Herstellung, Aufbewahrung, Überlassung etc. von Vogelleim, Leimruten oder Fangschlingen, § 13. In der Zeit vom 15. März bis zum 30. September war es verboten, Hecken, Gebüsche oder lebende Zäune zu roden, zu schneiden oder abzubrennen.[95] Nicht nach § 12 geschützt waren dagegen die Krähen, der Eichelhäher, die Elster und die Sperlinge; trotzdem durften auch diese nicht mit Leimruten, Schlingen oder ähnlichen Fallen gefangen oder getötet werden, §§ 15, 16. Stubenvögel durften nur mit Erlaubnis der höheren Naturschutzbehörde von einzelnen Personen und nur in beschränkter Anzahl gefangen werden, § 17.

Der Schutz der übrigen nichtjagdbaren Tiere war in den §§ 23-26 geregelt. Für alle diese Tiere galt, daß sie nicht grundlos in Massen gefangen oder getötet werden durften, § 23; Maßnahmen zur Bekämpfung von Schädlingen und Ungeziefer waren davon jedoch ausgenommen, § 26. Besondere Tierarten waren dagegen besonders geschützt, so etwa Igel, Spitz- und Fledermäuse, bestimmte Eidechsen-, Salamander-, Kröten und Schlangenarten und manche Insekten. Diese Tiere durften auch einzeln weder gefangen noch getötet werden. Verstöße gegen die Verordnungen wurden mit Geldstrafe bis zu 150 Reichsmark oder mit Haft oder mit beidem bestraft, in besonders schweren Fällen drohten sogar bis zu zwei Jahre Gefängnis. Hier entsprach also die Strafandrohung derjenigen, die für Tierquälerei in § 9 Absatz 1 RTierSchG vorgesehen war.

---

94 RGBl. I S. 1275.

95 Ähnliche Vorschriften gelten zum Schutze der Vogelbrut auch noch heutzutage.

4. Weitere Vorschriften

Neben den genannten Gesetzen und Verordnungen gab es auch noch weitere Regelungen auf dem Gebiete des Tierschutzes, die teilweise bis in die entlegensten Rechtsgebiete hineinreichten. So gab es zum Beispiel Vorschriften über die Abgabe von Betäubungsmitteln oder Opium für Tiere und einen Runderlaß des Preußischen Ministers für Wirtschaft und Arbeit betreffend die Belehrung der Studierenden und Schüler über das Tierschutzgesetz[96]. Weiterhin gab es Vorschriften über Tierzucht, Tiertransporte und sogar Vorschriften in der Straßenverkehrsordnung.[97] Weiterhin gründeten die Nationalsozialisten den Reichstierschutzbund (1933/34) und die Deutsche Gesellschaft für Tierpsychologie (1936), für die immerhin die späteren Nobelpreisträger Karl von Frisch, Nikolaus Tinbergen und Konrad Lorenz arbeiteten. Zudem genossen Veterinärmediziner allerhöchstes gesellschaftliches Ansehen.[98]

Insgesamt läßt sich festhalten, daß die Nationalsozialisten in der relativ kurzen Zeit ihrer Herrschaft eine erstaunliche Vielzahl von Gesetzen, Verordnungen und Erlassen die Tiere betreffend erließen. Viele waren dabei besonders fortschrittlich, gleichzeitig aber auch scharf gefaßt: „Some of the strictest laws protecting animals were passed during the Third Reich, laws that regulated the

---

96 Wie schon im 18. und 19. Jahrhundert sah man das Grundübel der Tierquälereien in dem Unwissen und der Gleichgültigkeit gegenüber den Tieren. Nunmehr sollte schon durch eine frühzeitige und umfassende Ausbildung und Aufklärung an den Schulen und Universitäten Tierquälereien entgegengewirkt werden. In der Amtlichen Begründung des Reichstierschutzgesetzes, Abschnitt I zu § 1, hieß es hierzu: „...daß selbst mit dem besten Tierschutzgesetz noch nicht alles für den Schutz der Tiere getan ist; es muß darüber hinaus das Verständnis für die Tiere und die Liebe zu der stummen Kreatur schon in der Schule geweckt und gelehrt und zum Gemeingut aller Volksgenossen gemacht werden. Nur beides zusammen, Gesetz und Belehrung, vermögen zu dem gewünschten Erfolge ... zu führen.“ Giese/Kahler, S. 290.

97 Übersichten über die gesamten Vorschriften über die Tiere finden sich bei Sax, S. 181 f. und bei Giese/Kahler, S. 318 ff. sowie im Anhang, S. 223 ff.

98 Dies war zwar schon seit der Weimarer Republik so; da aber die Tierärzte zum Großteil nationalistisch und antisemitisch eingestellt waren, bestand bereits im Herbst 1933 die Tierärztliche Hochschule in Hannover zu 75 % aus NSDAP-Mitgliedern. „The veterinarians as a whole had the highest level of Nazi party membership of any professional group in Germany." (Übersetzung: Die Tierärzteschaft als Ganzes hatte den höchsten Grad an NSDAP-Mitgliedschaft von allen Berufsgruppen in Deutschland.) Sax, S. 145 f.

treatment of animals in minute detail: how to provide for them, protect them, transport them, breed them, and slaughter them."[99]

Die Durchführung und Verfolgung der die Tiere betreffenden Gesetze war dabei jedoch sehr uneinheitlich.[100] Dies lag zum einen daran, daß während der Zeit des Zweiten Weltkrieges ein geregeltes Leben fehlte, was zur Durchsetzung von Gesetzen grundsätzlich erforderlich ist; zum anderen war die Komplexität des Reichstierschutzgesetzes mit all seinen Ausnahmen und Spezialfällen ein Hindernis; und letztlich brachen gerade die Parteigrößen, die für die Gesetze verantwortlich waren, die Vorschriften bereitwillig dort, wo es ihren Zwecken dienlich war.[101]

B. Das Interesse am Tierschutz erwacht nach dem 2.Weltkrieg neu: Erste Anregungen und Gesetzesvorschläge (1950-1960)

I. Einleitung

Während der Zeit des Zweiten Weltkrieges von 1939-1945 waren die Interessen des damaligen Gesetzgebers verständlicherweise auf vordringlichere Aufgaben als die des Tierschutzes konzentriert. Der Tierschutz „lag in dieser schweren Zeit im allgemeinen darnieder."[102] In der Nachkriegszeit bestanden zuerst Zweifel

99 Sax (aus dem Vorwort von Klaus P. Fischer), S. 12. (Übersetzung: Einige der strengsten Tierschutzgesetze wurden während des Dritten Reichs erlassen, Gesetze, die die Behandlung von Tieren in minutiöser Detailliertheit regelten: Wie man für sie zu sorgen, sie zu schützten, sie zu transportieren, sie zu züchten und zu schlachten habe.) Zur Praxis des Tierschutzrechts in der NS-Zeit fehlt bis jetzt eine eingehende Darstellung; Sax bringt dazu nur einzelne Hinweise.

100 Im Jahre 1934 wurden 5.055, im Jahre 1936 3.550 Erwachsene wegen Tierquälerei verurteilt, davon aber ca. 4/5 zu Geldstrafen und insgesamt 17 zu einer Gefängnisstrafe von einem Jahr und mehr; BA Koblenz Akte 141/90257, S. 115.

101 Von Martin Bormann ist überliefert, daß er, nachdem sein Pudel von einem anderen Hund gebissen worden war, befahl, den Hund zu fangen, mit Benzin zu übergießen und anzuzünden; Sax, S. 117.
E. Klueting meint dazu: „Die anfangs rasch aufeinander folgende Rechtsetzung wurde später im NS-Staat nicht fortentwickelt, da die wie ein Strohfeuer erscheinende gesetzgeberische Offensive ebenso schnell wieder in sich zusammensank. Kurz nach der Verabschiedung der Gesetze fanden der Tierschutz wie der Naturschutz unter den NS-Machthabern keine Fürsprecher mehr ... Die Masse des deutschen Volkes war nicht interessiert ... am Tierschutz." In Radkau/Uekötter, S. 103 ff.

102 Aus einem Schreiben des Deutschen Tierschutzbundes e. V. an das Bundesjustizministerium vom 15. Februar 1952; BA Koblenz Akte 141/4078, S. 44.

bezüglich der Fortgeltung des Tierschutzgesetzes. Es blieb jedoch von der Kontrollbehörde unberührt, da es nicht Ausdruck nationalsozialistischen Denkens war und auf Erkenntnissen beruhte, die aus anderen Tierschutzgesetzen hergeleitet wurden.[103] Zudem reichten die Arbeiten für das Reichstierschutzgesetz auf die Zeit vor den Nationalsozialisten zurück. Durch den Erlaß des Grundgesetzes 1949[104] und die Artikel 123 Absatz 1, 124 und 125 wurde die Fortgeltung des Reichstierschutzgesetzes ebenfalls grundsätzlich nicht berührt. Jedoch hatte das neu geschaffene Verfassungsrecht eine zersplitternde Wirkung, denn nur der strafrechtliche Teil des Gesetzes hatte Fortbestand als Bundesrecht, während die übrigen Normen in den Bereich des Landesrechts fielen.[105] Gleichwohl konnte man nun langsam dazu übergehen, sich auch auf den Nebengebieten des Rechts neue Gedanken zu machen. Den ersten Schritt machte man bereits am 07. Juli 1949 mit dem Erlaß des Gesetzes über Maßnahmen auf dem Gebiete der tierischen Erzeugung (Tierzuchtgesetz)[106]. Hierzu wurde dann auch im April 1950 der Entwurf einer Durchführungsverordnung vorgelegt[107], die jedoch erst 1958 erging. Da das Tierzuchtgesetz allerdings nur Vorschriften enthielt, die z.B. die Körung von Bullen betrafen, es also keine unmittelbar tier*schützenden* Normen beinhaltete, soll hier nicht weiter darauf eingegangen werden.

II. Die Zweite Verordnung zur Änderung der Verordnung über das Schlachten von Tieren vom 10. November 1952 und die Frage nach der Einführung von Bolzenschußapparaten

Das Tierzuchtgesetz war 1949 eingeführt worden, also zu einer Zeit, als die Bundesrepublik Deutschland noch als „Trizone" unter der Verwaltung der Sie-

---

103 Zur Fortgeltung des Gesetzes s. Caspar, S. 277 ff.

104 Grundgesetz der Bundesrepublik Deutschland, verkündet am 23. Mai 1949; in Kraft getreten am 24. Mai 1949. BGBl I S. 1.

105 Roeckle, S. 12 ff. „Daß der Verfassungsgeber es versäumt hatte, im Grundgesetz eine besondere Zuständigkeitsregelung für die Materie des Tierschutzes zu schaffen, ist symptomatisch für den Stellenwert, der dem Tierschutzanliegen nach Kriegsende zukam." Caspar, S. 280.

106 Tierzuchtgesetz vom 07. Juli 1949, WiGBl. 1949, S. 181; vgl. BA Koblenz Akte 136/8664.

107 Entwurf einer Ersten Durchführungsverordnung zum Tierzuchtgesetz vom Bundesministerium für Ernährung, Landwirtschaft und Forsten vom 24. April 1950; BA Koblenz Akte 136/8664. In den kommenden Jahren wurden noch weitere Entwürfe erarbeitet. Erst am 04. März 1958 wurden dann Änderungen verabschiedet, vgl. BA Koblenz Akte 136/8664.

germächte Frankreich, Großbritannien und Vereinigte Staaten von Amerika stand und somit „lediglich" ein einheitliches Wirtschaftsgebiet darstellte.

Im Gegensatz zum Tierzuchtgesetz enthielt bereits die Erste Verordnung über das Schlachten von Tieren vom 21. April 1933 sehr wohl auch tierschützende Elemente.[108] Nach § 6 der Verordnung über das Schlachten von Tieren hatte die Betäubung der Schlachttiere unter „Anwendung besonderer Betäubungsapparate (Bolzenschußapparat, Schlagbolzenapparat, Schlagbolzenmaske) *oder* durch Schlag auf den Schädel (Kopfschlag, Keulung, bei Kaninchen Genickschlag), mit einem besonderen Hammer oder behelfsmäßig mit einer Axt zu erfolgen. Bei schweren Kühen, ferner bei über zwei Jahre alten Ochsen und Bullen darf die Betäubung durch Kopfschlag wegen der bei diesen Tieren nicht immer sicheren Wirkung dieser Betäubungsart nur ausnahmsweise vorgenommen werden." Des weiteren enthielt § 7 Absatz 2 der Verordnung Anweisungen über die Durchführung des Kopfschlages bei verschiedenen Tierarten. Da jedoch 1933 und in den Folgejahren rüstungsbedingt und aufgrund der Materialknappheit nicht auf einmal so viele Bolzenschußapparate zur Verfügung gestellt werden konnten, wie eigentlich nötig gewesen wären, um alle Schlachter auszustatten, -daran hatte sich in den Wirren des Zweiten Weltkrieges nichts geändert- wurde der Kopfschlag in der Praxis noch sehr häufig angewandt. Zudem waren durch die Verordnung ja auch beide Alternativen (Betäubungsapparat *oder* Kopfschlag) erlaubt. Diese Sachlage schien nach dem Kriege unbefriedigend zu sein, da wegen der Möglichkeit von Fehlschlägen beim Kopfschlag die Tiere unnötig leiden könnten.

Im Herbst 1952 wurde daher vom Bundesministerium für Ernährung, Landwirtschaft und Forsten (*Bundeslandwirtschaftsministerium*; *BML*) ein Entwurf angefertigt, dessen Begründung zunächst noch einmal die Situation nach dem Erlaß der Verordnung über das Schlachten von Tieren zusammenfaßte: „In der Praxis wäre es aber auf Schwierigkeiten gestoßen, wenn bei Erlaß der VO im Jahre 1933 im Reich die Anwendung des Bolzenschußapparates sofort und ohne Übergangsfrist vorgeschrieben worden wäre. Im Jahre 1939 schien auf Grund einer Rundfrage des ehemaligen Reichsministers des Innern bei den Landesregierungen der Zeitpunkt gekommen, für alle Schlachtungen..., für die Betäubung nur den Bolzenschußapparat...zuzulassen. *Die Weiterverfolgung dieser Angelegenheit mußte aber infolge des Weltkrieges bis zum Wiedereintritt normaler Verhältnisse hinausgeschoben werden*, da wegen Materialknappheit die nötige Anzahl von Bolzenschußapparaten nicht beschafft werden konnte. ..."

---

108 RGBl. 1933 I S. 212. Diese Verordnung hatte, in der Fassung der (Ersten) Verordnung zur Änderung der Verordnung über das Schlachten von Tieren vom 14. November 1934, RGBl. 1934 I S. 1163, auch 1952 noch Geltung.

Der Entwurf selbst sah daher eine Änderung des § 6 und eine Streichung des § 7 Absatz 2 der Verordnung über das Schlachten von Tieren vor.[109] Als Begründung wurde dazu angeführt: „Beim Schlag auf den Schädel (Kopfschlag) kommen sowohl bei Großtieren wie bei Kleintieren, hier besonders bei Schweinen, häufig Fehlschläge vor; *der Kopfschlag wird dann sogar tierquälerisch.* Bei den Vorarbeiten für das Gesetz und die Verordnung über das Schlachten von Tieren bestand bei den Sachverständigen Übereinstimmung, daß ein wirklicher Tierschutz.....ohne Verbot des freien Kopfschlages mit Hammer, Keule, Axt oder dergleichen nicht zu erreichen und ein schnelles und nachhaltiges Betäuben nur bei Anwendung von besonderen Betäubungsapparaten, und zwar des Bolzenschußapparates, sicher gewährleistet sei. ... Es ist nunmehr an der Zeit, diese wichtige Tierschutzfrage wieder aufzunehmen und vom Standpunkt des Tierschutzes einwandfreie Verhältnisse bei der Betäubung der Schlachttiere zu schaffen. Bei allen Schlachtungen ... ist der Kopfschlag grundsätzlich zu verbieten und die Betäubung mit dem Bolzenschußapparat vorzuschreiben." Aufgrund dieses Entwurfs wurde am 10. November 1952 die *Zweite Verordnung zur Änderung der Verordnung über das Schlachten von Tieren* erlassen.[110] Neben der Streichung des § 7 Absatz 2 erhielt § 6 Absatz 1 folgende neue Fassung: „Die Betäubung muß so vorgenommen werden, daß unnötige Aufregungen und Schmerzen der Tiere vermieden werden. Sie muß schnell erfolgen und nachhaltig sein. *Sie hat unter Anwendung eines Bolzenschußapparates zu erfolgen. ...*"

Im Übrigen wurde ein Kopfschlag nur noch bei jungen Kleintieren, Geflügel und Kaninchen zugelassen, bei Kälbern nur mit einer Ausnahmegenehmigung, wenn das Bedürfnis für die Sammlung von Hypophysen (Hirnanhang) zur Herstellung medizinischer Präparaten nachgewiesen wurde und eine Gewinnung unverletzter Hypophysen nicht möglich war.

Mit dem Erlaß der Zweiten Verordnung über das Schlachten von Tieren war 1952 also ein Anfang zur Änderung der Tierschutzvorschriften gemacht worden. Diese Novelle bildete den Ausgangspunkt für alle weiteren Bestrebungen, das Tierschutzgesetz zu erneuern.

---

109 Entwurf vom 20. September 1952; BA Koblenz Akte 136/8666.

110 Verordnung vom 10. November 1952, BGBl. I S. 748; vgl. BA Koblenz Akte 116/19597.

III. Erste Vorschläge zur Änderung des Tierschutzgesetzes und erste Gesetzentwürfe (ab 1955)

1. Der erste Entwurf für ein neues Tierschutzgesetz vom Bund gegen den Mißbrauch der Tiere e.V. (1955)

In seiner Vereinszeitschrift „Das Recht der Tiere" hatte der Bund gegen den Mißbrauch der Tiere e.V. (*BMT*)[111] bereits im Februar Vorschläge gemacht, wie man das Tierschutzrecht in Deutschland verbessern könnte.[112] Diesen Vorschlägen hatten sich zahlreiche beamtete Tierärzte angeschlossen.[113] Mit einem Schreiben vom 15. Juni 1955 machte der BMT infolgedessen eine Eingabe beim Deutschen Bundestag und unterbreitete gleichzeitig verschiedene Änderungsvorschläge. In seinen einleitenden Worten begründete der Bundesvorsitzende, *K.F. Finus*, die Initiative seines Vereins damit, daß das mittlerweile über zwanzig Jahre alte Tierschutzgesetz bei seiner praktischen Durchführung da und dort Mängel aufweise, „die dem Sinn und Zweck dieses Gesetzes in einem erheblichen Maße entgegenwirken. .... Es ist die Überzeugung aller Tierschutzorganisationen, daß unser Tierschutzgesetz verbesserungsbedürftig ist. Die Fortentwicklung eines modernen Tierschutzrechtes ist zur Zeit nicht gewährleistet."[114] Die Vorschläge selbst bezogen sich vor allem auf bestimmte Personenkreise, die im Umgang mit Tieren beschränkt werden sollten. So sah der § 1 Absatz 3 des Entwurfs für ein neues Tierschutzgesetz (ETierSchG) etwa vor: „Personen, denen wegen krankhafter Störung der Geistestätigkeit ... gerichtlich ... Unzurechnungsfähigkeit zuerkannt worden ist, oder Personen, welche auf Grund von § 175 StGB (Widernatürliche Unzucht) rechtskräftig verurteilt worden sind, sowie ... (Trunkenbolden), ist die Haltung der Tiere oder die berufsmäßige Beschäftigung oder der Handel mit Tieren untersagt."

Neben anderen Änderungen sollten gemäß § 9 Absatz 1 ETierSchG Personen, die gegen den § 1 Absatz 3 ETierSchG verstießen, „durch Gerichtsbeschluß zur Sicherung und Besserung in Anstaltsunterbringung genommen werden."[115] Auch sollte die Tötung von Tieren durch Erschlagen, Erhängen, Ertränken oder Erdrosseln, was gerade in ländlichen Gebieten stark verbreitet sei, verboten werden (§ 2 Nr. 4 ETierSchG). Zur Wartung und Pflege von Versuchstieren dürfe

---

111 Der Bund gegen den Mißbrauch der Tiere war im Jahre 1952 gegründet worden.
112 RdT, Ausgabe 2/1955.
113 RdT, Ausgabe 3/1955.
114 Entwurf vom 15. Juni 1955, S. 1; BA Koblenz Akte 116/19573; ebenfalls in: RdT, Ausgabe 7/1955, S. 20.
115 RdT, Ausgabe 7/1955, S. 20-22.

man nur „*charakterlich einwandfreie*, gut ausgebildete Tierpfleger (-innen)" einstellen (§ 6 Absatz 1 ETierSchG).[116]

Als Antwort auf die vom BMT vorgeschlagenen Änderungen teilte der Bundesminister der Justiz dem Verein mit, daß er diese mit großem Interesse zur Kenntnis genommen habe und sie als Material für die große Strafrechtsreform verwenden wolle, da sich jene auch mit Fragen des Tierschutzrechts befassen müsse.[117]

2. *Der Entwurf der CDU-Fraktion Schleswig-Holstein und die Frage der Gesetzgebungskompetenz auf Bundes- oder Landesebene (1955)*

Am 09. November 1955 übersandte die CDU-Fraktion des Landtages Schleswig-Holstein dem Bundesminister des Innern ebenfalls den Entwurf eines Gesetzes zur Änderung und Ergänzung des Tierschutzgesetzes.[118] Die Vorschläge lagen dabei sehr nahe an denen des BMT. Auch hiernach sollte das Erhängen oder Erdrosseln von Haustieren verboten werden; Geisteskranken und Personen, die auf Grund von § 175 b StGB (Unzucht mit Tieren) verurteilt worden waren, sollte die Haltung, das Handeln und der berufsmäßige Umgang mit Tieren untersagt werden; und mit der Wartung und Pflege der Versuchstiere durften „nur besonders geeignete und zuverlässige Personen beauftragt werden."

Wie bei vielen anderen Änderungsvorschlägen und eingereichten Gesetzesentwürfen ist auch hier eine Antwort mangels erhaltenem Aktenmaterial nicht bekannt. Man muß aber davon ausgehen, daß die Bundesministerien die Vorschläge zur Kenntnis nahmen und sorgfältig prüften. Insgesamt wollte man vor irgendwelchen Änderungen des TierSchG aber wohl erst einmal die große Strafrechtsreform abwarten. Als Beleg dafür dient auch die Niederschrift über die Sitzung des Veterinärausschusses des Bundeslandwirtschaftsministerium am 25./26. November 1958. Dort heißt es unter Punkt 13 h) der Tagesordnung: „Entwicklung des Tierschutzgesetzes: Die Länder werden darüber unterrichtet, daß bei der Großen Reform des Strafgesetzbuches beabsichtigt ist, einige Vorschriften des Tierschutzgesetzes, insbesondere die grundlegende Strafvorschrift

---

116 Diese Vorschläge scheinen -auch vom Sprachgebrauch her- aus heutiger Sicht vielleicht etwas altmodisch zu sein. Dennoch sind sie ein Spiegel ihrer Zeit und erinnern in ihren Denkansätzen an die Anfänge des Tierschutzes im 19. Jahrhundert, wo man auch schon davon ausging, daß Personen, die Tiere quälten, dies möglicherweise auch bei ihren Mitmenschen tun könnten und man sie daher entweder nicht mit Tieren umgehen lassen wollte oder ihre Umwelt vor ihnen schützen mußte.

117 RdT, Ausgabe 1-2/1956, S. 36.

118 Entwurf vom 09. November 1955; BA Koblenz Akte 116/19573.

des § 9 Absatz 1 des Tierschutzgesetzes, in das Strafgesetzbuch zu übernehmen."[119]

Gleichzeitig mit ihrem Entwurf hatte die CDU-Fraktion Schleswig-Holstein allerdings erstmals[120] die Frage gestellt, wer eigentlich die *Gesetzgebungskompetenz* im Bereich des Tierschutzes habe. Am 22. Dezember 1955 wurde aus Bonn geantwortet, daß das Tierschutzgesetz als strafrechtliches Nebengesetz wohl eher dem Bundesrecht zugerechnet werden müsse und man verwies auf Art. 74 Absatz 1 Nr. 1 und Art. 125 Grundgesetz.[121] Damit war diese Frage zwar geklärt, jedoch nur vorläufig. Der Streit um die Gesetzgebungskompetenz zog sich über Jahre hin und wurde dann schließlich erst mit einer Grundgesetzänderung im Jahre 1971 endgültig beendet.

3. Entwurf des Hochschularbeitskreises für Tierschutz (1956)

Unter dem 09. Januar 1956 bat der Hochschularbeitskreis für Tierschutz (*HAKTS*) das Bundeslandwirtschaftsministerium um die Übersendung bereits vorbereiteter Gesetzesentwürfe zur Änderung des Tierschutzgesetzes, was jedoch am 14. Januar 1956 folgendermaßen abgelehnt wurde: „Zur Zeit findet in Zusammenarbeit mit dem Herrn Bundesminister der Justiz eine Überprüfung dahingehend statt, ob und welche Änderungen des TierSchG vordringlich geworden sind. Die Überprüfung ist noch nicht abgeschlossen."[122] Gleichwohl präsentierte der HAKTS am 18. Juni 1956 einen eigenen Entwurf. Dieser sah unter anderem vor, das Doppeljoch bei landwirtschaftlichen Pflugtieren und die Verwendung von Einhufern unter Tage zu verbieten. Bei Tierversuchen sollten über die Art der Tiere, den Zweck, die Durchführung und das Ergebnis Aufzeichnungen gemacht werden, die vierteljährig der obersten Landesbehörde zur Prüfung vorzulegen seien.[123]

Besonders zu erwähnen ist noch der Vorschlag zur Neufassung des § 15 TierSchG. Der HAKTS formulierte diesen so: § 15: „Um erhöhte Sicherheit da-

---

119 BayHStA MInn 87778.

120 Bereits im Februar 1952 hatten die für das Veterinärwesen zuständigen obersten Landesbehörden von Nordrhein-Westfalen, Niedersachsen und Bremen die Frage an das BML gestellt, dort allerdings im Zusammenhang mit dem Verfahren über die Zulassung von Tierversuchen gem. § 6 TSG und nicht „offiziell" im Zusammenhang mit einem Gesetzentwurf. Die Antwort war aber bereits 1952 die gleiche, die die CDU-Fraktion 1955 bekam; BA Koblenz Akte 141/41830.

121 BA Koblenz Akte 116/19573.

122 BA Koblenz Akte 116/19573.

123 BA Koblenz Akte 116/19573. Das hatten -in ähnlicher Form- auch bereits der BMT und die CDU-Fraktion Schleswig-Holstein in ihren Entwürfen gefordert. Geändert werden sollte jeweils § 7 Nr. 8 TierSchG.

für zu schaffen, daß die Vorschriften zum Schutz der Tiere eingehalten werden, können *auf Antrag der Tierschutzorganisationen ihren ehrenamtlich tätigen Vertrauensleuten Befugnisse zum Vollzug diese Gesetzes im Rahmen der allgemeinen polizeilichen Vorschriften verliehen werden.*“[124] Hier und in vielen späteren Entwürfen versuchten die Tierschutzvereinigungen und Interessenverbände, sich –gewissermaßen als Kontrollinstitutionen- im Tierschutzgesetz eine Mitwirkung festschreiben zu lassen. Es sei bereits an dieser Stelle festgehalten, daß diese Ansinnen nicht ein einziges Mal berücksichtigt werden sollten.

4. Der zweite Entwurf des Bundes gegen den Mißbrauch der Tiere, der Entwurf des Deutschen Tierschutzbundes und die Problematik des Hunde- und Katzenschlachtens und der Vivisektion (1957)

Nachdem der BMT bereits 1956 fruchtlos eine Petition zur Änderung des TierSchG an das Bundesministerium der Justiz (BMJ) gesandt hatte[125], stellte er im Herbst 1957 einen neuen, umfassenderen Entwurf vor.[126] Kurze Zeit später verfaßte auch der Deutsche Tierschutzbund (*DTSB*)[127] einen eigenen Entwurf. Dieser war anläßlich des 1. Deutschen Tierschutzkongresses in der Frankfurter Paulskirche (1957) erarbeitet worden.[128] Der damalige Präsident des DTSB, *W. Emrich*, meinte hierzu: „An diesem Gesetz werden sich die Geister scheiden. ... Hier wird aller lebenden und leidenden Kreatur das Recht eingeräumt, auf das sie nach göttlichem Willen Anspruch hat.“[129] Da sich beide Entwürfe in ihrem Inhalt sehr ähnlich sind, sollen sie hier gemeinsam dargestellt werden.

---

124 BA Koblenz Akte 116/19573.; § 15 TierSchG bestimmte das Inkrafttreten des TierSchG.

125 Diese wurde mit fünf anderen am 21. Juni 1956 dem Petitionsausschuß des Bundestages zugeleitet.

126 BA Koblenz Akte 116/19575. Ein genaues Datum ist nicht bekannt, die zeitliche Einordnung ergibt sich jedoch aus einem Beitrag in: RdT, Ausgabe 3-4/1957, S. 18.

127 Mit dem Zusammenbruch des Dritten Reiches waren auch die meisten Tierschutzvereine zusammengebrochen, die Arbeit des Reichstierschutzbundes kam zum Stillstand. Im März 1948 wurde auf Initiative des Frankfurter Oberbürgermeisters Dr. Walter Kolb der Deutsche Tierschutzbund gegründet, der sich statt der Fünften Verordnung zur Ausführung des Tierschutzgesetzes eine neue demokratische Satzung gab. In Hamburg wurde unter Karl Peter daneben der Norddeutsche Tierschutzbund gegründet, in München der Bayerische Tierschutzbund unter Dr. Süßenguth; vgl. Giese/Kahler, S. 130 ff.

128 Entwurf vom 07./08. Dezember 1957; BA Koblenz Akte 116/19573. Die großen Tierschutzvereinigungen hatten bereits vorher immer wieder kleinere Vorschläge unterbreitet, so auch der DTSB. Von Bedeutung sind aber besonders die hier dargestellten „großen“ Entwürfe, da sie jeweils eine Vielzahl von Neuerungen enthalten.

129 Tierfreund, Ausgabe 1/1958, S. 3.

a) Neufassung des § 1 Tierschutzgesetz und bereits in anderen Entwürfen enthaltene Forderungen

Beide Vereinigungen wollten insbesondere den Tatbestand der Tierquälerei des geltenden § 1 TierSchG verschärfen. Dieser lautete: „§ 1 TierSchG

I. Verboten ist, ein Tier *unnötig* zu quälen oder *roh* zu mißhandeln.

II. Ein Tier mißhandelt, wer ihm *erhebliche* Schmerzen verursacht..."

Während der DTSB bereits in § 1 Absatz 1 TierSchG die Worte *unnötig* und *roh* streichen wollte, um nunmehr *jegliche* Tierquälerei oder Tiermißhandlung zu bestrafen, war man sich in beiden Entwürfen einig, in Absatz 2 die Formulierung *„erhebliche"* Schmerzen gegen *„mehr als geringfügige"* Schmerzen zu tauschen, da man der Meinung war, der Begriff der Erheblichkeit mache bei der Anwendung der geltenden Bestimmungen Schwierigkeiten und sei geeignet, die Verfolgung von Tierquälereien zu erschweren. Letzteres gelte ebenso für § 2 Nr. 1 und Nr. 2, § 5 und § 7 Nr. 4 TierSchG.[130]

Weiterhin wurden schon geäußerte Vorschläge erneut eingebracht, wie Maßnahmen gegen geisteskranke, trunksüchtige oder unzüchtige Tierhalter oder die vierteljährliche Kontrolle von Tierversuchen durch die obersten Landesbehörden, bzw. durch wissenschaftliche Zentralstellen. Auch kam wieder der Wille zum Ausdruck, die Tötung der Tiere durch z.B. Erdrosseln oder Erhängen, sowie die Verwendung eines Doppeljochs oder die Verwendung von Einhufern unter Tage zu verbieten. Darüber hinaus sollten die Einfuhr kupierter, also an der Schweifrübe gekürzter Pferde[131] und das Durchschneiden der Stimmbänder, bzw. das Stummmachen der Versuchstiere gänzlich untersagt werden. Erstmalig sollte auch die Haltung von Geflügel in Legebatterien verboten werden.[132]

b) Das Verbot des Hunde- und Katzenschlachtens

Eine wirkliche Neuerung in beiden Vorschlägen war jedoch das Verbot des Hunde- und Katzenschlachtens zur Fleisch- oder Fellgewinnung. Dieses war eigentlich geregelt durch das Gesetz über das Schlachten von Tieren vom 21. April 1933[133], jedoch wurde offenbar immer noch eine Vielzahl solcher Schlachtungen „schwarz" vorgenommen.[134] Die Problematik des Hunde- und

---

130 BA Koblenz Akte 116/19575.

131 Man beachte hierbei, daß die Einfuhr kupierter Pferde bereits gemäß § 3 TierSchG grundsätzlich verboten war. Dieser Paragraph war allerdings gemäß § 15 TierSchG noch nicht in Kraft, sondern ruhte zunächst einmal.

132 Der Deutsche Tierschutzbund in § 2 Nr. 12 des Entwurfs.

133 RGBl. I S. 203.

134 BA Koblenz Akte 136/8666.

Katzenschlachtens und des daran anschließenden Inverkehrbringens und Verzehrs war allerdings lange bekannt. Schon 1951 hatte der Bundeslandwirtschaftsminister die zuständigen obersten Landesbehörden um eine Stellungnahme gebeten. Mit überwältigender Mehrheit lehnten die Länder den Erlaß eines Verbotes von solchen Schlachtungen ab, da in Deutschland kein allgemeines Schlachtverbot für bestimmte Tierarten bestehe.[135]

Auch bei der Entwicklung der Zweiten Verordnung zur Änderung der Verordnung über das Schlachten von Tieren war über eine Änderung nachgedacht worden.[136] In der Folgezeit war immer wieder ein Verbot des Schlachtens oder Inverkehrbringens[137] von Hunde- und Katzenfleisch gefordert worden, so beispielsweise vom Tierschutz Bonn und Umgebung e.V.[138], vom DTSB[139] oder von aufgebrachten Bürgern, die auf Presseberichte reagierten[140]; es war jedoch trotz allem noch zu keiner Änderung gekommen. Dies mag seine Ursache darin haben, daß Schlachtungen durch das TierSchG und das Schlachtgesetz umfassend geregelt waren. Dennoch wollten die Tierschutzverbände ein ausdrückliches Hunde- und Katzenschlachtverbot auch im TierSchG (oder in einem Sondergesetz[141]) festgeschrieben haben. Der DTSB forderte auch am 02. Februar 1958 von Bundeskanzler Adenauer noch einmal ein Verbot des Hunde- und Katzenschlachtens, bzw. des Inverkehrbringens so gewonnenen Fleisches zum menschlichen Genuß, da nach Ansicht des DTSB das (oftmals unsachgemäße) Schwarzschlachten zu Quälereien führte, die nicht entsprechend geahndet werden konnten. Daher äußerte der DTSB die Bitte, ein entsprechendes Gesetz zu erlassen, das auch diesbezügliche Strafvorschriften enthalten solle.[142] Diese Forderung wurde vom Bundeskanzleramt an das Bundeslandwirtschaftsministerium weitergeleitet, wo in der darauffolgenden Zeit ein Gesetzentwurf vorbereitet wurde. Das geht aus der Niederschrift über eine Sitzung des Veterinärausschusses des Bundeslandwirtschaftsministeriums hervor, worin es heißt: „Vom BML wird im Einvernehmen mit den Bundesministern des Innern und der Justiz ein Gesetz über das Verbot des Schlachtens von Hunden und Katzen vorbereitet. Hiermit wird einem Anliegen des Deutschen Tierschutzbundes Rechnung getra-

135 BA Koblenz Akte 141/4079, S. 44.

136 BA Koblenz Akte 136/8666.

137 So lautete ein Antrag der Fraktion der DP (Dr. von Merkatz und Fraktion) vom 01. April 1954, BT-Ds. II/415, BTDS Band 28; BA Koblenz Akte 136/8666.

138 Am 05. August 1955; BA Koblenz Akte 116/19573.

139 Schreiben vom 02. August 1951; Eingabe vom 30. Januar 1954, BA Koblenz Akte 136/8666; Tierfreund, Ausgabe 9/1956, S. 104.

140 So berichtete z.B. die Zeitschrift „Stern" in ihrem Heft 22 vom 09. Mai 1955 über Hundeschlachtungen; BA Koblenz Akte 116/19573.

141 Tierfreund, Ausgabe 9/1956, S. 104.

142 BA Koblenz Akte 136/8666.

gen. ..."[143] Weiter ist dies ersichtlich aus einem Schnellbrief des Bundeslandwirtschaftsministers an den Staatssekretär im Bundeskanzleramt vom 23. Juni 1959. Begründet wurde der vorgesehene Gesetzentwurf allerdings hierin weniger mit dem Schutz der Tiere, als mit dem Schutz des Menschen, mit der Hygiene und einem normalerweise bestehenden Ekelgefühl beim Verzehr von Hunde- oder Katzenfleisch.[144] Am 10. Dezember 1959 legte dann die Bundesregierung unter der Federführung des Bundeslandwirtschaftsministers dem deutschen Bundestag den Entwurf eines Gesetzes über das Verbot des Schlachtens von Hunden und Katzen vor –Bundestagsdrucksache *(BT-Ds.)* III/1485[145]- mit der Bitte, die Beschlußfassung herbeizuführen. Der Entwurf sah folgende Regelungen vor:

„§ 1: Wer

1. Hunde oder Katzen schlachtet oder auf andere Art tötet, um das Fleisch (einschließlich des Fettes) dieser Tiere dem menschlichen Verzehr zuzuführen oder das Fett dieser Tiere als Arzneimittel zu gewinnen, oder
2. Fleisch (einschließlich des Fettes) von Hunden oder Katzen zu den in Nummer 1 bezeichneten Zwecken anbietet, zum Verkauf vorrätig hält, feilhält, verkauft oder sonst in den Verkehr bringt,

wird mit Geldstrafe oder mit Gefängnis bis zu sechs Monaten bestraft."

Durch § 2 des Entwurfs sollte das Fleischbeschaugesetz[146] geändert werden, laut § 3 sollte das Gesetz auch in Berlin Geltung haben[147], § 4 bestimmte das Inkrafttreten.

Begründet wurde der Entwurf damit, daß Hunde und Katzen durch ihre Einbeziehung in die engere Gemeinschaft des Menschen eine besondere Stellung unter den Tieren einnähmen. Daher werde von weiten Kreisen der Öffentlichkeit das Schlachten von Hunden und Katzen, um das Fleisch dem menschlichen Verzehr zuzuführen, „in so starkem Maße als ärgerniserregend und gegen das menschliche und sittliche Gefühl verstoßend angesehen, daß der Erlaß eines gesetzlichen Verbotes gerechtfertigt" sei.[148]

Vor der Beratung des Bundestages hatte bereits der Bundesrat in seiner 210. Sitzung am 23. Oktober 1959 gemäß Artikel 76 Absatz 2 des Grundgesetzes zu

---

143 Sitzung vom 25./26. November 1958, TOP 13 i); BayHStA MInn 87778.

144 Schnellbrief vom 23. Juni 1959; BA Koblenz Akte 136/8666.

145 Bundestagsdrucksache III/1485; BTDS Band 65.

146 Fleischbeschaugesetz in der Fassung vom 29. Oktober 1940 (RGBl. I S. 1463).

147 Die Geltung für Berlin sollte sich nach Maßgabe des Dritten Überleitungsgesetzes vom 04. Januar 1952, BGBl. I S. 1 ergeben.

148 Gesetzestext und Begründung finden sich in der Bundestagsdrucksache III/1485 als Anlage 1, a.a.O.

dem Gesetzentwurf –dort: BR-Ds. 309/59[149]- Stellung genommen.[150] Der Bundesrat war dabei der Ansicht gewesen, daß in § 1 Nr. 2 die Worte „zu den in Nummer 1 bezeichneten Zwecken" zu streichen und am Ende die Worte „um es dem menschlichen Verzehr oder der Gewinnung oder Verwendung als Arzneimittel zuzuführen", anzufügen seien.[151] Wegen des Ablaufs der Wahlperiode gelangte der Entwurf letztlich über den Rechtsausschuß des Bundestages nicht hinaus. Überdies hatten sich in der Öffentlichkeit andere Stimmen der von Bayern geäußerten Auffassung angeschlossen, es bestehe für ein solches Gesetz in der Praxis kein Bedürfnis.[152]

Dennoch gab es auch in der folgenden Legislaturperiode weiterhin Eingaben und die Aufforderung an die Bundesregierung, das Schlachten von Hunden und Katzen zu untersagen. Mit dem schließlich von der Bundesregierung beschlossenen und an den Bundesrat übersandten „Entwurf eines Gesetzes über das Verbot des Schlachtens von Hunden und Katzen" vom 17. Oktober 1963 -*BR-Ds. 432/63*[153]- wurde schließlich erneut versucht, die Schlachtung dieser Haustiere zu verbieten. Der Gesetzentwurf entsprach dabei wörtlich dem von 1959, allerdings mit den vom Bundesrat angeregten Änderungen.[154] Dazu vermeldete der Bund gegen den Mißbrauch der Tiere: „Das Bundeskabinett in Bonn hat einen Gesetzentwurf gebilligt, der in Zukunft das Schlachten von Hunden und Katzen, um ihr Fleisch oder Fett zu verzehren oder zu verkaufen, mit Geldstrafe oder mit Gefängnis ... bedroht."[155]

Im Bundesrat wurde der Entwurf an die Ausschüsse überwiesen. Während der federführende Landwirtschaftsausschuß und der Ausschuß für Innere Angelegenheiten (Innenausschuß) dem Bundesrat empfahlen, dem Entwurf –mit einer kleinen Änderung- zuzustimmen, war der Rechtsausschuß mit dieser Begründung dagegen: „Bei aller Anerkennung der Ziele des Tierschutzes ist für die im Entwurf vorgesehenen Strafvorschriften ein Bedürfnis zur Zeit nicht vorhanden. § 1 des Gesetzentwurfs ist nicht annehmbar. Mit Strafe soll nämlich nach dessen Nr. 1 lediglich derjenige bedroht sein, der Hunde oder Katzen schlachtet oder auf eine andere Art tötet, um das Fleisch ... dieser Tiere dem menschlichen Verzehr zuzuführen oder das Fett ... als Arzneimittel zu gewinnen. Das Schlachten

149 BRDS 1959 Band 7, Nr. 300-334.
150 Sitzungsberichte Bundesrat 1959, 201-213, S. 199 D ff.
151 Anlage zu Bundestagsdrucksache III/1485, a.a.O.
152 Gerold, S. 1.
153 Bundesratsdrucksache 432/63; BRDS 1963 Band 13, Nr. 400-449.
154 Da jedoch das Fleischbeschaugesetz geändert worden war (Fassung vom 15. März 1960; BGBl. I S. 186), sah § 2 des Gesetzentwurfs auch eine entsprechende Änderung des neugefaßten Gesetzes vor.
155 RdT, Ausgabe 3-4/1959, S. 28.

und sonstige Töten von Hunden und Katzen zu anderen Zwecken, etwa zur Fellgewinnung oder zur Verfütterung des Fleisches der geschlachteten Tiere oder zur Herstellung kosmetischer Artikel aus dem Fett solcher Tiere würde dagegen straffrei bleiben. Die Bestrafung eines bloßen Motivs ist aber nicht angängig. Überdies würde die Differenzierung im subjektiven Tatbestand den Vollzug des Gesetzes weitgehend erschweren.“[156]

Der Entwurf wurde letztlich vom Bundesrat in seiner 261. Sitzung am 25. Oktober 1963 gemäß Artikel 76 Absatz 2 GG mit der Begründung des Rechtsausschusses abgelehnt.[157]

c) Mehr Mitspracherechte der Tierschutzvereinigungen

Als weitere Neuheit in den Entwürfen kann man wohl auch den Wunsch der Tierschutzverbände ansehen, in bestimmten Bereichen mehr Rechte zu erhalten. So findet sich im Entwurf des Bundes gegen den Mißbrauch der Tiere im Bereich der Tierversuche und deren vierteljährlicher Meldung bei der Zentralstelle ein neuer § 9 Absatz 3 TierSchG, der vorsah, daß die dorthin übermittelten Zahlen auf Ersuchen dem BMT oder dem DTSB mitzuteilen seien. Der DTSB seinerseits verlangte, daß bei Versuchen an Pferden, Katzen, Hunden, Affen und anderen ähnlich sensiblen Tieren eine Sondergenehmigung der obersten Landesbehörden erforderlich sei. Dabei habe die oberste Landesbehörde vor der Erteilung der Genehmigung die zuständige Landesorganisation des DTSB anzuhören. Dasselbe sollte auch für eine Erlaubniserteilung bei dem Handel mit Versuchstieren gelten.[158] Beiden Entwürfen gemein ist schließlich die Forderung, daß sich bei einem Verstoß gegen das TierSchG der DTSB, der BMT oder der im Gerichtsbezirk stehende rechtsfähige Tierschutzverein in jedem Prozeß und in jeder Lage des jeweiligen Verfahrens als Nebenkläger anschließen dürfte.[159]

d) Einschränkung der Vivisektionen

Eines der Hauptziele beider Vereinigungen war, wenn schon nicht die vollständige Abschaffung, so doch zumindest die Einschränkung von Tierversuchen auf ein Mindestmaß. Der BMT, der immerhin vormals der Bund gegen die Vivisek-

---

156 Bundesratsdrucksache (Beschluß) 432/1/63 vom 17. Oktober 1963; BRDS 1963 Band 13, Nr. 400-449.

157 261. Sitzung des Bundesrates; Sitzungsberichte 1963/1964, S. 200 C; BA Koblenz Akte 136/8666. Die Begründung stützte sich auf die Argumente der Bundesratsdrucksache (Beschluß) 432/1/63; BRDS Band 13, Nr. 400-449.

158 § 7 Nr. 5 und § 9 Absatz 3 des Entwurfs; BA Koblenz Akte 116/19573.

159 § 17 TierSchG im Entwurf des DTSB; § 13 Absatz 1 im Entwurf des BMT.

tion e.V. war, führte dazu in seiner Entwurfsbegründung an, daß der wissenschaftliche Tierversuch das brennendste Problem des Tierschutzes sei. Es hieß weiter: „Schon seit vielen Jahrzehnten spielt sich ein zum Teil leidenschaftlich geführter Kampf der Vivisektionsgegner gegen die bestehende Zulässigkeit des Tierversuchs ab. ... In den meisten Fällen handelt es sich um überflüssige, von einem vorübergehenden Gelüste eingegebene Versuche... . ... Wir vertreten den Standpunkt *der* Mediziner, die dem Tierversuch jeden Wert absprechen, und derer, die mindestens eine starke Einschränkung der Versuche für ... geboten erachten. ... Wir sind uns aber dessen bewußt, daß dieses Ziel nicht sofort zu gewinnen ist, und erstreben daher nur eine Ausschaltung überflüssiger und zweckloser Versuche... ."[160]

Den ersten Schritt zur Erreichung dieses Zieles sah man darin, daß nicht -wie es bisher in § 6 Nr. 1 TierSchG vorgesehen war- bestimmten wissenschaftlich geleiteten *Instituten* oder *Laboratorien* die Erlaubnis zur Vornahme von Tierversuchen erteilt werden solle, sondern deren wissenschaftlichen *Leitern*, sofern diese über eine geeignete Qualifikation verfügten. Diese sollten dann weitere Ermächtigungen an andere Mitarbeiter mit derselben Befähigung erteilen dürfen. Institutsleitern, die bereits wegen Verstößen gegen Tierschutzbestimmungen bestraft worden seien, habe man die Erlaubnis zu versagen. Mit dieser Neuregelung wollte man erreichen, daß zum einen der Kreis der zu den Versuchen zugelassenen Personen besser abgegrenzt und zum anderen die Verantwortung bestimmter Personen deutlicher klargestellt sein würde.

Weiterhin sollten Versuche nur noch dann unternommen werden dürfen, wenn ein wissenschaftlich noch nicht bestätigter, aber ernsthaft anzustrebender und notwendiger Erfolg zu erwarten sei (DTSB) oder wenn der erwartete Erfolg der Erhaltung und Förderung der Gesundheit von Menschen und Tieren oder der Heilung von Krankheiten diene (BMT).

Diese Vorschläge erinnern deutlich an die Argumente, wie sie von jeher im Vivisektionsstreit gebraucht wurden. Auf der einen Seite steht eben die Notwendigkeit von Tierversuchen zur wissenschaftlichen Weiterentwicklung und um neue Heilungsmöglichkeiten zu erforschen oder zu entdecken, auf der anderen Seite steht das zu gerade diesen „menschlichen" Zwecken *ge*brauchte Tier mit all seinen Empfindungen. Um hierbei die verwendeten Tiere nicht auch noch zu *miß*brauchen, dazu sollten die Einschränkungen dienen. Auch die bereits angesprochenen vierteljährlichen Meldungen der Tierversuche fallen unter diese Kategorie.

Zusammenfassend läßt sich festhalten, daß es sich bei den hier dargestellten Entwürfen um die bislang ausführlichsten Neuvorschläge handelte, die sich aus

160 Entwurf des BMT a.a.O., S. 4 f.

alten und neuen Ideen für ein neues Tierschutzgesetz zusammensetzten. Aus einem internen Vermerk in Bonn zu dem Entwurf des DTSB geht hervor, daß man auch hier erst einmal die große Strafrechtsreform abwarten wollte.[161]

5. Die Initiative Bayerns für ein neues Tierschutzgesetz (1958)

Am 04. November 1958 faßte der Bayerische Landtag folgenden Beschluß: „Der Bayerische Landtag an die Bayerische Staatsregierung: Der Landtag hat über den Antrag der Abgeordneten Lallinger, Dr. Fischbacher und Fraktion (BP) betreffend Erlaß eines neuen Tierschutzgesetzes (Beilage 3659) ... beschlossen: Die Staatsregierung wird ersucht, beim Bundesrat die Initiative zu ergreifen, daß alsbald im Einvernehmen mit den Tierschutzverbänden die Vorbereitungen getroffen werden, ein neues Tierschutzgesetz zu schaffen."[162] Daraufhin schrieb das Bayerische Staatsministerium des Innern die für das Veterinärwesen zuständigen obersten Behörden der Länder an und bat um eine Äußerung, ob eine Neufassung des Tierschutzgesetzes nach den dort jeweiligen Erfahrungen für vordringlich erachtet werde, und ob es angezeigt erscheine, daß der Bundestag einen entsprechenden Initiativgesetzentwurf einbringe.[163] Das Ergebnis dieser Umfrage war eindeutig. Beinahe alle Länder hielten eine Neufassung des Tierschutzgesetzes nicht für vordringlich und waren daher gegen einen Initiativgesetzentwurf des Bundestages. Sie stimmten vielmehr dafür, die große Strafrechtsreform abzuwarten.[164]

6. Weitere Vorschläge und der Entwurf des Deutschen Tierschutzbundes vom 10. Juni 1959

Selbstverständlich waren nicht alle Entwürfe so umfangreich wie die des DTSB und des BMT von 1957. Häufig versuchten Privatpersonen, kleinere Verbände oder die großen Tierschutzvereinigungen, jedenfalls in Einzelpunkten und in kleinen Schritten, Veränderungen herbeizuführen. So wandte sich beispielsweise der *Bundesverband der Deutschen praktischen Kastrierer e.V.* mit einem Schreiben vom 17. Juni 1958 an Bundeskanzler Adenauer und verlangte die Änderung des § 2 der Ersten Ausführungsverordnung zum Tierschutzgesetz vom 20. Juni 1934. Danach war nur Tierärzten die Kastration erlaubt, was die praktischen Kastrierer nunmehr geändert haben wollten. Dieses Begehren wurde jedoch im

161 BA Koblenz Akte 116/19573.
162 Beilage 4040; BayHStA MInn 87778.
163 Schreiben vom 02. Dezember 1958; BayHStA MInn 87778.
164 BayHStA MInn 87778.

April 1959 mit der Begründung abgelehnt, daß eine Kastration stets auch die Fachkenntnis der Veterinärmediziner brauche und nicht nur erlernte Kastrationstechniken.[165] Der *DTSB* seinerseits bat in einer Eingabe an den Bundestagspräsidenten vom April 1958, dem Tier durch eine Ergänzung des § 90 BGB zu helfen, da ein Tier nur als Sache und somit als körperlicher Gegenstand behandelt werde.[166]

Im November 1958 brachte der *BMT* wiederum seine wichtigsten Forderungen auf einen knappen Nenner, indem er vom Bundeslandwirtschaftsminister forderte:

„1. Verbot des betäubungslosen Schlachtens, ohne jede Ausnahme.
2. Stärkste Einschränkung der Versuche an lebenden Tieren. (3. ...)
4. Schaffung eines neuen Tierschutzgesetzes. ... ."[167]

Manche Vorschläge standen sich aber, je nach der Interessenlage des jeweils Fordernden, auch konträr gegenüber. So wollte Karl *Peter*[168] den Vogelschutz durch das Einfügen neuer Vorschriften verbessern, die quasi ein Katzenverbot zum Inhalt hatten[169], während andererseits der *Verein der Katzenfreunde Deutschlands e.V.* vom Bundeslandwirtschaftsminister zusätzliche Schutzbestimmungen für Katzen forderte.[170]

Am 10. Juni 1959 leitete dann der *DTSB* den zuständigen Bundesbehörden erneut einen ausführlichen Entwurf zu. Dieser war aber bis auf wenige kleine Ausnahmen mit dem Entwurf vom Dezember 1957 identisch. In der Begründung *dieses* Entwurfs führt der DTSB allerdings ein Beispiel aus der Rechtspraxis für die Unzulänglichkeit des Tierschutzgesetzes gerade auch im Hinblick auf die Strafvorschriften an: Wenn jemand ein Tier töten wolle und es dabei ungewollt quäle, so werde er nicht bestraft. Der im Hinblick auf die Tierquälerei erforderliche Vorsatz sei dann gar nicht oder nur schwer nachweisbar. Die unter Mißhandlung des Tieres vorgenommene Tötung sei aber nicht unter Strafe gestellt.[171] Zu diesem Entwurf des DTSB findet sich ein Vermerk in einer Verfügung des Staatssekretärs im Bundeskanzleramt vom 03. Juli 1959: „Das Bun-

165 BA Koblenz Akte 136/8666.

166 BA Koblenz Akte 116/19576; Tierfreund, Ausgabe 6/1958. Durchgesetzt wurde eine Änderung des BGB aber erst viel später mit der Einfügung des § 90 a BGB durch Gesetz vom 20. August 1990, BGBl. I S. 1762.

167 BA Koblenz Akte 116/19573.

168 Karl Peter war nach dem Krieg Mitbegründer und Vorsitzender des Norddeutschen Tierschutzverbandes.

169 BA Koblenz Akte 116/19575; Peter wurde vom Bundespräsidenten wegen seines aktiven Tierschutzes ausgezeichnet, Stenographische Berichte, Band 45, S. 5360.

170 BA Koblenz Akte 116/19573.

171 BA Koblenz Akte 136/8666; S. 2 und S. 8 des Entwurfs, dort mit dem Hinweis auf OLG Stuttgart Az.: 2 Ss 292/57.

deslandwirtschaftsministerium vertritt im Einvernehmen mit den Bundesministerien der Justiz und des Innern die Auffassung, daß das derzeitig gültige Deutsche Tierschutzgesetz ausreichend sei. Im Übrigen sei geplant, im Rahmen der Strafrechtsreform Strafvorschriften für Tierquälerei in das Strafrecht aufzunehmen. Die Strafrechtskommission habe sich bereits dahingehend ausgesprochen. Das Bundeslandwirtschaftsministerium beabsichtigt daher nicht, sich zur Zeit mit einem neuen Entwurf des Tierschutzgesetzes zu befassen. ... ."[172] Dieser Vermerk ist deswegen erstaunlich, weil sich -trotz dieser rigoros klingenden Ablehnung einer weiteren Beschäftigung mit dem Tierschutzgesetz- am 26. November 1959 Vertreter der Bundesministerien für Landwirtschaft und Justiz, sowie die Geschäftsführung der *Interparlamentarischen Arbeitsgemeinschaft*[173] zu einer Besprechung trafen, die eben die Reform des Tierschutzgesetzes zum Inhalt hatte. Als Vertreter des DTSB nahm dessen 2. Vizepräsident, Oberregierungsrat Barbrack, teil.[174] Woher dieser plötzliche Sinneswandel kommt, ist anhand der Unterlagen nur schwer nachzuvollziehen. Als einziger Anhaltspunkt dient ein Vermerk des Bundeslandwirtschaftsministeriums vom 24. August 1959, also nur knapp zwei Monate nach dem ablehnenden Vermerk des Bundeskanzleramtes, der eine Stellungnahme zu den Vorschlägen des DTSB zur Änderung des Tierschutzgesetzes vorsieht.[175] Letztlich muß man wohl davon ausgehen, daß die vom BMT und vom DTSB eingereichten Entwürfe aus den Jahren 1957 und 1959 schließlich nicht immer nur unter Hinweis auf ein Zuwarten auf die Strafrechtsreform zur Seite gelegt werden konnten.

7. Die ersten Entwürfe des Bundeslandwirtschaftsministeriums und der Diskussionsentwurf für ein neues Tierschutzgesetz (1959/60)

Als Folge der Besprechung vom 26. November 1959 wurden unter der Ägide von *Oberregierungsrat Lotter* im Bundeslandwirtschaftsministerium bis zum Juni 1960 insgesamt sechs Entwürfe ausgearbeitet. Von diesen sollen hier beispielhaft nur der erste und der letzte Entwurf dargestellt werden, da die dazwischenliegenden Entwürfe sich jeweils nur geringfügig voneinander unterscheiden.

---

172 BA Koblenz Akte 136/8666.

173 Die Interparlamentarische Arbeitsgemeinschaft setzte sich aus Abgeordneten aller im Bundestag vertretenen Parteien zusammen.

174 BA Koblenz Akte 116/19575; Tierfreund, Ausgabe 1/1960, S. 3.

175 BA Koblenz Akte 116/19575.

a) Der erste Entwurf des Bundeslandwirtschaftsministeriums

Immerhin 27 Jahre nach dem Erlaß des Reichstierschutzgesetzes vom 24. November 1933 stellte das Bundeslandwirtschaftsministerium im Jahre 1960 also erstmals einen eigenen Entwurf für ein geändertes Tierschutzgesetz zusammen.[176] Dieser ist eine Mischung aus dem bestehenden Tierschutzgesetz und den Vorschlägen von DTSB und BMT, wobei natürlich nicht wortgenau alle Ideen der Tierschutzvereinigungen übernommen, sondern nur dort Änderungen eingefügt wurden, wo es dem Bundeslandwirtschaftsministerium sinnvoll erschien. Nur in ganz wenigen Punkten fügten die Bearbeiter bislang noch nicht angedachte, wirkliche Neuerungen hinzu. Eine solche Neuheit tauchte gleich in § 1 Nr. 2 TierSchG auf. Dieser lautete: „Ein Tier quält, wer ihm länger dauernde oder sich wiederholende Schmerzen oder Leiden verursacht; unnötig ist das Quälen, soweit es keinem vernünftigen, berechtigten Zweck dient." Hierzu wurde vorgeschlagen, dahinter den Satz einzufügen: „...oder wenn es unter Berücksichtigung der Beweggründe und Ziele des Täters sowie der angewandten Mittel und des voraussehbaren Umfanges der Beeinträchtigung des Tieres *verwerflich* ist." Möglicherweise wollte man damit den Vorwürfen des DTSB in seinem Entwurf vom Juni 1959 entgegentreten, daß Quälereien, die bei dem Versuch ein Tier zu töten, entstehen können, praktisch kaum geahndet werden konnten.[177]

Eine ähnliche „Verwerflichkeitsklausel" wie in § 1 Nr. 2 TierSchG wurde auch für die verbotenen Arbeitsleistungen des § 2 Nr. 2 TierSchG vorgeschlagen. Danach sollte die Verwendung eines Tieres zu Arbeitsleistungen auch dann verboten werden, wenn diese „ ... unnötig ... oder wenn die angewandten Mittel zu dem angestrebten vernünftigen Zweck dennoch *verwerflich* sind."[178]

Ebenso sollten in § 2 Nr. 3 TierSchG Verwendungen von Tieren zu Filmaufnahmen, Schaustellungen o.ä. nicht nur dann verboten sein, wenn sie mit erheblichen Schmerzen oder Gesundheitsschäden verbunden sind, sondern auch, wenn sie „gegen die *erforderliche sittliche Haltung* des Menschen gegen das Tier" verstoßen. An diesen Beispielen zeigt sich, daß man im Bundeslandwirtschaftsministerium also wieder mehr Wert auf den humanitären Tierschutzgedanken legte und einen höheren ethischen Maßstab anlegen wollte.

In weiteren Punkten orientierte man sich aber auch an den Vorschlägen der Tierschutzverbände. So schloß sich das Bundeslandwirtschaftsministerium etwa bei dem schmerzhaften Eingriff ohne Betäubung (§ 2 Nr. 9 TierSchG) dem

176 BA Koblenz Akte 116/19575.

177 Hinsichtlich der Motive der einzelnen Änderungen kann man nur Vermutungen aufstellen, da diesbezüglich keine Begründungen in den Unterlagen zu finden sind.

178 BA Koblenz Akte 116/19575, S. 1 des Entwurfs.

DTSB an, der nicht nur die Kastration männlicher Tiere in bestimmten Altersgruppen, sondern generell auch die Sterilisation weiblicher Tiere verbieten wollte.[179] Ebenso sollten auch nach diesem Entwurf die Genehmigungen für Tierversuche nicht mehr an Institute oder Laboratorien vergeben werden, sondern an deren *Leiter*, sofern dieser über die erforderliche medizinische Qualifikation verfügte.[180] Dabei sollte der angestrebte Erfolg der Versuche auch hier *notwendig* sein. Bisher reichte es aus, wenn die angestrebten Erfolge von der Wissenschaft bislang unbestätigt waren.[181] Auch das Töten durch Erdrosseln, Erhängen, Ertränken o.ä. sollte verboten werden, jedoch schränkte der Entwurf des Bundeslandwirtschaftsministeriums dieses Verbot dahingehend ein, als es erstmals die behördlich angeordnete *Schädlingsbekämpfung* erwähnte. In einem solchen Fall und dort, wo die sofortige Tötung eines Tieres zur Abkürzung seiner Leiden erforderlich sei, könne ein Tier auch ohne Betäubung getötet werden.

Auf der anderen Seite wurden in dem neuen Entwurf aber auch eine Reihe von Ideen nicht berücksichtigt, die gerade auch den Tierschutzverbänden wichtig waren. Dazu gehören beispielsweise das gänzliche Einfuhrverbot kupierter Pferde, das Verbot von Legebatterien, die vierteljährliche Meldung der Tierversuche bei der zuständigen Behörde, die Verschärfung der Tatbestände in § 1 Nr. 1, die Neuformulierung des § 1 Absatz 2, § 2 Nr. 1 und Nr. 2, § 5 und § 7 Nr. 4 TierSchG („mehr als geringfügige Schmerzen" anstatt „erhebliche Schmerzen") und die Möglichkeit, Trunksüchtigen oder einschlägig vorbestraften Personen das Halten, die Beschäftigung und den Handel mit Tieren untersagen zu können. Es ist wahrscheinlich, daß man in diesem ersten Entwurf in den angesprochenen Bereichen (zumindest noch) keinen Handlungsbedarf sah.

b) Der sechste Entwurf des Bundeslandwirtschaftsministeriums (Diskussionsentwurf)

Der sechste und letzte der Entwürfe, die das Bundeslandwirtschaftsministerium in der Zeit von Dezember 1959 bis Juni 1960 erarbeitete, ist als *„Diskussionsentwurf"*[182] überschrieben. Er wurde am 18. Juni 1960 *Burhenne* (Geschäftsführer der Interparlamentarischen Arbeitsgemeinschaft) zur weiteren Gesprächsführung mit den beteiligten Bundesministerien und den Tierschutzverbänden übergeben. Auffällig an diesem Entwurf ist zum einen eine weitere Annäherung an die Entwürfe der Tierschutzvereinigungen, zum anderen die Einführung gänzlich

179 Entwurf des DTSB vom 07./08. Dezember 1957, S. 3 f., BA Koblenz Akte 116/19573; vgl. Entwurf des BML, S. 2 f., BA Koblenz Akte 116/19575.

180 Vgl. § 6 Nr. 1 TierSchG.

181 Vgl. § 7 Nr. 3 TierSchG.

182 BA Koblenz Akte 116/19575; abgedruckt im Anhang, S. 226 ff.

neuer Gedanken. Die fortgeschrittene Angleichung an die Vorschläge der Tierschützer findet sich gleich in den §§ 1 und 2 TierSchG. Wie es bereits seit langem gefordert worden war, so enthält auch der Diskussionsentwurf in § 1 Absatz 2 und in § 2 Nr. 1 und Nr. 2 TierSchG nun nicht mehr die Formulierung „erhebliche Schmerzen“, sondern statt dessen „mehr als geringfügige Schmerzen.“

Die in dem ersten Entwurf des Bundeslandwirtschaftsministeriums vorgesehene „Verwerflichkeit“ in § 1 Absatz 2 und § 2 Nr. 2, bzw. die „erforderliche sittliche Haltung“ in § 2 Nr. 3 TierSchG wurde jetzt nur noch im § 1 Absatz 2 TierSchG verlangt. Dafür sollte nun auch das Halten von Geflügel in Legebatterien verboten werden, § 2 Nr. 11 TierSchG.

Ein völlig neu gestalteter § 3 TierSchG faßte mehrere alte Normen und Neuerungen zusammen. Zunächst wurde der Begriff der Betäubung definiert (wie in § 13 des geltenden TierSchG), dann der schmerzhafte Eingriff, unter den auch die Sterilisation weiblicher Tiere fiel, und schließlich wurden in einem Katalog die Tötungsarten aufgelistet, die ohne vorherige Betäubung als nicht schmerzlos anzusehen sind, wie z.B. Ertränken, Ersticken, Erschlagen usw. Eine Ausnahme vom Betäubungszwang vor der Tötung gem. § 2 Nr.10 des Diskussionsentwurfs für ein neues Tierschutzgesetz wurde auch hier wieder -in einem neugefaßten § 5- für Tötungen im Rahmen der Schädlingsbekämpfung gemacht.

Auf dem Gebiet der Tierversuche hielt man an der Vergabe von Genehmigungen an qualifizierte *Leiter* von Instituten fest. Die erforderlichen Aufzeichnungen über die Versuche sollten nach diesem Entwurf allerdings mindestens 3 Jahre in dem Institut aufbewahrt und die Versuche selbst durch jährlich mindestens zwei unvermutete Kontrollen überwacht werden.

Die hervorstechendste Neuerung stellte jedoch die *Aufnahme von Schlachtbestimmungen in das TierSchG* dar. Die neugefaßten Regelungen der §§ 14-19 des Entwurfs enthielten en bloc die in dem Gesetz über das Schlachten von Tieren[183] und den dazugehörigen Verordnungen[184] enthaltenen Vorschriften, so daß –im Falle einer Verabschiedung dieses Entwurfs- die alten Bestimmungen außer Kraft gesetzt worden wären.[185] Erwähnt sei an dieser Stelle vor allen Dingen noch der neue § 15 des Diskussionsentwurfs. Dieser lautete: „§ 15 TierSchG:

183 Gesetz vom 21. April 1933, RGBl. 1933, I S. 203.

184 Verordnung über das Schlachten von Tieren vom 21. April 1933, RGBl. 1933, I S. 212; 1. Verordnung zur Änderung der Verordnung über das Schlachten von Tieren vom 14. Februar 1934, RGBl. 1934, I S. 1163; 2. Verordnung zur Änderung der Verordnung über das Schlachten von Tieren vom 10. November 1952; BGBl. I S. 748.

185 Dies würde natürlich auch verschiedene andere Gesetze betreffen, insbesondere das RTierSchG und einzelne Landesgesetze; vgl. S. 14 f. des Entwurfs, BA Koblenz Akte 116/19575.

Absatz 1: Es ist verboten, beim Schlachten von warmblütigen Tieren ohne vorherige Betäubung mit der Blutentziehung zu beginnen.

Absatz 2: Die zuständige Behörde *hat Ausnahmen für Schlachtungen von warmblütigen Tieren nach religiösen Riten zuzulassen.*"

Bislang war das Schächten seit der Einführung des Reichstierschutzgesetzes und des Gesetzes über das Schlachten von Tieren grundsätzlich verboten, nur in einigen Bundesländern war das Schächten erlaubt. Mit dieser geplanten Vorschrift wäre das Schächten erstmals in der gesamten Bundesrepublik möglich geworden.[186]

Aus den sechs Entwürfen und dem abschließenden Diskussionsentwurf sollte später die Bundestagsdrucksache IV/85 vom 14. Dezember 1961 hervorgehen. Diese wird an entsprechender Stelle noch ausführlich zu behandeln sein.[187]

8. Das Bemühen um die Aufnahme des Tierschutzes in den Artikel 74 GG

Nachdem die schleswig-holsteinische CDU-Fraktion bereits 1955 die Frage der Gesetzgebungskompetenz im Hinblick auf den Tierschutz aufgeworfen hatte, mehrten sich am Ende des Jahrzehnts die Stimmen, die eine Aufnahme des Tierschutzes in den Artikel 74 des Grundgesetzes forderten. So fragten beispielsweise die Lübecker Nachrichten im Herbst 1959: „Kein Platz für unsere Tiere? – Wann wird der Tierschutz im Grundgesetz verankert?"[188]

Nachdem der DTSB bereits im Dezember 1958 den Bundespräsidenten ohne Erfolg gebeten hatte, den Tierschutz in Artikel 74 Absatz 1 Nr. 20 (respektive in einen neuen Nr. 20a) aufzunehmen[189], faßte der DTSB in seiner Jahreshauptversammlung am 21. November 1959 eine Resolution, die am 27. November an den Bundeskanzler und das Bundeslandwirtschaftsministerium sowie am 30. November an den Bundespräsidenten geschickt wurde.[190] Darin stellte der DTSB dar, daß die Frage nach der Gesetzgebungskompetenz wegen der Konkurrenz zwischen Bund und Ländern und aufgrund des Mischcharakters des Tierschutzgesetzes immer noch offen sei. Während die im Tierschutzgesetz enthaltenen strafrechtlichen (§§ 1, 2, 9, 10), strafprozessualen (§ 12) und wirtschaftsrechtlichen (§ 13) Bestimmungen gemäß Artikel 74 GG in Verbindung mit Artikel 125 GG wohl unbestritten Bundesrecht geworden seien, könnten hinsichtlich der Bestimmungen des Tierversuchs (§§ 5 ff.), der Verwendung von Grubenpferden

186 Eine ähnliche Vorschrift war dann auch in der Bundestagsdrucksache IV/85 vorgesehen, die aus dem Diskussionsentwurf resultierte.

187 Vgl. Teil 2 B III.

188 Lübecker Nachrichten, Ausgabe Nr. 284/1959, S. 9.

189 Mit Schreiben vom 16. Dezember 1958; BA Koblenz Akte 116/19576.

190 BA Koblenz Akte 116/19576.

(§ 4) und der Schutzmaßnahmen der Verwaltungsbehörden (§ 11) immerhin Zweifel bestehen. Daher sei es wünschenswert, daß das Tierschutzrecht einheitlich zu Bundesrecht erklärt werde, gerade auch deshalb, weil die Strafrechtsreform mit der Aufnahme der Tierquälerei in das Strafgesetzbuch das Tierschutzrecht bedenklich zersplittern könne. Um dies zu verhindern, stellte der DTSB den Antrag, das Grundgesetz durch Einfügung eines neuen Artikel 74 Absatz 1 Nr.18a) mit dem Wortlaut *„den Schutz der Tiere“* zu ergänzen.[191]

Zu diesem Antrag fand am 07. Januar 1960 eine Besprechung der Bundesministerien für Inneres, Justiz und Landwirtschaft statt, in der man sich darauf einigte abzuwarten, bis die Vorschläge des DTSB geprüft seien.[192] Die Ergänzung des Artikel 74 GG wurde in den Folgejahren immer wieder gefordert, letztlich aber erst mit der Neufassung der Nr. 20 durch das Gesetz vom 18. März 1971 vollzogen.

Dafür, daß der Antrag des DTSB nicht nur Zustimmung fand, mag der etwas kuriose Brief eines Bürgers an Bundespräsident Lübke (CDU)[193] zeugen, in dem es heißt: „Für einen gläubigen Christen ist Tierschutz eine Selbstverständlichkeit. Den Tierschutz jedoch ins Grundgesetz aufnehmen zu wollen, bedeutete die Legalisierung einer Perversion, ...weil man heute oftmals statt Kindern sich Tiere hält und viele ‚Jungfern‘ scheinbar ohne ‚Köter‘ nicht leben können. ...“[194]

9. Zusammenfassung

In der Retrospektive kann man die Fünfziger Jahre wohl als die große Zeit der Vorstöße und Entwürfe bezeichnen. Nachdem die junge Bundesrepublik sich langsam auf dem Wege zu einem normalen, gesicherten Alltag befand, konnte auch dem Tierschutz wieder erhöhte Aufmerksamkeit geschenkt werden. Diese schlug sich besonders in den Entwürfen für ein neues Tierschutzgesetz nieder, die von den großen Tierschutzverbänden und dem Bundeslandwirtschaftsministerium, aber auch von kleineren Tierschutzvereinigungen oder Privatpersonen vorgelegt wurden. Die Entwürfe enthielten mannigfache neue Ideen und Vorschläge, sei es im Hinblick auf die Vivisektion, das Schächten, das Verbot des Hunde- und Katzenschlachtens oder schlicht um eine Ausweitung des Tierschut-

---

191 BA Koblenz Akte 136/8666; BA Koblenz Akte 116/19576; Tierfreund, Ausgabe 12/1959, S. 144.

192 BA Koblenz Akte 116/19576.

193 Heinrich Lübke war zunächst Landwirtschaftsminister in Nordrhein-Westfalen gewesen, bevor er unter Bundeskanzler Adenauer von 1953 bis 1959 auch Bundeslandwirtschaftsminister wurde. 1959 wurde Lübke dann zum Bundespräsidenten gewählt; Vierhaus/Herbst, S. 519 f.

194 BA Koblenz Akte 116/19576.

zes in den unterschiedlichsten Formen. Geändert hatte sich bis zum Jahr 1960 jedoch letztlich nichts. Der einzige Fortschritt bestand in der Verabschiedung der Zweiten Verordnung zur Änderung der Verordnung über das Schlachten von Tieren am 10. November 1952. In dieser Verordnung wurde die Betäubung von Schlachtvieh mittels eines Bolzenschußapparates zwingend vorgeschrieben. Somit waren ab diesem Zeitpunkt Tötungsarten, wie etwa der oft fehlgehende und daher tierquälerische Kopfschlag, verboten. Gleichwohl kann man die übrige Arbeit der Entwurfsersteller keineswegs als sinnlos bezeichnen. Sie war der Grundstein, auf dem alle späteren Bemühungen und Änderungen basieren sollten.

C. Die Politik wird aktiv (1960-1963)

Nachdem man sich also in den Vorjahren viele Gedanken zur Änderung des Tierschutzgesetzes gemacht und erhebliche Mühen in die verschiedensten Vorschläge gesteckt hatte, war die Anfangszeit der Sechziger Jahre von insgesamt drei großen Projekten geprägt, durch die der Tierschutz verändert werden sollte. Dies war zum einen der Versuch, durch die Einführung eines Pferdeexportverbotes die unhaltbaren Zustände bei Pferdetransporten zu verbessern, zum zweiten der Vorschlag, bei der Betäubung von Schlachttieren ein neues Kohlendioxid-Luft-Gemisch gesetzlich zuzulassen und zum dritten der erste Initiativgesetzentwurf des Bundestages für ein vollkommen neues Tierschutzgesetz. Diese drei neuerlichen Vorstöße verliefen zum Teil zeitlich parallel, sie sollen der Übersichtlichkeit halber aber nacheinander dargestellt werden.

I. Die Bundestagsdrucksache III/1539 vom 12. Januar 1960: Der Antrag der Abgeordneten Ritzel und Genossen (SPD) zur Änderung und Ergänzung des Tierschutzgesetzes durch die Einfügung eines Pferdeexportverbotes

1. Die Pferdetransporte und die Berichterstattung der Medien

Die deutsche Landwirtschaft setzte im Laufe der Fünfziger Jahre immer weniger Pferde zur Arbeit ein. Das hatte seine Gründe nicht nur in der zunehmenden Motorisierung der Landwirtschaft und der fortschreitenden Modernisierung der Maschinen, sondern auch in einem Mangel an Arbeitskräften und unter dem Druck des ausländischen Wettbewerbs.[195] Die Folge war ein Abbau der Pferde-

195 BA Koblenz Akte 116/19574.

bestände durch Verkauf der Tiere, die, da es keine anderen Verwendungsmöglichkeiten gab, oftmals als Schlachtvieh im Ausland endeten. So nahm etwa der Bestand der Pferde in der Bundesrepublik Deutschland von ca. 1,2 Millionen Stück im Jahre 1953 auf nur noch etwa 800.000 Stück im Jahre 1959 ab, die Ausfuhrzahlen von Schlachtpferden gingen in diesem Zeitraum von einst 20.000 auf 40.000 Stück nach oben.[196] Die Transporte wurden hauptsächlich per Eisenbahn durchgeführt, wobei die Hauptabnehmerländer Frankreich und die Beneluxstaaten, aber ebenfalls, wenn auch in weitaus geringerem Ausmaß, Italien und die Schweiz waren.[197]

1959 wurde plötzlich in der Presse von unzumutbaren Transporten berichtet, wonach die Züge in vielen Fällen an den Grenzen warten müßten, manchmal sogar ununterbrochen bis zu 48 Stunden. Während dieser Wartezeit würden die Tiere nicht getränkt oder gefüttert. Auch seien oft zu viele Tiere in den einzelnen Waggons untergebracht und hätten keinen Begleiter, der sich um sie kümmere. Weiterhin seien die Pferde in der Regel nicht festgebunden. Aus den letztgenannten Gründen würden die Tiere übermäßig oft verletzt. Als Folge dieser Mißstände würden die Pferde nicht nur furchtbar gequält, sondern viele seien bereits elendiglich verendet, bevor sie an ihrem Zielort angelangt seien. Den Beginn dieser Presseberichte faßte ein Referent im Bundesverkehrsministerium, Ministerialrat Dr. Tiebert, später einmal so zusammen: „Den Anstoß zur Aktion gegen die Pferdetransporte gab eine bayerische Lokalzeitung, die über angebliche Mißstände auf dem Bahnhof Rosenheim berichtete. Ihre Behauptungen mußte sie später zurücknehmen. Inzwischen hatte aber die Sensationspresse diese Nachrichten aufgenommen. In besonders großer Aufmachung erschienen Greuelnachrichten in der „Welt am Sonntag" (Herbst 1959). Ein besonders großes Ausmaß erreichte die Pressekampagne infolge der Aktionen des ... Bundes gegen den Mißbrauch der Tiere. ..."[198]

Der Bundestagsabgeordnete Heinrich Ritzel (SPD) erhielt in der Folgezeit derartig viele Zuschriften aufgebrachter oder beunruhigter Bürger, daß er sich in den Fragestunden des Bundestags am 14. Oktober und am 03. Dezember 1959 zum einen danach erkundigte, ob die Berichte in der Presse der Wahrheit ent-

---

196 Aus der Begründung der BT-Ds III/1539 des Abgeordneten Ritzel vom 10. Mai 1960; BA Koblenz Akte 116/19574.

197 BA Koblenz Akte 116/19574.

198 Aus einem Sprechzettel für Bundesverkehrsminister Seebohm vom 16.Mai 1961; BA Koblenz Akte 116/19574. Der BMT brachte insbesondere Anzeigen in Tageszeitungen, die immer neue Berichte von tierquälerischen Tiertransporten zum Inhalt hatten. Gleichzeitig rief er die Bürger auf, für einen sogenannten „Kampffond" zu spenden. Mit seinem Vorgehen verschärfte der BMT damit die Debatte um Pferdetransporte.

sprächen, er zum anderen aber auch erstmals ein Ausfuhrverbot anregte. Ihm wurde geantwortet, die Pressemitteilungen seien unzutreffend, da es genaue Bestimmungen über die Beförderung von Pferden gebe, die überwacht würden. Ein Ausfuhrverbot lasse sich nicht rechtfertigen. Diese Aussagen beruhten auf Untersuchungen der Bundesministerien für Verkehr und für Landwirtschaft, die aufgrund der Medienberichte durchgeführt worden waren und die keine negativen Ergebnisse erbracht hatten.[199]

2. Die Bundestagsdrucksache III/1539 vom 12. Januar 1960

Am 12. Januar 1960 stellten die Abgeordneten Ritzel, Marx, Schmitt-Vockenhausen, Frau Beyer (Frankfurt), Reitz, Leber und Genossen (alle SPD)[200] folgenden Antrag, der als *Bundestagsdrucksache III/1539* veröffentlicht wurde:

„Der Bundestag wolle beschließen: Entwurf eines Gesetzes zur Änderung und Ergänzung des Tierschutzgesetzes ...

Artikel 1: Das Tierschutzgesetz vom 24. November 1933 (Reichsgesetzblatt I S. 987) wird wie folgt geändert und ergänzt:

1. Hinter § 3 wird folgender § 3a eingefügt:

§ 3a Die Ausfuhr von Pferden ist verboten. Der Bundesminister des Innern kann für Reit- und Rennpferde Ausnahmen zulassen.“

2. In § 9 erhält Absatz 2 folgende Fassung:

„(2) Wer, abgesehen von den Fällen des Absatzes 1, ohne die erforderliche Erlaubnis einen Versuch an lebenden Tieren (§ 5) vornimmt *oder Pferde ausführt (§ 3a)*, wird mit Gefängnis bis zu sechs Monaten und mit Geldstrafe oder mit einer dieser Strafen bestraft.“ (Artikel 2 .....).“[201]

In seiner Begründung zur Bundestagsdrucksache III/1539 (BT-Ds. III/1539) führte Ritzel am 10. Mai 1960[202] in erster Linie die zahlreichen Zuschriften an,

---

199 Vgl. Teil 2 B III.

200 Heinrich Georg Ritzel war von 1949 bis 1965 Mitglied des Deutschen Bundestages; Franz Marx gehörte von 1949 bis 1972 dem Bundestag an; Dr. Hermann Schmitt-Vockenhausen hieß bis 1960 nur Schmitt, bis sein Name entsprechend der Praxis des Bundestages amtlich geändert wurde; in seiner Zeit als Bundestagsabgeordneter (1953 bis 1979) war er u. a. Vizepräsident des Bundestages; Lucie Bayer war ebenso von 1953 bis 1969 Bundestagsmitglied wie Wilhelm Reitz; vgl. Vierhaus/Herbst, S. 473, 539, 680, 693 f., 765 f. Der prominenteste Antragsteller hier war sicherlich Georg Leber, der u. a. Bundesverkehrs-, -post- und –verteidigungsminister war; Vierhaus/Herbst, S. 488 f.

201 BTDS Band 65; BA Koblenz Akten 136/8666 und 116/19574. Insgesamt zur Drucksache III/1539 s. BA Koblenz Akte 141/17471.

202 zu Drucksache 1539, BTDS Band 65; BA Koblenz Akte 116/19574.

die ihn erreicht hatten.[203] Dabei waren ihm in einer Vielzahl von Fällen Erklärungen von Augenzeugen geschickt worden, die sehr wohl von Mißständen bei Pferdetransporten berichten konnten. Da sich unter den Zuschriften auch eidesstattliche Erklärungen befanden, mochte Ritzel den Stellungnahmen des Bundeslandwirtschaftsministers Schwarz (CDU)[204] keinen Glauben schenken, es gebe keine Tierquälereien bei Pferdetransporten, allenfalls komme es in den Nachbarländern zu Unregelmäßigkeiten[205]. Dies veranlaßte ihn zur Umsetzung der Bundestagsdrucksache III/1539. Dabei ging es Heinrich Ritzel aber nicht nur um reine Exporte von Pferden aus Deutschland, sondern genauso um den Transitverkehr durch die Bundesrepublik.[206] Er berief sich in der Begründung auch auf weitere Presseberichte und eine Reportageserie der Münchner Abendzeitung. Um durch das Exportverbot keinen wirtschaftlichen Schaden herbeizuführen, schlug Ritzel weiterhin vor, die Pferde in Deutschland zu schlachten und das so gewonnene Gefrierfleisch anstatt der lebenden Tiere zu exportieren.[207]

Als erste Reaktion auf die Bundestagsdrucksache III/1539 forderte der Kölner Jurist Prof. Spitaler eine Erhöhung des Strafrahmens unter anderem auch bei tierquälerischen Transporten[208], und der *Verein Deutsche Tierfreunde e.V.* machte eine Eingabe an die Bundesregierung mit der Bitte, doch die Pferdetransporte zu verbieten.[209] Das Bundeslandwirtschaftsministerium sandte einen Beauftragten aus, der auf einer mehrwöchigen Reise die Zustände beim Schlachtpferdeversand prüfte, die dargestellten Mißstände aber nicht bestätigt fand.[210] Der DTSB schickte seinerseits einen Tierarzt auf Reisen, der Pferdetransporte in ganz Europa begleiten und beobachten sollte. Auch er traf auf keine Mißstände, was der DTSB in einer Pressekonferenz am 02. April 1960 mitteilte und gleichzeitig die Angriffe gegen die Bundesregierung zurückwies.[211]

---

203 Bis Herbst 1960 erhielt Ritzel nach eigenen Abgaben etwa 25.000 Unterschriften und ca. 2.500 Einzeleingaben; BayHStA MInn 87778.

204 Werner Schwarz, Landwirt, folgte von 1959 bis 1965 Heinrich Lübke im Amt des Bundeslandwirtschaftsministers nach. Er gehörte von 1953 bis 1965 dem Bundestag an; Vierhaus/Herbst, S. 804.

205 Abgegeben in den Fragestunden des Bundestages am 14. Oktober und 03. Dezember 1959 und später auch in der 97. Plenarsitzung des Bundestages am 27. Januar 1960; Stenographische Berichte, Band 45, S. 5357.

206 Danach brauchte ein Schlachtpferdetransport von Dänemark nach Österreich beispielsweise 27 Stunden, um die Bundesrepublik zu durchqueren. Während dieser Zeit war eine Fütterung und Tränkung deshalb nicht möglich, weil die Waggons jeweils an den Grenzen plombiert wurden; vgl.: RdT, Ausgabe 3-4/1959, S. 30.

207 Vgl. dazu auch: Tierfreund, Ausgabe 3/1960, S. 27 und 34.

208 Ausführungen vom 02. Februar 1960; BA Koblenz Akte 116/19573.

209 Eingabe vom 27. Februar 1960; BA Koblenz Akte 136/8666.

210 Aus der Begründung der BT-Ds. III/1539 von Ritzel; BA Koblenz Akte 116/19574.

211 Vgl. Teil 2 B III.

In der 97. Plenarsitzung des Deutschen Bundestages am 27. Januar 1960 wurde erstmals über diesen Gesetzentwurf beraten.[212] Hierin legte Ritzel die ihm bekannt gewordenen Mißstände dar und es kam zu einer Diskussion mit dem Staatssekretär des BML, Dr. Sonnemann und dem Abgeordneten Memmel (CDU/CSU). Abschließend wurde der Entwurf federführend an den Ausschuß für Ernährung, Landwirtschaft und Forsten (*Landwirtschaftsausschuß*) und an den Außenhandelsausschuß zur Mitberatung überwiesen; am 11. März 1960 kamen der Rechts- und der Innenausschuß, beide ebenfalls mitberatend, hinzu.[213]

Zuerst beriet der *Außenhandelsausschuß* den Entwurf im März 1960. Nachdem das Für und Wider des Antrags diskutiert worden waren, wurde die Vorlage schließlich deutlich abgelehnt. Der Ausschuß glaubte nicht, daß der Gesetzentwurf seinem -zugegebenermaßen berechtigten- Anliegen nachkommen könne, vielmehr sei ein Schutz *aller* Tiere beim Ex- wie Import zu verfolgen. Auch wurde bezweifelt, daß die Bundesrepublik im Rahmen der gemeinsamen Agrarpolitik der EWG ein generelles Ausfuhrverbot aussprechen könne. Ebenfalls war man sich nicht sicher, ob man auch einfach Gefrierfleisch exportieren könne, da die Metzger in den Exportländern möglicherweise Frischfleisch vorzögen.[214]

In der Sitzung des *Landwirtschaftsausschusses* vom 21. und 22. September 1960 berichtete Ministerialrat Dr. Störiko vom Bundeslandwirtschaftsministerium, was sich inzwischen für Änderungen ergeben hätten: Die Bundesbahn habe eine Anordnung herausgegeben, wonach Pferde nur noch angebunden und mit Begleitern transportiert werden dürften.[215] Des weiteren hätten Gespräche des Bundesverkehrsministeriums mit der Bundesbahn, dem Bauernverband, dem DTSB und Tierzüchtern stattgefunden, aufgrund derer man zwei Gutachten hinsichtlich der Zweckmäßigkeit des Anbindezwangs und des Luftverbrauchs der Pferde in Auftrag gegeben habe. Der Ausschuß beschloß daraufhin, die Ergebnisse der beiden Gutachten abzuwarten.[216]

---

212 Stenographische Berichte, Band 45, S. 5357 ff.; BA Koblenz Akte 116/19574.

213 Bereits in der 97. Sitzung am 27. Januar war gefordert worden, auch diese beiden Ausschüsse zur Mitberatung hinzuzuziehen. Bei der Abstimmung darüber wurde jedoch festgestellt, daß der -wegen einer Grippeepidemie dezimierte- Bundestag gar nicht beschlußfähig war. Die Überweisung an die o.g. Ausschüsse wurde daher erst in der 106. Sitzung beschlossen; Stenographische Berichte, Band 45, S. 5753.

214 Protokoll der 30. Sitzung vom 23. März 1960, TOP 1; BA Koblenz Akte 116/19574.

215 Die Anordnung selbst, wirksam ab dem 01. Juni 1960, spricht sicherlich dafür, daß sehr wohl Mißstände vorlagen; BA Koblenz Akten 136/8666 und 116/19574.

216 Protokoll der 81./82. Sitzung des 19. Landwirtschaftsausschusses vom 21. und 22. September 1960; BayHStA MInn 91015 und BA Koblenz Akte 116/19574.

Auch der *Rechtsausschuß* wollte aus diesem Grunde mit seiner Beratung bis zur Stellungnahme des federführenden Landwirtschaftsausschusses zuwarten. Er erhob gleichzeitig aber rechtssystematische Bedenken gegen die Einführung des § 3a, da § 3 TierSchG bisher noch nicht in Kraft getreten sei (§ 15 TierSchG).[217] Dieses Argument wurde später entkräftigt. Der § 3 TierSchG ruhe zwar, könne aber jederzeit in Kraft gesetzt werden, so daß eine Einordnung als § 3a richtig sei.[218]

Der *Innenausschuß* seinerseits stellte fest, daß es unbestritten zu Vorfällen bei Pferdetransporten ins Ausland gekommen sei.

Der Ausschuß stimmte der Vorlage mit der Maßgabe zu, daß auch Zuchthengste und Zuchtstuten in das Exportverbot aufgenommen würden.[219]

In der Zwischenzeit war der Presserummel um die Pferdeexporte deutlich abgeklungen, jedoch berichtete der Süddeutsche Rundfunk in einer Sendung vom 04. Januar 1961 von Schlachtpferdetransporten, die teilweise sechs Tage von Deutschland nach Italien unterwegs gewesen seien, ohne daß die Tiere dabei getränkt oder gefüttert worden seien. Daraufhin wandte sich der DTSB am 09. Januar 1961 an Bundeskanzler Adenauer mit dem Aufruf, doch mehr zu tun, da die Maßnahmen der Bundesbahn nicht ausreichend seien.[220] Dies mag erstaunlich wirken, da der DTSB ja noch im Frühjahr zuvor Mißstände bestritten, ja sogar scharf zurückgewiesen hatte. Man muß daher davon ausgehen, daß die fortgesetzte Berichterstattung und die Anerkennung solcher unhaltbarer Zustände durch die Ausschüsse beim DTSB einen Sinneswandel hervorgerufen hatten.

Indes trat im März 1961 der *Landwirtschaftsausschuß* wieder zusammen. Ein Kritikpunkt der Pferdeexporte war seit dem Aufkommen der Debatte stets die Tatsache gewesen, daß quälerische Handlungen im Allgemeinen nicht in Deutschland stattfanden, sondern im Ausland und dabei vor allem in Italien, etwa dadurch, daß Züge unverhältnismäßig lange in den Grenzbahnhöfen auf ihre Abfertigung warten mußten oder durch Tötung der Tiere in den Zielorten auf eine Art und Weise, die dem deutschen Tierschutzgedanken nicht gerecht wurde.[221] So wurden z.B. in Mailand Pferde mittels eines Schlaghammers getötet

---

217 Dies geht aus der BT-Ds. III/2869 vom 16. Juni 1961, BTDS Band 75, hervor; BA Koblenz Akte 116/19574.

218 Protokoll der 121. Sitzung des Landwirtschaftsausschusses vom 29. Juni 1961; BA Koblenz Akte 116/19574.

219 Protokoll der 80. Sitzung vom 27. Oktober 1960; BayHStA MInn 87778 und BA Koblenz Akte 116/19574.

220 BA Koblenz Akten 136/8666 und 116/19574.

221 Ritzel selbst erklärte dazu im Ausschuß, daß die Zustände bei der Schlachtpferdebeförderung im Inland mittlerweile zufriedenstellend seien und er seinen Gesetzesantrag nur noch mit Rücksicht auf die Zustände im Ausland verfolge; BA Koblenz Akte 116/19574.

(Kopfschlag), also mit einer Methode, die seit 1952 in Deutschland verboten war.[222] In der Ausschußsitzung wurde nun mitgeteilt, daß die Verwendung von Schlaghämmern per Dekret der für Mailand zuständigen Veterinärbehörde vom 04. Februar 1961 verboten worden sei. Da sich dieser Punkt somit geklärt hatte, beschloß man nun, zunächst einmal abzuwarten, ob die EWG-Länder nicht doch das Fleisch bereits getöteter Pferde importieren würden. Holland und Italien hatten bereits abgewunken. Eine weitere Idee war, ob man das Fleisch nicht den Entwicklungsländern zum Geschenk machen könne.[223]

Mit Wirkung zum 01. Mai 1961 erneuerte die *Bundesbahn* ihre Maßnahmen zur Verbesserung der Pferdetransporte[224], wonach, neben dem bereits vorgeschriebenen Anbinde- und Begleiterzwang, nun auch nur noch eine festgelegte Anzahl von Tieren pro Waggon befördert werden durfte. Die Waggons mußten dabei von neuester Bauart sein und jeweils sechs Lüftungsklappen haben. Dies war das praktisch umgesetzte Ergebnis des Atemluftgutachtens, daß seinerzeit vom DTSB, aufgrund der Gespräche mit dem Bundesverkehrsministerium, in Auftrag gegeben worden war. Auch der Anbindezwang hatte sich bewährt.[225] Anfang Juni 1961 vermeldete dann auch die Frankfurter Rundschau: „Die Verhandlungen mit der Deutschen Bundesbahn über den Transport von Schlachtpferden nach Italien haben zu einem befriedigenden Ergebnis geführt. ... Die Bundesbahn habe Maßnahmen angeordnet, um die Tiere während des Transportes vor Schäden zu bewahren.“[226]

Am 08. Juni 1961 beriet der *Landwirtschaftsausschuß* erneut über den Entwurf.[227] Es wurde die Ablehnung der Bundestagsdrucksache III/1539 beschlossen. Sowohl Frankreich als auch Italien hätten kein Interesse daran, Gerierfleisch zu importieren, da französische Metzger aus Traditionsgründen nur lebende Pferde schlachteten und in Italien die Einfuhr solchen Fleisches aus veterinärhygienischen Gründen untersagt sei.[228] Zudem habe sich die Situation bei Pferdetransporten durch die neuen Maßnahmen der Bundesbahn vom 01. Mai 1961 deutlich gebessert. Die Beanstandung von Mißständen habe sich weiterhin in erster Linie gegen Italien gerichtet, wo mittlerweile selbst in Mailand die Schlag-

---

222 Vgl. o. Teil II A. II.; diese Methode war in Italien allerdings nur noch in Mailand erlaubt.

223 Protokoll der 108. Sitzung vom 02. März 1961, TOP 4; BA Koblenz Akte 116/19574.

224 S. Eisenbahn-Verkehrsblatt Nr. 15 vom 08. April 1961, lfd. Nr. 181/1961; zit. aus dem Deutschen Tierärzteblatt 4/67, S. 163.

225 BA Koblenz Akte 116/19574.

226 Ausgabe vom 02. Juni 1961; zitiert aus: BA Koblenz Akte 136/8666.

227 116. Sitzung; BA Koblenz Akte 116/19574.

228 Vgl. Tierfreund, Ausgabe 6/1960, S. 123.

hämmer verboten seien; Hauptimporteur von Schlachtpferden sei aber nach wie vor Frankreich, etwa im Verhältnis 1:8 (4.000:32.000 Stück) zu Italien. Auch beziehe sich das Verbot nicht auf den Transitverkehr, der ungefähr doppelt so viele Pferde betreffe, wie Deutschland exportiere. Neben der Ablehnung der Vorlage Bundestagsdrucksache III/1539 beschloß der Ausschuß einen Antrag, der die Bundesregierung ersuchte, bei der für notwendig gehaltenen Überarbeitung des Tierschutzgesetzes besondere Bestimmungen für den Schutz der Tiere beim Versand vorzusehen. Auch möge die Bundesbahn doch mit anderen europäischen Eisenbahnverwaltungen solche Maßnahmen herbeiführen, wie sie sie selber im Mai diesen Jahres festgesetzt habe. Der Ausschußbericht mit dem Antrag vom 16. Juni 1961 wurde zur *Bundestagsdrucksache III/2869*.[229]

4. Letzte Beratungen und die Annahme der Bundestagsdrucksache III/1539 in geänderter Form am 29. Juni 1961

Nachdem das Plenum des Bundestages in seiner 164. Sitzung am 28. Juni 1961 den Gesetzentwurf BT-Ds. III/1539 und den Bericht BT-Ds. III/2869 an den *Landwirtschaftsausschuß* zurückverwiesen hatte[230], trat dieser einen Tag später in seiner 121. Sitzung noch einmal in die Beratung des Gesetzentwurfs ein.[231] Der Mitinitiator Heinrich Ritzel (SPD) beantragte, die Bundestagsdrucksache in ihrer bisherigen Form zurückzuziehen. Statt dessen sollte § 3a lauten: „Die Ausfuhr von Schlachtpferden ist verboten." Schließlich wurde vom Ausschuß ein neuer Gesetzentwurf beschlossen, der in der Fassung der *Bundestagsdrucksache III/2947*[232] dem Bundestag -ebenfalls am 29. Juni 1961- vorgelegt wurde:

„1. Folgender § 3a wird eingefügt: „§ 3a

(1) Die Ausfuhr von Schlachtpferden ist verboten.

(2) Die Außenhandelsstelle für Erzeugnisse der Ernährung und Landwirtschaft wird ermächtigt, im Einzelfall Ausnahmen von dem Verbot des Ab-

---

229 Bericht des Abgeordneten Knobloch (CDU/CSU); BTDS Band 75; BA Koblenz Akte 116/19574. Ludwig Knobloch war Landwirt und in der 2. bis 5. Wahlperiode Ordentliches Mitglied des Landwirtschaftsausschusses; vgl. Vierhaus/Herbst, S. 432.

230 Dies erfolgte aufgrund einer Vereinbarung im Ältestenrat, die vorsah, den Gesetzentwurf vor der zweiten Beratung erst noch einmal an den *Landwirtschaftsausschuß* zu überweisen; Stenographische Berichte, Band 49, S. 9441.

231 Kurzprotokoll der 121. Sitzung, TOP 1; BA Koblenz Akte 116/19574. Gründe für die Zurückverweisung sind nicht sicher bekannt. Immerhin hatten sich ja zwei Ausschüsse gegen die Vorlage ausgesprochen, die anderen zwei hatten Bedenken geäußert. Vermutlich erfolgte die Zurückverweisung auf Betreiben des Bundestagspräsidenten Dr. Gerstenmaier, vgl. RdT, Ausgabe 1-2/1962, S. 23.

232 BTDS Band 75.

satzes 1 zuzulassen, wenn für die beantragte Ausfuhr nach Prüfung durch Verwaltungsangehörige sichergestellt ist, daß der Transport und die Schlachtung der Pferde unter Beachtung der Grundsätze dieses Gesetzes und der für den Transport von Pferden in der Bundesrepublik geltenden Vorschriften erfolgen. Bei Ausnahmegenehmigungen können zur Sicherstellung des Tierschutzes und zu Zwecken der Überwachung schriftliche Auflagen erteilt werden.

(3) Der Ausfuhr im Sinne des Absatzes 1 steht jedes sonstige Verbringen aus dem Geltungsbereich dieses Gesetzes gleich. " ... "

Daneben sollte § 9 in den Absätzen 2 und 3 Nr.1 den neuen § 3a berücksichtigen.[233]

Die Vorlage Bundestagsdrucksache III/2947 wurde noch am selben Tage in der 165. Plenarsitzung in der zweiten und dritten Beratung jeweils einstimmig angenommen[234] und am 30. Juni 1961 dem Bundesrat zugeleitet, Bundesratsdrucksache 337/61.[235] Im Gegensatz zum *Landwirtschaftsausschuß* des Bundes*rates*, der das Gesetz für zustimmungsbedürftig hielt, war der *Rechtsausschuß* des Bundesrates einstimmig der Meinung, das es sich hier nicht um ein zustimmungsbedürftiges Gesetz handele. Beide Ausschüsse hatten keine Bedenken gegen das Gesetz an sich.[236] Der Bundesrat stimmte am 14. Juli 1961 dem Gesetz zu[237], das am 18. August 1961 im Bundesgesetzblatt verkündet wurde und am 25. September 1961 in Kraft trat.[238] Somit war erstmals seit dem Erlaß des Reichstierschutzgesetzes vom 24. November 1933 eine Änderung des Tierschutzgesetzes verabschiedet worden.

5. Die Situation der Pferdetransporte nach der Gesetzesänderung

Noch vor dem Inkrafttreten des neuen Gesetzes am 25. September 1961 gab es rege Schriftwechsel mit dem Ausland, so zum Beispiel mit dem italienischen Veterinäramt in Rom. Am 08. September 1961 regte das Bundeslandwirtschaftsministerium Besuche ausländischer Schlachthöfe an, um die dortigen Zustände und Schlachtmethoden zu untersuchen, denn nur wenn diese dem Maß-

233 BT-Ds III/2947; BTDS Band 75; BA Koblenz Akte 116/19574.

234 Stenographische Berichte, Band 49, S. 9663 f.

235 BRDS 1961 Band 6, Nr. 351-433.

236 Protokolle des Agrarausschusses vom 30. Juni und des Rechtsausschusses vom 5./6. Juli 1961; BayHStA MInn 91015.

237 236. Sitzung des Bundesrates; Sitzungsberichte Bundesrat 1961, 228-239, S. 200 A und B; vgl. hierzu auch RdT, Ausgabe 1-2/1962, S. 23.

238 Gesetz zur Änderung und Ergänzung des Tierschutzgesetzes vom 18. Juli 1961, BGBl. I S. 1360; BA Koblenz Akte 116/19574; BayHStA MInn 87778.

stab des Deutschen Tierschutzrechts Genüge taten, konnten Ausnahmegenehmigungen erteilt werden; vgl. § 3 a Absatz 2 TierSchG. Es wurden ebenfalls Schlachthöfe in Frankreich, Italien, der Schweiz und in den Niederlanden besichtigt.[239] Das Bundeslandwirtschaftsministerium setzte im September 1961 die Voraussetzungen zur Erteilung einer Ausnahmegenehmigung fest. So mußte beispielsweise der Antragsteller nachweisen, daß auf dem ausländischen Schlachthof zur Betäubung Bolzenschußapparate eingesetzt würden. Die Ausnahmegenehmigungen galten jeweils nur für sechs Wochen und bis zu einer Höchstzahl an Schlachtpferden von 80 Stück.[240]

Unter dem 13. März 1962 stellte die SPD-Fraktion eine kleine Anfrage vor dem Bundestag. Sie wollte wissen, um wieviel der Export von Schlachtpferden seit der Einführung des neuen Gesetzes zurückgegangen sei. Darauf antwortete das Bundeslandwirtschaftsministerium am 26. März 1962, es habe einen Rückgang um 31,5 % gegeben. Umgehungsversuche bezüglich des Exportverbotes seien nicht bekanntgeworden.[241] Daraus kann man ersehen, daß bereits ein halbes Jahr nach der Gesetzeseinführung eine drastische Abnahme erfolgt war. Dennoch wurden immer noch –die Zahlen von 1959 zugrundegelegt- etwa 25.000 bis 30.000 Schlachtpferde exportiert, was darauf hindeutet, daß sehr viele, wenn nicht sogar zu viele Ausnahmegenehmigungen erteilt worden waren. Dies wird vor allen Dingen seine Gründe in den veränderten und verbesserten Zuständen im Ausland gehabt haben.

Tatsächlich mehrten sich denn auch bereits im Jahre 1963 wieder die Presseberichte, die von neuen Mißständen sprachen. Diese waren Anlaß zu einer Besprechung zwischen Bundeslandwirtschaftsministerium und DTSB am 17. Oktober 1963, in der die zu großzügige Handhabung der Ausnahmegenehmigungen als Ursache festgemacht wurde. Man einigte sich darauf, die Einhaltung des neuen Gesetzes strenger zu überwachen.[242] Auch in den folgenden Jahren gab es jedoch trotz allem immer wieder einzelne Berichte über tierquälerische Transporte oder Umgehungen des Exportverbots. Gleichwohl hat die Änderung des Tierschutzgesetzes sicherlich einen sichtbaren Wandel hinsichtlich des Umgangs mit Pferden bei Transporten bewirkt.

Abschließend sei noch ein Beispiel für den Umgang mit Schlachtpferdeexporten aus dem Ausland genannt. Die Deutsche Botschaft in Dublin teilte am 21. Mai 1963 mit: „Durch Verordnung des irischen Landwirtschaftsministers ist die

---

239 Akte 19574; vgl. auch den Schnellbrief des BML an die für das Veterinärwesen zuständigen obersten Landesbehörden vom 13. September, BayHStA MInn 87778.

240 BayHStA MInn 87778.

241 BA Koblenz Akte 116/19580.

242 Tierfreund, Beilage Tierschutz, Ausgabe 12/1963, S. 47.

Ausfuhr lebender Tiere zu Schlachtzwecken ab März 1963 auf höchstens fünf Jahre alte Tiere beschränkt worden. Seitdem ist dieser Handel praktisch zum Erliegen gekommen. Dem Vernehmen nach soll der einzige Händler diesen Geschäftszweig inzwischen aufgegeben haben, weil den Landwirten die Jungtiere für Schlachtzwecke zu wertvoll wären. Die neue Verordnung wird nicht auf den Handel mit Großbritannien, Nordirland, den Vereinigten Staaten und Kanada angewandt."[243]

6. Die Initiative Bayerns (1960)

Bereits am 05. April 1960, also kurz nach Vorlage der Bundestagsdrucksache III/1539, hatte der Bayerische Landtag aufgrund eines Antrags der Abgeordneten Lallinger, Weinhuber, Dr. Lippert u.a. per Beschluß die Staatsregierung ersucht, sich „beim Transport von lebenden Tieren im Inland und ins Ausland für eine dem menschlichen Empfinden gerecht werdende Lösung mit Nachdruck zu sorgen" und „durch Aufsichtsmaßnahmen dafür zu sorgen, daß die Tiere sowohl auf Schlachthöfen als auch bei Transporten mit genügend Wasser und Futter versorgt werden."[244] Dazu stellte der Bayerische Staatsminister des Innern, Goppel, am 14. März 1962 fest, daß den Interessen des Tierschutzes beim Transport lebender Tiere mit dem neuen Gesetz ausreichend Rechnung getragen sei.[245]

7. Zusammenfassung

Mit dem Gesetz zur Änderung und Ergänzung des Tierschutzgesetzes vom 18. August 1961 war erstmals seit der Einführung des Tierschutzgesetzes 1933 eine Neuerung vollzogen worden. Bis dahin waren alle Versuche und Bemühungen, das Tierschutzgesetz zu ändern, gescheitert. Zur Begründung hatte sich die Politik stets darauf berufen, man wolle erst einmal die Strafrechtsreform abwarten. Dieses Argument wurde in der Frage der Pferdetransporte interessanterweise nicht angeführt. Das mag seine Gründe zum einen in der Geschlossenheit haben, die die Tierschutzvereinigungen letztlich zeigten, zum anderen aber insbesondere in der Berichterstattung der Medien, die mit Sicherheit einen großen Handlungsdruck auf den Bundestag ausübte. Es mußte eine Änderung herbeigeführt werden, die nicht nur dem Bürger zeigte, daß etwas getan wurde -schließlich

243 Aus den gesammelten Stellungnahmen zu § 19 der Bundestagsdrucksache IV/85; BA Koblenz Akte 116/19577.

244 Antrag in Beilage 973, Beschluß in Beilage 1297; BayHStA MInn 87778.

245 Beilage 2965; BayHStA MInn 87778.

stand man kurz vor dem Ende einer Legislaturperiode und vor einer Wahl[246]-, sondern gleichzeitig auch den Tieren tatsächlich Qualen ersparte. Ansonsten ist es nur schwer nachvollziehbar, daß gerade in diesem einen Punkt ein Änderungsgesetz erlassen wurde, speziell noch vor dem Hintergrund, daß nicht nur die Mehrheit der Bundestagsausschüsse sich gegen ein solches Gesetz ausgesprochen, sondern zudem die Bundesbahn längst weitreichende Verbesserungsmaßnahmen angeordnet hatte. Zwar waren aus Gründen der zunehmenden Maschinisierung, etc. besonders im Bereich der Pferdeexporte die Zahlen sprunghaft gestiegen; warum jedoch mit keinem Wort andere Tierarten wie Rinder oder Schweine angesprochen wurden und diese nicht den gleichen Schutz wie die Pferde bekamen, bleibt bis heute unverständlich.

II. Zulassung eines CO_2*-Luft-Betäubungsverfahrens (1961-1963)*

1. Die Anregung aus Baden-Württemberg (1961)

Am 04. August 1961 wandte sich der Innenminister des Landes Baden-Württemberg an das Bundeslandwirtschaftsministerium mit der Bitte, bei der Betäubung von Schlachtvieh ein neuartiges Betäubungsverfahren zuzulassen.[247] Bislang war gemäß § 6 Absatz 1 der Verordnung über das Schlachten von Tieren vom 21. April 1933[248] für die Betäubung von Tieren die Verwendung eines Bolzenschußapparates zwingend vorgeschrieben. Nur in wenigen und speziellen Ausnahmefällen konnte die nach Landesrecht zuständige oberste Landesbehörde Ausnahmen erteilen.[249] Der baden-württembergische Innenminister wollte nunmehr ein Betäubungsverfahren einführen, bei dem Schlachttiere in Kammern geführt und mittels eines Gemischs aus Kohlensäure (CO_2) und Luft vollständig betäubt werden konnten. Nach seinen Angaben hatte man im Schlachthof Böcklingen damit bei Probeversuchen sehr gute Ergebnisse erzielt. Nach Meinung des Innenministers eröffne sich die Möglichkeit zur Einführung des Kohlendioxid-Luft-Betäubungsverfahrens gemäß § 6 Absatz 3 der Verordnung über das

---

246 Die 3.Wahlperiode des Deutschen Bundestages dauerte vom 15. Oktober 1957 bis zum 15. Oktober 1961; nur zwei Monate vor deren Auslaufen war die Gesetzesänderung verabschiedet worden.

247 BA Koblenz Akte 116/19579.

248 RGBl. I S. 212; in der Fassung der Ersten Verordnung zur Änderung der Verordnung über das Schlachten von Tieren vom 14. November 1934 (RGBl. I S. 1163) und der Zweiten Verordnung vom 10. November 1952 (BGBl. I S. 748).

249 s.o. Teil II A. II.

Schlachten von Tieren: „§ 6 Absatz 3: Es bleibt vorbehalten, weitere Betäubungsapparate zuzulassen."

In den darauffolgenden Monaten wurden diesbezüglich vom Bundeslandwirtschaftsministerium zahlreiche *Gutachten* angefordert. Diese erbrachten unterschiedliche Ergebnisse. So sah beispielsweise die Bundesanstalt für Fleischforschung in Kulmbach das Verfahren als gut an, während das Eidgenössische Veterinäramt in Bern die Methode als nicht überzeugend bewertete. Die Professoren Sinell und Müller vom Institut für Lebensmittelhygiene der Freien Universität Berlin sprachen sich für eine Zulassung des Verfahrens aus, jedoch nur unter Auflagen. So sei es erforderlich, daß eine ausreichende Menge des Gasgemisches in die Kammern eingeleitet werde, welches dann entsprechend umgewälzt werden müsse, um eine „unnötige Excitation" der Tiere und eine Entmischung des Gases zu verhindern.[250]

2. Der erste Entwurf einer Dritten Verordnung (1962)

Am 11. September 1962 stellte das Bundeslandwirtschaftsministerium einen ersten *Entwurf für eine Dritte Verordnung zur Änderung der Verordnung über das Schlachten von Tieren* vor. Danach sollte hinter § 6 Absatz 2 der Verordnung folgender neuer Absatz eingefügt werden: „Die Betäubung von Schweinen, Kälbern und Schafen kann auch durch Anwendung eines Kohlensäure (CO_2) -Luft-Gemisches erfolgen, wenn sichergestellt ist, daß der CO_2-Gehalt dieses Gemisches bei der Betäubung von Schweinen 70 %, von Kälbern und Schafen 75 % beträgt und die Tiere diesem CO_2-Luft-Gemisch mindestens 75 Sekunden ausgesetzt werden. Spätestens 30 Sekunden, nachdem die Tiere die Betäubungsanlage verlassen haben, ist mit der Blutentziehung zu beginnen. Die Betäubungsanlage muß von der Landesregierung zugelassen sein. ..."[251]

In der Begründung des Verordnungsentwurfs wird angeführt, daß § 6 der Verordnung über das Schlachten von Tieren die Betäubungsmethoden genau vorschreibe. Warmblütige Tiere seien vor dem Beginn der Blutentziehung zu betäuben. Die Betäubung müsse so beschaffen sein, daß die Tiere einerseits keine Qualen erleiden müßten, andererseits aber aus Gründen der Fleischhygiene auch noch vollständig ausbluten könnten. Das in den letzten Jahren entwickelte Kohlensäure-Luft-Betäubungsverfahren entspreche den Anforderungen des Tierschutzes und der Fleischhygiene in besonderem Maße. Dies hätten Versuche nicht nur in Deutschland, sondern auch in den Vereinigten Staaten von Amerika, Holland, England, Dänemark oder Schweden, ergeben. Bei der Zulassung des

250 BA Koblenz Akte 116/19579.
251 BA Koblenz Akte 116/19579.

CO_2-Betäubungsverfahrens sei es notwendig, die Betäubungsanlagen von der zuständigen Landesbehörde abnehmen zu lassen, da an Konstruktion und Funktion der Anlage bestimmte Anforderungen zu stellen seien. Die CO_2-Konzentration und die Gasumwälzung in den Kammern müßten eine „excitationslose und vollständige Betäubung" gewährleisten. Wie man aus der Formulierung und der Begründung des Entwurfs ersehen kann, folgte das Bundeslandwirtschaftsministerium weitgehend der Empfehlung von Professor Sinell und seinem Kollegen Müller aus Berlin.

3. Der Sammelerlaß an die Länder und deren Stellungnahmen

Den Verordnungsentwurf verschickte das Bundeslandwirtschaftsministerium - ebenfalls am 11. September 1962 - mit einem Sammelerlaß an die Länder und bat um deren Stellungnahmen. Auch den wichtigen Lebensmittelinstituten wurde der Entwurf mit der Bitte vorgelegt, sich dazu zu äußern.[252] Das Bundesministerium für das Gesundheitswesen signalisierte bereits im Oktober 1962 seine Zustimmung. Die Ansichten der anderen Beteiligten sind in einem Vermerk des Bundeslandwirtschaftsministeriums vom 07. Dezember 1962 zusammengefaßt.[253]

Schleswig-Holstein, Hamburg, Niedersachsen, Bremen, Berlin, das Saarland und das Institut für Lebensmittelhygiene in Berlin (Prof. Sinell) hatten keine Bedenken gegen den Entwurf. Die übrigen Länder hatten zwar grundsätzlich auch keine Bedenken, machten jedoch Vorschläge zur Verbesserung. Insbesondere die in dem Entwurf angegebenen Prozentzahlen des CO_2-Luftgemisches wurden unterschiedlich beurteilt. Während Nordrhein-Westfalen die Gaskonzentrationswerte für Schweine auf 78 % anheben wollte, befand Baden-Württemberg einen generellen Wert in Höhe von 70 % bei allen drei Tierarten für ausreichend.

Die Bundesanstalt für Fleischforschung in Kulmbach sah wiederum eine Konzentration von 65 % bei Schweinen als Obergrenze an, da sonst keine vollständige Ausblutung erfolgen könne.

Die Institute für tierärztliche Nahrungsmittelkunde der Universitäten Gießen und München sprachen sich allgemein dafür aus, überhaupt keine Werte gesetzlich festzulegen. Die jetzt im Gespräch befindlichen Angaben entsprächen zwar dem aktuellen Stand der Wissenschaft, sie könnten sich aber im Laufe der Zeit ändern. Rheinland-Pfalz, Baden-Württemberg und das Universitätsinstitut in Gießen sprachen sich daneben noch dafür aus, die Zulassung der Betäubungs-

252 BA Koblenz Akte 116/19579.
253 BA Koblenz Akte 116/19579.

anlagen nicht von den Ländern selbst, sondern von deren obersten Landesbehörden erteilen zu lassen.

Insgesamt läßt sich feststellen, daß die meisten Länder keine oder nur geringe Bedenken gegenüber dem Verordnungsentwurf hatten. Die Ursache dafür lag sicherlich darin begründet, daß diese Länder einfach noch keine Erfahrungen mit dem neuen Verfahren gemacht hatten, auf die sie hätten zurückgreifen können. Die meisten Zweifel kamen aus Nordrhein-Westfalen, wo man der Meinung war, daß es noch nicht genügend Unterlagen gebe, die ein solches Betäubungsverfahren stützen könnten.

Einen Einwand der besonderen Art machte schließlich *Hessen*. Von dort wurde mitgeteilt, daß die neue Verordnung in Hessen ohnehin nicht gelten werde. Hessen hatte nämlich das Gesetz über das Schlachten von Tieren und die dazu erlassenen Durchführungsverordnungen -also auch die von 1952- aufgehoben und kein spezielles Gesetz über das Schlachten von Tieren erlassen.[254] Dieser Punkt sollte im Jahre 1964 noch einmal eine wichtige Rolle spielen.

4. *Der zweite Entwurf, Kritik und die Frage der Gesetzgebungskompetenz (1963)*

Am 27. Februar 1963 kam es zu einem neuen Entwurf einer Dritten Verordnung zur Änderung der Verordnung über das Schlachten von Tieren, in den die Stellungnahmen eingearbeitet waren. Darin lautete § 6 Absatz 3 nunmehr: „Die Betäubung von Schweinen, Kälbern und Schafen kann auch durch Anwendung eines Kohlendioxid-Luftgemisches erfolgen, wenn sichergestellt ist, daß der Kohlendioxid-Gehalt dieses Gemisches sowie die Zeit, in der die Tiere dem Gemisch ausgesetzt werden, ausreichen, um eine vollständige Betäubung der Tiere herbeizuführen."[255]

Die Begründung folgt in ihrer Argumentation den Vorschlägen der befragten Länder und Institute, vor allem aber den Ergebnissen der Sitzung des *Veterinärausschusses* vom 5./6. Dezember 1962. Dieser hatte sich zu der Empfehlung entschlossen, daß Angaben über den Kohlendioxid-Gehalt, die Einwirkzeit des Gemisches auf die Schlachttiere sowie den Zeitpunkt, von dem ab mit der Blutentziehung zu beginnen sei, nicht in die Verordnung aufgenommen werden sollten. Der Vorteil an dieser Regelung sei, daß man bei einer wissenschaftlichen Fortentwicklung und neuen Erkenntnissen einfach das Verfahren anpassen könne, ohne gleich die Verordnung ändern zu müssen. Bedenken dagegen meldete wieder der Landwirtschaftsminister Nordrhein-Westfalens an. Der *Interministerielle*

254 BA Koblenz Akte 116/19579.
255 BA Koblenz Akte 116/19579.

Ausschuß für Verfassungsfragen war sich in seinen Sitzungen am 15. Januar und 19. April 1963 einig gewesen, daß das Gesetz über das Schlachten von Tieren und die dazugehörigen Verordnungen dem Sachgebiet Tierschutz zuzuordnen seien und daher nach Artikel 123 GG als Landesrecht fortgalten. Somit falle der Tierschutz in die ausschließliche Gesetzgebungskompetenz der *Länder* und ebenso die geplante Dritte Verordnung zur Änderung der Verordnung über das Schlachten der Tiere. Der Bund sei folglich nicht für den Erlaß einer Dritten Verordnung zuständig; daran ändere auch die Tatsache nichts, daß die Zweite Verordnung vom 10. November 1952 mit Zustimmung des Bundesrates ergangen sei. Der Nordrhein-Westfälische Landwirtschaftsminister sah sich aufgrund dieser Sachlage nicht imstande, dem Verordnungsentwurf zuzustimmen.[256] Das wiederum sah man im Bundesjustizministerium (*BMJ*) ganz anders. Im vorliegenden Fall handele es sich um eine Sonderregelung auf dem Gebiete des Tierschlachtens, für das eine Zuständigkeit des Bundes sehr wohl gegeben sei.[257]

5. Der dritte und letzte Entwurf

Nachdem das Bundesjustizministerium zu dem zweiten Entwurf noch weitere Änderungsvorschläge gemacht hatte, wurde am 12. August 1963 vom Bundeslandwirtschaftsministerium ein dritter und abschließender Verordnungsentwurf an das Bundeskanzleramt geleitet. Nunmehr lautete die Formulierung:
„§ 6 der Verordnung über das Schlachten von Tieren ... wird wie folgt geändert:
1. Hinter Absatz 2 wird folgender neuer Absatz 3 eingefügt:
   „Schweine, Kälber und Schafe können auch durch ein Gemisch aus Kohlendioxid und Luft betäubt werden, wenn der Gehalt des Gemischs an Kohlendioxid und die Zeit, in der die Tiere dem Gemisch ausgesetzt sind, zur vollständigen Betäubung ausreichen."
2. Der bisherige Absatz 3 wird Absatz 4."[258]

In der Begründung berief man sich in erster Linie auf die Erfahrungsberichte und wissenschaftlichen Gutachten aus Deutschland und dem Ausland (Dänemark, Großbritannien, Niederlande, Schweiz, Vereinigte Staaten von Amerika und Schweden). Danach entspreche dieses neuartige Betäubungsverfahren besonders den Anforderungen des Tierschutzes und der Fleischhygiene. Die Argumente des Bundeslandwirtschaftsministeriums waren also praktisch dieselben, die auch für den ersten Entwurf bereits angeführt worden waren. Der Verord-

---

256 Schreiben vom 21. Mai 1963; BA Koblenz Akte 116/19579.
257 Dies ergibt sich aus einem Schreiben von ORR Lotter (BML) an den Innenminister von Rheinland-Pfalz vom 26. Juli 1963; BA Koblenz Akte 116/19579.
258 BA Koblenz Akten 116/19579 und 136/8666.

nungsentwurf wurde am 19. August 1963 vom Bundeskanzleramt an den Bundesrat übersandt, mit der Bitte, die Zustimmung des Bundesrates gemäß Artikel 80 Absatz 2 des Grundgesetzes herbeizuführen.[259]

6. *Die Empfehlungen der Bundesratsausschüsse und die Ablehnung im Bundesrat (1963)*

Der Bundesrat überwies den Verordnungsentwurf (*BR-Ds. 378/ 63*[260]) an den Landwirtschaftsausschuß (federführend) und den Rechts- und den Innenausschuß (mitberatend). Im *Innenausschuß* waren die Vertreter Baden-Württembergs und Nordrhein-Westfalens der Meinung, daß der Bund keine Zuständigkeit zur Regelung dieser Materie besitze, da sowohl das Gesetz über das Schlachten von Tieren als auch die dazu ergangenen Rechtsverordnungen dem Sachgebiet des Tierschutzes zuzurechnen seien und somit gemäß Artikel 123 GG als Landesrecht fortgalten. Obwohl sich u.a. der Vertreter des Landes Rheinland-Pfalz unter Bezugnahme auf Artikel 74 Nr. 20 dagegen für den Erlaß der Verordnung aussprach, empfahl der Innenausschuß dem Bundesrat, der Verordnung *nicht* zuzustimmen.[261]

Wie bereits der Innenausschuß war auch der *Rechtsausschuß gegen* eine Zustimmung des Bundesrates. Zur Begründung hieß es: „Es kann dahingestellt bleiben, ob § 3 des Gesetzes über das Schlachten von Tieren vom 21. April 1933 Strafrecht (Artikel 74 Nr. 1 GG) ist, denn aus der Entscheidung des Bundesverfassungsgerichts in Band 13 S. 372 ergibt sich, daß durch eine Strafvorschrift, die Bundesrecht ist, auch landesrechtliche Vorschriften ihren Charakter als Bundes- oder Landesrecht nicht durch ihre bundesrechtliche Strafsanktion erhalten. Ob sie dem Bundes- oder Landesrecht unterliegen, entscheidet sich vielmehr nach der Zuständigkeitsverteilung des Grundgesetzes im übrigen. Die Vorschriften über das Schlachten von Tieren, deren Änderung beabsichtigt ist, dienen dem Tierschutz, der als Sachgebiet der landesrechtlichen Regelungskompe-

---

259 BA Koblenz Akten 116/19579 und 136/8666. Laut Artikel 80 Absatz 2 GG bedürfen der Zustimmung des Bundesrates Rechtsverordnungen, die auf Grund von Bundesgesetzen, die der Zustimmung des Bundesrates bedürfen oder die von den Ländern im Auftrage des Bundes oder als eigene Angelegenheiten ausgeführt werden.

260 Bundesratsdrucksache 378/63 vom 19. August 1963; BRDS 1963 Band 12, Nr. 370-399.

261 244. Sitzung am 24. September 1963; BA Koblenz Akte 116/19579 und 141/41832.

tenz unterliegt."[262] Der *Landwirtschaftsausschuß* sprach sich dagegen *für* die Zustimmung zu dem Entwurf aus.[263]

Gemäß den Empfehlungen der Ausschüsse (im Verhältnis von 2:1 gegen eine Zustimmung) stimmte der Bundesrat in seiner 261. Sitzung am 25. Oktober 1963 der Verordnung gemäß Artikel 80 Absatz 2 des Grundgesetzes *nicht* zu und schloß sich dabei den Ausführungen des Rechtsausschusses an.[264] Da sich das Bundeslandwirtschaftsministerium wegen der Landeskompetenz nicht für die Zulassung des Kohlendioxid-Luft-Betäubungsverfahrens zuständig fühlte, gab es von der Seite des Bundes auch später keine weiteren Vorstöße in diesem Bereich.[265]

7. *Die hessische Verordnung über das Schlachten von Tieren (1964)/Zulassung des Verfahrens in weiteren Bundesländern*

Wie bereits erwähnt, hatte Hessen sowohl das Gesetz über das Schlachten von Tieren als auch die dazugehörigen Durchführungsverordnungen aufgehoben und bis zu diesem Zeitpunkt kein eigenes Gesetz erlassen. Offensichtlich war man aber im Landtag durch die Diskussion um die Einführung des CO_2-Luft-Verfahrens auf den Geschmack gekommen, denn Hessen erließ am 19. Februar 1964 eine eigene Landesverordnung über das Schlachten von Tieren.[266] Der darin enthaltene § 5 Absatz 1 entspricht dabei dem § 6 Absatz 1 der Verordnung über das Schlachten von Tieren in der Fassung von 1952. § 5 Absatz 2 der neuen Verordnung lautete aber: „Die Betäubung von Schweinen, Kälbern und Schafen kann auch durch Anwendung eines Kohlendioxid-Luft-Gemisches erfolgen, wenn sichergestellt ist, daß der Kohlendioxid-Gehalt dieses Gemisches sowie die Zeit, in der die Tiere dem Gemisch ausgesetzt werden, ausreichen, um eine vollständige Betäubung der Tiere herbeizuführen." Damit war in Hessen das CO_2-Betäubungsverfahren eingeführt und zwar mit exakt dem Wortlaut des zweiten Verordnungsentwurfs des BML vom 27. Februar 1963, nicht aber in der Formulierung des dritten Entwurfs vom 12. August 1963. Vermutlich erschien es den Verordnungsgebern als sinnvoll, die *Sicherstellung* der vollständigen Betäubung in der Verordnung festzuschreiben. Darauf hatte man in dem dritten Entwurf verzichtet („ausreichen").

---

262 267. Sitzung am 16. Oktober 1963; BA Koblenz Akte 116/19579.
263 215. Sitzung am 11. Oktober 1963; BA Koblenz Akte 116/19579.
264 261. Sitzung des Bundesrates; Sitzungsberichte 1963/1964, S. 203 B; BA Koblenz Akte 116/19579. Siehe insgesamt zu dem Verfahren BA Koblenz Akte 141/41832.
265 BA Koblenz Akte 116/19580.
266 Gesetz- und Verordnungsblatt für das Land Hessen vom 16. März 1964, S. 23 f.

Neben Hessen ließen auch andere Länder in der Folgezeit das CO_2-Verfahren zu. Am 16. Mai 1964 ließ beispielsweise der Landwirtschaftsminister des Landes *Niedersachsen* bekanntmachen, daß zu den Betäubungsapparaten im Sinne des § 6 der Verordnung über das Schlachten von Tieren auch Betäubungsanlagen mit einem Kohlensäure-Luft-Gemisch zu zählen seien.[267] Es wurde bestimmt:

„1. Betäubungsapparate im Sinne des § 6 der Verordnung [über das Schlachten von Tieren] sind auch Anlagen zur Betäubung von Schweinen, Schafen und Kälbern mit einem Kohlendioxid-Luftgemisch.
2. Die Anlagen entsprechen den Anforderungen des § 12 der Verordnung, wenn sichergestellt ist, daß der CO_2-Gehalt des Gemisches bei der Betäubung von Schweinen 70 %, von Kälbern und Schafen 75 % beträgt und die Tiere dem Gemisch mindestens 75 Sekunden ausgesetzt werden.
3. Eine ordnungsgemäße Handhabung der Anlagen im Sinne von § 12 der Verordnung liegt nur vor, wenn den Tieren spätestens 30 Sekunden nach ihrer Entfernung aus der Betäubungsanlage das Blut entzogen wird.“

Somit folgte Niedersachsen beinahe wörtlich dem ersten Entwurf des Bundeslandwirtschaftsministeriums vom 09. November 1962. Schon damals hatte Niedersachsen ja diesbezüglich keine Bedenken gezeigt und konnte nunmehr das CO_2-Luft-Verfahren genauso einführen. Ebenso ließ beispielsweise das Land *Berlin* am 04. August 1965 das CO_2-Luft-Verfahren zu.[268]

8. Zusammenfassung

Die Idee, ein neues Verfahren zur Betäubung von Schlachttieren mittels eines Kohlendioxid-Luft-Gemisches einzuführen, basierte auf guten Erfahrungen aus dem In- und Ausland. Sie entsprach eindeutig dem in Deutschland durch das Tierschutzgesetz geprägten Gedanken der Tierliebe und der Humanität. Durch das neue Verfahren sollten die Tiere bei der Betäubung und der darauffolgenden Schlachtung so wenig wie möglich leiden. Allerdings sah man die Kompetenz zur Einführung des CO_2-Luft-Verfahrens auf Landes- und nicht auf Bundesebene, so daß die Bundesregierung mangels der Zustimmung des Bundesrates keine entsprechende Änderung vornehmen konnte. Infolgedessen wurde das neuartige Betäubungsverfahren dann nur in einzelnen Bundesländern eingeführt.[269]

---

267 BA Koblenz Akte 116/19580.

268 Gesetz- und Verordnungsblatt für das Land Berlin, 21. Jahrgang Nr. 43, S. 926.

269 Die Frage nach der Konzentration und Dauer des Aufenthaltes in dem CO_2-Gemisch scheint auch heute noch problematisch zu sein. So berichtet die Zeitschrift „Stern“, Ausgabe 40/2002, S. 196 ff.: „So geht es zu in einem Großschlachthof, in dem Schweine mit Kohlendioxid betäubt werden. Nach 70 Sekunden in einer CO_2-Konzentration von 80 Volumenprozent sollen sie so besinnungslos sein, daß sie

III. Die Bundestagsdrucksache IV/85 der Abgeordneten Dr. Schmidt, Bading, Margulies und Genossen vom 14. Dezember 1961: Erster Initiativentwurf für ein neues Tierschutzgesetz

1. Das Zustandekommen der Bundestagsdrucksache IV/85

Das Bundeslandwirtschaftsministerium hatte vom Winter 1959 bis zum Sommer 1960 insgesamt sechs verschiedene Entwürfe für ein neues Tierschutzgesetz vorgelegt. Der letzte dieser Entwürfe vom 18. Juni 1960 diente als Diskussionsentwurf und war somit die Grundlage für Gespräche zwischen den beteiligten Bundesressorts, den Tierschutzvereinigungen und weiteren beteiligten Stellen. Der Diskussionsentwurf wurde vom BML anschließend noch einmal überarbeitet und am 16. September 1960 dem Bundestag übermittelt. Daraufhin erarbeitete eine Gruppe von Abgeordneten aller Parteien, die sogenannte *Interparlamentarische Arbeitsgemeinschaft*, in Zusammenarbeit mit BML, BMJ und BMI sowie dem DTSB und dem BMT einen neuen Entwurf. Am 06. Dezember 1960 setzte die Interparlamentarische Arbeitsgemeinschaft dann eine Ad-hoc-Kommission „Tierschutzgesetzgebung" ein, die zu dem Entwurf Stellung nehmen sollte. Es war vorgesehen, daß die erforderliche Vorarbeit für ein neues Gesetz bis zum Beginn der neuen Legislaturperiode[270] abgeschlossen sein und der Gesetzentwurf als Initiativgesetzentwurf von Abgeordneten aller Fraktionen in den Bundestag eingebracht werden sollte.[271] Die Kommission nahm ihrerseits weitere Änderungen vor und erbat dazu Stellungnahmen von Tierschutzexperten und –vereinigungen.[272] In den folgenden Monaten äußerten sich zu dem Entwurf u.a. der DTSB, die Vereinigung Katzenfreunde Deutschlands - Deutscher Katzenschutzbund e.V., Professor Spitaler von der Universität Köln sowie Oberregierungsrat Barbrack vom Innenministerium Baden-Württemberg, der gleichzeitig der 2. Vizepräsident des DTSB war. Nachdem der Präsident des DTSB, Otto Kertscher, anläßlich eines Empfangs bei Bundeskanzler Adenauer am 18. Mai 1961 noch einmal gebeten hatte, die Änderung des Tierschutzgesetzes nicht zu verschleppen, fand am 07. Oktober 1961 eine Vollversammlung der Interparla-

keine Schmerzen mehr spüren. ... Aktuelle Studien lassen jedoch erheblich daran zweifeln, daß alle Schweine wirklich richtig betäubt sind, wenn sie aus der Gaskammer kommen."

270 Die 4. Wahlperiode des Deutschen Bundestages begann am 17. Oktober 1961.

271 Dies ergibt sich aus einem Brief des Bundeslandwirtschaftsministers Schwarz an den Bayerischen Staatsminister des Innern, Alfons Goppel, vom 23. März 1961. Schwarz erklärte darin u.a., daß er die Überarbeitung des Tierschutzgesetzes bis zur Vorlage dieses Initiativentwurfs zurückstellen werde; BayHStA MInn 87778.

272 BA Koblenz Akte 116/19575; BayHStA MInn 87778.

mentarischen Arbeitsgemeinschaft und allen Beteiligten statt, aus der ein endgültiger Entwurf hervorging. Dieser wurde dann als *Initiativgesetzentwurf* als *Bundestagsdrucksache IV/85* am 14. Dezember 1961 in den Bundestag eingebracht. Darin stellten die Abgeordneten Dr. Schmidt (Wuppertal, CDU/ CSU), Bading (SPD), Margulies (FDP) und Genossen den Antrag, der Bundestag wolle ein neues Tierschutzgesetz beschließen.[273] Wohlgemerkt war dies -nach einigen kleineren Änderungen und Vorstößen- die *allererste Vorlage* des Bundestages überhaupt für ein neues Tierschutzgesetz seit der Einführung des Reichstierschutzgesetzes im Jahre 1933. Bislang war das Tierschutzgesetz nur einmal, nämlich mit dem Gesetz zur Änderung und Ergänzung des Tierschutzgesetzes vom 18. August 1961, im Zusammenhang mit den Pferdetransporten geändert worden. Dieses Gesetz war also noch während der Vorbereitungszeit der Bundestagsdrucksache IV/85 eingeführt worden. Die Beratungen über das Änderungsgesetz verliefen somit parallel zu denen des Initiativgesetzentwurfes. Obwohl die Bundestagsdrucksache IV/85 letztlich nicht zum Erfolg führte, soll sie doch -wegen ihrer Eigenschaft als erster Initiativgesetzentwurf, also als erster Gesetzgebungsvorschlag aus der Mitte des Parlaments heraus- ausführlich dargestellt werden.

2. Die wichtigsten Änderungsvorschläge

Die Bundesdrucksache IV/85 selbst war ein Konglomerat aus den bereits vorgestellten Entwürfen der Tierschutzvereinigungen, den Entwürfen des Bundeslandwirtschaftsministeriums einschließlich des Diskussionsentwurfs und den zwischenzeitlich neu eingebrachten Ideen der an der Vorbereitung beteiligten Stellen.

---

273 Bundestagsdrucksache IV/85 vom 14. Dezember 1961, BTDS Band 76; BA Koblenz Akten 136/8666 und 116/19577. Insgesamt wurde der Antrag von 38 Abgeordneten aus allen Fraktionen gestellt, also genau wie es Bundeslandwirtschaftsminister Schwarz in seinem Brief an Goppel angekündigt hatte.
Der Jurist Dr. Otto Schmidt war u. a. von 1958 bis 1969 Vorsitzender des Vermittlungsausschusses und von 1957 bis 1969 Vorsitzender der Interparlamentarischen Arbeitsgemeinschaft; Harri Bading war Diplomlandwirt und von 1957 bis 1969 Ordentliches Mitglied des Landwirtschaftsausschusses und von 1962 bis 1969 stellvertretender Vorsitzender der Interparlamentarischen Arbeitsgemeinschaft; Robert Margulies war u. a. von 1958 bis 1964 Mitglied des Europäischen Parlaments und stellvertretender Fraktionsvorsitzender der FDP; vgl. Vierhaus/ Herbst, S. 28 f., 535, 758.

a) Die Begründung der Bundestagsdrucksache IV/85

In der allgemeinen Begründung ihres Gesetzentwurfs priesen die Abgeordneten zunächst einmal das Reichstierschutzgesetz vom 24. November 1933 als „bedeutsame Kulturtat..., die in der ganzen Welt anerkannt und teilweise sogar nachgeahmt worden ist.“[274] Man habe damals zum ersten Male nicht darauf abgestellt, die Verletzung menschlicher Empfindungen, die sich im Mitgefühl für das Tier äußerten, zu ahnden, sondern das Tier um seiner selbst willen geschützt. Trotzdem hielten die Abgeordneten das bestehende Tierschutzgesetz nun nicht mehr für ausreichend, da sich in der praktischen Anwendung Lücken aufgetan hätten. Sie beriefen sich dabei auf ein Beispiel, das bereits von den Tierschutzvereinigungen bei der Vorstellung ihrer Entwürfe in den späten Fünfziger Jahren gebraucht worden war. Wenn nämlich jemand ein Tier unter erheblichen Mißhandlungen tötete und sich im Nachhinein darauf berief, er habe das Tier töten wollen und dabei nur versehentlich gequält, so fiel diese Handlung nicht unter die Tierquälerei. Der Täter blieb also straffrei, wenn man ihm hinsichtlich der Tierquälerei keinen Vorsatz nachweisen konnte.[275] Aus diesem Grunde sahen die Antragsteller ein Bedürfnis für gesetzgeberische Maßnahmen zur weiteren Verbesserung des Tierschutzes. Gleichzeitig schien ihnen eine Änderung jedoch auch deshalb angezeigt, weil das sittliche Bewußtsein der Allgemeinheit durch den Zweiten Weltkrieg und die Nachkriegszeit „eine wahrnehmbare Läuterung und Vertiefung“ erfahren haben sollte. Hinsichtlich der Kompetenz des Bundes zum Erlaß eines neuen Gesetzes hatte man keine Zweifel. Zwar sei das Tierschutzrecht nicht ausdrücklich gemäß den Artikeln 73 und 74 GG dem Bund zugewiesen, es gehöre jedoch zur konkurrierenden Gesetzgebungsbefugnis des Bundes, da es als Strafrecht im Sinne des Artikel 74 Nr. 1 GG anzusehen sei.[276]

Mit der Einführung von Ordnungswidrigkeiten unterscheide der Entwurf nunmehr zwischen kriminellem Unrecht (Vergehen) und Ordnungswidrigkeiten und folge somit den Bestrebungen der großen Strafrechtsreform. Weiterhin habe man das Gesetz über das Schlachten von Tieren und die dazu erlassenen Verordnungen in den Entwurf eingearbeitet, da es seinem Charakter nach ebenfalls Tierschutzrecht (und damit letztlich Strafrecht) sei. Das gerade erst verabschiedete Gesetz zur Änderung und Ergänzung des Tierschutzgesetzes habe ebenfalls Aufnahme gefunden. Der Initiativgesetzentwurf war in drei Abschnitte unterteilt. Im ersten Abschnitt (§§ 1-13) waren die allgemeinen Bestimmungen mit den

---

274 Die Begründung findet sich im Anhang der Bundestagsdrucksache IV/85, BTDS Band 76.

275 Vgl. Entwurf des DTSB vom 10.Juni 1959, S. 2; BA Koblenz Akte 136/8666.

276 Wie sich später zeigen sollte, war dies einer der Hauptstreitpunkte bei der Diskussion des Gesetzentwurfs.

Straf- und Bußgeldvorschriften aufgeführt, wobei hierin auch erstmals Ordnungswidrigkeiten erfaßt waren. Der zweite Abschnitt (§§ 14-18) behandelte mit besonderen Vorschriften die Versuche an lebenden Tieren, der dritte (§§ 19-21) enthielt dann Schluß- und Übergangsbestimmungen.

b) Der erste Abschnitt, §§ 1-13

Im damals geltenden Tierschutzgesetz waren in den ersten Paragraphen die Verbotsnormen aufgeführt (§§ 1-5); daran schlossen sich Regelungen auf dem Gebiet der Tierversuche (§§ 6-8) und die Strafen an; am Ende befanden sich noch Schluß- und Übergangsbestimmungen. Eine ähnliche Untergliederung war auch noch im Diskussionsentwurf des Bundeslandwirtschaftsministeriums vom 18. Juni 1960 zu finden. Der vorgelegte Gesetzentwurf dagegen faßte nun in den Paragraphen 1 bis 13 alle Verstöße gleich mit den jeweiligen Strafen zusammen, trennte dabei aber erstmals zwischen Vergehen und Ordnungswidrigkeiten. Gleichzeitig wurden teilweise die Strafrahmen erhöht. So waren jetzt zum Beispiel gemäß § 1 Absatz 1 für Tierquälerei oder –mißhandlung drei statt zwei Jahre Gefängnis als Höchststrafe vorgesehen.

Übernommen wurde auch die seit langem von den Tierschutzvereinigungen geforderte Formulierung *„mehr als geringfügige Schmerzen"* bei den Definitionen der Quälerei und Mißhandlung in § 1 Absatz 2, sowie in § 2 Absatz 1 Nr. 1, 2 und 3, § 7 Absatz 1 Nr. 2 und § 14 Absatz 1 des Entwurfs.[277]

Ebenso sollte nun gemäß § 1 Absatz 2 für die Tiermißhandlung eine *gefühllose Gesinnung* vorliegen. Das Quälen wiederum sollte dann unnötig sein, wenn es *keinem billigenswerten Zweck* diente oder die angewandten Mittel für einen billigenswerten Zweck in einem nicht vertretbaren Verhältnis standen. Diese Punkte waren bereits in dem ersten und zum Teil auch noch im Diskussionsentwurf des Bundeslandwirtschaftsministeriums aufgetaucht. Die Antragsteller versprachen sich von diesen Änderungen in § 1 einen wirksameren Schutz der Tiere in strafrechtlicher Hinsicht mittels einer volkstümlicheren Formulierung.[278]

Der zu § 1 subsidiäre § 2 stellte einen Katalog weiterer und häufig vorkommender strafbarer Handlungen auf, die zum großen Teil dem geltenden § 2 entsprachen; neu war allerdings die Bestrafung für das gesetzwidrige Ausführen von Schlachtpferden.[279] Auch hier wurde der Strafrahmen auf bis zu zwei Jahre

277 Vgl. dazu den Entwurf des DTSB vom 7./8. Dezember 1957; BA Koblenz Akte 116/19573.

278 Begründung der BT-Ds IV/85, S. 7, BTDS Band 76; BA Koblenz Akte 136/8666.

279 Das gerade erst eingeführte Exportverbot für Schlachtpferde war nach diesem Entwurf in § 19 geregelt, worauf § 2 Absatz 1 Nr. 7 Bezug nimmt.

Haft erhöht. Bisher gab es gemäß § 9 Absatz 3 Nr. 1 bei Verstößen gegen § 2 nur Geldstrafe oder Haft.

Letzteres galt auch für den neu geschaffenen § 3 der Bundestagsdrucksache IV/85. Dieser ist vielleicht die interessanteste Vorschrift des gesamten Entwurfs. Zunächst einmal stellte § 3 Absatz 1 Nr. 1 viele der immer noch gebräuchlichen, betäubungslosen Tötungsarten unter Strafe, wie es die Tierschützer seit langem gefordert hatten.[280] Dazu zählten etwa das Ertränken, Ersticken, Totknien, Erdrosseln oder Vergiften. Dadurch sollte die -oben bereits angesprochene- Gesetzeslücke geschlossen werden, die sich eben da auftat, wo sich jemand bei einer Quälerei oder Mißhandlung mit anschließender Tötung darauf berief, er habe das Tier nur töten, ihm aber nicht absichtlich Schmerzen zufügen wollen. Ein besonderes Augenmerk verdient aber vor allem § 3 Absatz 1 Nr. 2 des Entwurfs. Danach sollte bestraft werden, wer „beim Töten von warmblütigen Tieren, bei denen eine Blutentziehung erfolgt (Schlachten), ohne vorherige allgemeine Betäubung mit der Blutentziehung beginnt." Durch diese und weitere Vorschriften sollte also, wie bereits beim Diskussionsentwurf (dort § 14 ff.), das Schlachtrecht in das Tierschutzgesetz mit aufgenommen werden. Als Folge sollten beim Inkrafttreten dieses Gesetzentwurfs gleichzeitig das Gesetz über das Schlachten von Tieren und die dazu erlassenen Verordnungen außer Kraft gesetzt werden. Dabei faßte § 3 Absatz 1 Nr. 1 die §§ 1 Satz 1 und 4 Satz 2 der Verordnung über das Schlachten von Tieren[281] zusammen und enthielt die Definition des Schlachtbegriffs und das Betäubungsgebot. § 3 stellte dann bereits den Versuch der Handlungen nach § 3 Absatz 1 unter Strafe.

Dagegen enthielt § 3 Absatz 3 einen Katalog von straffreien Ausnahmen zu § 3 Absatz 1 und 2. Darunter fiel etwa die Tötung ganz junger Katzen und Hundewelpen (Nr. 1) oder das Töten von Tieren im Rahmen der Schädlingsbekämpfung (Nr. 3).[282]

Einen ganz wichtigen Punkt stellte insbesondere § 3 Absatz 3 Nr. 7 dar. Danach blieb ebenfalls straffrei, wer *nach religiösen Riten Schlachtungen* durchführte. Dabei rückte natürlich das Schächten in den Mittelpunkt. Nach diesem Entwurf sollte es also jüdischen oder muslimischen Bürgern ohne Strafe gestattet sein, Tiere ohne die ansonsten vorgeschriebene (§ 3 Absatz 1 Nr. 2 des Entwurfs; §§ 4 und 6 der Verordnung über das Schlachten von Tieren[283]) vorherige

---

280 Vgl. den Entwurf des DTSB vom 7./8. Dezember 1957, BA Koblenz Akte 116/19573 oder den Entwurf des BMT von 1957, BA Koblenz Akte 116/19575.

281 Verordnung über das Schlachten von Tieren vom 31. April 1933, RGBl. I S. 212.

282 Die Schädlingsbekämpfung war bereits in den Entwürfen des Bundeslandwirtschaftsministeriums erstmals aufgetaucht und wurde hier übernommen.

283 In der Fassung der zweiten Verordnung zur Änderung der Verordnung über das Schlachten von Tieren vom 10. November 1952, BGBl. I S. 748.

vollständige Betäubung schlachten zu dürfen. Hierauf soll später noch ausführlich eingegangen werden.

Des weiteren war nach § 3 Absatz 3 Nr. 9 des Entwurfs auch das Schlachten von kaltblütigen Tieren zum Genuß des Menschen, also zum Beispiel von Aalen, Plattfischen, Krebsen, Hummern und Fröschen unter Einhaltung bestimmter Regeln ohne Strafe. Eine Betäubung war -im Gegensatz zum Diskussionsentwurf, dort unter § 17- hier nicht mehr vorgeschrieben.

Man kann also feststellen, daß § 3 insgesamt eine Vielzahl sehr unterschiedlicher Vorschriften enthielt. Es entsteht so rückblickend der Eindruck, als habe man möglichst viele Problempunkte gleichzeitig regeln wollen. Die Vorschrift des § 3 des Initiativgesetzentwurfs wirkt daher etwas willkürlich zusammengesetzt und überladen.

Die folgenden Vorschriften enthielten weitere Strafandrohungen bei Verstößen gegen das Gesetz (§§ 4-6). In den §§ 7-9 wurden Ordnungswidrigkeiten aufgeführt. Dabei waren dort teilweise Handlungen erfaßt, die man aus dem geltenden § 2 TierSchG herausgenommen hatte, weil man sie nicht für Vergehen hielt, aber dennoch als von der Rechtsordnung mißbilligt ansah, so zum Beispiel das Stopfen von Geflügel. Ebenfalls wurden neue Punkte eingebracht, die auf Forderungen der Tierschutzvereinigungen beruhten. Dazu zählte etwa das Verbot der Verwendung des Doppeljochs bei Rindern.

In § 10 Absatz 1 wurde zwar die Betäubung definiert, allerdings gab es in dem gesamten Entwurf keinerlei entsprechende Vorschriften über die Vornahme der Betäubung, wie sie die Verordnung über das Schlachten von Tieren in ihrem § 6 vorsah. Statt dessen sollte der Bundeslandwirtschaftsminister gemäß § 20 Absatz 1 Nr. 4 ermächtigt werden, durch Rechtsverordnungen Vorschriften „über die Zulassung von Geräten und Verfahren, bei deren Anwendung eine vollständige Betäubung erreicht wird“, zu erlassen.[284]

c) Der zweite Abschnitt, §§ 14-18

In diesem Abschnitt waren die Versuche an lebenden Tieren (Vivisektionen) geregelt. Auch hier trafen Vorschriften des geltenden Tierschutzgesetzes mit Vorschlägen der Tierschutzverbände und anderen Interessengruppen zusammen. Nach § 14 Absatz 1 des Entwurfs sollte nunmehr die erforderliche Genehmigung für Tierversuche auch an Einzelpersonen erteilt werden können und nicht mehr

284 Wie sich beim zeitlich parallel verlaufenden Versuch der Einführung eines CO_2-Luft-Betäubungsverfahren allerdings zeigen sollte, lag im Bereich des Tierschlachtens und somit auch bei den Betäubungsverfahren, die Gesetzgebungskompetenz bei den Ländern.

nur an Laboratorien und wissenschaftliche Institute. Darauf hatten gerade die Tierschutzvereinigungen seit langem gedrängt. Die über die Tierversuche zu machenden Aufzeichnungen sollten mindestens drei Jahre aufbewahrt werden, § 16 Satz 3. Zur Überwachung der Einhaltung der Vorschriften sollte die zuständige Behörde im Rahmen ihres Auftrages auch Räume und Grundstücke betreten dürfen. Das Grundrecht des Artikel 13 Grundgesetz auf Unverletzlichkeit der Wohnung sollte diesbezüglich ausdrücklich eingeschränkt werden, § 17 Satz 3. In diesem zweiten Abschnitt wurden letztlich nur wenige Änderungen vorgenommen.

d) Der dritte Abschnitt, §§ 19-22

Hier waren die Schluß- und Übergangsvorschriften enthalten. Gleichwohl befand sich in § 19 aber auch das gerade erst eingeführte Exportverbot für Schlachtpferde, das im geltenden Tierschutzgesetz in § 3a TierSchG geregelt war. Die Vorschrift paßte daher gesetzestechnisch eigentlich nicht in diesen Abschnitt, da auch die dazugehörige Strafe im ersten Abschnitt in § 2 Absatz 1 Nr. 7 normiert war.

§ 20 des Initiativgesetzentwurfs ermächtigte den Bundeslandwirtschaftsminister als für das Veterinärwesen oberste Bundesbehörde zum Erlaß von Vorschriften per Rechtsverordnung auf den Gebieten des Tiertransports und der Unterbringung, der Schlachtung und der Betäubung von Tieren, sowie der Zulassung von Verfahren und Geräten zur Betäubung von Schlachttieren. Gemäß § 22 sollten beim Inkrafttreten dieses Gesetzes das gesamte Tierschutzgesetz und das Gesetz über das Schlachten von Tieren mit den jeweiligen Durchführungsverordnungen außer Kraft gesetzt werden. Dies galt auch –soweit vorhanden- für die Schlachtvorschriften der Länder.

Zusammenfassend läßt sich also festhalten, daß mit dem Initiativgesetzentwurf Bundestagsdrucksache IV/85 eine Vielzahl von in der Vergangenheit eingereichten und angedachten Vorschlägen in den Entwurf für ein neues Tierschutzgesetz eingearbeitet worden war. Als wichtigste Neuerungen sind dabei die Straflosigkeit beim Schächten und die Einführung sämtlicher Schlachtvorschriften in das Tierschutzgesetz zu nennen. Gesetzessystematisch ist auffällig, daß der Entwurf durch die Voranstellung von Straf- und Bußgeldvorschriften den Charakter des Tierschutzgesetzes als dem Strafrecht zugehörig herausstreichen wollte.[285]

285 Dieser Punkt ist gerade im Hinblick auf die Frage nach den Bundes- und Landeskompetenzen von großer Bedeutung, da der Bund seine Gesetzgebungsbefugnis im

Wie bereits erwähnt, enthielt der Initiativentwurf für ein neues Tierschutzgesetz in § 3 Absatz 3 Nr. 7 eine Ausnahme zu dem ansonsten mit Strafe bedrohten Schlachten von warmblütigen Tieren ohne vorherige vollständige Betäubung. Bei Schlachtungen nach religiösen Riten sollte also das Unterlassen einer Betäubung straffrei sein. Es handelte sich somit praktisch um eine Erlaubnis des Schächtens. Das bestehende Gesetz über das Schlachten von Tieren und die dazugehörigen Verordnungen verlangten ausnahmslos die Betäubung eines jeden Schlachttieres und dies seit dem Jahre 1933. Über die damalige Motivation des Gesetzgebers läßt sich sicherlich spekulieren, man muß jedoch aufgrund der historischen und politischen Situation mit ziemlicher Sicherheit davon ausgehen, daß die Nationalsozialisten vor allem eines im Sinn hatten, nämlich die jüdische Bevölkerung zu gängeln und in ihrer Religionsausübung zu behindern.[286] Zu diesem Schluß gelangte auch der *Bundesgerichtshof* als er für sein Urteil vom 27. April 1960 entsprechende Untersuchungen anstellte.[287] Ein jüdischer Fleischer hatte dort Klage auf Schadensersatz erhoben, da ihm durch das Schächtverbot in seinem Betrieb ein Schaden entstanden sei. Der Bundesgerichtshof erkannte den Anspruch des Klägers grundsätzlich an und verwies den Rechtsstreit zurück an die Unterinstanz. In der Urteilsbegründung kommt der Bundesgerichtshof zu dem Schluß, daß sich das Schächtverbot zwar mit rechtsstaatlichen Grundsätzen vereinbaren lasse, das Schächtverbot im Schlachtgesetz der Nationalsozialisten aber als eine aus rassischen Gründen erfolgte Gewaltmaßnahme anzusehen sei, weil neben dem Tierschutzgedanken eben auch die Absicht mitentscheidend gewesen sei, die Juden verächtlich zu machen und zu unterdrükken.[288]

Obwohl also nach dem Gesetz über das Schlachten von Tieren und seinen Verordnungen grundsätzlich das betäubungslose Schlachten -und somit auch das Schächten- verboten war, gab es dennoch bereits Ausnahmen. So hatten nach 1945 die Besatzungsmächte aus politischen Gründen das Schächten wieder er-

---

Bereich des Tierschutzes in erster Linie aus der Kompetenz zum Erlaß von Strafvorschriften (Artikel 74 Nr. 1 GG) ableitete.

286 Auch das Bayerische Schlachtgesetz von 01. Oktober 1930 (GVBl. Bayern 1930 Nr. 15 vom 22. Mai 1930, S. 133) beinhaltete ein Schächtverbot. Aufgrund des Zeitpunktes des Gesetzerlasses kann hierbei allerdings wohl kaum von einer judenfeindlichen Motivation gesprochen werden.

287 BGH DÖV 1960, S. 635 ff.

288 Vgl. hierzu auch den Aufsatz von Döring in: RdT, Heft 1-2/ 1961.

laubt.[289] Die dazu erlassenen Kontrollbestimmungen wurden später von einigen Bundesländern auf dem Gesetzes- oder Verordnungswege übernommen, während sie in anderen Bundesländern mit Erlangung der Souveränität der Bundesrepublik Deutschland erloschen.[290] Immer wieder hatte es daher von Tierfreunden Aufrufe gegeben, das Schächten doch endlich ganz zu verbieten.[291] Die geplante Vorschrift des § 3 Absatz 3 Nr. 7 war also um so mehr ein Schlag in das Gesicht aller Tierfreunde. So stellte etwa Professor Spitaler in einem Gutachten über das Schächten fest: „Die Tierfreunde empfänden es als Hohn auf ihre Bestrebungen, daß ausgerechnet ein Tier*schutz*gesetz die weitere Verbreitung des Schächtens ermöglichen würde.“[292] Dagegen hatte schon der Diskussionsentwurf des Bundeslandwirtschaftsministeriums vom Sommer 1960 unter § 15 eine Ausnahme des Betäubungszwangs bei Schlachtungen nach religiösen Riten vorgesehen.[293]

4. Der Fortgang der Bundestagsdrucksache IV/85

a) Einsetzung der Ausschüsse und die Bitte um Stellungnahme

Nachdem der Initiativentwurf am 14. Dezember 1961 in den Bundestag eingebracht worden war, befaßte sich dieser am 17. Januar 1962 in seiner neunten Sitzung damit. Es wurde beschlossen, den Entwurf an den Innenausschuß (federführend) und an den Rechts- und den Landwirtschaftsausschuß (mitberatend) zu überweisen.[294]

Am 14. Februar 1962 beriet der *Landwirtschaftsausschuß* in seiner 8. Sitzung über den Entwurf. Aus dem Protokoll ergeben sich unter TOP 2 folgende Ausführungen des Vorsitzenden Bauknecht (CDU/ CSU)[295]: „Der Vorsitzende gibt dem Ausschuß einen Brief des Bundesministers des Innern vom 29. Januar 1962

289 So zum Beispiel durch eine Anordnung der britischen Militärregierung (Bekanntmachung des Bürgermeisters der Hansestadt Hamburg vom 7. März 1946, GVBl. Hamburg, S. 25).

290 So hatte beispielsweise Hessen am 07. August 1946 ein Gesetz über die Aufhebung des Schächtverbotes sowie des Schlachtgesetzes und der Verordnung vom 21. April 1933 erlassen; GVBl. Hessen 1946, S. 173.

291 So etwa Döring in: RdT, Heft 1-2/1961, S. 23 ff.; vgl. auch Tierfreund Nr. 3/1962, S. 35; Tierschutz Nr. 2/1962, S. 5.

292 Tierschutz Nr. 3/1962; S. 18.

293 s.o. A. III 7.b).

294 BA Koblenz Akte 116/19577.

295 Bernhard Bauknecht war u. a. Präsidiumsmitglied des Deutschen Bauernverbandes und von 1953 bis 1969 Vorsitzender des Landwirtschaftsausschusses; vgl. Vierhaus/Herbst S. 43.

bekannt, in welchem dieser es für zweckmäßig hält, wenn die Ausschüsse ihre Beratungen solange aussetzen, bis die Landesjustizverwaltungen (LJVW) die von ihnen erbetene Stellungnahme zum vorliegenden Initiativgesetz, bzw. einen erbetenen Erfahrungsbericht mit den Vorschriften des geltenden Tierschutzrechts vorgelegt haben."[296]

Nachdem das Bundesministerium des Innern (*BMI*) die Landesjustizverwaltungen um Stellungnahmen gebeten hatte, wurden mit Schreiben vom 03. März 1962 auch die für das Veterinärwesen zuständigen obersten Landesbehörden zur Stellungnahme aufgefordert. Ebenso wurden wissenschaftliche Institute von Universitäten, Tierschutzvereinigungen und das Bundesgesundheitsamt um ihre Meinung ersucht. Entsprechend der Natur der Sache gab es eine Unmenge verschiedener Ansichten der angesprochenen Institutionen, einmal über die Notwendigkeit eines neuen Tierschutzgesetzes überhaupt, weiterhin zu der Frage der Kompetenzen und schließlich zu den einzelnen Punkten des Gesetzentwurfs. Bis alle Stellungnahmen eingetroffen und ausgewertet waren, vergingen allerdings beinahe anderthalb Jahre bis zum Sommer/Herbst 1963, als die Bundesministerien des Innern, der Justiz und für Landwirtschaft alles in einer Stellungnahme der Bundesregierung zusammenfaßten.[297] Aus diesem Grund sollen zunächst die weiteren Vorkommnisse aufgezeigt werden.

b) Das Treffen im Bundeslandwirtschaftsministerium im März 1962

So trafen sich schon am 19. März 1962 Vertreter der Bundesministerien des Innern, der Justiz, der Gesundheit, für Verkehr und für Gesundheit sowie des Auswärtigen Amtes mit Vertretern des Bundeslandwirtschaftsministeriums zu einer Besprechung über den Initiativgesetzentwurf.[298] Ziel dieser Sitzung war es, eine *Stellungnahme der Bundesregierung* zu der Bundestagsdrucksache IV/85 herbeizuführen. Man muß bedenken, daß der Initiativgesetzentwurf von Abgeordneten aller Parteien in den Bundestag eingebracht worden war und dies zu einem Zeitpunkt, an dem die große Strafrechtsreform bereits greifbar nahe schien. Vor diesem Hintergrund war es für die Bundesregierung wichtig, sich erst einmal anhand der erwarteten Stellungnahmen der angeschriebenen Stellen zu informieren und sich dann selbst inhaltlich fundiert zu äußern. Hauptgegenstand

296 BA Koblenz Akten 136/8666 und 116/19577.

297 Zwar hatte bereits im August 1962 Oberregierungsrat von der Linden vom Bundesjustizministerium einen Entwurf für eine Stellungnahme der Bundesregierung erarbeitet, die letztlich relevante Stellungnahme kam aber erst 1963; BA Koblenz Akte 116/19579.

298 Die Sitzung fand im Bundeslandwirtschaftsministerium statt; Niederschrift vom 29. Mai 1962, BA Koblenz Akte 116/19577.

der Besprechung waren daher insbesondere die Frage nach der *Gesetzgebungszuständigkeit* des Bundes auf dem Gebiete des Tierschutzes und die Frage, ob eine *Tierschlachtung nach religiösen Riten* ohne vorangehende Betäubung (§ 3 Absatz 3 Nr. 7 des Entwurfs) nicht bereits aufgrund der Vorschriften des Artikel 4 GG zulässig sei. Die Vertreter äußerten vor allem verfassungsrechtliche Bedenken gegen einen Teil der im Entwurf enthaltenen Regelungen, denn der Tierschutz war ja in der Verfassung nicht ausdrücklich aufgeführt. Gerade hinsichtlich der Versuche an lebenden Tieren (§§ 14 bis 18 des Gesetzentwurfs) solle eine Bundeskompetenz nicht gegeben sein, da es sich hierbei um reine Verwaltungsvorschriften handele, nicht um Strafrecht. Somit seien hier gemäß Artikel 70 GG die Länder zuständig. Dagegen fielen die §§ 1 bis 13 wohl als Strafrecht in die Gesetzgebungskompetenz des Bundes, Artikel 74 Nr. 1 GG, wobei aber nicht ausgeschlossen sei, daß es sich als bloßes Nebenstrafrecht nur um einen Annex zur Hauptmaterie Tierschutz handele. Daher sei es auch zweckdienlich, wenn die Initiatoren des Entwurfs eine entsprechende Gesetzesvorlage über eine Ergänzung des Grundgesetzes einbringen würden.

Zur Frage des *Schächtens* wurde zunächst einmal festgestellt, daß durch das Erste Gesetz zur Aufhebung des Besatzungsrechts[299] die Instruktion Nr. 5 der Britischen Militärregierung Nr. 229 für Niedersachsen sowie die nach Datum und Fundstelle unbekannte Anordnung der Britischen Militärregierung für Schleswig-Holstein[300] aufgehoben worden seien, so daß das Schächten in diesen beiden Ländern nicht mehr ausdrücklich erlaubt sei. In Hessen gelte dagegen das Gesetz über das Schlachten von Tieren vom 20. Juni 1947 (GVBl. S. 37), wonach das Schächten insoweit erlaubt sei, als den Angehörigen bestimmter Religionsgemeinschaften der Genuß von Fleisch geschächteter Tiere vorgeschrieben sei. In Bayern wiederum sei durch die Verordnung Nr. 49 über das Schlachten von Tieren[301] das rituelle Schlachten zulässig. Das gelte ebenfalls für Nordrhein-

---

299 Gesetz vom 30. Mai 1956, BGBl. I S. 437.

300 Die Anordnung, die das Schächten erlaubt hatte, stammt vom 28. Februar 1946. Dies teilte das Schleswig-Holsteinische Justizministerium später mit; BA Koblenz Akte 116/19577; vgl. dazu auch den Aufsatz von Professor Spitaler in: Tierschutz Nr. 3/März 1962, S. 18. Die Anordnung dürfte aber bereits mit Inkrafttreten des Ersten Gesetzes zur Aufhebung des Besatzungsrechts vom 30. Mai 1956 außer Kraft getreten sein.

301 Verordnung vom 14. Januar 1946, GVBl. S. 142.

Westfalen[302] und Hamburg[303]. Ob eine Erlaubnis zum Schächten bereits aus Artikel 4 GG hergeleitet werden könne, wußten auch die beteiligten Vertreter der Bundesressorts nicht zweifelsfrei zu beantworten. Man war sich aber dahingehend einig, daß § 3 Absatz 3 Nr. 7 des Entwurfs vornehmlich die Mohammedaner und Juden betreffen sollte. Zu diesem Punkt führte ein Vertreter des Auswärtigen Amtes aus, daß es bei Mohammedanern nicht zwingend sei, eine Schächterlaubnis zu erhalten. Zwar schreibe auch der Koran den Verzehr koscheren Fleisches vor, dies sei jedoch nur insoweit verbindlich, als in einem anderen Aufenthaltsland nicht dessen Vorschriften entgegenstünden. Somit sei die Vorschrift eigentlich nur für Juden relevant, die dadurch eine Sonderstellung einnehmen würden. Ob die Juden in Deutschland eine solche Herausstellung ihrer Religionsgemeinschaft wirklich wollten, sei indes zu bezweifeln.

Die Beratenden beschlossen letztlich, möglichst bald eine Stellungnahme der Bundesregierung zu den einzelnen Vorschriften zu erarbeiten. Mit den dazu erforderlichen Vorarbeiten sollten die Bundesministerien des Innern, der Justiz und für Landwirtschaft unverzüglich beginnen. Am 17. Mai 1962 bat das Bundesministerium der Verteidigung darum, ebenfalls beteiligt zu werden, da auch die Bundeswehr Tierversuche bei der Entwicklung und Erprobung von ABC-Waffen durchführe.[304]

c) Der weitere Weg

Bereits am 10. Februar 1962 hatte die Arbeitsgemeinschaft Deutscher Tierschutzverbände e.V. einen Änderungsvorschlag zur Bundestagsdrucksache IV/85 vorgelegt. Darin waren jeweils auch Mindeststrafen angegeben, um –wie offenbar in der Praxis geschehen- auch bei schweren Tierquälereien solche minimalen Strafen wie etwa 10.- DM Geldbuße zu vermeiden. Selbstverständlich war auch § 3 Absatz 3 Nr. 7 als für Tierfreunde völlig indiskutabel entfernt worden.[305]

302 Verordnung über das Schlachten von Tieren des Oberpräsidenten der Nordrhein-Provinz Nr. 24 vom 11. März 1946 (Mitteilungs- und Verordnungsblatt S. 127) und die Anordnung über das Tierschlachten auf jüdische Weise des Oberpräsidenten der Provinz Westfalen vom 23. März 1946 (Mitteilungs- und Verordnungsblatt S. 46).

303 Anordnung der Britischen Militärregierung, bekannt gegeben durch den Bürgermeister, vom 07. März 1946 im GVBl. S. 25.

304 BA Koblenz Akte 116/19576.

305 BA Koblenz Akte 136/8666.

In der Märzausgabe seiner Zeitschrift „Tierfreund“ stellte dann auch der DTSB Änderungsvorschläge auf.[306] Zwar wurde der Schritt der Abgeordneten begrüßt, jedoch waren sich die Tierschützer einig, daß man damit noch lange keine befriedigende Lösung vor sich habe. Obwohl der DTSB den Erlaß des neuen Tierschutzgesetzes noch im Jahre 1962 erwartete, sollte nach seiner Ansicht der Kampf um die richtigen Vorschriften zum größtmöglichen Wohle der Tiere jetzt erst beginnen.

In diesem Sinne wurde auch in der Presse die Bundestagsdrucksache IV/85 aufgegriffen. So führte zum Beispiel die „Chiemgau-Zeitung“ -unter der Überschrift: „Verbände lehnen einmütig das neue Tierschutzgesetz ab“- aus, daß gerade die Tierschutzvereinigungen den Entwurf für „völlig rückständig und instinktlos“ hielten.[307] Und der „Münchner Merkur“ meinte dazu: „Verbände entdecken zahlreiche Mängel im Bonner Entwurf“.[308] Im Januar 1963 wurde zwar eine Stellungnahme zu der Bundestagsdrucksache IV/85 ausgearbeitet, dennoch geschah in der Folgezeit nicht allzuviel, da erst alle Meinungen der Beteiligten gesammelt und bewertet werden mußten. So erklärt sich ein weiterer Artikel im „Münchner Merkur“ vom Mai 1963. Unter der Schlagzeile: „Tierquälereien ohne Ende- Unmögliche Strafbestimmungen- Fünf Jahre zaudert Bundestag“ heißt es dort: „Der Bundestag hat seit fünf Jahren Gesetzentwürfe zur Verbesserung des Tierschutzes vorliegen, rührt sie aber als „heißes Eisen“ nicht an, weil es dabei u.a. auch um das Schlachten von Tieren ohne Betäubung geht.“ [309]

5. Die Stellungnahmen der Länder

Im Sommer des Jahres 1963 waren schließlich alle angeforderten Stellungnahmen der Länder (Landesjustizverwaltungen und oberste für das Veterinärwesen zuständige Behörden der Länder), der Tierschutzvereinigungen und Interessenverbände sowie der beteiligten Institute eingetroffen. Sie sind in einer umfangreichen Aufstellung zusammengefaßt worden, aus der die wichtigsten Kritik- und Änderungspunkte hier aufgezeigt werden sollen.[310]

---

306 In der Hauptausgabe Nr. 3/62, S. 35 ff. und in der Beilage Tierschutz, S. 9-17; die angestrebten Änderungen werden später bei der Behandlung der Stellungnahmen näher erläutert.

307 Ausgabe Nr. 152 vom 05. Juli 1962.

308 Ausgabe Nr. 165 vom 11. Juli 1962.

309 Ausgabe Nr. 117 vom 16. Mai 1963.

310 BA Koblenz Akte 116/19577; von wann diese Zusammenstellung stammt, ist -mangels eines Datums- nicht exakt nachzuvollziehen. Jedenfalls wurde sie vor Mitte Juni 1963 gemacht, da zu diesem Zeitpunkt bereits an der endgültigen Stellungnahme der Bundesregierung gearbeitet wurde, welche eben auf diesen gesammelten Meinungen basierte.

a) Allgemeines

Die *Landesjustizverwaltungen* waren sich weitgehend darüber einig, daß Strafverfahren auf dem Gebiet der Tierquälerei sehr selten vorkamen. Auch wurde das bestehende Tierschutzgesetz als in der Praxis ausreichend zur strafrechtlichen Ahndung angesehen. Im Übrigen wurde erneut auf die große Strafrechtsreform hingewiesen, die man erst einmal abwarten wolle. Beispielhaft dafür ist das Schreiben des Schleswig-Holsteinischen Landwirtschaftsministers vom 18. Mai 1962. Dort wird ausgeführt: „Es erscheint mir nicht sinnvoll, ein neues Tierschutzgesetz zu erlassen. Der Entwurf sollte vielmehr zurückgestellt werden, bis das Ergebnis der Strafrechtsreform vorliegt. Der Entwurf eines neuen Tierschutzgesetzes ist im Hinblick auf Artikel 74 GG als Strafrecht ausgestaltet. Der im Zuge der Strafrechtsreform von der Bundesregierung vorgelegte Entwurf eines neuen StGB sieht ebenfalls Strafbestimmungen vor, die dem Tierschutz dienen. Eine solitär vorgezogene Behandlung dieser strafrechtlichen Materie ohne sorgsame Anpassung an die Strafrechtsreformbestrebungen könnte nur Stückwerk bleiben und keinen Bestand haben..."[311] Ähnlich sah dies auch der Bayerische Staatsminister des Innern: „Der Entwurf eines neuen Strafgesetzbuches (E 1960, Bundesratsdrucksache 270/60[312]) sieht in § 233 Vergehensstrafen für den vor, der „ ein Tier unnötig quält oder roh mißhandelt". Der anschließende § 234 ermöglicht die Einziehung des Tieres. § 102 regelt das Verbot der Tierhaltung wegen Tierquälerei; die §§ 106 ff. treffen spezielle Bestimmungen über das Berufsverbot und das Verbot der Tierhaltung. Es ist anzunehmen, daß das neue Strafgesetzbuch in nächster Zukunft von der Bundesregierung verabschiedet und dem Bundesrat und anschließend dem Bundestag zugeleitet werden wird. Bei dieser Sachlage dürfte zu erwägen sein, ob die weitere Behandlung des Initiativentwurfs eines Tierschutzgesetzes im Bundestag nicht mit der Behandlung der die Tierquälerei betreffenden Bestimmungen im neuen Strafgesetzbuch zusammengefaßt werden sollte."[313]

Was dagegen die *Gesetzgebungsbefugnis* anging, waren die Ansichten sehr verschieden. Abgesehen von dem erst kurz zuvor eingeführten Schlachtpferdeexportverbot (§§ 3 a; 9 Absatz 2 Satz 2 und Absatz 2 Nr. 1) sah Schleswig-Holstein alle anderen Vorschriften als Landesrecht an, in Niedersachsen waren sie wegen der Zweifelhaftigkeit der Rechtslage in das Zweite Gesetz zur Bereinigung des niedersächsischen Rechts aufgenommen worden.[314] Baden-Württem-

---

311 BA Koblenz Akte 116/19576.

312 BRDS 1960 Band 7, Nr. 250-270.

313 Schreiben vom 27. März 1962; BayHStA MInn 87778.

314 BA Koblenz Akte 116/19577; Gesetz vom 30. März 1963, GVBl. Niedersachsen S. 147.

berg und Berlin hielten das Tierschutzgesetz in vollem Umfang für Bundesrecht[315], Nordrhein-Westfalen zumindest in dem Umfang, in dem es als Strafrecht anzusehen sei. Hessen sah beispielsweise § 9 Absatz 1 und 2 und die §§ 10 und 12 sowohl als Landes- als auch als Bundesrecht an.

b) Die einzelnen Vorschriften

Zu der Formulierung in § 1 Absatz 2 „mehr als geringfügig“ wurde vorgebracht, daß dies zu weit gehe. Der Umgang mit Tieren in Handel und Landwirtschaft werde so beinahe unmöglich, wolle man nicht mit dem Gesetz in Konflikt kommen. Auch werde es für die Gerichte und Gutachter nunmehr noch schwieriger zu bestimmen, ob und in welchem Umfange dem Tier Schmerzen zugefügt worden seien, geschweige denn, ob diese mehr als geringfügig seien. Von den Tierschutzverbänden wurden dagegen auch Mindeststrafen (nicht unter drei Wochen/zwei Monaten) gefordert. Ebenso sollte schon der Versuch der Tierquälerei sanktioniert werden. Die Vorschriften im Strafenkatalog des § 2 wurden wechselweise als über- oder untertrieben oder sogar teilweise als gänzlich überflüssig bewertet. Der Deutsche Bauernverband forderte sogar die gänzliche Streichung des § 2, da dieser gegenüber § 1 nur subsidiär und die Tatbestände daher eher als Ordnungswidrigkeiten im Sinne des § 7 einzustufen seien. Unterschiedliche Standpunkte wurden natürlich auch und gerade bei dem neuen § 3 vertreten. Zunächst einmal wurde Absatz 1 Nr. 1 als zu weitgehend angesehen. Nach der neuen Vorschrift zöge man schon eine Strafe auf sich, wenn man im Alltag zum Beispiel eine Mücke, Fliege oder eine Maus erschlage, was nicht zur Schädlingsbekämpfung nach dem Sinn dieses Gesetzes gehöre. Andererseits wäre es nach dem Wortlaut des Gesetzes nunmehr erlaubt ein Tier *nach* vorheriger allgemeiner Betäubung zu erdrosseln, zu erschlagen, etc. Es sei aber doch gewollt, diese Tötungsarten ganz auszuschließen und nicht, sie von einer vorherigen Betäubung abhängig zu machen.

Einen Schwerpunkt in den Stellungnahmen machte die geplante *Schächterlaubnis* des § 3 Absatz 3 Nr. 7 aus. Rheinland-Pfalz und Schleswig-Holstein waren der Auffassung, daß sich die Zulässigkeit des Schächtens schon aus Artikel 4 Absatz 2 GG ergebe. Dem widersprach Hamburg. Während Niedersachsen forderte, anstatt der Formulierung „nach religiösen Riten“ besser „nach jüdischen Riten“ zu verwenden, um nur den Juden, nicht aber Mohammedanern oder Afri-

---

315 Berlin äußerte allerdings Bedenken hinsichtlich der §§ 14-18 des Entwurfs, da es sich dabei wohl kaum um „Strafrecht“ im Sinne des Artikel 74 Nr. 1 GG handele; Generalakten der Senatsverwaltung für Justiz Berlin zum Tierschutzgesetz, Az. 4060-II/3-1, Band 1.

kanern, das Schächten zu gestatten, berief sich Baden-Württemberg auf den Zentralrat der Juden in Deutschland. Dieser hatte sich dahingehend geäußert, daß das Schächten nicht zur Ausübung der jüdischen Religion in Deutschland gehören solle. Somit müsse es auch nicht zugelassen werden. Berlin sah die Neuregelung als bedenklich an und berief sich auf ein Gutachten von Professor Spitaler aus Köln über das Schächten[316]. Das Bundesgesundheitsamt wiederum wollte das Schächten dem Umfang nach beschränken. Es sollte deshalb nur im Rahmen des erforderlichen Bedarfs erlaubt sein. Während die Deutsche Tierärzteschaft befand, daß eine Schächterlaubnis in einem Tier*schutz*gesetz nichts zu suchen habe, forderte die Arbeitsgemeinschaft Deutscher Tierschutzverbände e.V. die Streichung der Bestimmung, weil sie schlichtweg indiskutabel sei. Auch der DTSB forderte die Streichung, andernfalls beantragte er, sämtliche Bestimmungen über das Schlachten warmblütiger Tiere aus dem Entwurf herauszunehmen. Dem schloß sich Niedersachsen an. Hessen wiederum lehnte ein Schächtverbot gänzlich ab.

Bei den §§ 4 bis 6 gab es keine oder wenig Kritik. Mehr Änderungsvorschläge wurden zu den neu eingeführten Ordnungswidrigkeiten der §§ 7 ff. gemacht. Während Schleswig-Holstein der Ansicht war, daß § 7 Absatz 2 gestrichen und Absatz 1 weitgehend geändert werden müsse, wandte sich die Mehrzahl vor allem gegen das Verbot der Hühnerhaltung in Legebatterien. So befanden Nordrhein-Westfalen, Hessen, Rheinland-Pfalz, Baden-Württemberg, das Saarland und der Deutsche Bauernverband die Legebatterien als *nicht* tierquälerisch. Letzterer meinte dazu, daß das Halten in Legebatterien in Deutschland zwar noch nicht verbreitet sei, dies aber unter dem Druck des europäischen Marktes sehr wohl passieren könne. Ein Verbot sei daher nur dann sinnvoll, wenn es auch in den übrigen EWG-Staaten gelte. Es komme hinzu, „daß das Halten von Hühnern in Legebatterien offenbar auch keineswegs eine Tierquälerei sein kann, denn sonst würden diese trotz der eingeschränkten Bewegungsfreiheit sicher nicht so ausgezeichnet fressen und Eier legen.“[317] Berlin meinte, die Batteriehaltung erscheine zwar als tierquälerisch, aufgrund der Reaktionen der Hühner

316 Der Oberstaatsanwalt bei der Amtsanwaltschaft Berlin, an den in der Regel die Zuwiderhandlungen gegen das Tierschutzgesetz abgegeben wurden, hatte in seiner Stellungnahme gegenüber dem Generalstaatsanwalt angemerkt, daß ein Wegfall der geplanten Vorschrift zu einem Vorwurf an den Gesetzgeber führen könne, nazistisch eingestellt zu sein; Generalakten der Senatsverwaltung für Justiz Berlin zum Tierschutzgesetz, Az. 4060-II/3-1, Band 1. BA Koblenz Akte 136/8666; Tierfreund, Beilage Tierschutz Nr. 3/März 1962, S. 18.

317 BA Koblenz Akte 116/19577; S. 2 f. zu § 7.

sei von einer Beeinträchtigung des Wohlbefindens aber nicht auszugehen.[318] Bei § 8, der die Einfuhr kupierter Pferde als Ordnungswidrigkeit festschreiben wollte, wurde teilweise vorgeschlagen, diesen Paragraphen ganz zu streichen, da allein ein Einfuhrverbot das Kupieren von Pferden im Ausland nicht unterbinden würde. Auch der Deutsche Viehhandelsbund e.V. war aus naheliegenden Gründen gegen diese Vorschrift. Unter den Ordnungswidrigkeiten des § 9 wurde insbesondere Absatz 1 Nr. 2 beanstandet. Zum einen sei durch das Untersagen des Kupierens bei Hunden die gesamte deutsche Hundezucht in Gefahr, zum anderen dürfe das Verbot nicht nur Tierärzten gelten, sondern müsse doch schon auf alle Personen ausgedehnt werden. Zudem sei zu überlegen, warum das Kupieren der Hunde nicht gänzlich untersagt werden solle, wie es bei Pferden schon seit 1933 der Fall sei. Zudem handele es sich beim Kupieren der Ruten und Ohren bei Hunden ohnedies nur um eine „Modetorheit“[319].

Bei § 10 war besonders der Absatz 2 Nr. 3 umstritten. Die Ansichten gingen hinsichtlich der Fristen und der Tierarten weit auseinander. Während es bei den §§ 11 bis 13 keine größeren Schwierigkeiten gab, waren bei den Vorschriften über die Tierversuche die Meinungen wieder geteilt. Abgesehen von der Frage der Gesetzgebungskompetenz –viele Länder sahen diese Regelungen ja als Verwaltungsvorschriften und somit als Landesrecht an- waren einigen Beteiligten die Einschränkungen des § 14 Absatz 2 Nr. 2 zu weitgehend. So befand zum Beispiel Nordrhein-Westfalen, daß Tierversuche nicht nur im medizinischen Bereich, sondern auch auf anderen Forschungsgebieten vonnöten seien. Auch das Bundesministerium des Innern wollte neben den medizinischen auch die biologischen Forschungszwecke in § 14 aufgezählt wissen. Gleichzeitig wurde die Genehmigungserteilung an Einzelpersonen, statt wie bisher an Laboratorien oder Institute, kritisiert (DTSB; Deutsche Tierärzteschaft). § 15 hatte das Ziel, die Tierversuche in den Grenzen des Tragbaren zu halten und ihnen jeden quälerischen Charakter zu nehmen.[320] Hierzu gab es daher auch entsprechend wenige Reaktionen. Der DTSB verfolgte aber nach wie vor ein Verbot des Durchtrennens oder Durchschneidens der Stimmbänder, und das Bundesgesundheitsamt gab zu bedenken, daß es in der Schmerzempfindlichkeit von Katzen, Hunden, Pferden oder Affen im Vergleich zu anderen warmblütigen Tieren keine großen

---

318 Das Halten von Hühnern wurde letztlich auch im Tierschutzgesetz von 1972 nicht verboten. Auch in der heutigen Zeit gibt es noch erheblichen Widerspruch gegen diese Art der Haltung.

319 So drückten es jedenfalls das Bundesgesundheitsamt und die Medizinische und Gerichtliche Veterinärklinik der Justus Liebig-Universität Gießen aus.

320 Aus der Begründung der Bundestagsdrucksache IV/85, BTDS Band 76; BA Koblenz Akte 116/19577.

Unterschiede gäbe, so daß eine Andersbehandlung, wie sie § 15 Absatz 2 Nr.3 vorsehe, nicht gerechtfertigt sei.

Bezüglich der Versuchsaufzeichnungen (§ 16) wollte der DTSB diese für mindestens zehn Jahre zur Aufbewahrung festschreiben, die Überwachung der Tierversuche (§ 17) sollte durch vierteljährliche, überraschende Kontrollen verschärft werden. Der neue § 19 enthielt wortgetreu den erst kurz zuvor eingeführten § 3 a TierSchG, also das Exportverbot für Schlachtpferde. Hier regte sich vor allem Kritik an der Stellung im (neuen) Gesetz. Ein solches Verbot passe weder thematisch noch gesetzessystematisch in die Übergangs- und Schlußbestimmungen. Zu den letzten Vorschriften schließlich gab es praktisch keine nennenswerten Änderungsvorschläge mehr.

Ebenso vielfältig wie die Neuerungen der Bundestagsdrucksache IV/85 waren also letztlich auch die Reaktionen der um eine Stellungnahme gebetenen Institutionen. Diese reichten von rein redaktionellen Anmerkungen[321] über Änderungsvorschläge bis hin zu Kritik, Ablehnung oder Zustimmung zu den einzelnen Bestimmungen. Dabei wurden naturgemäß die gänzlich neuen Bereiche besonders streng beurteilt, also vor allem die Einführung der Schlachtvorschriften in das neue Gesetz und die Schächterlaubnis. Die Tierschutzverbände brachten zum wiederholten Male alle Punkte vor, die sie schon seit langem gefordert, die aber in dem Initiativentwurf keine Berücksichtigung gefunden hatten. Die Interessenverbände bemängelten verständlicherweise Vorschriften, die für sie nachteilig waren, so etwa der Deutsche Bauernverband e.V. oder der Deutsche Viehhandelsbund e.V.

6. Die Stellungnahme der Bundesregierung

Nach der Zusammenfassung der Stellungnahmen machte man sich im Bundesministerium der Justiz daran, eine Stellungnahme zu erarbeiten, die die Bundesregierung zu der Bundestagsdrucksache IV/85 abgeben könnte. Der Entwurf dazu wurde im Juni 1963 fertiggestellt und die beteiligten Bundesministerien des Innern und für Landwirtschaft wurden darum gebeten, sich zu äußern und gegebenenfalls Änderungsvorschläge zu unterbreiten. Die Vorschläge des Bundeslandwirtschaftsministeriums hierzu wurden in einem Besprechung zwischen Oberlandgerichtsrat von der Linden (BMJ) und Oberregierungsrat Lotter (BML) am 25. Juli 1963 vorgetragen und angenommen. Der Entwurf einer Stellungnahme sollte diesbezüglich geändert werden. Man wollte nun noch die Stellungnahme des Bundesministeriums des Innern abwarten und dann die endgültige

321 So hatte beispielsweise § 20 einen Absatz 1, aber keinen Absatz 2, so daß dort die Numerierung überflüssig war.

Stellungnahme den Ausschüssen zuleiten.[322] Nachdem diese Stellungnahme des Bundesministeriums des Innern am 05. August 1963 abgegeben worden war[323], kam es am 16. August 1963 zu einer abschließenden Besprechung des Entwurfs zwischen Oberregierungsrat Lotter (BML) und Landgerichtsrat Dr. Spät (BMJ).[324] Man einigte sich darauf, alle Änderungsvorschläge in die endgültige Stellungnahme aufzunehmen, die nunmehr vom Bundeslandwirtschaftsministerium angefertigt und den beiden anderen Ministerien zur Zustimmung übersandt werden sollte.

Nachdem das Bundesministerium der Justiz am 09., das Bundesministerium des Innern am 12. September 1963 zugestimmt hatte, wurde die endgültige Stellungnahme am 18. September dem Vorsitzenden des federführenden Innenausschusses zur Kenntnisnahme zugeleitet. Die sechsunddreißig Seiten umfassende *„Stellungnahme zu dem Entwurf eines Tierschutzgesetzes (Bundestagsdrucksache IV/85)"*[325] von BML, BMJ und BMI war in zwei Hauptabschnitte unterteilt, deren erster der Frage nachging, ob das Gesetzgebungsvorhaben tatsächlich so dringlich durchzuführen sei und deren zweiter die Gesetzgebungskompetenz und die einzelnen Vorschriften des Initiativentwurfs beurteilte.

a) Abschnitt A: Zur Frage der Dringlichkeit und Zweckmäßigkeit des Gesetzgebungsvorhabens

Zunächst einmal wurde dem Entwurf ein anerkennenswertes Bemühen um die fortschrittliche Gestaltung des Tierschutzrechts bescheinigt. In diesem Bestreben stimme der Entwurf weitgehend mit der Bundesregierung überein, die dies in dem Entwurf eines Strafgesetzbuches (E 1962) –Bundestagsdrucksache IV/650– zum Ausdruck gebracht habe. Zwar sei die Bundesregierung von der Bedeutung des Tierschutzes überzeugt und habe ihm schon bei den Reformarbeiten am Strafgesetzbuch besondere Aufmerksamkeit geschenkt[326], dennoch glaube sie,

322 Dies ergibt sich aus einem Vermerk von ORR Lotter vom 26. Juli 1963; BA Koblenz Akte 116/19579.

323 BA Koblenz Akte 116/19579.

324 Dies ergibt sich wiederum aus einem Vermerk Lotters; BA Koblenz Akte 116/19579.

325 BA Koblenz Akten 116/19575 und 116/19577.

326 Vgl. die *Niederschriften über die Sitzungen der Großen Strafrechtskommission*, 5. Band, S. 324 (von 1958; enthält eine vorläufige Zusammenstellung des BT und darin auch Entwürfe für neue Paragraphen hinsichtlich der Tierquälerei, der Tierversuche und des Schlachtens, sowie des Verbotes der Tierhaltung)); 6. Band, S. 232 ff., 376 ff. (von 1958; enthält die Beratung der in Band 5 niedergelegten Paragraphen, den Umdruck J 63, der die Vorschläge der Berater zeigt und den Umdruck K 50, der die Beschlüsse der großen Strafrechtskommission zum Thema Tierquäle-

die Dringlichkeit einer Reform des Tierschutz- und des Schlachtrechts verneinen zu müssen. Schwerwiegende Gründe der Gesetzgebungsökonomie sprächen dagegen, das Tierschutz- und das Schlachtrecht schon zu diesem Zeitpunkt -und somit vor der Durchführung der großen Strafrechtsreform- neuzugestalten.

Zudem hielten auch die Landesjustizverwaltungen, die um ihre Stellungnahmen zu dem Entwurf und um Mitteilung ihrer Erfahrungen mit dem geltenden Recht gebeten worden seien, das geltende Tierschutzrecht für ausreichend, um strafwürdige Fälle von Tierquälereien angemessen ahnden zu können. Auch seien ihnen keine Einzelfälle bekannt geworden, in denen man Täter aufgrund gesetzlicher Lücken nicht hätte schuldangemessen bestrafen können.[327] Sollte die Anwendung des Tierschutzgesetzes gelegentlich in der Praxis zu unbefriedigenden Ergebnissen führen, so könne man daraus nicht gleich auf zwingende Mängel im Gesetz selbst schließen, die eine Änderung desselben rechtfertigten. Man berief sich dazu auf die Stellungnahme des Hessischen Justizministeriums, in der es hieß: „Wenn nicht die Gesetzgebungsorgane überlastet und schließlich blokkiert werden sollen, kann nicht jede Unzufriedenheit eines Verbandes mit einem einzigen ... Urteil oder einer Reihe nicht näher konkretisierter Entscheidungen genügen, um die Notwendigkeit einer Gesetzesreform darzutun."[328]

Gleichzeitig bezweifelten alle Landesjustizverwaltungen die Erforderlichkeit einer Gesamtreform des Tierschutzrechts zu diesem Zeitpunkt, da es zweckmäßiger erscheine, zunächst die große Strafrechtsreform abzuwarten, als auf einem Teilgebiet des Strafrechts vorab zu reformieren. Ebenso sei es sinnvoll, zunächst die neu zu entwickelnden Grundsätze des Ordnungswidrigkeitsrechts in der

---

rei beinhaltete); 12. Band , S. 361 ff., 588, 606 (1959; enthält den Entwurf für ein neues Strafgesetzbuch, in den Vorschriften hinsichtlich der Tierquälerei und ein Verbot der Tierhaltung eingearbeitet waren); §§ 233, 234, 102, 430 Absatz 2 des Entwurfs eines Strafgesetzbuches 1962 (E 1962) –BT-Ds IV/650, BTDS Band 80. Die in dem Entwurf E 1962 vorgesehenen Normen regelten lediglich das Verbot der Tierhaltung (§ 102), Verstöße gegen das Berufsverbot und das Verbot der Tierhaltung (§ 430), die Tierquälerei (§ 233) und die Einziehung von Tieren (§ 234). Alle weiteren Vorschriften, wie sie das geltende TierSchG zum Inhalt hatte, waren nicht berücksichtigt worden. Die wesentliche Vorschrift des § 233 E 1962 lautete: „Wer ein Tier unnötig quält oder roh mißhandelt, wird mit Gefängnis bis zu zwei Jahren, mit Strafhaft oder mit Geldstrafe bestraft." Damit unterschied sie sich praktisch kaum von der entsprechenden Regelung des § 9 Absatz 1 TierSchG.

327 Dies widerspricht allerdings dem von den Tierschutzvereinigungen immer wieder angeführten Beispiel der Nichtbestrafung bei einer Tötung mit vorhergehenden Mißhandlungen, wo der „Täter" sich darauf berief, er habe das Tier nur töten, es dabei aber keineswegs bewußt quälen wollen.

328 Darin kann man wohl eine Antwort auf eben diese Vorwürfe der Tierschützer sehen. Sicherlich sahen die Gerichte, bzw. die Landesjustizverwaltungen die kritisierten Fälle und jeweiligen Strafen aus einem anderen Blickwinkel.

Strafrechtsreform abzuwarten, bevor man die Übertretungen des geltenden Tierschutzrechts in Ordnungswidrigkeiten umwandele.

Die drei Ministerien waren darüber hinaus der Auffassung, daß der Grundtatbestand der Tierquälerei in richtiger Würdigung seiner Bedeutung in das Strafgesetzbuch aufgenommen werden[329] und nicht in einem Nebengesetz verbleiben solle. Die Reformatoren des Strafgesetzbuches gingen nämlich davon aus, daß solche Tatbestände in das Strafgesetzbuch selbst aufgenommen werden sollten, die sich in ihrer Strafandrohung an jedermann richteten und denen nach ihrem sozial-ethischen Unrechtsgehalt allgemeine Bedeutung zukomme. Durch diese Hervorhebung könne man die große Bedeutung ersehen, die der Gesetzgeber dem Tierschutz beimesse. Daneben bestünden auch erhebliche Bedenken gegen eine Zusammenlegung von Tierschutz- und Schlachtrecht, da nicht alle Bestimmungen über das Schlachten von Tieren unmittelbar zum Tierschutz gerechnet werden könnten. Neben tierschützenden Vorschriften seien dort auch gesundheits- und seuchenpolizeiliche sowie ernährungswirtschaftliche Aspekte zu berücksichtigen. Zudem wende sich das Schlachtrecht nur an eine begrenzte Zahl von Personen. Würde man also die Vorschriften des Schlachtrechts in das Tierschutzgesetz eingliedern, so verliere jenes an Klarheit, Übersichtlichkeit und Volkstümlichkeit. Darüber hinaus sei es auch verfehlt, in einem Tier*schutz*gesetz Regeln an die Hand zu geben, wie man auf straffreie Art und Weise ein Tier töten könne.

b) Abschnitt B: Die Gesetzgebungsbefugnis des Bundes und die einzelnen Vorschriften des Entwurfs

Nach der Beurteilung der Ministerien war für die §§ 1 bis 6, 12 und 13 des Entwurfs die Zuständigkeit des Bundes zweifelsfrei gegeben. Es handele sich insoweit um Strafrecht im Sinne des Artikel 74 Nr. 1 GG, da die Tierquälerei ein ethisch verwerfliches Verhalten darstelle, an das die Strafsanktion unmittelbar anknüpfe. Dasselbe gelte eben auch für die §§ 2 bis 6, 12 und 13, da diese echte Strafvorschriften zur Ergänzung und Ausführung des § 1 seien. Da das Recht der Ordnungswidrigkeiten historisch gesehen zum Strafrecht gehöre, könne eine Gesetzgebungsbefugnis des Bundes auch für die §§ 7 bis 11 aus Artikel 74 Nr.1 GG hergeleitet werden. Dagegen sei die Zuständigkeit des Bundes für den zweiten Abschnitt über die Versuche an lebenden Tieren (§§ 14 bis 18) streitig und werde von Bayern, Berlin, Hamburg, Hessen, Nordrhein-Westfalen, Rhein-

329 So sah es ja § 233 in dem Entwurf eines Strafgesetzbuches –BT-Ds. IV/650, E 1962- mit den ergänzenden Bestimmungen der §§ 234, 102 und 430 Absatz 2 vor; BTDS Band 80.

land-Pfalz und Schleswig-Holstein verneint.[330] Niedersachsen sehe eine Kompetenz des Bundes allerdings aus Artikel 74 Nr. 1 GG als gegeben an, hilfsweise auch aus Artikel 74 Nr. 13 GG (Förderung der wissenschaftlichen Tierforschung), wogegen Baden-Württemberg und das Saarland eine Bundeszuständigkeit unter dem Gesichtpunkt von Artikel 84 Absatz 1 GG (Regelung des Verwaltungsverfahrens) herleiteten. Gegen die Zuständigkeit des Bundes zur Aufhebung der in § 22 aufgezählten Vorschriften würden von keinem Lande Bedenken gesehen.

Im Anschluß äußerten sich die Ministerien über grundsätzliche Fragen der Gestaltung und über den Aufbau des Entwurfs. Zunächst einmal wurde festgestellt, daß gegenüber dem geltenden Tierschutzgesetz die Strafrahmen durchgängig erhöht worden seien, was von den Landesjustizministerien übereinstimmend abgelehnt werde, da eine solche Erhöhung aufgrund der praktischen Erfahrungen nicht erforderlich und eher schädlich sei. Aus den Berichten der Staatsanwaltschaften gehe hervor, daß die bestehenden Strafrahmen bislang nicht ausgeschöpft und keine Einzelfälle bekannt worden seien, in denen die Strafrahmen nicht ausgereicht hätten. Auch eine Einführung der von den Tierschutzvereinigungen geforderten Mindeststrafen sei nicht richtig, da es dem Unrechtsgehalt der Durchschnittsfälle der Tierquälerei nicht entspreche, wenn selbst bei Ersttätern nur in minder schweren Fällen eine Mindeststrafe von zwei Monaten Gefängnis unterschritten werden könne. Zudem müsse man die Strafandrohung für Tierquälerei in ein angemessenes Verhältnis zu anderen Strafandrohungen stellen. So liege zum Beispiel die Höchststrafe für eine leichte vorsätzliche Körperverletzung (§ 223 Absatz 1 StGB) bei drei Jahren Gefängnis. Eine Bestrafung für Tiermißhandlungen müsse daher unter dieser Strafdrohung bleiben.

Die Zweckmäßigkeit der Einbeziehung des Schlachtrechts in das Tierschutzgesetz wurde von Bayern, Hessen und Rheinland-Pfalz bezweifelt, und die Bundesministerien schlossen sich dem an. Weiter lagen keine Stellungnahmen dazu vor. Zum Aufbau wurde bemerkt, daß die Voranstellung der Strafvorschriften im Entwurf zwar die Zugehörigkeit zum Strafrecht verdeutliche, dafür aber unglücklicherweise auf die später folgenden Verbotsbestimmungen verwiesen werden müsse.[331] Darüber hinaus müsse wohl auch mit dem Inkrafttreten des neuen Strafgesetzbuches (§ 233 E 1962) die Strafbestimmung für den allgemeinen Tierquälereitatbestand in § 1 des Entwurfs gestrichen werden, so daß der jetzige Aufbau vollends bedenklich erscheine.

---

330 Diese Länder sahen die Zulassung von Tierversuchen und ihre nähere Ausgestaltung als nicht zum Strafrecht gehörig an. Somit kam Art. 74 Nr. 1 GG als Kompetenzgrundlage nicht in Betracht, eine andere Kompetenzgrundlage wurde nicht gesehen; S. 7 der Stellungnahme, BA Koblenz Akte 116/19577.

331 Vgl. §§ 4, 5 und 7 Absatz 1 Nr. 3, 4 und 5 des Gesetzentwurfs.

Hieran anschließend wurden die einzelnen Vorschriften des Entwurfs untersucht. Die wichtigsten Erkenntnisse waren diese: Die in § 1 Absatz 1 TierSchG enthaltenen, die Begriffe Quälerei und Mißbrauch einschränkenden Merkmale „unnötig“ und „roh“ seien im Entwurf gestrichen, dafür aber in § 1 Absatz 2 eingebaut worden. Dagegen hätten sich die meisten der Länder und auch die Große Strafrechtskommission[332] ausgesprochen, da diese Umstellung keine Verbesserung zur Folge habe. Die Begriffe hätten vielmehr in Rechtslehre und Rechtsprechung eine eindeutige Auslegung erfahren und dienten auch pädagogischen Zwecken. Auch erscheine es bedenklich, daß nun nicht mehr allein auf die „erheblichen“, sondern auch auf die „mehr als geringfügigen“ Schmerzen oder Leiden abgestellt werde, da dieser Begriff wesentlich unschärfer und somit für Richter und Sachverständige erheblich schwieriger festzustellen sei.

Zu § 2 des Initiativentwurfs wurde -neben der bereits geäußerten Kritik an den erhöhten Strafrahmen- vor allem der Vorschlag gemacht, in § 2 Absatz 1 Nr. 7 folgende Formulierung zu wählen: „...ohne Ausfuhrgenehmigung Schlachtpferde ausführt oder sonst aus dem Geltungsbereich dieses Gesetzes verbringt.“ Dadurch werde der systematisch unglückliche § 19 Absatz 1 obsolet.

Bei § 3 Absatz 3 Nr. 7 (Ausnahme von den Vorschriften des Absatzes 1 für Schlachtungen nach religiösen Riten) bestätige sich die Haltung der Bearbeiter, daß das Schlachtrecht nicht in das Tierschutzgesetz aufzunehmen sei. Dieses werde durch die Einbeziehung einer Materie belastet, die dort fehl am Platze sei und an dieser Stelle auch nicht angemessen geregelt werden könne. Wie auch im Schlachtrecht seien wohl differenziertere, insbesondere technische Vorschriften über die Durchführung des Schächtens erforderlich. Eine im Schlachtrecht oder den dazugehörigen Verordnungen untergebrachte Regelung könne auch weit eher der Möglichkeit Rechnung tragen, daß Methoden entwickelt würden, die die Herabsetzung der Schmerzempfindlichkeit der Tiere vor der Schächtung ermöglichten, ohne gegen die Vorschriften der betreffenden Religionsgemeinschaften zu verstoßen.

Zu § 5 wurde festgestellt, daß diese Vorschrift dem § 430 -E 1962- entspreche und daher mit dem Inkrafttreten des neues Strafgesetzbuches in dieses übernommen und dann im Tierschutzgesetz aufgehoben werden müsse. Auch für § 6 bestehe neben dem geltenden § 143 StGB kein Bedürfnis. Von mehreren Ländern sei angemerkt worden, daß die Haltung von Geflügel in Legebatterien etwa der Stallhaltung des Viehs vergleichbar sei und –wie sich auch an der Legeleistung zeige- das Wohlbefinden der Tiere nicht beeinträchtige. Daher sollten in § 7 Absatz 2 Nr. 1 die Worte „oder in Legebatterien hält“ entfallen.

332 Vgl. § 233 E 1962 mit Begründung, BTDS Band 80.

Zum *Zweiten Abschnitt* über die *Tierversuche* wurde der Vorschlag gemacht, Fachgutachten dann einzuholen, wenn man nicht sicher und abschließend beurteilen könne, ob es noch andere Mittel und Wege zur Erreichung außermedizinischer Forschungszwecke gebe. Durch die Enge des Entwurfs könnte die wissenschaftliche Forschung in kaum vertretbarem Maße beschränkt sein und Deutschland im Vergleich zu anderen Kulturnationen ins Hintertreffen bringen. Daher sei in jedem Falle in § 14 Absatz 2 Nr. 2 das Wort „medizinische" zu streichen. Da auch bei der Bundeswehr Tierversuche erforderlich seien, die weitgehend der Geheimhaltung unterlägen, sei noch zu prüfen, ob nicht die in § 18 Satz 1 bestimmte Ausnahme von dem Erfordernis des § 14 Absatz 1 Satz 1 auch auf Tierversuche für Belange der militärischen Verteidigung erstreckt werden solle.[333]

7. Zurückstellung der Bundestagsdrucksache IV/85

Nachdem die Stellungnahme der Bundesregierung vom 18. September 1963 den Ausschüssen zugeleitet worden war, trat am 03. Oktober der *Innenausschuß* zusammen und beschloß zunächst die Einsetzung eines aus sieben Mitgliedern bestehenden Unterausschusses.[334]

Am 10. Oktober 1963 traf sich der *Landwirtschaftsausschuß*[335] und beratschlagte die Stellungnahme der Bundesregierung. Nach einer Zusammenfassung der Ergebnisse, zu denen die Bundesregierung gekommen war, einigte man sich darauf, erst einmal in keine Sachberatung einzutreten, sondern erst die Stellungnahme der Arbeitsgruppe (Unterausschuß) des Innenausschusses abzuwarten.[336] In der Öffentlichkeit wurde mit Bekanntwerden der Stellungnahme der Bundesregierung allerdings schon zu diesem Zeitpunkt nicht mehr damit gerechnet, daß es zu einem neuen Tierschutzgesetz kommen würde. So berichtete die Allgemeine Fleischer-Zeitung im Oktober 1963: „Gegen Neugestaltung des Tierschutz- und des Schlachtrechts –...Koppelung zwischen Tierschutz und Schlachtrecht wird abgelehnt ... Die Bundesregierung glaubt die Dringlichkeit einer Reform des Tierschutz- und des Schlachtrechts, wie sie in einem Initiativgesetzentwurf...gefordert wurde, im Augenblick verneinen zu müssen. Gewichtige Grün-

---

333 Damit trugen die Bearbeiter dem vom Bundesministerium der Verteidigung am 17. Mai 1962 geäußerten Wunsch Rechnung, aufgrund der bei der Bundeswehr durchgeführten und in der Zukunft noch durchzuführenden Tierversuche berücksichtigt zu werden.

334 BA Koblenz Akte 116/19576.

335 Auch dieser sollte eigentlich bereits am 03. Oktober zusammenkommen, vertagte sich dann aber auf den 10. Oktober 1963; BA Koblenz Akte 116/19576.

336 Protokoll Nr. 74, TOP 6; BayHStA MInn 87778 und BA Koblenz Akte 116/19576.

de der Gesetzgebungsökonomie sprechen dagegen,...das Tierschutz- und das Schlachtrecht schon jetzt –vor Durchführung der großen Strafrechtsreform- neu zu gestalten.“[337]

In seiner Ausschußdrucksache Nr. 32 befaßte sich der *Innenausschuß* des Deutschen Bundestages dann noch einmal mit den verfassungsrechtlichen Grundlagen des Initiativentwurfs.[338] Darin wurde vor allem auf die Stellungnahme der Bundesregierung Bezug genommen. Hinsichtlich des Abschnittes über die Versuche an lebenden Tieren ging man -aufgrund der ablehnenden Haltung der Länder- nicht davon aus, daß dieser die Zustimmung des Bundesrates erhalten würde. Man bezog sich hierfür und für die Einbeziehung der Schlachtvorschriften auch auf die gerade erst gefällte Entscheidung des Bundesrates[339] zur Einführung des CO_2-Luft-Betäubungsverfahrens. Zur Begründung seiner Ablehnung hatte dort der Bundesrat ausgeführt, daß das Tierschutzgesetz und die dazugehörigen Verordnungen sicherstellen sollten, daß die Erfordernisse des Tierschutzes beim Schlachten von Tieren gebührend Berücksichtigung fänden. Somit seien die Schlachtvorschriften insgesamt dem Sachgebiet Tierschutz zuzurechnen und unterlägen der *landesrechtlichen* Regelungskompetenz. Der Innenausschuß schlug daher vor, zunächst die Frage der Bundesgesetzgebungskompetenz auf dem Gebiete des Tierschutzes zu klären.

Trotz aller Bedenken bezüglich der Gesetzgebungskompetenz, der Verfassungsgrundlagen und der einzelnen Vorschriften wurde die Bundestagsdrucksache IV/85 schließlich wohl nur aus einem einzigen Grunde gekippt: Am 16. November 1963 erging ein Schreiben des Bundesministeriums der Justiz an die Landesjustizverwaltungen. Darin wurde auf die Stellungnahme der Bundesregierung vom 18. September 1963 verwiesen. Es wurde noch einmal darauf aufmerksam gemacht, daß kein Bedürfnis nach einer Reform bestehe. Auf jeden Fall müsse man aber zunächst *die große Strafrechtsreform abwarten*, bevor man sich über ein Fortschreiten der begonnenen Arbeiten an einem neuen Tierschutzgesetz Gedanken mache.[340] Das vorläufige Ende der Bundestagsdrucksache ergibt sich praktisch nur aus diesem Schreiben und aus Beurteilungen späterer Jahre. Zwar lag der Entwurf in der Folgezeit zunächst einmal noch offiziell dem

---

337 Allgemeine Fleischer-Zeitung vom 19./20. Oktober 1963, Ausgabe 126, S. 6; BA Koblenz Akte 116/19576.

338 BA Koblenz Akte 116/19577.

339 261. Sitzung vom 25. Oktober 1963; Sitzungsberichte 1963/1964, S. 203 B. Hier zeigt sich wieder das parallele Ineinandergreifen der verschiedenen Änderungsvorhaben im Tierschutz am Anfang der Sechziger Jahre. In derselben Sitzung war der Gesetzentwurf bezüglich des Hunde- und Katzenschlachtens abgelehnt worden; Sitzungsberichte 1963/1964, S. 200 C.

340 BA Koblenz Akte 136/8666.

Rechtsausschuß des Bundestages zur Beratung vor[341]; aufgrund der ablehnenden Stellungnahme der Bundesregierung ist aber davon auszugehen, daß man sich sowohl im Bundestag als auch in den Ausschüssen einig war, den Gesetzinitiativentwurf nicht sehr konsequent weiter zu verfolgen. Bundeskanzler Adenauer äußerte sich 1965 dazu gegenüber dem DTSB: „Gegen den zu Beginn der Legislaturperiode von Abgeordneten aller Fraktionen des Deutschen Bundestages eingebrachten Entwurf eines Tierschutzgesetzes sind vom Bundesrat verfassungsrechtliche Bedenken geltend gemacht worden. Der mit der Erstattung eines Rechtsgutachtens über die Zuständigkeit des Bundes für Angelegenheiten des Tierschutzes beauftragte Rechtsausschuß ist infolge starker Arbeitsüberlastung bisher leider noch nicht in der Lage gewesen, sich zu äußern. Das führte dazu, daß der Innenausschuß die Beratungen des Entwurfs des Tierschutzgesetzes nicht weiterführen konnte und daher mit einer Verabschiedung dieses Gesetzes in dieser Legislaturperiode[342] nicht mehr zu rechnen ist."[343]

8. Zusammenfassung

Obwohl die Bundestagsdrucksache IV/85 und damit der erste Initiativgesetzentwurf für ein neues Tierschutzgesetz also letztlich keinen Erfolg hatte, war er doch richtungsweisend für alle späteren Reformbemühungen. Der Entwurf hatte einerseits zahlreiche Neuerungen hervorgebracht und war andererseits in hohem Maße auch auf die Belange der großen Tierschutzvereinigungen eingegangen. Vor allen Dingen hatte aber *die Politik* zum ersten Male überhaupt einen eigenen Vorschlag für ein gesamtes neues Tierschutzgesetz gemacht. Während bislang nur Entwürfe von Verbänden und Einzelpersonen gekommen waren oder nur wenige Paragraphen geändert wurden, hatte sie jetzt nicht nur eigene Ideen verarbeitet, sondern erstmalig auch die Meinungen aller Bundesländer und aller wichtigen Institutionen gesammelt und weitgehend berücksichtigt.

Die Bundespolitik hatte in der Zeit von 1960 bis 1963 mit drei größeren Projekten so aktiv wie nie zuvor versucht, dem Tierschutzrecht ein neues Gesicht zu verleihen. Dabei wurde die Einführung eines neuartigen CO_2-Luft-Betäubungsverfahrens –zumindestens auf Bundesebene- abgelehnt und die Bundestagsdrucksache IV/85 zurückgestellt. Lediglich der Versuch, ein Exportverbot für Schlachtpferde zu erwirken, hatte Erfolg.

---

341 Dies ergibt sich wiederum aus einem Schreiben von Dr. Eckerskorn (BML) vom 26. April 1965 an den Chef des Bundeskanzleramtes; BA Koblenz Akte 136/8666.

342 Die 4. Legislaturperiode dauerte vom 17. Oktober 1961 bis zum 17. Oktober 1965.

343 Aus einem Schreiben vom Juli 1965; Tierfreund Nr. 7/1965, S. 123.

D. Stillstand und das Warten auf die große Strafrechtsreform (1964-1965)

I. Die Zurückhaltung des Bundestages

Der Initiativgesetzentwurf des Bundestages für ein neues Tierschutzgesetz war also zunächst einmal nicht weiterverfolgt worden. Die Bundesregierung war der Ansicht gewesen, daß erst die große Strafrechtsreform abgewartet werden sollte, um den Gesetzgebungsorganen keine überflüssige und hemmende Doppelbelastung aufzuerlegen; schließlich enthalte das geltende Tierschutzgesetz auch strafrechtliche Vorschriften, die voraussichtlich in das neue Strafgesetzbuch eingearbeitet würden. Nach dieser deutlichen Absage an die Bundestagsdrucksache IV/85 Ende 1963 gab es in den Jahren 1964 und 1965 seitens der Politik keine weiteren Bemühungen um eine Erneuerung des Tierschutzgesetzes. In dieser Zeit des Wartens auf die große Strafrechtsreform standen die politischen Uhren hinsichtlich des Tierschutzes still.

II. Der Kampf der Tierschutzvereinigungen

Ganz anders beurteilte man die Situation in den Tierschutzverbänden. Dort wollte man keineswegs nur abwarten, sondern setzte sich unermüdlich für eine baldige Einführung eines neuen Tierschutzgesetzes ein. Bereits im Frühjahr 1964 berichtete die „Allgemeine Fleischer-Zeitung“[344] von der Jahreshauptversammlung des DTSB[345]. Dort hatte der Präsident, Dr. Hermann Stolting II, mit Nachdruck gefordert, den schon seit zwei Jahren ausgearbeiteten Gesetzentwurf, den man offensichtlich „auf Eis“ gelegt habe, schnellstmöglich zu verabschieden. Stolting II führte aus, daß man nicht nachlassen werde, weiter hierauf zu dringen, da das bislang gültige Gesetz „zumindest in detaillierten Fragen überholt“ sei. Er forderte vor allem ein generelles Verbot des betäubungslosen Schlachtens von Tieren, ein Verbot von Schlachtpferdeexporten[346], die Verbesserung der innerdeutschen Schlachtviehtransporte (Transitverkehr) sowie Ver-

---

344 Allgemeine Fleischer-Zeitung, Ausgabe Nr. 50 vom 25./26. April 1964; Akte 19576.

345 Diese fand vom 17. bis 19. April 1964 in Frankfurt statt; vgl. Tierfreund 3/64, S. 47.

346 Das scheint ein wenig verwunderlich, da ja gerade diesbezüglich das Tierschutzgesetz geändert worden und Schlachtpferdeexporte verboten worden waren. Stolting wollte aber auf ein generelles Transportverbot für alle Schlachttiere hinaus; Tierfreund 6/64, S. 103 f.

bote der Haustierhaltung in Wohnungen und der Haltung von Hühnern in sogenannten Legebatterien.

1. Der Entwurf der Arbeitsgemeinschaft Deutscher Tierschutzverbände e. V. (1964)

Auch die Arbeitsgemeinschaft Deutscher Tierschutzverbände e.V. *(ADT)* sah weiteren Handlungsbedarf und legte unter dem 20. September 1964 den Entwurf einer Novelle zum deutschen Tierschutzgesetz vor. In einem Vorwort machten der Präsident, Rechtsanwalt Hermann *Schwarz*, und der Vizepräsident, Schuldirektor Hans-Jürgen *Weichert*[347], deutlich: „Die Bundesminister für Ernährung, Landwirtschaft und Forsten, des Innern und der Justiz kommen in ihrer Stellungnahme vom 18. September 1963 zu dem Schluß, es liege zur Zeit keine Notwendigkeit für eine Reform des Gesetzes vor. Den deutschen Tierschützern wie auch der breiten Masse der tierliebenden Bevölkerung fehlt für eine derartige Einstellung jegliches Verständnis. Einem demokratischen Staatswesen dürfte ein so wohl begründetes Anliegen großer Teile des Volkes keinesfalls gleichgültig sein.“[348]

Der Entwurf selbst brachte nur wenige wirkliche Neuerungen hervor. Als wichtigster Punkt ist dabei § 1 des Entwurfs zu nennen, der folgendermaßen lautete:

„Absatz 1: Verboten ist, ein Tier unnötig zu quälen.

Absatz 2: Ein Tier quält, wer ihm mehr als geringfügige körperliche Schmerzen oder mehr als geringfügige *psychische Leiden (gleichbedeutend Qualen, Unlustgefühle, Mißbehagensempfindungen) verursacht. Qual entsteht naturgesetzlich durch alle Einwirkungen oder Umstände, die vom Tiere unter der Wirkung des Selbst- oder Arterhaltungstriebes als lebensfeindlich empfunden werden.* Unnötig ist das Quälen, soweit es keinem vernünftigen, berechtigten Zwekke dient oder wenn es zur Erreichung eines berechtigten Zweckes vermeidbar ist.

Absatz 3: Der Versuch ist strafbar.“

Zur Begründung wurde ausgeführt, daß der uneingeschränkte Zentralbegriff des Gesetzes die Tierquälerei sei. Für eine davon abgespaltene Mißhandlung sei

---

347 Weichert, gleichzeitig Vorsitzender des Bundes der Tierfreunde Hamburg, hatte bereits in der Zeitschrift dieses Bundes im Heft Nr. 12, S. 2 vom Mai 1964 über das BML geäußert: „Dieses Ministerium, dem unglücklicherweise das Tierschutzreferat angegliedert ist, gehört zu den Hauptgegnern eines neuen Tierschutzgesetzes und hat in erheblichem Maße dazu beigetragen, den Gesetzentwurf zu torpedieren.“ Dies ergibt sich aus einem Vermerk von Oberregierungsrat Lotter (BML) vom 26. November 1964; BA Koblenz Akte 116/19579.

348 BA Koblenz Akte 116/50088, BA Koblenz Akte 116/19575.

mit dem Wegfall des „tierschutzfeindlichen" Tatbestandsmerkmals „roh" in § 1 Absatz 1 des Entwurfs kein Platz mehr. Der Absatz 2 berücksichtige in seiner Formulierung die Erkenntnisse der Tierpsychologie und schalte frühere Mißverständnisse aus.[349] Hiermit wurde also verstärkt auf das subjektive Empfinden der Tiere Wert gelegt. Als Beispiel wurde dazu die Gefangenschaft eines Tieres in einer Falle genannt. Selbst wenn das Tier durch das Fangen keine Schmerzen, Schäden oder physische Leiden erfahren habe, werde es dennoch durch die möglicherweise tagelange Gefangenschaft dadurch psychisch gequält, daß es seinem Selbsterhaltungstrieb und dem Verlangen nach Freiheit ununterbrochen nachzukommen suche.

Im wesentlichen wurden in dem Entwurf jedoch nur bereits häufig genannte Forderungen wiederholt, darunter auch solche, die in der Bundestagsdrucksache IV/85 vorgesehen waren. Dazu zählten zum Beispiel die Erhöhung der Strafrahmen in § 9 Absatz 1 bis 3 TierSchG, die Ersetzung der Formulierung „erhebliche" durch „mehr als geringfügige" Schmerzen in den §§ 1 Absatz 2, 2 Nr. 1 und 3 und § 5 TierSchG und ein Katalog von verbotenen Tötungsarten (Totknien, Ersticken, Erdrosseln usw.), der in diesem Entwurf innerhalb eines neuen § 4a seinen Platz finden sollte.

2. Der Entwurf des Deutschen Tierschutzbundes (1964)

Nach der Rede von Präsident Dr. Stolting II auf der Jahreshauptversammlung im Frühjahr 1964 blieb aber auch der DTSB nicht untätig. In einem Rundschreiben vom November 1964[350], das an die Bundesministerien für Landwirtschaft, Ernährung und Forsten, des Innern und der Justiz sowie an alle Abgeordneten und Fraktionen des Deutschen Bundestages und alle Tierfreunde gerichtet war, prangerte der DTSB das Aussetzen der BT-Ds. IV/85 erneut an. Nach einem „eindringlichen Appell an alle zuständigen Instanzen, sich endlich für die Verabschiedung des neuen Tierschutzgesetzes einzusetzen", stellte der DTSB sieben Hauptforderungen:

„1. Schärfere Bestrafung roher Tiermißhandlungen;
2. Größere Einschränkung der Tierversuche unter besserer Kontrolle;
3. Schlachtung aller Tiere ausnahmslos unter Betäubung;

---

349 Vgl. die Begründung auf S. 2 des Entwurfs mit einem Kommentar zu den tierpsychologischen Fragen von Dr. phil. Walter Beissenhirtz.

350 Ein genaues Datum des Rundschreibens ist nicht ersichtlich. Aus den Unterlagen ergibt sich aber, daß es dem BML durch ein Schreiben des Tierschutzvereins Wuppertal vom 06. November 1964 übermittelt wurde, BA Koblenz Akte 116/19579. Das Rundschreiben findet sich auch noch in der BA Koblenz Akte 116/50088 und ist dort mit einem Eingangsstempel des BML vom 30. November 1964 versehen.

4. Verbesserung der Kettenhundhaltung;
5. Verschärfte Bestimmungen für den Tiertransport;
6. Verbot der ‚Legebatterien' und tierquälerischer Masttierhaltung;
7. Verbot des Mißbrauchs von Tieren bei Schaustellungen".[351]

Anschließend stellte der DTSB den einzelnen Vorschriften des Initiativgesetzentwurfs BT-Ds. IV/85 jeweils Verbesserungsvorschläge gegenüber. Diese entsprachen jedoch weitestgehend denjenigen, die der DTSB schon bei der Bitte um Stellungnahme zur Bundestagsdrucksache IV/85 Anfang 1962 gegenüber dem BML gemacht hatte.

3. Weitere Tätigkeiten der Tierschutzverbände

Um ihrem Unmut über den Stillstand in der Tierschutzgesetzgebung Ausdruck zu verleihen, überhäuften die Tierschutzvereine das Bundeslandwirtschaftsministerium mit immer neuen Eingaben, so daß der zuständige Oberregierungsrat Lotter sich mit einem Schreiben vom 04. Januar 1965 an den DTSB wandte und darum bat, wegen der Flut der Eingaben doch auf die Mitgliedsvereine einzuwirken und die Forderungen erst einmal in der eigenen Geschäftsstelle zu sammeln.[352] Der DTSB entsprach dieser Bitte mit einem Aufruf in seiner Mitgliederzeitschrift, wenn auch erst im März 1966.[353] Doch nicht nur die Mitgliedsvereine des DTSB drängten auf eine Wiederaufnahme des Reformvorhabens. So bat beispielsweise der Weltbund zum Schutz des Lebens, Sektion Deutschland e.V./ Landesverband Nordrhein-Westfalen, mit einem Schreiben vom 05. Juli 1965, eine Novelle zum Deutschen Tierschutzgesetz „rasch und einmütig" zu beschließen.[354]

Der DTSB fragte wiederum in seiner Zeitschrift „Tierfreund" im Herbst 1965: „Was sagen unsere Bundesminister zu der Notwendigkeit eines neuen Tierschutzgesetzes und zu andren aktuellen Tierschutzfragen?"[355] In dem daran anschließenden Artikel wurden Fragen an den Bundeslandwirtschaftsminister und dessen Antworten aus zwei Bundestagssitzungen dargestellt. In der 194. Sitzung des Bundestages am 30. Juni 1965 hatte der Bundestagsabgeordnete Rit-

351 BA Koblenz Akte 116/50088.
352 Schreiben vom 04. Januar 1965, BA Koblenz Akte 116/19579.
353 Die Zeitschrift „Tierfreund" hieß ab 1966 „Tierillustrierte"; der Aufruf findet sich in der Beilage „Tierschutz", Nr. 3/1966, S. 16.
354 BA Koblenz Akte 116/19575.
355 Tierfreund, Beilage Tierschutz, 9/65, S. 35.

zel[356] wissen wollen, was der Bundeslandwirtschaftsminister von verschärfenden Maßnahmen hinsichtlich des § 2 Absatz 1 TierSchG halte. Dieser verwies auf die Stellungnahme der Bundesregierung vom September 1963 und den Entwurf für ein neues Strafgesetzbuch (E 1962).In der 196. Sitzung des Bundestages am 02. Juli 1965 wurde die Einhaltung des Gesetzes über die Ausfuhr von Schlachtpferden hinterfragt. Der Abgeordnete Heinrich Ritzel machte diesbezüglich darauf aufmerksam, daß Pferdehändler nunmehr die Tiere als Nutzpferde deklarierten und so das Exportverbot umgingen. Der Bundeslandwirtschaftsminister erklärte, es habe keine Beschwerden über Beanstandungen bei Ausfuhrtransporten gegeben. Da zudem die italienischen Behörden bei der Einfuhr Ursprungs- und Gesundheitszeugnisse verlangten, sei gewährleistet, daß die Qualität der Tiere, soweit sie Nutzcharakter hätten, erhalten bleibe. Er betonte jedoch, daß er keinen Einfluß auf die Italiener hinsichtlich der Weiterverwendung der als Nutzpferde deklarierten Tiere habe.[357]

Im November 1965 gab schließlich die Arbeitsgemeinschaft Deutscher Tierschutz e.V. einen Sonderdruck heraus, in dem Dr. phil. Walter Beissenhirtz „Hinweise zur Anwendung des Tierschutzrechts" erteilte[358]. Beissenhirtz, der sich bereits in dem Entwurf der Arbeitsgemeinschaft vom 20. September 1964 zum Begriff der Qual geäußert hatte, versuchte hiermit, insbesondere die Wahrnehmungen von gerichtlichen Gutachtern des Tierschutzes zu schärfen. Sein Augenmerk richtete sich dabei vor allem auf die Erkenntnis, daß Qual eben nicht nur physisch, sondern genauso gut auch psychisch hervorgerufen werden könne. Ziel des Sonderdrucks war es, den Gutachtern, aber auch Richtern und Staatsanwälten das Erkennen von Tierquälereien zu vereinfachen. Wenn das TierSchG schon nicht geändert worden war, so sollte das bestehende Recht hierdurch jedenfalls effektiver und unkomplizierter angewandt werden.[359]

E. Wichtige Grundlagen werden geschaffen (1966-1969)

Nachdem der Deutsche Bundestag zwei –für den Tierschutz verlorene- Jahre lang untätig geblieben war, sollte nun eine Zeit des Handelns anbrechen. Mit

356 Ritzel hatte sich seinerzeit im Zusammenhang mit dem Exportverbot für Schlachtpferde hervorgetan; hier fragte er allerdings in Vertretung des Abgeordneten Büttner. Stenographische Berichte, Band 59, S. 9834 ff.

357 Stenographische Berichte, Band 59, S. 9992 ff.

358 BA Koblenz Akte 116/70507.

359 Schon häufig hatten sich die Tierschutzvereinigungen über eine unbefriedigende Anwendung des Gesetzes -insbesondere des § 1 TierSchG- wegen der Schwierigkeiten bei der Begriffsauslegung geäußert.

Beginn der 5. Legislaturperiode[360] wurden die Bestrebungen größer, nun endlich ein neues Tierschutzgesetz zu verabschieden. Zwar sollte es -u.a. wegen der großen Strafrechtsreform und der Frage nach der Gesetzgebungskompetenz- noch bis 1972 dauern, bis dieses Ziel erreicht war, jedoch kann man bereits die Zeit ab 1966 als den „eigentlichen Weg“ zur Tierschutzgesetzesnovelle bezeichnen, da ab diesem Punkt ein stringentes Voranschreiten zu verzeichnen ist.

I. Die Bundestagsdrucksache V/182 der Abgeordneten Büttner, Schwabe, Schmitt-Vockenhausen und der SPD-Fraktion vom 14. Januar 1966

1. Der Antrag Bundestagsdrucksache V/182

Nur kurze Zeit nach dem Zusammentreten des 5. Deutschen Bundestages stellten die Abgeordneten Büttner, Schwabe, Schmitt-Vockenhausen[361] und die Fraktion der SPD am 14. Januar 1966 folgenden Antrag betreffend den Entwurf eines Tierschutzgesetzes -*Bundestagsdrucksache V/182*[362]: „Der Bundestag wolle beschließen: Die Bundesregierung wird aufgefordert, bis zum 01.01.1967 dem Deutschen Bundestag den Entwurf eines neuen Tierschutzgesetzes vorzulegen.“

Dieser Antrag wurde erstmals am 09. März 1966 im Bundestag beraten.[363] Dabei führte der Abgeordnete Büttner (SPD) zur Begründung aus, daß seine Fraktion damit einen besseren Schutz der Tiere auch durch das Gesetz erreichen wolle. Es bestehe schlichtweg das Bedürfnis nach einem neuen Tierschutzgesetz. Zwar sei man sich über die verfassungsrechtlichen Bedenken im Klaren, die man aber dadurch ausräumen könne, daß man sich in dem guten Willen, ein neues Tierschutzgesetz zu schaffen, zusammenfinde. Dem schlossen sich die Abgeordneten Dr. Rutschke (FDP) und Rollmann (CDU/CSU) an, wobei Letzterer ausführte: „Bereits in den vergangenen Jahren, seit Bestehen des Deutschen Bundestages hat sich herausgestellt, daß die Fragen des Tierschutzes in diesem Hause keine parteipolitischen Fragen sind, sondern daß sich für die Fragen des Tierschutzes alle Fraktionen des Deutschen Bundestages in gleicher Weise interessieren. Die Verbesserung des Tierschutzes in diesem Lande ist ein Anliegen aller Fraktionen des Deutschen Bundestages. Aus diesem Grunde hoffen wir, daß es

---

360 Die 5. Wahlperiode dauerte vom 19. Oktober 1965 bis zum 19. Oktober 1969.

361 Fritz Büttner war von 1957 bis 1969 Mitglied des Bundestages, Wolfgang Schwabe von 1961 bis 1980; Hermann Schmitt-Vockenhausen hatte sich bereits bei der BT-Ds. III/1539 eingesetzt; Vierhaus/Herbst, S. 112, 800 f.

362 BTDS Band 102.

363 27. Sitzung des Bundestages; Stenographische Berichte, Band 61, S. 1230 f.

möglich sein wird, in dieser Legislaturperiode wirklich zu der gewünschten Verabschiedung eines neuen und verbesserten Tierschutzgesetzes zu kommen, auf das alle Freunde des Tierschutzes in diesem Land seit Jahren dringend warten."

Diese sonst wohl eher seltene parteiübergreifende Einmütigkeit war nicht überraschend gekommen. Bereits der Gesetzentwurf Bundestagsdrucksache IV/85 kam von Abgeordneten aller Fraktionen, woran hier praktisch nahtlos angeknüpft wurde. Zudem hatte der DTSB im März 1965 in einem Brief an die Parteivorsitzenden jeweils die Frage gestellt: „Ist Ihre Partei bereit...?" Der DTSB wollte dabei in Erfahrung bringen, ob sich die Parteien nach der Bundestagswahl im Herbst 1965 wieder mehr für ein neues Tierschutzgesetz einsetzen würden. Alle Parteivorsitzenden hatten dies bejaht und hielten nun ihr Wort.

Im Anschluß an die Ausführungen der Abgeordneten wurde beschlossen, den Entwurf Bundestagsdrucksache V/182 an den Innenausschuß -federführend- und an den Rechtsausschuß -mitberatend- zu überweisen.[364] Nur wenige Tage darauf erschien im Hamburger Abendblatt ein Artikel, in dem Büttner und Rollmann als die Wortführer der Tierschützer im Bundestag bezeichnet wurden.[365] Die beiden Bundestagsabgeordneten waren danach der Ansicht, daß besonders die folgenden Punkte in einem neuen Tierschutzgesetz verankert werden sollten:

- „Eine genaue Erläuterung des Begriffes ‚Tierquälerei'. Büttner dazu: ‚Er muß enger gefaßt werden. Die Richter sind zu sehr auf eine subjektive Auslegung angewiesen.'
- Schärfere Strafbestimmungen für Tierquälerei und eine wirksamere Strafverfolgung bei Anzeigen. ...
- Einschränkung von Versuchen mit und an Tieren auf ein unumgänglich notwendiges Maß. ...
- Verzicht auf Versuche am lebenden Tier, die reinen Demonstrationszwecken dienen. ...
- Betäubungszwang bei schweren Operationen oder schmerzhaften unblutigen Versuchen."

Neben diesen Hauptforderungen wandten sich Büttner und Rollmann auch gegen bestimmte tierquälerische Aufzuchtmethoden bei Hühnern, Schweinen und Kälbern (Massentierhaltung; Legebatterien, Mast).

---

364 27. Sitzung des Bundestages; Stenographische Berichte, Band 61, S. 1231. Das Deutsche Tierärzteblatt berichtete in der Ausgabe 6/66, S. 256: „Alle drei Fraktionen haben sich für ein neues Tierschutzgesetz ausgesprochen. ... Der Antrag wurde an die Ausschüsse überwiesen, nachdem auch Sprecher der Koalitionsparteien die Notwendigkeit eines neuen Tierschutzgesetzes hervorgehoben hatten."

365 Hamburger Abendblatt, Ausgabe vom 12. März 1966; BA Koblenz Akte 116/19575.

Um sich ein Bild von der Batteriehaltung von Legehennen zu verschaffen, besichtigten Abgeordnete aller Parteien am 17. März 1966 Betriebe mit moderner Geflügelhaltung und vertraten danach einstimmig die Auffassung, daß die Batteriehaltung von Hühnern „nicht kongruent mit Tierquälerei" zu setzen sei. Man müsse die Diskussion frei von Emotionen halten; auch in der Geflügelhaltung lasse sich das Rad nicht zurückdrehen. Die Haltung in Käfigen biete Vorteile in der Gesundheit und Hygiene, so daß ein generelles Verbot der Käfighaltung indiskutabel sei. Sorge müsse man allerdings tragen, daß Auswüchse wie die Überbelegung verhindert würden.[366]

2. Erster vorläufiger Entwurf für ein neues Tierschutzgesetz (1966)

Als Reaktion auf den Antrag vom 14. Januar 1966 (Bundestagsdrucksache V/182) wurde ein erster vorläufiger Entwurf eines Tierschutzgesetzes erarbeitet und unter dem 18. April 1966 vorgestellt.[367] Dieser Entwurf war dabei keinesfalls eine bloße Kopie der immer noch „ruhenden" Bundestagsdrucksache IV/85. Der wesentliche Unterschied zu dem umstrittenen Gesetzentwurf Bundestagsdrucksache IV/85 bestand darin, daß hier die Vorschriften über das Schlachten von Tieren wieder herausgenommen waren, die man damals in das Tierschutzgesetz hatte integrieren wollen. Gerade die Zusammenlegung von Tierschutz- und Schlachtregelungen in der Bundestagsdrucksache IV/85 war einer der Hauptkritikpunkte gewesen. Auch auf die zuvor äußerst kontrovers angesehene Erlaubnis des Schächtens hatte man nun bewußt verzichtet.

Eine weitere Besonderheit und völlige Neuerung fand sich gleich in § 1 des vorläufigen Entwurfs eines Tierschutzgesetzes (*vorl. Entwurf*): § 1 enthielt laut seiner Überschrift folgende „*Grundregel*": „Niemand darf ein Tier unnötig quälen oder roh mißhandeln." Dies war bemerkenswert. Zwar enthielt auch § 1 Absatz 1 TierSchG eine ähnliche Vorschrift, durch die Überschrift würde aber künftig auch der juristische Laie beim Lesen des Gesetzes sofort dessen Zweck und Absicht ersehen und sein Handeln danach ausrichten können. Im Gegensatz zum TierSchG und allen bis dahin gemachten Entwürfen fand sich im vorl. Entwurf weder in § 1 noch an sonst einer Stelle eine Definition des „unnötigen Quälens" oder „rohen Mißhandelns". Vermutlich trug man damit den Ausle-

366 Deutsches Tierärzteblatt 6/66, S. 256.

367 Ob dieser Entwurf vom BML oder vom BMJ stammt, ist mangels Kennzeichnung nicht ersichtlich. Man muß jedoch davon ausgehen, daß die beiden Ministerien in diesem Bereich eng zusammengearbeitet hatten. Da zudem das BML in Sachen Tierschutz insgesamt federführend war, stammt der Entwurf wahrscheinlich von dort. Der Entwurf findet sich jedenfalls in den Akten des BML; BA Koblenz Akte 116/50088.

gungsschwierigkeiten Rechnung, die sich insbesondere in Strafverfahren ergaben.[368]

Weiter sah der Entwurf ein generelles Verbot des Ohrenkürzens bei Hunden sowie ein Verbot des Ausreißens oder Abtrennens von Froschschenkeln vor. Tierversuche sollten (weiterhin) von einer Genehmigung abhängig gemacht werden, jedoch enthielt § 4 Absatz 2 des vorl. Entwurfs einen Katalog von Gründen, bei denen eine Genehmigung zwingend zu versagen war. Bislang konnte eine Erlaubnis lediglich zurückgezogen werden. Ebenso wie in der Bundestagsdrucksache IV/85 waren im vorl. Entwurf unter § 9 Ordnungswidrigkeiten vorgesehen. Auch sollte der Bundeslandwirtschaftsminister nach § 12 des vorl. Entwurfs mit Zustimmung des Bundesrats Rechtsverordnungen auf den Gebieten des Tiertransports, der Schlachtung kaltblütiger Tiere und der Zulassung von Betäubungsapparaten erlassen können. Der Aufbau des vorl. Entwurfs unterschied sich wiederum deutlich von dem der Bundestagsdrucksache IV/85. Letztere war in drei Abschnitte unterteilt, wobei der erste -im Gegensatz zum TierSchG- vorgezogen die Straf- und Bußgeldvorschriften enthielt, der zweite die Tierversuche behandelte und der dritte Schluß- und Übergangsvorschriften zum Inhalt hatte. Der vorläufige Entwurf eines Tierschutzgesetzes sah dagegen vier Abschnitte vor, deren erster Allgemeine Vorschriften zum Schutze der Tiere enthielt (§§ 1 und 2). Daran schlossen sich in Abschnitt II sogenannte *Genehmigungsvorschriften* an, die die Ausfuhr von Schlachtpferden und die Tierversuche regelten (§§ 3-6). In Abschnitt III waren dann die Straf- und Bußgeldvorschriften untergebracht (§§ 7-11) und im vierten Abschnitt Schlußvorschriften (§§ 12-14).

Insgesamt läßt sich festhalten, daß sich die Erarbeiter des vorläufigen Entwurfs eines Tierschutzgesetzes offensichtlich die Kritik, die gegenüber der Bundestagsdrucksache IV/85 geäußert worden war, zu Herzen genommen und es vermieden hatten, diese Punkte erneut in den Entwurf einzubringen.

II. Die Bundestagsdrucksache V/934 der Abgeordneten Dr. Schmidt, Bading, Mertes, Rollmann und Genossen vom 22. September 1966

Basierend auf dem Entwurf des Bundeslandwirtschaftsministeriums vom April 1966 wurde ein interfraktioneller Entwurf für ein neues Tierschutzgesetz ausge-

368 Die Idee einer Grundregel wurde letztlich in die Novelle des Tierschutzgesetzes 1972 übernommen, dort jedoch in anderer Formulierung und unter der Überschrift „Grundsatz".

arbeitet. Dazu berichtete die „Allgemeine Fleischer-Zeitung“ im Juli 1966[369]: „Abgeordnete aller drei Bundestagsfraktionen haben in der Interparlamentarischen Arbeitsgemeinschaft den Entwurf für ein neues Tierschutzgesetz erarbeitet, der in Kürze im Parlament eingebracht werden soll.[370] Der Gesetzentwurf soll das Tierschutzrecht modernisieren. Vor allem soll die Bundesregierung die Ermächtigung zum Erlaß einer Reihe von Rechtsverordnungen erhalten, mit denen u. a. auch die umstrittenen Fragen bei der Aufzucht und Mast von Tieren geregelt werden können. Ernährungs- und Justizministerium haben bei dem Entwurf Formulierungshilfe geleistet. Durch den Entwurf wird der vom Bundestag erteilte Auftrag an die Regierung, ein neues Tierschutzgesetz vorzulegen, praktisch hinfällig. Ein interfraktioneller Entwurf für ein neues Tierschutzgesetz war bereits in der vergangenen Legislaturperiode eingebracht, aber nicht verabschiedet worden. Der jetzige Entwurf unterscheidet sich vom damaligen vor allem auch dadurch, daß er die umstrittenen Vorschriften über das Schlachten von Tieren nicht mehr enthält.“ Nach dieser Ankündigung dauerte es noch gut zwei Monate, bis am 22. September 1966 tatsächlich Abgeordnete aller drei Bundestagsfraktionen einen neuen, nach der BT-Ds. IV/85 zweiten Gesetzentwurf vorlegten.

Mit der *Bundestagsdrucksache V/934*[371] beantragten die Abgeordneten Dr. Schmidt (Wuppertal, CDU/CSU), Bading (SPD), Mertes (FDP), Rollmann (CDU/CSU)[372] und Genossen, den gleichzeitig vorgelegten Entwurf für ein neues Tierschutzgesetz zu verabschieden.

1. Einzelne Vorschriften und Besonderheiten des Entwurfs

Die Bundestagsdrucksache V/934 (Entwurf V/934) orientierte sich deutlich an dem Entwurf des Bundeslandwirtschaftsministeriums vom April 1966 (Vorent-

369 Allgemeine Fleischer-Zeitung, Ausgabe West, Nr. 85 vom 16./17. Juli 1966; BA Koblenz Akte 116/50088; denselben Artikel brachte das Deutsche Tierärzteblatt 8/66, S. 366.

370 Den Vorsitz in der Interparlamentarischen Arbeitsgemeinschaft hatte der Bundestagsabgeordnete Rollmann geführt. Auch die Tierschutzverbände und Vertreter der Landwirtschaft hatten an dem Entwurf mitgewirkt. Das ergibt sich aus Artikeln der „Süddeutschen Zeitung“ und der „Stuttgarter Zeitung“ vom 28. September 1966; BA Koblenz Akte 116/19575.

371 BT-Ds. V/934 vom 22. September 1966; BTDS Band 107; BA Koblenz Akte 116/79305; abgedruckt im Anhang, S. 237 ff.

372 Die Abgeordneten Dr. Otto Schmidt und Harri Bading hatten sich bereits bei der Bundestagsdrucksache IV/85 profiliert; Werner Mertes war von 1961 bis 1976 Mitglied des Bundestages, Dietrich-Wilhelm Rollmann von 1960 bis 1976; vgl. Vierhaus/Herbst, S. 558, 694 f.

wurf). Dies zeigte sich bereits in § 1 des Entwurfs V/934, der zwar keine Grund*regel* („Niemand *darf* ein Tier unnötig quälen oder roh mißhandeln.“), aber einen Grund*satz* enthielt: „Niemand *soll* ein Tier ohne vernünftigen Grund töten oder ihm Schmerzen, Leiden oder Schäden zufügen.“ Die Idee, gleich am Anfang des Gesetzes eine für jedermann leicht verständliche Kernaussage zu machen, hatte man also beibehalten. Die nunmehr verwendete Formulierung war dabei griffiger, da sie nicht mehr die –oft auslegungsbedürftigen- Begriffe des „unnötigen Quälens“ und des „rohen Mißhandelns“ enthielt. Erstmals hatte man auch das Töten von Tieren mit an den Anfang gestellt. Zudem war der Aufbau des Entwurfs zwar an seinen Vorläufer angelehnt, er war jedoch nicht völlig gleich. Der erste Abschnitt enthielt Allgemeine Schutzvorschriften (§§ 1-7), der zweite Straf- und Bußgeldvorschriften (§§ 8-12) und der dritte Abschnitt Schlußvorschriften (§§ 13-16). Im Gegensatz zu dem Entwurf des Bundeslandwirtschaftsministeriums gab es hier also keinen eigenen Abschnitt mit Genehmigungsvorschriften mehr. Die zuvor unter dieser Überschrift geführten Normen waren jetzt in den Allgemeinen Schutzvorschriften enthalten.

Hinter dem Grundsatz des § 1 waren in § 2 einzelne Schutzvorschriften aufgeführt, die sich mit dem Töten und Aussetzen von Tieren, mit ihrer Verwendung zum Arbeitseinsatz und mit dem Abrichten von Tieren beschäftigten. Darunter war das Verbot vorgesehen, ein Tier zur Futteraufnahme zu zwingen, um es zu mästen.

§ 3 regelte die Vornahme von Eingriffen und verbot so auch das Kupieren von Ohren und Schwänzen bei Tieren allgemein; nur bei weniger als zehn Tage alten Hunden sollte das Kürzen des Schwanzes erlaubt sein.[373] Während § 4 die Ausfuhr von Schlachtpferden regelte, befaßten sich die §§ 5 und 6 mit den Tierversuchen. Entsprechend dem Entwurf des BML sollten Tierversuche von einer Genehmigung abhängig sein. Während jedoch der Vorentwurf einen Katalog mit Gründen enthielt, bei deren Vorliegen die Genehmigung zwingend zu versagen war, durfte gemäß § 5 Absatz 2 des Entwurfs V/934 eine Genehmigung nur unter bestimmten Voraussetzungen überhaupt erteilt werden.

Eine wesentliche Neuerung stellte § 7 des Entwurfs dar, der die Bundesregierung mit Zustimmung des Bundesrates zum Erlaß von Rechtsverordnungen ermächtigte. Dabei war zwar die Ermächtigung zum Erlaß von Rechtsverordnungen an sich nichts Neues (vgl. § 14 TierSchG und § 12 des Vorentwurfs). Neben Vorschriften über die Beförderung von Tieren oder über die Zulassung von Be-

373 Die Deutsche Tierärzteschaft hatte auf seiner Delegiertenversammlung am 03.-04. November 1966 beschlossen, vor dem Verbot zu warnen, da sonst das Kupieren unkontrolliert oder im Ausland geschehen werde; Deutsches Tierärzteblatt 12/66, S. 539.

täubungsapparaten sollte die Bundesregierung aber hier erstmals auch Vorschriften *„zum Schutz der Tiere bei der Haltung, namentlich bei der Aufzucht und Mast“* erlassen dürfen, § 7 Absatz 1 des Entwurfs V/934.[374] Danach konnte mittels einer Rechtsverordnung bestimmt werden, welche Arten von Futter und welche Methoden der Fütterung zugelassen würden, welche Käfige die Züchter benutzen und wieviele Tiere in einem Käfig gehalten werden dürften. Auch die Be- und Entlüftung, die Temperatur, die Sauberhaltung und Beaufsichtigung von Räumen und Käfigen sollte auf diese Weise von der Bundesregierung geregelt werden können. Gemäß § 7 Absatz 4 des Entwurfs wurde der Bundesregierung darüber hinaus aufgegeben, innerhalb eines Jahres nach Inkrafttreten des Gesetzes erstmalig eine Rechtsverordnung in dieser Hinsicht zu erlassen.

§ 8 des Entwurfs V/934 stellte –neben der Tierquälerei- erstmals explizit das *grundlose Töten* eines Tieres unter Strafe:

„Absatz 1: Wer ein Wirbeltier ohne vernünftigen Grund tötet, wird mit Gefängnis bis zu zwei Jahren und mit Geldstrafe oder mit einer dieser Strafen bestraft.

Absatz 2: Ebenso wird bestraft, wer einem Tier

1. aus Roheit erhebliche Schmerzen oder
2. länger dauernde oder sich wiederholende erhebliche Schmerzen oder Leiden ohne vernünftigen Grund zufügt.“

Das geltende Tierschutzgesetz stellte nur das Quälen und Mißhandeln unter die -hier im übrigen beibehaltene- Höchststrafe von zwei Jahren Gefängnis. Mit der nunmehr vorgesehenen Ahndung auch des Tötens von Tieren sollte zukünftig der Fall ausgeschlossen werden, daß sich ein der Tierquälerei Bezichtigter damit herausreden konnte, daß er das Tier „nur“ habe töten wollen und es dabei unabsichtlich gequält habe.[375] Außer den in § 10 enthaltenen Ordnungswidrigkeiten, die bereits in der Bundestagsdrucksache IV/85 vorgesehen waren, bot der Entwurf Bundestagsdrucksache V/934 inhaltlich keine weiteren nennenswerten Besonderheiten.

---

374 Die Deutsche Tierärzteschaft hatte bereits gefordert, daß den Belangen des Tierschutzes im Rahmen der Intensivtierhaltung gebührend Rechnung getragen werde: „Das geltende Tierschutzrecht enthält Rechtsgrundlagen, um bei einer Intensivtierhaltung die Nutztiere vor Tierquälerei zu schützen. Bei der vorgesehenen Neufassung ... müssen darüber hinaus besondere Vorschriften aufgenommen werden, die sicherstellen, daß Haltung, Fütterung und Unterbringung auch bei der neuzeitlichen Massen-Nutztierhaltung in Einklang gebracht werden mit den Erfordernissen für Gesundheit und Leistungsfähigkeit der Tiere...“ Deutsches Tierärzteblatt 7/66, S. 318.

375 Dies war der klassische Beispielsfall derer gewesen, die seit langem das geltende TierSchG für unzulänglich in der Praxis gehalten und daher eine Verschärfung des Tierschutzrechts gefordert hatten.

Das Bemerkenswerte an dem Entwurf Bundestagsdrucksache V/934 ist jedoch die Tatsache, daß dies schon der zweite Entwurf für ein neues Tierschutzgesetz war, der von Abgeordneten *aller* Bundestagsfraktionen erarbeitet und unterstützt wurde. Nachdem der erste Entwurf (Bundestagsdrucksache IV/85) jedoch insbesondere wegen seiner Schächterlaubnis und der Übernahme der Vorschriften über das Schlachten von Tieren heftig umstritten und vielfach kritisiert worden war, ließ man nun diese Punkte bewußt wieder fallen. Dafür befaßte sich der neue Entwurf umsomehr mit aktuell gewordenen Themen. Während im Rahmen der Diskussion um die Bundestagsdrucksache IV/85 beispielsweise die Bundesländer auf Anfrage des BMJ noch mehrheitlich in der Haltung von Geflügel in Legebatterien keine Tierquälerei gesehen hatten, schien sich das Bewußtsein auf diesem Gebiet innerhalb von nur drei Jahren deutlich gewandelt zu haben. Anders ist es wohl kaum zu erklären, daß nach dem neuen Gesetzentwurf die Bundesregierung praktisch alle Bereiche der Tierzucht und der Mast durch Rechtsverordnungen bis ins Kleinste regeln können sollte. Dafür spricht auch ein Artikel, der bereits im Mai im „Tierschutz" veröffentlicht worden war.[376] Darin wird berichtet, daß am 17. März 1966 fünf Bundestagsabgeordnete (CDU/CSU, SPD, FDP) und zwei Herren vom BML mit Tierschützern eine Besichtigung von sogenannten Legebatterien in zwei Betrieben vorgenommen hatten. Den Besuchern müssen sich nach dem Artikel dabei furchtbare Zustände gezeigt haben. So waren beispielsweise in einem Käfig von 48 x 50 x 50 cm gleich fünf Hennen untergebracht, die Beleuchtung war dürftig und die Tiere hockten apathisch auf ihren Drahtstäben. Hintergrund dieses Besuches war der in England vom dortigen Landwirtschaftsminister in Auftrag gegebene „Brambell-Report"[377], der Aufschluß darüber geben sollte, ob im Interesse des Wohlergehens intensiv gehaltener landwirtschaftlicher Nutztiere Normen aufgestellt werden müßten. Diese Besichtigungen im März 1966 waren sicher mit dafür ausschlaggebend, daß man der Bundesregierung weitreichende Befugnisse zur Regelung auf diesen Gebieten einräumen wollte.

2. Reaktionen auf die Bundestagsdrucksache V/934

Nach dem Bekanntwerden der Bundestagsdrucksache V/934 häuften sich die Artikel in den Zeitungen. So titelte am 28 September 1966 etwa die „Neue Rhein-Zeitung": „Hunde-Ohren sollen lang bleiben", wohingegen sich die „Süddeutsche Zeitung" gleichzeitig von dem Gesetzentwurf „Mehr Schutz für die Tiere" versprach. Während diese beiden Zeitungen jedoch vor allem die neuen

376 Tierillustrierte, Beilage Tierschutz, Ausgabe 5/1966, S. 38 ff.
377 Dieser war benannt nach dem englischen Zoologen Professor Brambell.

Normen vorstellten, ging die „Stuttgarter Zeitung“ am selben Tage etwas mehr auf die Hintergründe ein[378]: „Der Bundestag hat die feste Absicht, unverzüglich mit den Beratungen eines neuen Tierschutzgesetzes zu beginnen, das das alte Gesetz aus dem Jahr 1933 ablösen soll. ... In Bonn hofft man, daß diese neue Initiative, die mit den Tierschutzverbänden, mit dem Ernährungsministerium und aber auch mit Vertretern der Landwirtschaft abgesprochen worden ist, in möglichst absehbarer Zeit Gesetz werden kann. Obwohl der neue Entwurf in vielen Punkten die Vorschriften des alten Gesetzes beibehält –so bleiben zum Beispiel die Strafbedingungen gleich- unterscheidet er sich doch von diesen in seiner Grundhaltung sowie in bestimmten Einzelvorschriften, die in der Öffentlichkeit zum Teil umstritten sind. Vor allem wird das Leben des Tieres grundsätzlich geschützt; nicht das Mitleid des Menschen, sondern das Recht des Tieres auf Leben und auf angemessene Behandlung steht im Vordergrund der Betrachtung. ...“ Und hinsichtlich des Exportverbotes von Schlachtpferden wurde erläutert: „Die Ausfuhr von Schlachtpferden bleibt ... grundsätzlich verboten. Der Bundestag möchte in diesem Punkt auf detaillierte Vorschriften verzichten, da die Länder dem Bunde jede Kompetenz auf dem Gebiet des Schlachtrechts bestreiten. Nach langen Bemühungen haben sich der Bund und die Länder dahin geeinigt, dem Bund in Fragen der Tierversuche die Kompetenz zu überlassen, den Ländern aber in der Frage des Schlachtrechts. Vorschriften, die etwa das sogenannte „Schächten“ betreffen, ... ‚finden sich mit Rücksicht auf die Länder in diesem Gesetz nicht.“

Dies wäre eine plausible Antwort auf die Frage, warum man -im Gegensatz zur Bundestagsdrucksache IV/85- auf Schlacht- und Schächtvorschriften verzichtet hatte.

3. Der Fortgang der Bundestagsdrucksache V/934

a) Die erste Beratung im Bundestag (Oktober 1966)

Die Bundestagsdrucksache V/934 wurde vom Bundestag in dessen 64. Sitzung am 12. Oktober 1966 erstmals beraten.[379] Zunächst einmal faßte der Abgeordnete *Rollmann* (CDU/CSU) die wichtigsten Neuerungen zusammen. Mit dem Grundsatz des § 1 des Entwurfs solle erstmalig ein deutsches Tierschutzgesetz das Tier nicht nur vor Tierquälerei bewahren, sondern solle sein *Recht auf Leben* schützen. Daher wolle man durch § 8 auch das ohne vernünftigen Grund erfolgte Töten von Wirbeltieren –die dem Menschen näherstünden als andere Tiere- be-

378 In den jeweiligen Ausgaben vom 28. September 1966.
379 Stenographische Berichte, Band 62, S. 3121 f.

strafen. § 2 des Entwurfs V/934 habe den Zweck, das Töten von Haus- oder anderen Tieren anders als unter Betäubung oder sonst unter Vermeidung von Schmerzen zu verbieten. Dies stelle eine durchgreifende Erweiterung gegenüber dem geltenden Tierschutzgesetz dar, nach dem nur ein in einer Farm gehaltenes Pelztier unter Betäubung zu töten sei. Insbesondere wolle man den Vorfällen entgegentreten, in denen sich Tierhalter ihrer Hunde und Katzen entledigen wollten, aber bei der Tötung so unsachgemäß verführen, daß die Tiere nur gräßlich verletzt würden. § 2 enthalte zudem ein Gebot positiver Fürsorge, da man nunmehr dem Tier nicht nur Schmerzen oder Leiden ersparen wolle, sondern auch Leiden. Wer beispielsweise ein Tier hungern lasse, füge ihm zwar nicht unbedingt Schmerzen zu, lasse es aber leiden. Da die Antragsteller der Meinung seien, daß auch ein Tier ein Recht auf körperliche Unversehrtheit habe, habe man den § 3 eingefügt, der ein Verbot des Verstümmelns vorsehe. Im Hinblick auf die umstrittenen Formen der Intensiv-Tierhaltung habe man diese persönlich in Augenschein genommen. Im Einklang mit dem Brambell-Report aus England sei man sich einig, daß die Intensiv-Tierhaltung nicht gegen den Tierschutz verstoße, solange bestimmte Bedingungen eingehalten würden. Da der Bundestag mit der Aufgabe, diese Bedingungen sofort und umfassend aufzustellen, überfordert sei, habe man in § 7 des Entwurfs die vom Bundestag schrittweise zu erlassenden Rechtsverordnungen vorgesehen. Die erste Rechtsverordnung, die innerhalb eines Jahres mit Zustimmung des Bundesrates zu erlassen sei, diene nicht nur dem bestmöglichen Schutz der Tiere, sondern auch der Sicherheit der Landwirte in ihren wirtschaftlichen Planungen.

Im Hinblick auf den Entwurf Bundestagsdrucksache IV/85 führte Rollmann aus, daß dieser seinerzeit daran gescheitert sei, daß die Länder in den Bereichen der Tierversuche und der Tierschlachtungen die Gesetzgebungskompetenz für sich in Anspruch genommen hätten. Der jetzige Entwurf komme den verfassungsrechtlichen Bedenken der Länder daher in der Mitte entgegen, indem er ihnen die Regelung des Schlachtrechts –und damit auch des Schächtens- überlasse. Für den Bereich der Tierversuche sei dagegen nach sorgfältiger Prüfung erneut die Gesetzgebungskompetenz des Bundes angenommen worden. Soweit das Tierschutzrecht in den Bereich des Strafrechts gehöre, sei die Gesetzgebungskompetenz des Bundes unbestritten. Als Hauptziel nannte Rollmann die Verabschiedung eines neuen Tierschutzgesetzes noch in der laufenden Legislaturperiode, so daß man nun noch drei Jahre Zeit habe, um gründlich zu beraten, die Tierschutzverbände und andere interessierte Organisationen zu hören und dann ein neues Gesetz zu beschließen.

Während der Abgeordnete *Büttner* (SPD) sich dahingehend besorgt zeigte, daß es im *Landwirtschaftsausschuß* zu einer Interessenkollision zwischen dem Tierschutz und der Intensivhaltung von Tieren kommen könne, stellte der Abgeordnete *Dr. Hammans* (CDU/CSU) klar, daß man den Ländern mit der „Überlassung" des Schlachtrechts nicht den Schwarzen Peter des Schächtens, der keiner sei, zuschieben wolle. Zum Schächten führte er aus, daß Gutachten von Veterinärsachverständigen besagt hätten, daß es sich beim Schächten nicht um Tierquälerei handele, sondern vielmehr der Vollzug des Schächtens selbst ein Betäubungsverfahren des Tieres[380] beinhalte. Nach amerikanischen Untersuchungen solle man lediglich einen Weg finden, das Tier beim Niederlegen nicht zu verängstigen.

Am Ende der Ersten Beratung wurde beschlossen, den Entwurf zur Beratung an den Innenausschuß (federführend) und an den Ernährungs- und den Rechtsausschuß (mitberatend) zu überweisen.[381]

b) Stellungnahmen der Länder

Im Bundeslandwirtschaftsministerium war man überzeugt, daß der vorliegende Gesetzentwurf den Antrag vom 14. Januar 1966 (Bundestagsdrucksache V/182) obsolet machen würde. In einem Vermerk des BML vom 07. Oktober 1966, also noch vor der ersten Beratung im Bundestag, hieß es dazu: „Die Bundesregierung wird zu dem vorliegenden Gesetzentwurf Stellung zu nehmen haben; diese Stellungnahme wird vom BML (Federführung), BMJ und BMI zu erarbeiten sein. Zur Vorbereitung der fachlichen Stellungnahme wurden die für das Veterinärwesen zuständigen obersten Landesbehörden gebeten, sich bis spätestens Ende November 1966 zu dem vorliegenden Entwurf zu äußern. BMJ hat die Landesjustizverwaltungen ebenfalls um Stellungnahme ... gebeten."[382]

Das für das Veterinärwesen zuständige *Bayerische Staatsministerium des Innern*[383] berief sich auf die Ausführungen, die bereits zu dem Entwurf IV/85 gemacht worden waren und sprach sich dafür aus, vor dem Erlaß eines neuen Tierschutzgesetzes zunächst die Reform des Strafgesetzbuches abzuwarten. Erneut wurden auch verfassungsmäßige Bedenken geltend gemacht, da der Bund nach der Ansicht Bayerns beispielsweise für Bestimmungen über Versuche mit lebenden Tieren (§ 5 Abs. 2 und 3, § 6) keine Gesetzgebungskompetenz habe. Diesel-

380 Nach Angaben von Dr. Hammans würden größere Tiere zum Schächten niedergelegt. Die Tötung erfolge dann durch einen einzigen klaren Schnitt, bei dem sämtliche Weichteile bis zur Wirbelsäule durchtrennt würden. Infolge des Nervenschocks sowie der plötzlichen Stockung der Blutzufuhr zum Gehirn trete augenblicklich Bewußtlosigkeit ein.

381 BA Koblenz Akte 116/50088.

382 BA Koblenz Akte 116/50088.

383 Stellungnahme vom 02. März 1967 des Bayerischen Staatsministeriums des Innern, Az. III 9 –5594/1– 3.

ben Bedenken bestünden auch gegen § 7, der zu Regelungen ermächtigen solle, die keinesfalls unter den Begriff „Strafrecht" im Sinne des Artikel 74 Nr. 1 GG gebracht werden könnten, sondern Verwaltungsrecht darstellten. Ebenfalls war man nicht mit dem Kupierverbot für Hunde in § 3 Abs. 1 Satz 1 und 2 Nr. 1 a einverstanden, da das Kupieren keine Tierquälerei sei, wenn es von einem Tierarzt fachgerecht vorgenommen werde. Zu § 8 Absatz 1 (Strafbare Tötung eines Wirbeltieres) wurde eine Prüfung der verfassungsrechtlichen Zulässigkeit empfohlen, da hierdurch das Recht auf den freien Gebrauch des Eigentums nach Artikel 14 des Grundgesetzes erheblich eingeschränkt werde. Auch sei § 8 Absatz 1 unpraktikabel, da das Vorliegen oder Fehlen eines vernünftigen Grundes vielfach nicht objektiv feststellbar sei. § 1 des Entwurfs solle als inhaltlose Deklamation gestrichen werden.

Das *Hessische Ministerium für Arbeit, Volkswohlfahrt und Gesundheitswesen* merkte an, daß der Entwurf gegenüber seinem Vorgänger Drucksache IV/85 in der Gesamtkonzeption des Aufbaus keine wesentlichen Änderungen bringe.[384] Gleichwohl sprach man sich dafür aus, alle Tierversuche generell genehmigungspflichtig zu machen, während nach geltendem Recht nur solche Eingriffe oder Behandlungen einer Genehmigung bedürften, die mit erheblichen Schmerzen oder Schädigungen für das Tier verbunden seien. Dementsprechend sei hinter § 5 ein neuer Absatz 2 einzufügen: „Alle Versuche an lebenden Tieren unterliegen einer Genehmigung mit Ausnahme solcher Versuche, die der Tierzucht und der Ausnutzung von Futtermitteln (Prüfung der Mastleistung) dienen." Absatz 2 würde zu Absatz 3, die Worte „im Sinne des Abs. 1" seien zu streichen. Zu § 1 erwog man eine Erläuterung des Begriffs „vernünftig" in einem neuen Absatz 2, in § 2 solle das Wort „vermeidbaren" gestrichen werden, da auch ein Sachverständiger kaum entscheiden könne, was vermeidbar und was unvermeidbar sei.

Hinsichtlich des § 3 Abs. 2 Satz 2 sprach sich das Ministerium dafür aus, die Worte „einen Monat" durch „sechs Wochen" zu ersetzen, da sich die Frist von sechs Wochen in der tierärztlichen Praxis bewährt habe. Zurückgebliebene Ferkel etwa könnten ohne gesundheitliche Schäden nicht früher kastriert werden, und die Betäubung führe wegen der Kleinheit der Tiere zu Schwierigkeiten.

Zu § 8 sei zu überlegen, im Hinblick auf § 1 nicht nur das Wirbeltier, sondern allgemein das Tier durch diese Strafnorm zu schützen, da ansonsten das Töten von Nicht-Wirbeltieren grundsätzlich straffrei bliebe.

Das *Ministerium für Ernährung, Landwirtschaft und Forsten des Landes Nordrhein-Westfalen* verwies ebenfalls auf die Ausführungen zur Drucksache

384 Stellungnahme vom 21. Dezember 1966 des Hessischen Ministeriums für Arbeit, Volkswohlfahrt und Gesundheitswesen, Az. III B 2 –82102-3236.

IV/85[385] und sprach dem Bund bereits für die §§ 1, 2, 3, 5 und 6 des vorliegenden Entwurfs die Kompetenz ab sowie für die §§ 7 Absatz 1 und 3 und 10. Im Rahmen der sachlichen Beurteilung der einzelnen Vorschriften wurde unter anderem ausgeführt, daß der § 1 rein deklamatorisch und bedenklich im Hinblick auf die Rechtssicherheit sei; der geltende § 1 reiche in der Praxis völlig aus, um den Tieren einen umfassenden Schutz zu gewähren. Das generelle Verbot des Kürzens der Ohren in § 3 Absatz 1 Nr. 1 bei Hunden würde die Zucht bestimmter Rassehunde aufs Schwerste treffen, da diese mit dem Ausland nicht mehr konkurrenzfähig wäre. Gegen das Kürzen von Ohren und Schwänzen bei Hunden spräche auch aus der Sicht des Tierschutzes nichts, wenn der Eingriff bei über zwei Wochen alten Hunden, dann allerdings unter Betäubung und durch einen Tierarzt, vorgenommen würde. Ein Kupieren der Ohren komme ohnehin nur in einem Alter von *über* zehn Tagen in Betracht.

Die Ermächtigungsvorschrift des § 7 gehe über den Zweck, die Einhaltung des § 2 Absatz 1 und 2 Nr. 7 sicherzustellen, weit hinaus. Die Vorschrift des § 2 Absatz 2 Nr. 7 sei beispielsweise so eindeutig, daß es einer zusätzlichen Vorschrift überhaupt nicht mehr bedürfe.

Im Gegensatz zu § 1, in dem alle Tiere angesprochen seien, sei nach § 8 Absatz 1 lediglich das Töten von Wirbeltieren, sofern es ohne vernünftigen Grund geschehe, unter Strafe gestellt. Von Bedeutung sei dabei, daß das Töten von Wirbeltieren ohne vernünftigen Grund in jedem Falle strafbar und damit verboten sei, also selbst dann, wenn es unter Betäubung oder sonst unter Vermeidung von Schmerzen erfolge. Hieraus sei zu schließen, daß Anlaß zu einem solchen Verbot keine echten tierschützerischen, sondern ausschließlich ethische Gründe sein könnten. Ob damit bezweckt werden solle, daß das Tier endlich auch rechtlich nicht mehr als Sache behandelt und ob dieser Zweck damit erreicht werde, möge dahingestellt bleiben. Entscheidend für eine solche Vorschrift müsse sein, ob diese notwendig und durchführbar sei und diesbezüglich habe man erhebliche Bedenken. Zudem gehörten zu der Gruppe der Wirbeltiere auch Fische oder Vögel, so daß sich schon der strafbar mache, der einen Zierfisch ohne vernünftigen Grund töte – bei einem Strafmaß von bis zu zwei Jahren Gefängnis oder Geldstrafe. Schließlich müsse derjenige, der ein Wirbeltier töten wolle, entscheiden, ob ein vernünftiger Grund vorliege – zumindestens bis in der Praxis eine Abgrenzung erfolgt sei – und sei damit einfach überfordert.

Der *Bayerische Staatsminister der Justiz* gab am 30. November 1966 eine Stellungnahme ab.[386] Darin begrüßte er zwar in Übereinstimmung mit der Mehr-

---

385 Stellungnahme des Ministeriums für Ernährung, Landwirtschaft und Forsten des Landes Nordrhein-Westfalen vom 19. Juni 1967, Az. II C 4-4200 Tgb. Nr. 416/67.

386 BayStaMinJ 4060-II-5307/66.

zahl seiner Gerichte und Staatsanwaltschaften den Entwurf vom Grundsatz her und lobte die -im Verhältnis zum geltenden Tierschutzgesetz- übersichtlichere Gliederung, was eine Erleichterung in der Anwendung darstellen würde. Gleichwohl sah er kein dringendes Bedürfnis für eine Neuregelung des Tierschutzrechts. Im Gegenzug verneinte er die Gesetzgebungszuständigkeit des Bundes hinsichtlich einiger Bestimmungen des Entwurfs. Zwar stehe dem Bund die Gesetzgebungskompetenz insoweit zu, als die Vorschriften des Entwurfs als „Strafrecht" im Sinne des Art. 74 Nr. 1 GG zu erachten seien. Darunter fielen jedoch nicht die Regelungen in § 5 Absatz 2 Satz 2 bis 5 (Genehmigungen von Tierversuchen) und in §§ 6 (Ausführung von Tierversuchen) und 7 (Erlaß von Rechtsverordnungen) des Entwurfs. § 5 Absatz 2 Satz 2 bis 5 gingen über die bloße gesetzliche Normierung eines Rechtfertigungsgrundes hinaus; §§ 6 und 7 seien nicht strafbewehrt. Da der Bund folglich nicht zum Erlaß dieser Vorschriften zuständig sei, könne er sie auch nicht mit Geldbuße bewehren, so daß auch gegen § 10 Absatz 1 Nr. 2 und 3 des Entwurfs verfassungsrechtliche Bedenken bestünden.

Zu den einzelnen Vorschriften führte der Staatsminister der Justiz insbesondere Bedenken gegen das Einbeziehen der Tötung in den Entwurf (§§ 1 und 8) an. Das Verbot, ein Tier ohne vernünftigen Grund zu töten, könne erheblich in das Eigentumsrecht eingreifen. Auch werde sich das Tatbestandsmerkmal „ohne vernünftigen Grund" in der Praxis oft nur schwer feststellen lassen. Dieses wenig klare Merkmal stelle aber allein die Abgrenzung einer erlaubten Tötung und einer verbotenen, strafbewehrten dar.

Auch der *Berliner Senator für Justiz*[387] hatte Bedenken hinsichtlich der Bundeskompetenz bei einigen Vorschriften, z. B. bei den §§ 5 und 6, und hielt eine Änderung des Tierschutzgesetzes weder für zweckmäßig noch für notwendig. Daher beschränkte er sich auf einige Bemerkungen zu den Straf- und Bußgeldvorschriften und befand unter anderem den Strafrahmen des § 9 für zu hoch. Auch lasse § 8 Absatz 1 –im Gegensatz zum geltenden § 1 Abs. 1 und Abs. 2 Satz 1- nicht erkennen, welche Gründe als vernünftig anzusehen seien; überhaupt sei kein Bedürfnis für eine so weitgehende Bestimmung nicht ersichtlich.

Das *Hessische Ministerium der Justiz*[388] teilte die verfassungsrechtlichen Bedenken, die auch nicht dadurch ausgeräumt seien, daß der Entwurf nun keine Vorschriften etwa über das Schlachten von Tieren mehr enthalte. Auch sehe man keine Notwendigkeit für ein neues Tierschutzgesetz, da die befragten Gerichte

---

387 Stellungnahme vom 19. Januar 1967; Generalakten der Senatsverwaltung für Justiz Berlin zum Tierschutzgesetz, Az. 4060-II/3-1, Band 1.

388 Stellungnahme vom 19. Januar 1967 des Hessischen Ministeriums der Justiz, Az. 1030 c /1696.

und Staatsanwaltschaften darauf hingewiesen hätten, daß die Zahl der Verfahren wegen Verstoßes gegen das Tierschutzgesetz verschwindend gering seien und das bestehende Recht vollkommen zur Ahndung solcher Verstöße ausreiche.

Die weitere Beratung der Bundestagsdrucksache V/934 spielte sich in den Folgejahren praktisch nur im Innenausschuß ab, während sich der Landwirtschafts- und der Rechtsausschuß nur wenig mit dem Entwurf beschäftigten.

III. Das Jahr 1967

1. Äußerungen des Deutschen Tierschutzbundes und ein Vergleich mit anderen europäischen Tierschutzgesetzen

Der DTSB meinte, die Bundestagsdrucksache V/934 sei „in Sprache, Übersichtlichkeit und Systematik ein erheblicher Fortschritt gegenüber der Drucksache IV/85."[389] Gleichwohl räumte man dem Entwurf vorerst keine Chance auf Verabschiedung ein, da er Strafvorschriften enthalte. Für den Fall der Einführung eines neuen Strafgesetzbuches, das auch die Tierquälerei regele, sei daneben der Entwurf eines neuen Tierschutzgesetzes fehl am Platze. Sollte ein neues Strafgesetzbuch dagegen die Tierquälerei nicht regeln, seien einige Änderungen wünschenswert. Zu § 1 des Entwurfs V/934 wurde angemerkt, daß das Wort „soll" nur dann unbedenklich sei, wenn dem Paragraphen rein deklamatorische Bedeutung zukomme. Aus § 8 müsse jedoch darauf geschlossen werden, daß es sich um ein Gebot handele. Somit sei die Formulierung „darf" angebrachter. Mit dem vorgesehenen § 7 sei ein Kernproblem des künftigen Tierschutzes überhaupt berührt: die Intensiv-Tierhaltung. Man befürchtete, daß in der Zukunft diese wenig erfreuliche Art der Aufzucht wohl schon aus rein materiellen Gründen zunehmen werde. Sinn eines wirklichkeitsnahen Tierschutzes könne es also „nur noch sein, in diese mißliche Entwicklung Schutzgarantien für die Tiere einzubauen, allenfalls die Entwicklung zu retardieren."

Da bereits die Bundestagsdrucksache IV/85 letztlich daran gescheitert war, daß man im Hinblick auf ein neues Strafgesetzbuch Überschneidungen in Gesetzen und doppelte Arbeit des Gesetzgebers vermeiden wollte, fürchtete der DTSB, daß der neue Entwurf für ein Tierschutzgesetz ein ähnliches Schicksal ereilen könnte, wie sein Vorgänger. Vor diesem Hintergrund stellte *Landge-*

389 Tierillustrierte, Ausgabe 2/67, S. 10 f.

richtsdirektor Gerhard Zoebe[390] einen Vergleich zu anderen europäischen Tierschutzgesetzen auf.[391] In der *Schweiz* enthielt demnach Artikel 264 des Eidgenössischen Strafgesetzbuches eine allgemeine Tierschutzvorschrift. Daneben waren in anderen Bundesgesetzen und kantonalen Vorschriften Tierschutzvorschriften enthalten, die „einen mustergültigen Tierschutz" gewährleisteten. In *Österreich* dagegen hatte jedes Bundesland ein eigenes Landestierschutzgesetz, die sich aber inhaltlich sehr glichen. Tierquälerische Handlungen waren allerdings kein gerichtlicher Straftatbestand[392], sondern Verwaltungsübertretungen, die von den Bezirksbehörden geahndet werden konnten. Ebenso wie in *Frankreich*, wo man am 19. November 1963 ein neues Tierschutzgesetz erlassen hatte, gab es auch in den *Niederlanden* seit wenigen Jahren ein neues Tierschutzgesetz. Dieses Gesetz vom 25. Januar 1961 hatte den Tierschutz, der vorher im Strafrecht verankert war, übernommen. Interessant daran war, gerade hinsichtlich der zunehmenden Debatte über die Intensiv-Tierhaltung in Deutschland, besonders der § 1, der den Erlaß von Verwaltungsverordnungen über die Haltung von Wach- und Hofhunden und von Mastkälbern vorsah. Das von Landgerichtsdirektor Zoebe als „vorbildlich" bezeichnete *dänische* Tierschutzgesetz vom 27. Mai 1950 in der Fassung vom 12. Juni 1962 enthielt wiederum einen Katalog von verbotenen tierquälerischen Handlungen. Etwas überholt erschien zu dieser Zeit dagegen der Tierschutz in *Italien* mit dem Tierschutzgesetz aus dem Jahre 1913. Im italienischen Strafgesetzbuch sah Artikel 727 zudem Strafen von 800 bis 24.000 Lire vor.

Zusammenfassend kann man feststellen, daß es -wie in Deutschland auch- in all diesen Ländern auch außerhalb der eigentlichen Tierschutzgesetze in anderen Gesetzen und Verordnungen tierschützerische Bestimmungen gab, etwa in Jagd-, Schlacht- oder Transportvorschriften.

2. Überlegungen zur Änderung des Artikel 74 GG

Obwohl die Bundestagsdrucksache V/934 keine Schächt- oder Schlachtvorschriften mehr enthielt, war die Gesetzgebungskompetenz weiterhin umstritten. Das Informationsblatt „Das sollten Sie wissen" des Wirtschafts- und Agrarpolitischen Pressedienstes berichtete in seiner Ausgabe Nr. 12/67 vom 22. Februar 1967:

---

390 Gerhard Zoebe war Landgerichtsdirektor in Frankfurt am Main und Verfasser zahlreicher Artikel in Tierschutzzeitschriften sowie der Bücher „Das Tier im Recht" (mit H. Stolting II) und „Das Tier im neuen Recht" (mit K. Ennulat).

391 Tierillustrierte, Ausgabe 4/67, S. 25 f.

392 Nur das Bundesland Vorarlberg bildete eine Ausnahme.

„Grundgesetzänderung wegen der Tierschutzzuständigkeit erwogen: Der bereits seit längerem den Ausschüssen des Bundestages vorliegende interfraktionelle Initiativantrag für ein neues Tierschutzgesetz ... hat erneut die Frage nach der Zuständigkeit für den Tierschutz zwischen Bund und Ländern aufgeworfen, nachdem der Tierschutz im Grundgesetz (Artikel 74 über die konkurrierende Gesetzgebung) nicht erwähnt ist. In diesem Zusammenhang werden jetzt Überlegungen angestellt, die Rechtssetzungskompetenz des Bundes für den Tierschutz durch eine Änderung des Grundgesetzes –Einfügung des Tierschutzes in den Artikel 74- klarzustellen. Man will durch diese Änderung gleichzeitig verhindern, daß das Tierschutzrecht möglicherweise in ein in den einzelnen Bundesländern unterschiedliches Recht aufgesplittert wird.“[393]

Auch der DTSB sprach sich in einem Schreiben vom 20. März 1967 an den Bundeslandwirtschaftsminister für eine Kompetenz des Bundes aus.[394]

3. Die Beratung des Rechtsausschusses

Unter anderem mit der Frage nach der Gesetzgebungszuständigkeit befaßte sich auch der Rechtsausschuß des Bundestages in seiner 53. Sitzung am 12. Oktober 1967.[395] Zunächst erklärte der Vorsitzende Dr. Wilhelmi (CDU/CSU),[396] daß es die Aufgabe des Rechtsausschusses sei, dem federführenden Innenausschuß mitzuteilen, welche Vorschriften des Entwurfs er für unzulässig halte. Daher wurde in der Sitzung die Bundeskompetenz jeder einzelnen Vorschrift überprüft. § 1 wurde als verfassungsrechtlich bedenklich angesehen, da er nicht durch eine Strafnorm abgedeckt, sondern vielmehr eine Präambel mit eher volkspädagogischer Wirkung sei. Die §§ 2-4 wurden dagegen als grundsätzlich unbedenklich erklärt, da diese Vorschriften durch Strafvorschriften abgedeckt seien; bedenklich fand man allerdings, daß die Gesamtanordnung im Gesetz erkennen lasse, daß die Strafvorschriften des Entwurfs nicht als der wesentliche Teil des Gesetzes angesehen würden, sondern der Tierschutz im Vordergrund stehe. § 5 Absatz 1 wurde als ebenfalls unbedenklich angesehen, wohingegen § 5 Absatz 2 und § 6 auf sehr erhebliche Bedenken stießen. Sie seien nicht unter Artikel 74 Nr. 13 Grundgesetz zu subsumieren, da hiermit versucht werde, ein Sondergebiet nicht zum Zwecke der Förderung der wissenschaftlichen Forschung (=Bundeskompe-

---

393 BA Koblenz Akte 116/19574.

394 BA Koblenz Akte 116/19574.

395 BayHStA MInn 91015.

396 Dr. Hans Wilhelmi, Jurist, war von 1957 bis 1969 Mitglied des Bundestages; von der 3. bis zur 5. Wahlperiode war er Ordentliches Mitglied des Rechtsausschusses, dessen Vorsitz er in der 4. (ab Dezember 1964) und 5. Wahlperiode innehatte; Vierhaus/Herbst, S. 955.

tenz), sondern aus Gründen des Tierschutzes zu reglementieren. Auch § 7, der von den Initiatoren des Entwurfs als dessen Kernstück bezeichnet werde, halte man für bedenklich, denn hierbei handele es sich „um eine höchst ungewöhnliche Rechtsfigur, nämlich um eine potentielle Strafbestimmung, bei der der Tatbestand im Verordnungswege konkretisiert“ werden solle.[397] § 7 Absatz 4 hielt man für gänzlich unzulässig. Gegen die §§ 8-15 gab es keine Bedenken, § 16 sah man jedoch als insoweit unzulässig an, als er die Aufhebung von Bestimmungen enthalte, die Landesrecht geworden seien. Insgesamt war der Ausschuß der Meinung, daß die verfassungsrechtlichen Schwierigkeiten dadurch beseitigt werden könnten, daß das Gesetz als Strafgesetz umgearbeitet werde, in dem zwischen kriminellem Unrecht und Ordnungswidrigkeiten unterschieden werde und die Tatbestände jeweils klar herausgebildet würden.

Die Aussagen des Ausschusses machten deutlich, daß der Entwurf in der vorliegenden Form und ohne Überarbeitung keinerlei Chancen hatte, als Gesetz verabschiedet zu werden. Zu groß waren die verfassungsrechtlichen Hürden. Aus diesem Grund hielten es alle mit dem Tierschutz befaßten Ministerien (BMI, BMJ und BML) für wünschenswert, den Tierschutz in das Grundgesetz aufzunehmen.[398]

Damit ging das Jahr 1967 vorüber, ohne, daß es Veränderungen für den Tierschutz gegeben hatte. Erwähnt sei nur noch eine Meldung der Deutschen Presse Agentur vom 03. Oktober 1967. Danach befürchtete die Arbeitsgemeinschaft Deutscher Tierschutz, daß bestimmte Kreise des Bundestages die Verabschiedung eines neuen Tierschutzgesetzes verhindern wollten; vor allem Landwirte seien gegen das Gesetz.[399]

---

397 So nannte es der Referent, Dr. Freiherr von Viettinghoff-Schell (CDU/CSU); vgl. BayHStA MInn 91015.

398 Das Deutsche Tierärzteblatt faßte in der Ausgabe 11/67, S. 476 zusammen: „Der... Entwurf für ein neues Tierschutzgesetz ist an verfassungsrechtlichen Bedenken vorerst gescheitert und dürfte kaum noch in dieser Legislaturperiode verwirklicht werden. Der Rechtsausschuß...hat die Ansicht vertreten, daß für weite Teile des vorgelegten Gesetzes nach dem Grundgesetz keine Zuständigkeit gegeben sei. Von den Juristen wurde die Meinung geäußert, daß der Tierschutz evtl. Bestandteil des Strafgesetzbuches werden solle.“

399 Der Vizepräsident der Arbeitsgemeinschaft, Hans-Jürgen Weichert, erklärte zudem, daß im Jahre 1966 für den Export von Schlachtpferden 60.000 Ausnahmegenehmigungen erteilt worden seien; BA Koblenz Akte 116/19575.
Dies waren weitaus mehr Pferde als vor der Einführung des Pferdeexportverbotes 1961; 1959 waren insgesamt nur ca. 52.000 Pferde ausgeführt worden.

IV. Das Jahr 1968

1. Tierschutz und Grundgesetz

Wie bereits in den Jahren zuvor beschäftigte die Beteiligten die Frage, ob man den Tierschutz nicht in das Grundgesetz aufnehmen könne. Nachdem der Präsident des DTSB diesbezüglich im Oktober 1967 an den Bundesinnenminister geschrieben und sich für eine Grundgesetzänderung ausgesprochen hatte, kam am 02. Februar 1968 die Antwort. Darin hieß es: „Die Fragen der Gesetzgebungszuständigkeit des Bundes für diesen Sachbereich bildeten einen Schwerpunkt der jüngsten Beratungen des Innenausschusses des Deutschen Bundestages über den Entwurf... (Bundestagsdrucksache V/934). Die beteiligten Bundesressorts sind zunächst gebeten worden, die Tierschutzvorschriften zusammenzustellen, die nach geltendem Verfassungsrecht vom Bund oder den Ländern erlassen werden müßten. Für die von Ihnen aufgeworfene Frage wird weiter von Bedeutung sein, ob sich der Sonderausschuß des Deutschen Bundestages für die Strafrechtsreform dafür entscheidet, die vom Bund zu regelnden Tierschutzvorschriften, die mit strafrechtlichen Sanktionen bewehrt werden sollen, in das Strafgesetzbuch aufzunehmen oder einem besonderen Gesetz vorzubehalten. Erst wenn diese Probleme in den Ausschüssen...ausdiskutiert sind, kann die Notwendigkeit einer Verfassungsänderung beurteilt werden.“ [400]

Dazu stellte Landgerichtsdirektor *Zoebe* fest: „Ein neues Tierschutzgesetz wird es bis auf weiteres nicht geben.“[401] Und auch dem Wohnungsbauminister für Nordrhein-Westfalen, Dr. Kohlhase (FDP), der sich wiederholt für eine schnelle Verabschiedung eines neuen Tierschutzgesetzes ausgesprochen hatte, erschien es fraglich, „...ob die Große Koalition überhaupt gewillt ist, in absehbarer Zeit ein solches Gesetz vorzulegen.“[402]

Diese Zweifel teilte auch der Bundestagsabgeordnete *Büttner* (SPD), einer der Mitunterzeichner der BT-Ds. V/934. Bereits im November 1967 hatte er in einer Fragestunde des Bundestages Bundeslandwirtschaftsminister Höcherl (CDU/ CSU)[403] gefragt, wann mit der Verabschiedung des neuen Tierschutzgesetzes zu rechnen sei.[404] Höcherl hatte daraufhin geantwortet, daß sich die Beratungen des Entwurfs in den Parlamentsausschüssen als außerordentlich schwie-

---

400 Abgedruckt in der Beilage Tierschutz 4/68 der Zeitschrift Tierillustrierte, S. 5.

401 Beilage Tierschutz 5/68 der Zeitschrift Tierillustrierte, S. 2 f.

402 Beilage Tierschutz 10/68 der Zeitschrift Tierillustrierte, S. 2.

403 Hermann Höcherl war von 1953 bis 1976 Mitglied des Bundestages, wo er u. a. Bundesinnenminister und von 1965 bis 1969 Bundeslandwirtschaftsminister wurde; Vierhaus/Herbst, S. 346 f.

404 Bundestagsdrucksache V/2299; BTDS Band 116.

rig erwiesen habe und er daher keine zeitliche Prognose abgeben wolle. Es sei möglich, aber nicht wünschenswert, daß das Gesetz erst im nächsten Bundestag verabschiedet werden könne.[405] Nachdem ein weiteres Jahr verstrichen war, fragte Büttner nunmehr, wann der Deutsche Bundestag mit der Vorlage eines Regierungsentwurfs für ein neues Tierschutzgesetz rechnen könne und, falls eine Vorlage in absehbarer Zeit nicht möglich sei, welches die Hinderungsgründe seien.[406] Bundeslandwirtschaftsminister *Höcherl* schilderte in seiner schriftlichen Antwort erneut die Schwierigkeiten der Ausschüsse in bezug auf die verfassungsrechtlichen Fragen der Gesetzgebungszuständigkeit. Zudem würden die rechtspolitischen Zweifel über die Zweckmäßigkeit einer Regelung der Tierschutzmaterie außerhalb des Strafgesetzbuches die Diskussion erheblich belasten. Die Bundesregierung wolle daher die gesetzgebenden Körperschaften nicht zusätzlich mit einem eigenen Entwurf für ein neues Tierschutzgesetz belasten.[407]

Aus dieser Antwort läßt sich entnehmen, daß der Bundestagsdrucksache V/934 ein ähnliches Schicksal drohte wie es seinerzeit dem Entwurf BT-Ds. IV/85 zuteil geworden war. Die Hauptargumente gegen eine Verabschiedung des Entwurfs waren damals und auch hier die schwebende Strafrechtsreform, die Frage der Gesetzgebungskompetenz und die Vermeidung einer Doppelbelastung der gesetzgebenden Organe.

2. Artikel 95 EGOWiG: Änderung des Tierschutzgesetzes

Während die Diskussion um ein neues Tierschutzgesetz unvermindert anhielt, war das geltende Tierschutzgesetz unterdessen geändert worden, nämlich durch die Verabschiedung des Einführungsgesetzes zum Gesetz über Ordnungswidrigkeiten (EGOWiG).[408] Artikel 95 EGOWiG bestimmte die Änderung von § 10 TierSchG. Dieser hatte bisher folgenden Wortlaut:

„§ 10 TierSchG: Absatz 1: Neben der wegen einer vorsätzlichen Zuwiderhandlung auf Grund von § 9 erkannten Strafe kann auf Einziehung oder auf Tötung des Tieres erkannt werden, wenn es dem Verurteilten gehört. Statt der Einziehung kann angeordnet werden, daß das Tier auf Kosten des Verurteilten bis zur Dauer von drei Monaten anderweitig untergebracht und verpflegt wird.

---

405 In der 138. Sitzung des Bundestages am 30. November 1967; Stenographische Berichte, Band 65, S. 6994 f.; vgl. Deutsches Tierärzteblatt 2/68, S. 63.

406 Bundestagsdrucksache V/3471; BTDS Band 124; Fragen 78 und 79; Deutsches Ärzteblatt 7/1969, S. 432.

407 In der 196. Sitzung des Bundestages am 15. November 1968; Stenographische Berichte, Band 68, S. 10607 f.

408 Gesetz vom 24. Mai 1968, BGBl. I S. 481, 503. Zu den Entwürfen dieses Artikels s. BA Koblenz Akte 141/32977.

Absatz 2: Kann keine bestimmte Person verfolgt oder verurteilt werden, so kann auf Einziehung oder Tötung des Tieres selbständig erkannt werden, wenn im übrigen die Voraussetzungen hierfür vorliegen."

Die neue Fassung des § 10 TierSchG lautete dagegen:

„§ 10 TierSchG:
Ist eine in § 9 mit Strafe bedrohte Handlung begangen worden, so kann das Tier eingezogen werden, wenn es dem Täter oder Teilnehmer zur Zeit der Entscheidung gehört."

Diese Neufassung des Gesetzestextes brachte zwar den Vorteil, daß nun auch auf Einziehung eines Tieres erkannt werden konnte, wenn der Täter fahrlässig gehandelt hatte, wohingegen bislang die Einziehung nur bei einer vorsätzlichen Tierquälerei möglich war. Auch konnte nun nicht mehr auf Tötung des Tieres erkannt werden. Der DTSB bemängelte jedoch, daß eine Einziehung nur möglich sei, wenn das Tier dem Täter oder Teilnehmer zum Zeitpunkt der Entscheidung auch gehöre. Für fremde oder herrenlose Tiere, die nach einer Tierquälerei ebenso der Hilfe bedürften, sei leider keine Regelung getroffen worden. Auch sei der Absatz 2 des bisherigen § 10 TierSchG praktisch ersatzlos weggefallen.[409]

V. Das Jahr 1969

1. Die Arbeit der Ausschüsse

Am 24. April 1969 kam der *Innenausschuß* des Deutschen Bundestages zu seiner 131. Sitzung zusammen.[410] Nach einigen Ausführungen des Vorsitzenden Schmitt-Vockenhausen (SPD), der Abgeordneten Frau Enseling (CDU/CSU) als Berichterstatterin und des Abgeordneten Rollmann (CDU/CSU) sowie des Ministerialrats Dr. von der Linden wurde erstmals eingehend die Möglichkeit erörtert, noch im V. Deutschen Bundestag ein verbessertes Tierschutzgesetz zu verabschieden. Der Ausschuß bedauerte, daß trotz all seiner Bemühungen weder die wesentliche Stellungnahme des mitberatenden Rechtsausschusses noch die des Landwirtschaftsausschusses vorlägen. Aufgrund der Kompetenzstreitigkeiten zwischen Bund und Ländern sei keine vernünftige Neuregelung zu erwarten. Vordringlich sei es daher, sich um eine verfassungsrechtliche Zuständigkeit zu bemühen. Gleichzeitig wolle man prüfen, ob nicht bestimmte Verstöße im Tierschutzrecht als Ordnungswidrigkeiten behandelt werden könnten; zudem werde

409 Beilage Tierschutz 10/68 der Zeitschrift Tierillustrierte, S. 3.
410 BA Koblenz Akte 116/50088.

sich der Ausschuß mit den Fragen der Intensiv-Tierhaltung eingehend beschäftigen.[411] In diesen letzten Punkten bezog sich der Ausschuß auf Anregungen[412] zur Verbesserung des Tierschutzes. Der überwiegende Teil der Beanstandungen gegen das geltende Recht betraf die Beweisführung und die richterliche Praxis, Strafen zur Bewährung auszusetzen. Weitere Beanstandungen bezogen sich auf die im geltenden Recht nicht geregelte Intensiv-Tierhaltung. Für den Fall, daß doch noch ein neues Tierschutzgesetz verabschiedet werden würde, wollte man die alten Schwächen des Gesetzes ausräumen und die Lücke im Bereich der Massentierhaltung schließen.

In einem Vermerk des BMI vom selben Tage heißt es zu der Beratung des Innenausschusses: „Der Innenausschuß zog insbesondere auch unter dem Aspekt der auslaufenden Legislaturperiode[413] ein Fazit ... Er stellte dazu fest: Der Initiativentwurf... beinhaltet eine Reihe schwerwiegender verfassungsrechtlicher Bedenken.... Die Erweiterung der Bundeskompetenzen durch entsprechende Ergänzung des Artikel 74 Nr. 20 GG ist zweifellos ein sinnvoller Weg, um zu einem fundierten Bundestierschutzgesetz zu kommen. Für die Weiterbehandlung machte der Vorsitzende folgenden Vorschlag: Der Innenausschuß unterstützt uneingeschränkt den Vorschlag des BML nach Ergänzung des Artikel 74 Nr. 20 GG hinsichtlich einer Bundeskompetenz für den Tierschutz ... Der Ausschuß hält es für unerläßlich, die in Frage stehenden neuzeitlichen Haltungssysteme bei der Aufzucht, Mast usw. von Kälbern, Schweinen und Wirtschaftsgeflügel und die dabei entstehenden tierschutzrelevanten Fragen aus eigener Anschauung kennenzulernen...“[414] Der Ausschuß stimmte diesen Vorschlägen zu, die für das weitere Vorgehen von einiger Bedeutung sein sollten.

2. Der Entschließungsantrag des Innenausschusses

Am 2. und 3. Juni 1969 besichtigten der *Innen-* und der *Landwirtschaftsausschuß* gemeinsam mehrere Betriebe mit verschiedenen Arten von Massentierhaltungen.[415] Nur wenige Tage später, am 11. und 12. Juni 1969, befaßten sich der Innen- sowie der Rechtsausschuß erneut mit dem Entwurf Bundestagsdruck-

---

411 BayHStA StK-GuV 13776.

412 Diese Anregungen kamen schon seit Jahren vom DTSB, anderen Tierschutzvereinigungen, aus der Öffentlichkeit und aus den eigenen Reihen.

413 Die 5. Wahlperiode dauerte vom 19.Oktober 1965 bis zum 19.Oktober 1969.

414 BA Koblenz Akte 116/50088. Auch Bundespräsident Heinemann sprach sich in einem Gespräch mit Prof. Grzimek dafür aus, daß für neue Tierschutzbestimmungen erst die Gesetzgebungskompetenz des Bundes festzusetzen sei; Beilage Tierschutz 10/69 zur Zeitschrift Tierillustrierte, S. 7.

415 Wochenbericht zum 10. Juni 1969; BA Koblenz Akte 116/50088.

sache V/934, wobei sie übereinstimmend feststellten, daß eine Verabschiedung des Gesetzentwurfs wegen der bekannten Probleme in dieser Legislaturperiode nicht möglich sei. Der *Innenausschuß* legte daraufhin den Entwurf eines Entschließungsantrages vor, nach dem die Bundesregierung zum einen ersucht werden sollte, so bald wie möglich den Entwurf eines neuen Tierschutzgesetzes -und zwar unter Zugrundelegung einer umfassenden Bundeszuständigkeit für das Tierschutzwesen- vorzulegen, zum anderen Bestrebungen zur Schaffung einer europäischen Tierschutzkonvention des Europarates in Straßburg weitestgehend zu unterstützen.[416]

Der *Rechtsausschuß* beschloß in seiner 121. Sitzung am 11. Juni 1969[417], den Entschließungsantrag zu verhindern, da man eine Grundgesetzänderung angesichts der zahlreichen Änderungen in dieser Legislaturperiode für nicht angebracht hielt. Es sei bedenklich, das Grundgesetz nur zu ändern, um die Bundeszuständigkeit zum Erlaß eines Tierschutzgesetzes zu begründen bzw. zu erweitern. Zudem wolle der Rechtsausschuß erst einmal die zu erwartende europäische Konvention abwarten und dann das innerdeutsche Gesetz darauf anzupassen, und zwar durch den Bund in Richtung auf die Strafvorschriften, da solche in der Konvention nicht enthalten seien.[418]

In einem Schreiben vom 11. Juni 1969 teilte der stellvertretende Vorsitzende des Rechtsausschusses, Dr. Reischl, dem Vorsitzenden des Innenausschusses, Schmitt-Vockenhausen, mit, daß der Rechtsausschuß damit einverstanden sei, den Entwurf Drucksache V/934 für erledigt zu erklären; gleichzeitig wurden Bedenken dagegen geäußert, den Entwurf eines Gesetzes zur Änderung des Grundgesetzes vorzulegen, da eine Grundgesetzänderung wegen der überaus zahlreichen Änderungen der laufenden Legislaturperiode nicht angebracht sei.[419]

Der *Landwirtschaftsausschuß* dagegen stimmte dem Antrag am 12. Juni 1969[420] zu und betonte die wichtige agrarpolitische Bedeutung der europäischen Tierschutzkonvention.[421]

---

416 BA Koblenz Akten 116/50088 und 70507.

417 Protokoll der 121. Sitzung des Rechtsausschusses vom 11. Juni 1969, TOP 3, S. 7 f.; auch in BayHStA StK – GuV 13776.

418 Vgl. dazu auch die Begründung der Bundestagsdrucksache V/4422; BTDS Band 132.

419 BA Koblenz Akte 116/50088.

420 Protokoll der 133. Sitzung am 12. Juni 1969, außerhalb der Tagesordnung: „Dem Ausschuß liegt ein Entschließungsantrag des Innenausschusses zum Tierschutzgesetz gem. Anlage 5 vor, den der Ernährungsausschuß nach kurzer Beratung zustimmend zur Kenntnis nimmt. Der Ausschuß hebt hervor, daß dem Punkt III. aus agrarpolitischer Sicht besondere Bedeutung zukommt." Anlage 5 enthielt den Entwurf des Innenausschusses, Ausschußdrucksache 133 vom 10. Juni 1969. Der er-

Am 17. Juni 1969 legte die Berichterstatterin des Innenausschusses, Frau Enseling (CDU/CSU)[422], den Abschlußbericht zur Bundestagsdrucksache V/934 vor, der folgenden *Entschließungsantrag -Bundestagsdrucksache V/4422*[423]- enthielt:

„Der Bundestag wolle beschließen:

I. Die Bundesregierung wird ersucht, sobald wie möglich den Entwurf eines Tierschutzgesetzes – und zwar unter Zugrundelegung einer umfassenden Bundeszuständigkeit für das Tierschutzwesen- vorzulegen, der
   a) die in dem Entwurf eines Tierschutzgesetzes -Drucksache V/934- enthaltenen Grundgedanken übernimmt,
   b) tierschutzrechtliche Regelungen für bestimmte Formen der sogenannten Massentierhaltung enthält oder ermöglicht und
   c) wirksame Ahndungsmaßnahmen entsprechend den modernen strafrechtlichen Vorstellungen, wie z.B. die Einführung von Ordnungswidrigkeiten, vorsieht; die Bundesregierung wird außerdem ersucht, Bestrebungen zur Schaffung einer Europäischen Tierschutzkonvention nachdrücklich zu unterstützen.

II. Der Gesetzentwurf - Drucksache V/934 - und der Antrag der Fraktion der SPD - Drucksache V/182 - wird aufgrund der Beschlußfassung zu I. für erledigt erklärt."

Dieser Entschließungsantrag wurde am 02. Juli 1969 im Bundestag beraten, wobei sich vier der ehemaligen Antragsteller der BT-Ds. V/934 zu Wort meldeten.[424] Der Abgeordnete *Rollmann* (CDU/ CSU) hatte Skepsis gegenüber dem Entschließungsantrag, da die Verschiebung eines neuen Tierschutzgesetzes in die nächste Legislaturperiode keine Erleichterung der Probleme darstelle. *Büttner* (SPD) war für den Entschließungsantrag und bedauerte, daß es in der auslaufenden Legislaturperiode nicht schon zu einem neuen Gesetz gekommen sei.[425]

---

wähnte Punkt III. betraf die Unterstützung der Bestrebungen zur Schaffung einer europäischen Tierschutzkonvention.

421 Sowohl der Rechts- wie auch der Landwirtschaftsausschuß hatten jeweils nur zweimal zu dem Entwurf Drucksache V/934 Stellung genommen. Daher wurde ihnen in der späteren Debatte über den Entschließungsantrag vorgeworfen, den Antrag nicht gefördert und sogar blockiert zu haben; Stenographische Berichte, Band 70, S. 13705 ff. Vgl. insgesamt zu den Ausschüssen: Begründung der Bundestagsdrucksache V/4422; BTDS Band 132.

422 Elisabeth Enseling gehörte von 1966 bis 1969 dem Bundestag an; Vierhaus/Herbst, S. 183.

423 BTDS Band 132.

424 246. Sitzung; Stenographische Berichte, Band 70, S. 13705 ff.

425 Diese Meinung teilte auch der DTSB. Dennoch war man dort erfreut darüber, daß die geäußerte Kritik von den Ausschüssen positiv aufgenommen und als Anregung

Dagegen meinte *Dr. Rutschke* (FDP), daß die Art, wie die Sache jetzt erledigt werde, nicht die Zustimmung seiner Fraktion fände, da das Tierschutzgesetz nun wirklich eine Sache sei, die man schneller hätte erledigen können. *Schmitt-Vockenhausen* (SPD) erklärte: „Wir sind, wenn es zu keiner Grundgesetzänderung kommt, bereit, auf der Grundlage, die wir verfassungsrechtlich haben, ein Tierschutzgesetz zu machen." Dann aber müsse man den Menschen draußen sagen, daß man nicht mehr tun könne, als das, was in einem solchen Restgesetzgebungswerk bleiben werde.

Am Ende der Beratung wurde der Antrag mit einer deutlichen Mehrheit angenommen. Dies war gleichzeitig der Schlußstrich unter den Entwurf Bundestagsdrucksache V/934, über den man fast drei Jahre lang beraten hatte.

Der Entschließungsantrag wurde später im *Landwirtschaftsausschuß*[426] insoweit positiv bewertet, als durch dieses Ersuchen das grundsätzliche Streben des Parlaments nach einer entsprechenden Gesetzesänderung erkennbar werde. Die schwierige Materie des Tierschutzes erfordere umfangreiche Vorarbeiten, die jedoch nur sinnvoll seien, wenn man bei den Beratungen bereits von einer umfassenden Bundeskompetenz auf diesem Gebiet ausgehen könne. Zudem erwarte die Bevölkerung –nach dem Scheitern der beiden Initiativentwürfe- mit Ungeduld ein neues Gesetz. Ohne die erforderliche verfassungsmäßige Grundlage sei das Gesetzesvorhaben hinsichtlich seiner Erfolgsaussichten erneut erheblich belastet. Das Bundeslandwirtschaftsministerium hatte diesbezüglich dem für Grundgesetzänderungen federführenden Bundesminister des Innern mit Schreiben vom 09. Oktober 1969 einen Vorschlag unterbreitet. Darin war vorgesehen, durch Einfügung des Sachgebietes „Tierschutz" in Artikel 74 Nr. 20 GG die verfassungsmäßige Grundlage für das vom Parlament geforderte umfassende Tierschutzgesetz des Bundes zu schaffen. Das Bundeslandwirtschaftsministerium hielt Eile für geboten, um der drohenden Aufsplitterung im Tierschutzrecht, wie sie sich mit der Vorbereitung von Änderungsgesetzen zum Tierschutzgesetz von 1933 in einigen Ländern abzeichnete, entgegenzuwirken.

VI. Die große Strafrechtsreform (1969)

Die große Strafrechtsreform von 1969 hatte nur indirekt mit dem Tierschutz zu tun und zwar insoweit, als der Tierschutz letztlich doch *nicht* in das neue Strafgesetzbuch (StGB) übernommen wurde. Die Ungewißheit darüber war -neben

---

zur Verbesserung verstanden worden war; Beilage Tierschutz 8/69 zur Zeitschrift Tierillustrierte, S. 2.

426 Sitzung vom 28.-30. Oktober 1969; BA Koblenz Akte 116/70507.

der Kompetenzfrage- über Jahre hinweg das hauptsächliche Hindernis für alle Beteiligten, die sich um den Erlaß eines neuen Tierschutzgesetzes bemühten.

Jahrelange Mühe hatten jedoch auch diejenigen, die an der großen Strafrechtsreform arbeiteten. Damit begonnen hatten in den Fünfziger Jahren Bundesjustizminister Dehler und sein Amtsnachfolger Neumayer (beide CDU/CSU), welcher auch ständiger Vorsitzender der Großen Strafrechtskommission war. Das erste Resultat der Beratungen war 1958 der Entwurf des Allgemeinen Teils eines Strafgesetzbuches mit Begründung *(E 1958)*[427] und 1960 der Entwurf eines gesamten Strafgesetzbuches mit Begründung *(E 1960)*.[428] In den Sitzungen der Großen Strafrechtskommission wurde zunächst die Aufnahme der Tierquälerei, des unerlaubten Tierversuchs, des tierquälerischen Schlachtens, der Einziehung und das Verbot der Tierhaltung erwogen.[429] Am Ende blieben auf Beschluß der Kommission jedoch nur die Tierquälerei (§ 239), die Einziehung (§ 240) und das Verbot der Tierhaltung (§ 110) übrig.[430]

Nur zwei Jahre später folgte der Entwurf *E 1962* vom 04. Oktober 1962[431], der ebenfalls nicht nur die Tierquälerei unter Strafe stellte (§ 233)[432], sondern auch die Einziehung (§ 234) und Verbote der Tierhaltung (§§ 102, 430) vorsah. Im Hinblick auf den Tatbestand der Tierquälerei folgte der Entwurf dem geltenden Recht (§ 1 Absatz 1, § 9 Absatz 1 TierSchG), die Beschreibung der Begriffe „unnötig“ und „roh“ wie in § 1 Absatz 2 TierSchG wurde dagegen bewußt weggelassen, da sich die Merkmale des Quälens oder Mißhandelns auch bei anderen

---

427 Hinsichtlich der Aufnahme des Tierschutzes in ein neues StGB waren die Beratungen der III. Unterkommission unter Vorsitz von Senatspräsident Dr. Baldus (Karlsruhe) mit den Umdrucken R 93 und V 24 vorausgegangen. Die Unterkommission hatte sich dafür ausgesprochen, daß die Tierquälerei im StGB geregelt werden müsse. Aufgenommen werden sollten weiterhin der unerlaubte Tierversuch, das tierquälerische Schlachten, die Einziehung und das Verbot der Tierhaltung, vgl. dazu den späteren Umdruck J 63; BA Koblenz Akte 141/90257.

428 Tröndle/Fischer, Einl. Rn. 5. Der Entwurf wurde dem Bundesrat als Drucksache 270/60 vorgelegt, der ihn in seiner 244. Sitzung am 28. Oktober 1960 zunächst begrüßte, ohne eine Äußerung abzugeben. Danach wurde der Entwurf dem Bundestag als Drucksache III/2150 vorgelegt.

429 Niederschriften über die Sitzungen der Großen Strafrechtskommission, Band 5, S. 324; Band 6 , S. 232 ff; Umdruck J 63 in: Band 6, S. 376 ff.

430 ebenda; Umdruck K 50 in: Band 6, S. 381; Band 12, S. 588, 606. Der Umdruck K 50 war das Ergebnis der 65. Sitzung am 14. Januar 1958; in dem Umdruck J 108 machten dazu die Sachbearbeiter des BMJ Vorschläge und Bemerkungen; BA Koblenz Akte 141/90257.

431 Bundestagsdrucksache IV/650; BTDS Band 80.

432 § 233 E 1962 lautete: „Wer ein Tier unnötig quält oder roh mißhandelt, wird mit Gefängnis bis zu zwei Jahren, mit Strafhaft oder mit Geldstrafe bestraft.“ Vgl. zu E 1962 auch oben C III. 6. a) m.w.N.

Strafvorschriften finden ließen. Der Entwurf war zunächst von der Bundesregierung dem Bundesrat als Bundesratsdrucksache 200/62 vorgelegt worden. Nachdem der Bundesrat den Entwurf in seiner 240. Sitzung am 12./ 13. Juni 1962 behandelt hatte[433], wurde er als Bundestagsdrucksache IV/650 in den Bundestag eingebracht und von dort an einen eigens gebildeten Sonderausschuß überwiesen. In der nächsten Legislaturperiode wurde der E 1962 unverändert erneut als Initiativgesetzentwurf eingebracht[434] und wiederum einem Sonderausschuß überwiesen. Dieser bekam neue Anregungen durch einen von mehreren Strafrechtslehrern vorgelegten Alternativ-Entwurf zum Allgemeinen Teil eines neuen StGB. Dieser wurde als Bundestagsdrucksache V/2285 am 17. November 1967 durch die FDP-Fraktion im Bundestag eingebracht.[435]

Nach weiteren Beratungen und Zwischenberichten des Sonderausschusses[436] kam im Jahre 1969 schließlich die tatsächliche große Strafrechtsreform in Gestalt des Ersten und des Zweiten Gesetzes zur Reform des Strafrechts *(1. StrRG* und *2. StrRG)*. Das 1. StrRG vom 25. Juni 1969[437] brachte vor allem die einheitliche Freiheitsstrafe, eine Erweiterung der Bewährungsmöglichkeiten und die Abschaffung zahlreicher veralteter Vorschriften. Das 2. StrRG vom 04. Juli 1969[438] führte nicht nur einen neuen Allgemeinen Teil ein, sondern enthielt auch Änderungen im Besonderen Teil, wobei vor allem die Übertretungen abgeschafft und in der Mehrzahl zu Ordnungswidrigkeiten gemacht wurden.[439] Änderungen für das TierSchG brachte indes nur das 1. StrRG. Durch die Einführung der einheitlichen Freiheitsstrafe –an Stelle von Zuchthaus, Gefängnis, Einschließung und Haft- mußte in § 9 Absatz 1 und 2 das Wort „Gefängnis“ durch das Wort „Freiheitsstrafe“ ersetzt werden.[440]

---

433 Sitzungsberichte Bundesrat, 1961-1962, S. 137 A ff.

434 Diesmal als Bundestagsdrucksache V/32; BTDS Band 101; im Gegensatz zu dem Entwurf BT-Ds. IV/650, der von der Bundesregierung eingebracht worden war, hatten nun 36 Abgeordnete verschiedener Fraktionen den Entwurf eingebracht (Antrag der Abgeordneten Frau Dr. Diemer-Nicolaus, Dr. h. c. Güde, Dr. Dehler, Dr. Wilhelmi und Genossen).

435 Tröndle/Fischer, Einl. Rn.6; Bundestagsdrucksache V/2285, BTDS Band 116.

436 Vgl. die Berichte des Sonderausschusses, Bundestagsdrucksachen V/4094 und V/4095; BTDS Band 129.

437 BGBl. I S. 645 ff.

438 BGBl. I S. 717 ff.

439 Weitere Änderungen folgten, so etwa das 9. Strafrechtsänderungsgesetz (StÄG) vom 04. August 1969; BGBl. I S. 1065. In den Siebziger Jahren kamen noch das 3.-5. StrRG und das Einführungsgesetz zum Strafgesetzbuch (EGStGB) hinzu.

440 Dr. Gert März, Vertreter Niedersachsens im Bundesratsrechtsausschuß, formulierte das Ergebnis in einem Referat vom 08. Mai 1971 so: „Sie ersetzten das Wort „Gefängnis“ durch „Freiheitsstrafe“. Das ist alles.“ BA Koblenz Akte 116/84804. Seit dem 1. StrRG durften Freiheitsstrafen unter sechs Monaten nur noch verhängt wer-

Der Tierschutz war im Ergebnis also doch nicht in das neue StGB aufgenommen worden. Den Grund dafür erfährt man aus den Sitzungsprotokollen des Sonderausschusses „Strafrecht" des Bundestages. Dieser hatte bereits in der 4. Wahlperiode über das Verbot der Tierhaltung (§ 102 des Entwurfs E 1962) beraten[441]. Dabei war man sich einig, daß ein Verbot der Tierhaltung im Strafgesetzbuch nur Sinn mache, wenn dort auch die Tierquälerei geregelt werde. Diese solle nach der Überzeugung der Bundesregierung unbedingt im Strafrecht geregelt werden, da sie bereits in früheren Jahren (vor 1933) dort geregelt gewesen sei und man zum Ausdruck bringen wolle, welche Bedeutung man dem Schutz der Tiere beimesse. Hieran habe auch die Öffentlichkeit ein großes Interesse. Zudem ergebe sich aus der Begründung des Entwurfs E 1962, Einleitung zum Besonderen Teil, daß Straftatbestände aus dem Nebenstrafrecht nach Möglichkeit in das Hauptstrafrecht übernommen werden sollten. Dennoch beschloß der Ausschuß, den § 102 zu streichen, da eine Beratung darüber zuviel Zeit koste, wo es wichtigere Fragen zu klären gebe. Auch in der 5. Wahlperiode beschloß der Sonderausschuß aus diesem Grunde die Streichung des § 102.[442] In seiner

---

den, wenn „besondere Umstände", die in der Tat oder in der Person des Täters lagen, die Verhängung einer Freiheitsstrafe zur Einwirkung auf den Täter oder zur Verteidigung der Rechtsordnung unerläßlich machten. Konnten solche Umstände vom Gericht nicht festgestellt werden, kamen nur noch Geldstrafen in Betracht. Freiheitsstrafen bis zu einem Jahr, die ohne diese „besonderen Umstände" ausgesprochen werden durften, wurden nun nicht mehr vollstreckt, sondern zur Bewährung ausgesetzt, sofern zu erwarten war, daß sich der Verurteilte eine solche Strafe auch ohne Verbüßung zur Warnung dienen lassen und künftig keine Straftaten mehr begehen würde. Da die bisherige Rechtsprechung in Tierschutzsachen nur ganz selten Freiheitsstrafen bis zu sechs Monaten und fast nie bis zu einem Jahr verhängt hatte, wurde in Tierschützerkreisen befürchtet, daß durch die Neuerungen die Tierquälerei in Zukunft nur noch mit Geldstrafen geahndet oder die verhängten Freiheitsstrafen zur Bewährung ausgesetzt werden würden. Man nahm nicht an, daß bei einer Tierquälerei die „besonderen Umstände" vorliegen würden, die die Verhängung und Vollstreckung einer Freiheitsstrafe unerläßlich machten. Vgl. Landgerichtsdirektor Zoebe in der Beilage Tierschutz 1/70 der Zeitschrift Tierillustrierte, S. 2. Zoebe beschrieb später die Wirkung des neuen Strafrechts auf das Tierschutzgesetz so: „...haben die Strafrechtsreformen des Jahres 1969 u.a. sowohl bei der Verhängung von Freiheitsstrafen als auch bei der Frage der Strafaussetzung zur Bewährung neue Tatbestände geschaffen, denen erst ein neues Tierschutzgesetz Rechnung tragen kann." DudT I-III 1971, S.6.

441 Materialien zur Strafrechtsreform, Beratungen des Sonderausschusses „Strafrecht" des Deutschen Bundestages, S. 841 ff.; 45. Sitzung vom 17. März 1965.

442 Materialien zur Strafrechtsreform, Beratungen des Sonderausschusses „Strafrechtsreform" des Deutschen Bundestages; Sitzungen 1-50, S. 259 ff.; 13. Sitzung vom 11. März 1966.

117. Sitzung vom 10. Oktober 1968[443] machte der Sonderausschuß deutlich, daß die Aufnahme der Tierquälerei in das Strafgesetzbuch in der gegenwärtigen Legislaturperiode nicht mehr erfolgen könne. Zudem zeige die Beratung über ein neues Tierschutzgesetz, daß der Tatbestand der Tierquälerei erhebliche Schwierigkeiten bereite, die man in der kurzen Zeit bis zur Reform des Strafrechts nicht überwinden könne. Bis zur Aufnahme der Tierquälerei in das Strafgesetzbuch gebe es immerhin in den §§ 1 und 2 des Tierschutzgesetzes entsprechende Tatbestände, die den gleichen Rang hätten wie die Paragraphen des Strafgesetzbuchs.

Sowohl die Ausschußberichte (Bundestagsdrucksachen V/4094 und V/4095[444]) als auch die ersten beiden Gesetze zur Reform des Strafrechts hatten nur die tatsächlichen Änderungen zum Inhalt. Da der Tierschutz nicht im (alten) StGB geregelt war, wurde dementsprechend in diesem Bereich auch nichts verändert und der Tierschutz nicht erwähnt. Allerdings hatte sich die Nichtaufnahme von Tierschutzvorschriften in einem anderen Punkt auch schon vorher abgezeichnet: Das EGOWiG vom 24. Mai 1968 hatte durch seinen Artikel 95 ausdrücklich den § 10 TierSchG verändert. Somit war die Einziehung von Tieren, die noch in dem Entwurf E 1962 einen eigenen Paragraphen im Strafgesetzbuch erhalten sollte, weiterhin im Tierschutzgesetz geregelt. Der Gesetzgeber hätte sich doppelte Arbeit gemacht, wenn er die Einziehung zunächst im Tierschutzgesetz neu gefaßt und dann –neben anderen Tierschutzbestimmungen- nur ein Jahr später in einem neuen StGB untergebracht hätte; und die Vermeidung von Doppelbelastungen des Gesetzgebers war schließlich schon oft ein Argument gegen die Verabschiedung eines neuen Tierschutzgesetzes gewesen.

VII. Zusammenfassung

In den Jahren von 1966 bis 1969 wurde, von Artikel 95 EGOWiG in Verbindung mit § 10 TierSchG abgesehen, das Tierschutzgesetz wiederum nicht geändert. Dennoch waren diese Jahre für die weitere Entwicklung der Reformbestrebungen äußerst wichtig. Nach all den Einzelvorschlägen und der gescheiterten Bundestagsdrucksache IV/85 von 1961 sowie dem Stillstand der Jahre 1964/65 war die Bundesregierung mit der Bundestagsdrucksache V/182 zum ersten Male selbst aufgefordert worden, einen Gesetzentwurf für ein neues Tierschutzgesetz vorzulegen. Diese Last wurde ihr dann zwar mit dem neuen interfraktionellen

---

443 Materialien zur Strafrechtsreform; Beratungen des Sonderausschusses „Strafrechtsreform" des Deutschen Bundestages; Sitzungen 101-150; 117. Sitzung vom 10. Oktober 1968.

444 BTDS Band 129.

Gesetzentwurf Bundestagsdrucksache V/934 zunächst einmal abgenommen, wie aber die Nachfragen im Bundestag von 1967 und 1968 zeigten, ließen die Bundestagsabgeordneten die Regierung keineswegs aus der Pflicht. Die Bundestagsdrucksache V/934 war zwar keineswegs perfekt und verabschiedungsreif, aber doch insofern richtungsweisend, als sie Fehler, Kritikpunkte und Lücken ihres Vorgängers von 1961 auszumerzen versuchte, erstmals eine Art von Präambel voranstellte und neue Entwicklungen wie die Intensiv-Tierhaltung zu regeln versuchte. Viele der Grundgedanken des Entwurfs sollten sich später im Tierschutzgesetz von 1972 wiederfinden. Trotz gewisser Mängel des Entwurfs waren jedoch die wesentlichen Gründe dafür, daß es noch nicht zu einem neuen Tierschutzgesetz gekommen war, die Frage der Gesetzgebungskompetenz und die Ungewißheit über die Aufnahme der Tierschutzvorschriften in das lange erwartete neue Strafgesetzbuch. Mit der großen Strafrechtsreform von 1969 war die eine Schwierigkeit überwunden. Nun galt es also, schnellstmöglich auch die andere zu beseitigen und endlich ein neues Tierschutzgesetz zu bekommen.[445]

F. Das Jahr 1970

Für den Tierschutz brachte das Jahr 1970 zwar ebenfalls noch nicht die entscheidende Wende, dennoch war es eine wichtige Zeit der Vorbereitungen. Diese war geprägt von Entwürfen[446] unter dem Einfluß des Entschließungsantrages vom 02. Juli 1969. Daneben wurde die notwendige Grundgesetzänderung auf den Weg gebracht, wenn auch noch nicht verabschiedet.

I. Der Beirat für Tierschutz und die Entwürfe des Bundeslandwirtschaftsministeriums

1. Der Beirat

Bereits am 24. Juni 1969[447] war ein *Beirat für Tierschutz beim Bundeslandwirtschaftsministerium* gegründet worden. Es ist anzunehmen, daß dies im Hinblick

445 Der neue Bundeskanzler Willy Brandt hatte schon in seiner Regierungserklärung am 28. Oktober 1969 betont, daß dem Schutz der Tiere künftig besondere Aufmerksamkeit geschenkt werden müsse; vgl. Beilage Tierschutz April/Mai 1970 der Zeitschrift Tierillustrierte, S. 13.

446 Wegen der Vielzahl an Entwürfen im Jahre 1970 werden in diesem Kapitel nur die jeweils wichtigsten Punkte dargestellt.

447 Der Beirat für Tierschutz wurde zwar schon im Jahre 1969 einberufen und stellte auch in diesem Jahr seine ersten Überlegungen an; da dies aber vor allem Einfluß

auf den bevorstehenden Entschließungsantrag geschah, da man davon ausgehen mußte, daß das Parlament den Antrag annehmen würde und die Bundesregierung dann alsbald den Entwurf für ein neues Tierschutzgesetz vorzulegen habe. Der dafür im BML zuständige Ministerialdirigent Dr. Werner Eckerskorn, Leiter der Unterabteilung Veterinärwesen, führte zu der Gründung des Beirates aus: „Bereits bei den Vorbereitungen für das von der Bundesregierung demnächst vorzulegende neuzeitliche und umfassende Tierschutzgesetz ist von einer umfassenden Bundeszuständigkeit für das Sachgebiet Tierschutz auszugehen. Es wird sich also bei dem künftigen Tierschutzgesetz nicht nur um eine Änderung des Tierschutzgesetzes von 1933 handeln. Die Konzeption des neuen Gesetzes wird wesentlich umfassender sein. Ich erinnere ... an die besonderen Aspekte ... bei der Haltung landwirtschaftlicher Nutztiere in neuzeitlichen Haltungssystemen, die sogenannten Massentierhaltungen, sowie an die Problematik des Tierversuches. Um mich bei der Vorbereitung derartiger Maßnahmen umfassend zu unterrichten und beraten zu lassen, habe ich ... einen Beirat ... berufen, dem drei namhafte Vertreter des deutschen Tierschutzes, vier Wissenschaftler der Veterinärmedizin, ein Wissenschaftler der Verhaltensforschung, ein Vertreter des landwirtschaftlichen Berufsstandes sowie der leitende Veterinärbeamte eines Bundeslandes angehören.“[448]

---

auf die Entwürfe für ein neues Tierschutzgesetz im Jahre 1970 nahm, soll der Beirat erst in diesem Kapitel vorgestellt werden.

448 Aus der Beilage Tierschutz 3/70 der Zeitschrift Tierillustrierte, S. 4.
Dem Beirat gehörten seit der konstituierenden Sitzung folgende Mitglieder an: Prof. *Großklaus*, Leiter der Abteilung für Veterinärmedizin im Max v. Pettenkofer-Institut des Bundesgesundheitsamtes; Anneliese *zum Kolk* (zunächst Kahlen), Geschäftsführendes Präsidialmitglied der Arbeitsgemeinschaft Deutscher Tierschutz e.V.; Prof. *Kalich*, Dir. des Instituts für Tierhygiene der Ludwig Maximilians-Universität München; Prof. *Leyhausen*, Max-Planck-Institut für Verhaltensphysiologie Wuppertal; Prof. *Merkenschlager*, Dir. des Instituts für Versuchstierkunde der Freien Universität Berlin; Regierungsdirektor Dr. *Ruppert*, Vizepräsident des DTSB; Prof. *Schulz*, Dir. des Instituts für Pathologie der Tierärztlichen Hochschule Hannover; Dr. *Versen*, Dt. Bauernverband; Schuldirektor *Weichert*, Vizepräsident der Arbeitsgemeinschaft Deutscher Tierschutz e.V. und Ministerialrat Prof. *Zinn*, Hessisches Ministerium für Landwirtschaft und Umwelt. Zu der Sitzung am 16. März 1971 waren auch Prof. Grzimek, Ministerialrat von der Linden (BMJ), Senatspräsident Dr. Lorz, Dr. Messerschmidt von der Arbeitsgemeinschaft Dt. Tierzüchter und Dr. Peinemann vom Dt. Bauernverband eingeladen, da sich der Ausschuß in seiner ersten Sitzung für die Hinzuziehung weiterer Sachverständiger ausgesprochen hatte; Niederschrift über die Sitzung vom 24. Juni 1969, Az. II B 1 – 2970.8-35/69; BA Koblenz Akte 116/ 70507, S. 193 ff., 507 ff.; Deutsches Tierärzteblatt 9/69, S. 447.

In der konstituierenden Sitzung am 24. Juli 1969 umriß Staatssekretär Dr. Neef (BML) die Vorstellungen über die Arbeit des Beirates folgendermaßen: „Für Entscheidungen der Verwaltung, gleich welcher Art, kann neben der Erfahrung und Sachkenntnis, die die Verwaltung selbst mitbringt, auf Wissen, Erkenntnisse und Sachverstand von Persönlichkeiten, die außerhalb des Bereichs der Verwaltung stehen, nicht verzichtet werden." Die künftige Arbeit des Beirates dürfe in erster Linie darin liegen zu prüfen, welche Vorstellungen des geltenden Tierschutzrechtes beibehalten werden könnten und wo andere Aspekte neue Regelungen erforderten. Der Beirat war einhellig der Meinung, daß das Sachgebiet Tierschutz aus sachlichen Gründen eine *bundeseinheitliche Regelung* erfordere. Nachdem sich der Beirat aus diesem Grunde auch für eine Änderung des Grundgesetzes ausgesprochen hatte[449], bekräftigte er diese Auffassung in seiner zweiten Sitzung am 27. und 28. November 1969[450] und behandelte den Status der Tiere im geltenden Recht. Hier wurde darüber beraten, ob man dem Tier im Gesetz eine Stellung sui generis geben könnte oder sollte, da es immer noch wie eine Sache behandelt werde. Vor allem behandelte man bei dieser Zusammenkunft aber die Konzeption eines neuen Tierschutzgesetzes. Dabei einigte man sich auf folgende Kernaussagen:

a) Man müsse an dem Grundsatz des geltenden Rechts, Tierquälerei als Vergehen zu ahnden, festhalten, wobei diese Forderung in einer Grundregel auszudrücken sei;
b) als Quälerei seien weiterhin das Zufügen von Schmerzen, Leiden, Qualen oder Schäden anzusehen;
c) bei der Abgrenzung dieser Begriffe müsse das Wohlbefinden der Tier der Ausgangspunkt sein;
d) zur Vorbeugung solle ein neues Tierschutzgesetz auch Vorschriften enthalten, die Anordnungen präventiver Art durch die Verwaltung ermöglichten, so daß Verstöße gegen solche Anordnungen dann einfach als Ordnungswidrigkeiten zu ahnden seien;
e) der Aufbau des neuen Gesetzes müsse seinem Charakter als Strafgesetz Rechnung tragen.

Ein besonderes Gewicht legte der Beirat darauf, daß in einem künftigen Gesetz der Grundsatz des Schutzes des Lebens eines Tieres verankert werden solle, wobei § 8 des Entwurfs V/934 als Vorbild dienen könne.

---

449 Protokoll der Sitzung am 24. Juni 1969, Az. II B 1 -2970.8–35/69; Beilage Tierschutz 1/70 der Zeitschrift Tierillustrierte, S. 1.

450 BA Koblenz Akte 116/70507, S. 30 ff. Als Gäste waren bei dieser Sitzung u.a. auch Dr. von der Linden (BMJ) und Senatspräsident Dr. Lorz (München) zugegen.

2. Der Diskussionsentwurf vom 22. April 1970

Im April 1970 stellten die Bundestagsabgeordneten Rollmann, Dr. Schmidt (Wuppertal), Dr. Hammans und Genossen (CDU/CSU) eine Kleine Anfrage[451] an den Bundeslandwirtschaftsminister Ertl (FPD)[452], wann die Bundesregierung dem Ersuchen des Deutschen Bundestages auf baldmöglichste Vorlage des Entwurfs eines Tierschutzgesetzes entsprechen werde. Diese Anfrage beantwortete der Minister im Namen der Bundesregierung wie folgt: „Im Bundesministerium für Ernährung, Landwirtschaft und Forsten sind die vorbereitenden Arbeiten für die Neugestaltung des Tierschutzrechtes seit längerem in vollem Gange. Sachverständigengremien sind mit der Beratung von Einzelfragen befaßt. Der Beirat für Tierschutz ... wird in seiner nächsten Sitzung -Anfang Mai d.J.- einen ersten Entwurf eines Tierschutzgesetzes erörtern. ...“[453]

Am 22. April 1970 lag der angekündigte Diskussionsentwurf (*Disk.-Entwurf*) vor.[454] Dieser Entwurf enthielt, neben bereits häufig Gefordertem, wie etwa einem Kupierverbot, einige Neuerungen und Besonderheiten und stand deutlich unter dem Einfluß des Entschließungsantrages vom 02. Juli 1969 und der Forderungen des Beirates für den Tierschutz. Es ist daher nur wenig überraschend, daß die Ersteller den Entwurf so gestaltet hatten, als ob bereits eine Grundgesetzänderung stattgefunden hätte. Dies war eine Folge der Forderungen, die der Bundestag in seinem Entschließungsantrag unter Punkt I. gestellt hatte.[455] Deutlich

451 Bundestagsdrucksache VI/524; BTDS Band 137. Vgl. Deutsches Tierärzteblatt 7/70 S. 275.

452 Josef Ertl, Diplomlandwirt, war von 1961 bis 1987 Mitglied des Bundestages und von 1969 bis 1983 Bundeslandwirtschaftsminister unter den drei Kanzlern Brandt, Schmidt und Kohl; Vierhaus/Herbst, S. 191.

453 Bundestagsdrucksache VI/639 vom 13. April 1970; BTDS Band 138. Die vorbereitenden Arbeiten, die Ertl erwähnt, bestanden z.B. in einem Fragebogen über die Tierversuche, die an die für das Veterinärwesen zuständigen obersten Behörden der Bundesländer und die betroffenen Bundeseinrichtungen geschickt wurden. Zu den letzteren zählten u.a. das Bundesgesundheitsamt in Berlin, die Bundesanstalt für Fleischforschung in Kulmbach und die Bundesanstalt für Milchforschung in Kiel; BA Koblenz Akte 116/70507, S. 68 ff. Die Ergebnisse der Befragung sind leider nicht erhalten.

454 BA Koblenz Akte 116/70507, S. 101 ff.; abgedruckt im Anhang, S. 243 ff.

455 Man beachte hierbei, daß bei dem Entwurf Bundestagsdrucksache IV/85 die Gesetzgebungskompetenz des Bundes für den Tierschutz vielleicht ein wenig blauäugig vorausgesetzt wurde. In dem Entwurf Bundestagsdrucksache V/934 war man sich der Kompetenzstreitigkeiten zwischen Bund und Ländern dagegen durchaus bewußt, hoffte aber, diese im Laufe der Zeit ausräumen zu können. Von dem nunmehr vorgelegten Entwurf wußte jedermann, daß er überhaupt nur Sinn ergäbe, wenn das Grundgesetz geändert würde.

wird dieses Vorgehen darin, daß Strafvorschriften, die gemäß Artikel 74 Nr. 1 GG dem Strafrecht und somit eindeutig der Bundeskompetenz unterlagen, zunächst einmal nicht ausformuliert waren und sich nur in einer Überschrift manifestierten.[456] Die Bereiche, die man bislang der Landeskompetenz zugeordnet hatte, waren dagegen explizit ausgearbeitet, so etwa die Tierversuche. Auch in einem weiteren Punkt folgten die Bearbeiter dem Ersuchen des Bundestages, nämlich einen Entwurf zu schaffen, der die Grundgedanken des Entwurfs Bundestagsdrucksache V/934 übernehme. Dies zeigte sich gleich in § 1 Disk.-Entwurf: „Absatz 1: Zweck dieses Gesetzes ist, das Tier in seiner Eigenart als Erscheinungsform des Lebens im Rahmen der kulturellen, wissenschaftlichen und wirtschaftlichen Gegebenheiten vor Behandlungen zu bewahren [schützen], die unter Berücksichtigung von Domestikations- oder anderen Adaptionsergebnissen nicht tierartgemäß und nicht verhaltensgerecht sind. Absatz 2: Dem Zweck dieses Gesetzes handelt zuwider, wer einem Tier Schmerz, Leiden, Qual oder Schaden zufügt." In § 2 waren dann die Begriffe „Zufügen von Schmerz, Leiden, Qual oder Schaden" definiert. Schon der Entwurf Bundestagsdrucksache V/934 hatte dem Gesetz einen Grundsatz voranstellen wollen. Dieser Idee war man hier gefolgt. Wo allerdings seinerzeit für jeden Leser des Gesetzestextes das Anliegen des Gesetzgebers deutlich war, hatte man hier unglücklicherweise eine kaum verständliche Formulierung gewählt. Einen Schwerpunkt des Entwurfs stellten dann die Vorschriften über Eingriffe (§ 5) und Tierversuche (§§ 6 und 7) dar. Wie bereits erwähnt waren diese Bereiche außerordentlich detailliert geregelt; insbesondere gab es zahlreiche Vorschriften über die Erteilung, Versagung, Rücknahme und den Widerruf von Genehmigungen zu Tierversuchen.

Ähnlich der Bundestagsdrucksache V/934 (dort sollte gemäß § 7 die Bundesregierung ermächtigt werden) enthielt auch der Diskussionsentwurf in § 8 eine Ermächtigung, nach der nunmehr der Bundeslandwirtschaftsminister per Rechtsverordnung Vorschriften über die Haltung, Unterbringung und Beförderung von Tieren[457] erlassen durfte. Diese Vorschrift sollte der modernen Massentierhaltung gerecht werden[458]; anders als § 7 Absatz 4 des Entwurfs V/934

---

456 „§ 12/§ 13 (Strafvorschriften) Straftatbestände – Ordnungswidrigkeiten" Mit der Überschrift „Ordnungswidrigkeiten" machten die Bearbeiter deutlich, daß sie auch gewillt waren, eine weitere Forderung des Entschließungsantrages (I. c)) nach wirksamen Ahndungsmaßnahmen entsprechend den modernen strafrechtlichen Vorstellungen, zu erfüllen.

457 Professor Bernhard Grzimek machte den Vorschlag, diese Ermächtigung auch auf die Einfuhr bestimmter, in ihrer Art bedrohter Tierarten und auf die Einfuhr von Produkten oder Erzeugnissen dieser Tiere auszudehnen; BA Koblenz Akte 116/70507, S. 112.

458 Vgl. den Entschließungsantrag Punkt I. b).

enthielt der neue Entwurf keine Verpflichtung mehr, die Rechtsverordnungen innerhalb eines Jahres zu erlassen. Gerade dieser Punkt war oft kritisiert und nunmehr weggelassen worden.

Den Auswüchsen der Ausnahmegenehmigungen für Pferdeexporte trug man insofern Rechnung, als man das erst 1961 eingeführte Exportverbot gänzlich strich. Zum einen waren die Mißstände bei Transport und Schlachtung hauptsächlich im Ausland begründet und somit außerhalb des Geltungsbereichs des Tierschutzgesetzes; zum anderen betrafen vergleichbare Mißstände auch Rinder, Schafe und andere Tierarten. Ein weiteres Kriterium war, daß es sich bei der weitaus größten Zahl der Pferdetransporte um Durchfuhren handelte, auf die die Deutschen Behörden ohnehin keinen Einfluß hatten. § 9 des Diskussionsentwurfs sah schließlich vor, daß Tierhändler vor der Aufnahme des Handelsbetriebes ihre für die Haltung und Pflege erforderliche Zuverlässigkeit nachzuweisen hätten.

Der *Beirat für Tierschutz* beriet in seiner dritten Sitzung am 05./06. Mai 1970[459] zunächst über das Pferdeexportverbot. Man war sich einig, daß die genannten Gründe und die praktischen Erfahrungen begründete Zweifel an dem Sinn und der Effektivität einer solchen Regelung entstehen ließen. Auch könne die in § 8 Absatz 2 vorgesehene Ermächtigung des Bundeslandwirtschaftsministers, Rechtsverordnungen über die Transporte von Tieren zu erlassen, die angesprochenen Mißstände weitgehend verhindern. Die Probleme bei Tierexporten eigne sich zudem besonders für eine internationale Regelung, zum Beispiel für das Ständige Tierschutzkomitee beim Europarat.[460] Die weitere Diskussion des Entwurfs betraf in dieser Sitzung nur wenige Vorschriften. Hinsichtlich des § 1 herrschte Übereinstimmung, daß hier eine Neufassung zu empfehlen sei. Auch die Definitionen in § 2 fanden keine Zustimmung, da befürchtet wurde, daß die Rechtsprechung durch neue Begriffe verwirrt werden könnte.

Insgesamt sprach sich der Beirat aus sachlichen Gründen für eine bundeseinheitliche Regelung auf dem Gebiet des Tierschutzes aus.[461]

Die *vierte Sitzung* des Beirates fand am 02. und 03. Juli 1970[462] statt. Hierin wurden die weiteren Vorschriften des Entwurfs beraten. Nach dem Abschluß der fachlichen Erörterungen des Beirates wurde der Diskussionsentwurf vom 22. April überarbeitet.[463]

---

459 BA Koblenz Akte 116/70507, S. 117 ff.

460 Vgl. den Entschließungsantrag, Punkt II.

461 Deutsches Tierärzteblatt 7/70, S. 275; BML-Informationen Nr. 19/1970.

462 BA Koblenz Akte 116/70507, S. 140 ff.

463 Dies wurde seitens des BML bereits in der Sitzung des Landwirtschaftsausschusses am 02.-04.Juni 1970 angekündigt; BA Koblenz Akte 116/70507, S.156. Vgl. auch

3. Die weiteren Entwürfe vom Juli und Dezember 1970

Nachdem auch die Gemeinsame Kommission der Deutschen Tierschutzverbände[464] am 21. Juni 1970 einen eigenen Entwurf[465] vorgelegt hatte, stellte das BML am 15. Juli 1970 den Diskussionsentwurf vom April auf dem neuesten Stand vor.[466] Die Anregungen des Beirates für Tierschutz waren darin deutlich zu erkennen. § 1 trug die Überschrift „Grundsatz" und lautete schlicht: „Dieses Gesetz dient dem Schutz des Lebens und Wohlbefinden des Tieres." Die Begriffsbestimmungen, die vorher in § 2 enthalten waren, fehlten nun. Die weiteren Änderungen waren nicht allzu schwerwiegend und sollen daher vernachlässigt werden. Im BML war man der Ansicht, daß der Entwurf in der jetzigen Fassung vorzeigbar sei und bat mit Schreiben vom 16. Juli 1970 die obersten Landesveterinärbehörden und praktisch alle interessierten oder betroffenen Institutionen und Organisationen um eine Stellungnahme.[467] Diese Stellungnahmen wurden in der Folgezeit ausgewertet und die Änderungsvorschläge in den Entwurf eingefügt, wenn es sinnvoll war. Hinzu kamen noch weitere Änderungsvorschläge aus einem Entwurf der Deutschen Tierschutzverbände vom Oktober 1970.[468] Anschließend wurde zunächst am 15. Dezember 1970 ein neuer, interner Entwurf[469] angefertigt, dann noch einmal korrigiert und am 21. Dezember[470] auf dem neuesten Stand vorgestellt (*Dezemberentwurf*). Dieser spiegelte die Arbeit eines Dreivierteljahres und unzählige gesammelte Meinungen wieder. Dennoch war eine Vielzahl von Vorschriften und Formulierungen des Diskussionsentwurfs

---

das Schreiben des BML an die Beiratsmitglieder vom 15. Juni 1970, BA Koblenz Akte 116/70507, S. 141.

464 Die deutschen Tierschutzverbände waren zwar nicht immer einer Ansicht, verfolgten aber letztlich das gleiche Ziel. Es gelang ihnen, sich auf eine „Gemeinsame Kommission" zu einigen, der neben Verbandsvertretern auch Fachleute besonderer Sparten angehörten. Dies hatte die gegenseitige Information und die wechselseitige Befruchtung zwischen dem Bundeslandwirtschaftsministerium und den Gremien zur Folge; Ennulat/Zoebe, S. 24.

465 BA Koblenz Akte 116/70507, S. 156 ff.

466 BA Koblenz Akte 116/70507, S. 145 ff. und 197 ff. (dort mit Anmerkungen von Ministerialrat Dr. Schultze-Petzold); Deutsches Tierärzteblatt 10/70, S. 419.

467 Dazu gehörten u.a. der DTSB, der Deutsche Bauernverband, die Arbeitsgemeinschaft Deutscher Tierschutz und die Deutsche Tierärzteschaft; BA Koblenz Akte 116/70507, S. 190 ff. Wohlgemerkt enthielt der Entwurf weder Strafbestimmungen noch eine Begründung, so daß man hier eigentlich eher von einem Teilentwurf sprechen müßte.

468 BA Koblenz Akte 116/70507, S. 219 ff.

469 BA Koblenz Akte 116/70507, S. 251 ff.

470 BA Koblenz Akte 116/70507, S. 408 ff.

vom 22. April und des Entwurfs vom 15. Juli erhalten geblieben, so daß im Folgenden nur die Unterschiede zwischen den Entwürfen aufgezeigt werden sollen.

Wie bereits bei dem Entwurf vom 15. Juli 1970 geschehen, war eine der wesentlichen Änderungen die Neugestaltung des § 1. War dieser jedoch in dem Diskussionsentwurf noch umständlich und auch unverständlich gewesen, so hatte man nun den Grundsatz aus dem Juli-Entwurf übernommen[471] und mit einem neuen § 2 ergänzt, welcher lautete: „Niemand darf unnötig ein Tier töten oder ihm unnötig Schmerzen, Leiden oder Schaden zufügen." Somit würde jedem Leser des Gesetzestextes der Schutzzweck des Gesetzes auf den ersten Blick deutlich werden. Die Begriffe des unnötigen Quälens oder rohen Mißhandelns aus dem geltenden § 1 TierSchG waren also in dem unnötigen Töten oder Zufügen von Schmerzen, Leiden oder Schaden aufgegangen. Es stand zu erwarten, daß auch in der Praxis diese Begriffe keine oder zumindestens weniger Auslegungsschwierigkeiten bereiten würden. Allen Entwürfen gemein war, daß sie Vorschriften über das Töten von Wirbeltieren enthielten, was im geltenden Recht nicht der Fall war. Demnach durfte ein Wirbeltier nur unter Betäubung getötet werden, es sei denn, daß in anderen Rechtsvorschriften die Tötung oder die Tötungsart geregelt war oder die Tötung im Rahmen der Schädlingsbekämpfung erfolgte. Während der Diskussionsentwurf vom April noch weitere Ausnahmen vorsah –so sollten etwa Hunde und Katzen, die noch nicht das Augenlicht erlangt hatten, per Kopfschlag getötet werden dürfen- ermächtigte der Dezember-Entwurf den Bundeslandwirtschaftsminister, bestimmte Tötungsarten durch Rechtsverordnungen zu verbieten.[472]

Auch beinhalteten alle Entwürfe Vorschriften über Eingriffe an Tieren. Alle mit Schmerzen verbundenen Eingriffe durften danach nur unter Betäubung vorgenommen werden. Bei Eingriffen an Wirbeltieren hatte ein Tierarzt die Betäubung vorzunehmen. Ausnahmen von dem Betäubungsgebot machte man beispielsweise beim Kupieren oder bei der Kastration von Jungtieren oder dann, wenn auch bei vergleichbaren Eingriffen an Menschen eine Betäubung in der Regel nicht erforderlich war.

Eine weitere Gemeinsamkeit der Entwürfe sind die expliziten Vorschriften über Tierversuche. Nach dem Entwurf vom 21. Dezember 1970 bedurften Tierversuche nicht nur einer Genehmigung, sondern mußten vor dem Beginn der zuständigen Behörde angezeigt werden. Im Gegensatz zum Diskussionsentwurf konnte die Genehmigung nicht nur wissenschaftlichen Einrichtungen, sondern

471 „Dieses Gesetz dient dem Schutz des Lebens und Wohlbefindens des Tieres."

472 Dadurch konnte man auf einen Katalog verbotener Tötungsarten (Ersticken, Erdrosseln, Vergiften etc.) wie er in beinahe jedem früheren Entwurf enthalten war, verzichten.

auch Einzelpersonen erteilt werden. Die Versuche mußten von dem verantwortlichen Leiter überwacht werden und durften grundsätzlich nur unter Betäubung erfolgen.[473] Weiterhin mußten Aufzeichnungen über die Versuche gemacht und auf Verlangen der zuständigen Behörde vorgezeigt werden. Interessant war das besondere Augenmerk, das neuerdings auf Wirbeltiere gelegt wurde.[474] So enthielt der Dezember-Entwurf unter den Vorschriften, die bei der Durchführung von Tierversuchen zu beachten waren, diesen § 9 Absatz 2 Nr. 3: „Versuche an Wirbeltieren, die nach zoologischer Nomenklatur den höheren Tieren zugerechnet werden, sind nur dann erlaubt, wenn Versuche an niederen Wirbeltieren für den verfolgten Zweck nicht ausreichen. Dies gilt entsprechend für Verwendung kaltblütiger oder wechselwarmer an Stelle warmblütiger Tiere." Dagegen lautete § 7 Absatz 5 TierSchG: „Versuche an Pferden, Hunden, Katzen oder Affen dürfen nur ausgeführt werden, wenn durch Versuche an anderen Tieren der beabsichtigte Zweck nicht erreicht werden kann."[475] Offenbar wollte man im Jahre 1970 diejenigen Tiere verstärkt schützen, die dem Menschen und dessen Empfindungen -wie Schmerz und Gefangenschaft- am nächsten standen. Dafür spricht auch die Vorschrift § 9 Absatz 1 Nr. 7 des Entwurfs vom 21. Dezember 1970: „Nach Abschluß eines Versuchs ist jedes hierbei verwendete überlebende Tier der Gattung Einhufer, Paarhufer, Affe, Halbaffe, Hund, Katze, Kaninchen unverzüglich einem Tierarzt zur Untersuchung vorzustellen."

Neben den bereits erwähnten Ermächtigungen in den Bereichen Haltung, Unterbringung und Beförderung sollte der Bundeslandwirtschaftsminister nunmehr auch befugt sein, durch Rechtsverordnung Maßnahmen zum Schutz des Wildes anzuordnen, die das Wild vor Gefahren landwirtschaftlicher Arbeit schützen sollten. Zur Durchführung und Überwachung der Vorschriften des Gesetzes sollten die zuständigen Behörden von natürlichen und juristischen Personen sowie von nichtrechtsfähigen Personenvereinigungen die erforderlichen Auskünfte verlangen können. Beauftragte der Behörden sollten in diesem Rahmen auch Grundstücke, Geschäftsräume und Wohnungen betreten dürfen, wodurch das Grundrecht auf Unverletzlichkeit der Wohnung (Artikel 13 GG) eingeschränkt würde. Dem zur Auskunft Verpflichteten sollte weiterhin ein Zeugnisverweigerungsrecht zustehen, wenn die Auskunft ihn oder einen Angehörigen (§ 383 Absatz 1 Nr. 1 bis 3 ZPO) der Gefahr einer strafrechtlichen Verfolgung oder eines Verfahrens nach dem Gesetz über Ordnungswidrigkeiten aussetzen würde.

---

473 Das galt jedoch nur, soweit dies der Zweck des jeweiligen Versuchs zuließ.

474 Die Unterscheidung zwischen Wirbel- und anderen Tieren war erstmals in dem Entwurf Bundestagsdrucksache V/934, § 8 Absatz 1, erfolgt.

475 Eine ähnliche Aufzählung enthielt auch noch der April-Entwurf unter § 7 Absatz 1 Nr. 3; dort waren Pferde, Schweine, Hunde, Katzen, Kaninchen und Affen genannt.

Die zuständigen Behörden sollten im Rahmen der Durchführung und Überwachung des Gesetzes den beamteten Tierarzt als Sachverständigen beteiligen. Tiere, die nach dem Gutachten des beamteten Tierarztes erheblich vernachlässigt waren, sollten von der zuständigen Behörde fortgenommen und anderweitig untergebracht werden können.

Von allen Entwürfen des Bundeslandwirtschaftsministeriums aus dem Jahr 1970 enthielt derjenige vom 21. Dezember erstmals ausformulierte *Strafvorschriften*. So lautete § 17 des Entwurfs: „Absatz 1: Mit Freiheitsstrafe bis zu zwei Jahren und mit Geldstrafe oder mit einer dieser Strafen wird bestraft, wer ein Wirbeltier unnötig tötet oder ihm Schmerzen oder Leiden oder Schaden zufügt. Absatz 2: Wer fahrlässig einem Wirbeltier unnötig Schmerzen oder Leiden oder Schaden zufügt, wird mit Freiheitsstrafe bis zu einem Jahr ... bestraft."

Der Absatz 1 dieser Vorschrift entspricht dem Grundgedanken des § 8 Absatz 1 der Bundestagsdrucksache V/934, der zuerst die Tötung eines (Wirbel-) Tieres unter Strafe stellen wollte. Gleichzeitig nahm § 17 Absatz 1 die Begriffe der §§ 1 und 2 des Entwurfs auf, was der Technik eines Strafgesetzes entsprach. Der Strafrahmen blieb im Verhältnis zum geltenden Tierschutzgesetz unverändert.

§ 17 Absatz 2 sah daneben erstmalig eine Bestrafung wegen fahrlässiger Tierquälerei vor.[476] Zwar hatte auch § 9 Absatz 2 der Bundestagsdrucksache V/934 die Fahrlässigkeit enthalten; dort bezog sie sich aber auf solche Vergehen, die jetzt unter die Ordnungswidrigkeiten fielen. Die Ordnungswidrigkeiten waren in § 18 des Dezemberentwurfs geregelt und bedrohten vorsätzliche oder fahrlässige Verstöße gegen bestimmte Vorschriften des Gesetzes mit einer Geldstrafe von bis zu 20.000.- DM.[477]

Insgesamt kann man feststellen, daß alle Entwürfe, am meisten dabei der vom 21. Dezember 1970, dem Ersuchen des Bundestages an die Bundesregierung aus dem Entschließungsantrag vom 02. Juli 1969 nachkamen. Unter Zugrundelegung einer umfassenden Bundeskompetenz enthielten die Entwürfe die Grundgedanken der Bundestagsdrucksache V/934, Vorschriften über die Intensiv-Tierhaltung[478] und Ordnungswidrigkeiten. Einen wesentlichen Anteil der Erarbeitung trug dabei der Beirat für Tierschutz beim Bundeslandwirtschaftsministerium. Obwohl gerade der Entwurf vom 21. Dezember 1970 richtungswei-

476 Man kann das unnötige Zufügen von Schmerzen, Leiden oder Schaden sicherlich unter dem Oberbegriff „Tierquälerei" zusammenfassen.

477 Danach konnte etwa bestraft werden, wer Tiere nicht artgerecht fütterte oder hielt, wer Tierversuche nicht anzeigte oder sie ohne Genehmigung oder Betäubung durchführte.

478 Dies zumindest indirekt, da die Vorschriften vom Bundeslandwirtschaftsminister noch per Rechtsverordnung zu erlassen wären.

send für das spätere Tierschutzgesetz vom 24. Juli 1972 werden sollte, war er doch noch nicht ausgereift genug, um sofort von der Bundesregierung als Gesetzentwurf vorgelegt zu werden. Dies sollte erst im darauffolgenden Jahr geschehen.

II. Die Vorbereitungen für die Grundgesetzänderung

Parallel zu den Entwürfen des Bundeslandwirtschaftsministeriums ging man in dem für Grundgesetzänderungen federführenden Bundesministerium des Innern unter Bundesinnenminister Hans-Dietrich Genscher (FDP) daran, die für ein neues Tierschutzgesetz so dringend benötigte, umfassende Bundeskompetenz zu schaffen. Darum war der Bundesinnenminister mit Schreiben vom 09. Oktober 1969 seitens des BML gebeten worden, welches gleichzeitig einen Vorschlag aus fachlicher Sicht im Sinne des Ersuchens des Deutschen Bundestages an die Bundesregierung vom 02. Juli 1969 -Drucksache V/4422- übermittelte.[479]

Auch der Deutsche Tierschutzbund gab dazu am 31. Mai 1970 eine Erklärung ab, in der er Bund und Länder -und somit Bundestag und Bundesrat- aufforderte, „im Interesse der bedrängten Tierwelt alle wie auch immer gearteten Bedenken zurückzustellen, um durch die Aufnahme des Bereiches Tierschutz in die Gesetzgebungskompetenz des Bundes durch entsprechende Änderung des Grundgesetzes eine bundeseinheitliche zeitgemäße Tierschutzgesetzgebung zu ermöglichen. Die Deutschen Bundesländer werden gebeten, der von der Bundesregierung vorgeschlagenen Grundgesetzänderung zuzustimmen."[480]

In der Tat hatte die Bundesregierung unter dem 15. Mai 1970 dem Bundesrat gemäß Artikel 76 Absatz 2 GG den Entwurf zur Änderung des Artikel 74 Nr. 20 GG zur Beschlußfassung zugeleitet -*BR-Ds. 289/70*[481]. Darin war folgende Neufassung vorgesehen: „*Artikel 74* (Die konkurrierende Gesetzgebung des Bundes erstreckt sich auf...) ...Nr. 20 ...den Schutz beim Verkehr mit Lebens- und Genußmitteln, Bedarfsgegenständen, Futtermitteln und land- und forstwirtschaftlichem Pflanz- und Saatgut, den Schutz der Pflanzen gegen Krankheit und Schädlinge *sowie den Tierschutz*."

Die Bundesregierung vertrat in der Begründung die Ansicht, daß die bisherige Verteilung der Gesetzgebungszuständigkeiten zwischen Bund und Ländern sich beim Tierschutz nicht bewährt habe. Wegen der unzureichenden Bundes-

---

479 BA Koblenz Akte 116/70507, S. 28.

480 Beilage Tierschutz Nr. 6/7 1970 zu der Zeitschrift Tierillustrierte, S. 1.

481 Bundesratsdrucksache 289/70 vom 19. Mai 1970; BRDS 1970 Band 7, Nr. 261-310. PA Bonn DOK VI/127 Nr. 1.

kompetenz sei es bisher nicht möglich gewesen, einer von der Öffentlichkeit seit vielen Jahren mit Nachdruck erhobenen Forderung zu entsprechen, nämlich die zur Zeit geltenden, im wesentlichen noch aus dem Jahre 1933 stammenden Rechtsvorschriften durch ein neuzeitliches und bundeseinheitliches Gesetz abzulösen. Die dem Bundestag in der vierten und fünften Legislaturperiode vorgelegten Initiativentwürfe seien beide Male an den verfassungsrechtlichen Bedenken gescheitert, die sich eben aus der umstrittenen Gesetzgebungskompetenz ergeben hätten. Um diese Bedenken auszuräumen und eine verfassungsrechtliche Grundlage für die dringend notwendige Neuregelung des Tierschutzrechts zu schaffen, sei die Änderung des Grundgesetzes erforderlich. Unter den Begriff „Tierschutz" fielen insbesondere die Haltung, die Pflege, die Unterbringung und die Beförderung von Tieren, die Versuche an lebenden Tieren sowie das Schlachten von Tieren.

Der *Unterausschuß des Rechtsausschusses* sprach sich in seiner Sitzung am 03. Juni 1970 dafür aus, daß ein Bedürfnis für eine konkurrierende Gesetzgebungszuständigkeit des Bundes für den Tierschutz bestehe und schlug vor, gegen die Stimmen Bayerns und Niedersachsens, keine Einwendungen gegen den Entwurf zu erheben.[482] Dem folgte der *Rechtsausschuß* in seiner Sitzung am 10. Juni[483] und auch der *Landwirtschaftsausschuß* erhob keine Einwendungen.[484] Am 25. Juni 1970 stellte das Land Bayern den Antrag, der Bundesrat wolle gemäß Artikel 76 Abs. 2 des Grundgesetzes beschließen, den Gesetzentwurf abzulehnen. Zur Begründung wurde vorgebracht, daß es die Achtung vor der Verfassung verlange, auf häufige Grundgesetzänderungen zu verzichten, so daß man zunächst den Bericht der einzusetzenden Verfassungskommission abwarten solle.[485]

---

482 Protokoll der Sitzung vom 03. Juni 1970 TOP A c), PA Bonn DOK VI/127 Anlage zu Nr. 3.

483 Protokoll der 358. Sitzung vom 10. Juni 1970, TOP 5, PA Bonn DOK VI/127 Nr. 3

484 Protokoll der 291. Sitzung vom 12. Juni 1970 TOP 5, PA Bonn DOK VI/127 Nr. 2.

485 Bundesratsdrucksache 289/1/70; BRDS 1970 Band 7 Nr. 261-310; PA Bonn DOK VI/127 Nr. 4. Begründung: „Die Weiterentwicklung des Grundgesetzes ist durch die Finanzreform zu einem gewissen Abschluß gebracht worden. Die Achtung vor der Verfassung verlangt, auf häufige Grundgesetzänderungen zu verzichten. Sowohl die Bundesregierung als auch die Fraktionen des Bundestages haben die Einsetzung einer Verfassungskommission angekündigt, die auch Vorschläge für eine umfassende Reform des Aufgabenkatalogs im Bund/ Länderverhältnis ausarbeiten soll. Von Grundgesetzänderungen in diesem Bereich sollte deswegen, sofern keine ganz zwingenden Gründe gegeben sind, abgesehen werden, bis die Ergebnisse der Verfassungskommission vorliegen. Für die Schaffung einer Gesetzgebungskompetenz des Bundes für den Bereich des Tierschutzes ist ein sofortiges dringendes Bedürfnis nicht ersichtlich."

Der Bundesrat erhob -mit Ausnahme Bayerns- in seiner 354. Sitzung am 26. Juni 1970[486] keine Einwände, lehnte den Antrag Bayerns ab und stimmte dem Entwurf im ersten Durchgang zu. Artikel 79 Absatz 2 GG war somit gewahrt,[487] so daß Bundeskanzler Willy Brandt (SPD) am 04. Juli dem Präsidenten des Bundestages den von der Bundesregierung beschlossenen Entwurf eines Gesetzes zur Änderung des Grundgesetzes (Artikel 74 GG - Tierschutz) zusandte, Bundestagsdrucksache VI/1010.[488] Man rechnete im BML damit, daß der Bundestag gleich nach der Sommerpause mit der Beratung des Gesetzentwurfs beginnen würde[489] und tatsächlich wurde in der 72. Sitzung vom 14. Oktober 1970[490] in erster Lesung darüber beraten. Dabei begrüßten Sprecher aller drei im Bundestag vertretenen Fraktionen (Rollmann, CDU/CSU; Liedtke, SPD; Kleinert, FDP) in getrennten Erklärungen die Vorlage der Bundesregierung und sicherten der Grundgesetzänderung die volle Unterstützung ihrer Fraktionen zu. Abschließend wurde der Entwurf dem Rechtsausschuß (Federführung) sowie dem Landwirtschafts- und dem Innenausschuß (zur Mitberatung) überwiesen.[491]

III. Änderungen im Landesrecht

Die langjährige Verzögerung eines neuen Tierschutzgesetzes und das Beharren auf der Landeskompetenz in einigen Bereichen des Tierschutzrechts war vermutlich der Grund dafür, daß das Land Nordrhein-Westfalen am 16. Juni 1970

Dr. Gert März, Vertreter Niedersachsens im Bundesratsrechtsausschuß, meinte dazu später: „Daß die Bayerische Staatsregierung im Bundesrat nicht aus tierschutzfeindlichen, sondern aus föderalistisch-grundsätzlichen Erwägungen gegen die Schaffung der Gesetzgebungskompetenz des Bundes stimmte, hat niemanden überrascht." Referat vom 08. Mai 1971, BA Koblenz Akte 116/84804.

486 Sitzungsberichte Bundesrat 1970, 347-360, S. 142 B ff.

487 Gesetze, durch die das Grundgesetz geändert wird, erfordern gemäß Artikel 79 Abs. 2 GG, daß sowohl Bundestag als auch Bundesrat mit zwei Dritteln ihrer Mitglieder zustimmen; da nur Bayern Einwände erhoben hatte, war die notwendige Zwei-Drittel-Mehrheit gegeben.

488 BTDS Band 141.

489 Das ergibt sich aus einem Schreiben des BML vom 16. Juli 1970, in dem die für das Veterinärwesen zuständigen obersten Landesbehörden sowie die beteiligten Verbände und Organisationen zur Stellungnahme zu dem Entwurf eines Tierschutzgesetzes vom 15. Juli 1970 gebeten wurden; BA Koblenz Akte 116/70507, S. 190 ff.

490 Stenographische Berichte, Band 74, S. 4001 f.

491 Ebenda; vgl. auch BML-Informationen Nr. 42 vom 19. Oktober 1970, BA Koblenz Akte 116/70507, S. 240.

das „Gesetz zur Änderung des Tierschutzgesetzes“[492] erließ. Dieses bestimmte, daß -ganz nach dem Vorbild des Beirates beim Bundeslandwirtschaftsministerium- bei der Landesregierung ein Beirat für den Tierschutz eingerichtet werden sollte.[493] Daneben wurde die Landesregierung ermächtigt, Vorschriften bezüglich der Haltung, der Aufzucht und der Beförderung von Tieren zu erlassen. Diese Ermächtigung entsprach weitgehend den Vorschriften der Entwürfe des BML, nach denen der Bundeslandwirtschaftsminister diese Ermächtigungen erhalten sollte. Zudem waren Ordnungswidrigkeiten eingeführt worden. Ein neuer § 12 b legte schließlich die Tierschutzbehörden, deren Zuständigkeiten und Aufgaben fest. Das Gesetz zur Änderung des Tierschutzgesetzes des Landes Nordrhein-Westfalen nahm also teilweise diejenigen Vorschriften vorweg, die für ein neues Tierschutzgesetz mit umfassender Bundeskompetenz vorgesehen waren und die im BML besonders intensiv beraten wurden.

Der Erlaß dieses Gesetzes ist vor dem Hintergrund der zu erwartenden Grundgesetzänderung und einem daraus resultierenden neuen Bundestierschutzgesetz recht erstaunlich. Nur zwei Wochen später stimmte der Bundesrat -und damit letztlich auch Nordrhein-Westfalen selbst- für eine Grundgesetzänderung. Neben einer gewissen Ungeduld mag daher bei dem Erlaß des Änderungsgesetzes auch eine Machtdemonstration Nordrhein-Westfalens eine Rolle gespielt haben. Vielleicht hatte man dort auch die Hoffnung, daß man kein neues Bundestierschutzgesetz mehr erlassen würde, nachdem nun gerade das bevölkerungsreichste Bundesland ein neues Landesgesetz verabschiedet hatte. Besonders viel Sinn machte das Änderungsgesetz Nordrhein-Westfalens aufgrund der Situation auf Bundesebene jedenfalls nicht.[494]

Diese Meinung teilte offenbar auch Bayern. Dort war im Juli 1970 als Landtagsbeilage 3746 ein Entwurf eines Gesetzes zur Änderung des Tierschutzgeset-

---

492 Gesetz- und Verordnungsblatt des Landes Nordrhein-Westfalen 1970 I S. 437.

493 Die Mitglieder sollten auf Vorschlag der Tierschutzverbände (3), der Landwirtschaftskammern (2), der Tierärztekammern (2), der Industrie- und Handelskammern (1) und der anerkannten Züchtervereinigungen (3) berufen werden; § 4 a Absatz 1 des Gesetzes.

494 Wie aus einem Zeitungsartikel hervorgeht, war auch der Deutsche Bauernverband gegen solche Initiativen einzelner Bundesländer, da diese eine „nur schwer zu überbrückende Vorbelastung einer bundeseinheitlichen Regelung“ darstellen würden. Zwar sei nach Schaffung der Bundeskompetenz mit der Verabschiedung eines bundeseinheitlichen Tierschutzgesetzes das Außerkraftsetzen bestehender Landesgesetze möglich, doch müsse man befürchten, daß sich der Bundestag nicht ohne weiteres über kurz vorher verabschiedete Landesgesetze hinwegsetze, weil Fragen des Tierschutzes von der Öffentlichkeit sehr kritisch verfolgt würden und außerordentlich emotionsgeladen seien; Vieh- und Fleisch-Handelszeitung Nr. 26 vom 30. Juni 1970, BA Koblenz Akte 116/70507, S. 143.

zes des Abgeordneten Dr. Schlittmeier vorgelegt worden. Das um eine grundsätzliche Stellungnahme gebetene Staatsministerium des Innern befand, daß der Entwurf in seinen Grundzügen dem Änderungsgesetz aus Nordrhein-Westfalen entspreche. Daneben sah der Entwurf allerdings Regelungen über Eingriffe oder Behandlungen bei Tieren, vor allem aber über die Tierversuche vor, also Bereiche, die seit langem von den Ländern als ihrer Kompetenz zugehörig angesehen wurden. Da zu diesem Zeitpunkt schon der Entwurf des BML vom 15. Juli 1970 im Umlauf war, hielt man es für „unrationell und wenig sinnvoll, angesichts dieser bereits weit gediehenen Vorbereitungen für eine bundesrechtliche Regelung auch noch den bayerischen Landtag zu bemühen, eine verfassungsrechtlich zweifelhafte Änderung des Tierschutzgesetzes zu beschließen, das zudem nur noch kurze Zeit in Kraft sein" werde.[495] Ebenso beurteilte man die Schaffung eines Beirats weder als notwendig noch als zweckmäßig. Die Problematik der Tierversuche sei darüber hinaus so vielfältig, daß eine neue gesetzliche Regelung, die auch noch wesentliche Verschärfungen gegenüber dem bisherigen Rechtszustand mit sich brächte, nicht ohne eine vorherige Anhörung der betroffenen Kreise der Wissenschaft und der Wirtschaft, insbesondere der Arzneimittelindustrie, getroffen werden sollte. Im Ergebnis änderte nur Nordrhein-Westfalen das Tierschutzgesetz.

G. Das Jahr 1971

Das Jahr 1971 war das vorentscheidende Jahr für das neue Tierschutzgesetz. Ebenso wie im Jahr zuvor wurden zahlreiche Entwürfe erarbeitet, von denen einer dem Bundesrat vorgelegt wurde. Zunächst aber machte die Grundgesetzänderung den Weg endgültig für ein neues Gesetz unter einer umfassenden Kompetenz des Bundes frei.

I. Die Grundgesetzänderung vom 18. März 1971

Bereits am 03. Dezember 1970 hatte der federführende *Rechtsausschuß* des Bundestages den Entwurf eines Gesetzes zur Änderung des Grundgesetzes

495 Entwurf und Stellungnahme in: BayStaMinJ Akte 4060-II- 2817/70. Es sei daran erinnert, daß Bayern im Bundesrat gegen eine Änderung des Grundgesetzes plädiert hatte. Dies spricht dafür, daß man kein neues Bundesgesetz haben wollte. Ein eigenes Landesgesetz zu verabschieden schien nach der Zustimmung des Bundesrates aber nun nicht mehr sinnvoll zu sein.

(Bundestagsdrucksache VI/1010) beraten.[496] In Absprache mit den mitberatenden Ausschüssen für Inneres und für Landwirtschaft[497] empfahl er in seinem schriftlichen Bericht -*Bundestagsdrucksache VI/1584*-[498] dem Bundestag, den Gesetzentwurf unverändert anzunehmen. Er begründete dies mit den veralteten Normen des geltenden Tierschutzgesetzes. Insbesondere seien Neuregelungen für die aktuellen Probleme der sogenannten Massentierhaltung und der Versuche an lebenden Tieren dringlich. Die auch im Hinblick auf überstaatliche Regelungen notwendige bundeseinheitliche Lösung sei wegen der unterschiedlichen wirtschaftlichen Voraussetzungen und Bedürfnisse durch Landesgesetze nur schwerlich zu erreichen.

Der Bundestag beriet in seiner 103. Sitzung am 03. März 1971 in der zweiten und dritten Lesung über den Gesetzentwurf.[499] Darin führte der Abgeordnete *von Thadden* (CDU/CSU), einer der Berichterstatter des Rechtsausschusses, aus, daß es zwar in der letzten Zeit eine Anhäufung von Grundgesetzänderungen gegeben habe, so daß einige Mitglieder des Bundestages wohl eine „Zerfledderung" des Grundgesetzes befürchteten; bei der Überprüfung dieses Änderungsentwurfs könne man aber nur zustimmen, da es darum gehe, der leidenden Kreatur, soweit es von den Menschen abhänge, zu helfen. Auch der andere Berichterstatter des Rechtsausschusses, *Dr. Schmude* (SPD), bat im Namen seiner Fraktion um die Zustimmung. Auch er versuchte, Bedenken gegen eine Änderung des Grundgesetzes zu zerstreuen: „Zudem wird das Gewicht dieser Änderung weiter gemildert durch die Erwägung, daß der Verfassungsgesetzgeber 1949 vermutlich nicht die Absicht gehabt hat, dem Bund die Zuständigkeit für das Tierschutzrecht vorzuenthalten. Sie werden sich erinnern, daß sich diese Erkenntnis der verfassungsrechtlichen Situation erst in der vorigen Legislaturperiode durchgesetzt hat, nachdem auf die Sache selbst erhebliche Arbeit verwandt worden ist." Der Abgeordnete *Kleinert* (FDP) hob neben den humanitären auch noch einmal die ökonomischen Gesichtspunkte eines bundeseinheitlichen Tierschutzgesetzes hervor. Es sei im Hinblick auf die wirtschaftliche Bedeutung einer demnächst zu treffenden gesetzlichen Regelung geradezu unerträglich, wenn Unterschiede in den einzelnen Ländern des Bundes gemacht würden.

---

496 Protokoll der 26. Sitzung vom 03. Dezember 1970 TOP 5, PA Bonn DOK VI/127 Nr.14 und 15.

497 Der Innenausschuß hatte in seiner 28. Sitzung, der Landwirtschaftsausschuß in seiner 27. Sitzung jeweils am 05. November empfohlen, den Gesetzentwurf in der von der Bundesregierung eingebrachten Fassung zu billigen; PA Bonn DOK VI/127 Nr. 10-13.

498 Bundestagsdrucksache VI/1584; BTDS Band 144. Im Rechtsausschuß wurde deutlich mit 13:1 Stimmen -bei drei Enthaltungen- für den Entwurf gestimmt.

499 Stenographische Berichte, Band 75, S. 6018 ff.

Abschließend wurde über den Gesetzentwurf abgestimmt, wobei gemäß Artikel 79 GG eine Zweidrittelmehrheit erforderlich war, da es sich um ein Gesetz zur Änderung des Grundgesetzes handelte. Diese Mehrheit wurde deutlich erreicht. Von den 442 Abgeordneten stimmten 428 mit Ja, 7 mit Nein bei 7 Enthaltungen.[500]

Bereits vor der Überweisung an den Bundesrat hatte der dortige Rechtsausschuß in seiner 366. Sitzung am 24. Februar 1971[501] gegen die Stimme Bayerns beschlossen zu empfehlen, gemäß Artikel 79 Absatz 2 des Grundgesetzes zuzustimmen. Dem folgte der Bundesrat in seiner 363. Sitzung am 12. März 1971.[502] Das *Neunundzwanzigste Gesetz zur Änderung des Grundgesetzes (Artikel 74 GG – Tierschutz)* trat am 18. März 1971 in der Formulierung der Bundestagsdrucksache VI/1010 in Kraft[503].

Somit hatte der Bund nach langwierigem, zähem Ringen nun endlich die ersehnte konkurrierende Gesetzgebungszuständigkeit für den Tierschutz erhalten.[504] Somit war neben der Ungewißheit bezüglich der großen Strafrechtsreform auch das zweite große Hindernis auf dem Weg zu einem neuen Tierschutzgesetz genommen. Nun war die Bundesregierung gefordert, so schnell wie möglich einen Gesetzentwurf vorzulegen.

---

500 Es stimmten also beinahe 97 % der Abgeordneten für den Entwurf. Wohl selten hat ein Gesetz -und noch dazu ein Gesetz zur Änderung des Grundgesetzes- eine solch einmütige Zustimmung erhalten. Sicherlich mitentscheidend dafür war die Öffentlichkeit, die seit Jahren ein neues Tierschutzgesetz forderte, das ohne diese Änderung wieder nicht zustande kommen würde. Zudem hatten Politiker aller Parteien schon lange um ein solches Gesetz gerungen und immer wieder auch unter den Kollegen Überzeugungsarbeit geleistet.

501 Protokoll der 366. Sitzung am 02. Februar 1971 TOP 4, PA Bonn DOK VI/127 Nr. 20.

502 Sitzungsberichte Bundesrat 1971, 361-375.

503 BGBl. I S 207.

504 Erstmals war die Frage nach der Gesetzgebungskompetenz auf diesem Gebiet von der schleswig-holsteinischen CDU-Fraktion 1955 aufgeworfen worden. Bereits seit Ende der Fünfzigerjahre mehrten sich dann die Stimmen, die eine Aufnahme des Tierschutzes in das Grundgesetz forderten.

II. Die Entwürfe für ein neues Tierschutzgesetz bis zur Bundesratsdrucksache 278/71 vom 07. Juni 1971

1. Die Januarentwürfe

Nach dem Entwurf vom 21. Dezember 1970 kam am 14. Januar 1971 bereits der nächste Entwurf. Er wurde im Bundeslandwirtschaftsministerium noch einmal überarbeitet und mit einer ausführlichen Begründung versehen am 25. Januar vorgestellt.[505] Zwar war der Großteil der Vorschriften im Vergleich zum Dezemberentwurf gleichgeblieben, doch gab es auch wesentliche Unterschiede. Interessant waren zudem die Begründungen, die auch auf Vorschriften der früheren Entwürfe zutrafen und daher eingehender beleuchtet werden sollen.[506]

Die Bearbeiter machten zunächst deutlich, daß man wie beim geltenden Recht auch bei dem vorliegenden Entwurf an der Grundkonzeption eines ethisch ausgerichteten Tierschutzes festgehalten habe. Jedoch wolle man die Beurteilungsmaßstäbe, nämlich die Verpflichtung zum Schutz der Tiere in erster Linie aus den Empfindungen des Menschen zu begründen und gefühlsmäßig zu sehen, zunehmend durch exakte und repräsentative wissenschaftliche Feststellungen über tierartgemäße und verhaltensgerechte Normen und Erfordernisse ersetzen. Unter dieser Prämisse seien vor allen Dingen die Vorschriften über die Haltung, Pflege, Unterbringung und Beförderung von Tieren abgefaßt und die Vorschriften über Versuche an lebenden Tieren den aus der Sicht des Tierschutzes heute gebotenen Beschränkungen bezüglich Zuverlässigkeit, Umfang und Überwachung angepaßt worden.

Daneben habe man auch verstärkt der Entwicklung der Massentierhaltung Rechnung getragen. Diese sei im vorangegangenen Jahrzehnt weltweit erfolgt und müsse schlichtweg als ökonomisch gegeben angesehen werden.[507] Regelungen auf diesem Gebiet hätten Auswirkungen auf die Wirtschaftlichkeit und die Wettbewerbssituation sowohl im Bereich der nationalen Nutztierhaltung als auch im EG-Raum und darüber hinaus.[508] Bis zum Wirksamwerden supranationaler

505 BA Koblenz Akte 116/70507, S. 444 ff.

506 Für die Entwürfe von 1970 befinden sich keine Begründungen in den Akten. Da jedoch viele Vorschriften früherer Entwürfe in dem Entwurf vom 25. Januar enthalten sind, sollen deren Begründungen an dieser Stelle nachgereicht werden.

507 Die Bedeutung dieser Frage hatte der Deutsche Bundestag in seiner Entschließung vom 02. Juli 1969 besonders betont.

508 Schon bei der Diskussion über die Einführung eines Pferdeexportverbots hatte man wirtschaftliche Interessen und Tierschutz gegeneinander abwägen müssen. Auch hier zeigte sich nun wieder die schwierige Gratwanderung zwischen den moralischen und merkantilen Forderungen, die an das neue Tierschutzgesetz gestellt wurden.

Regelungen auf diesem Gebiet müßten daher nationale Vorschriften auch die volkswirtschaftlichen Erfordernisse berücksichtigen. Mit der Zunahme des Verkehrswesens und der damit verbundenen erheblichen Zunahme der Beförderung lebender Tiere aller Art –zu Lande, zu Wasser und in der Luft- seien besondere Regelungen erforderlich geworden. In diese seien auch die Anforderungen des von der Bundesrepublik Deutschland am 12. Dezember 1968 unterzeichneten Übereinkommens des Europarates über den Schutz der Tiere beim internationalen Transport[509] einzubeziehen.

In den Vorschriften des Entwurfs hatte man zunächst den *Grundsatz* des § 1 des Dezemberentwurfs beibehalten.[510] Die Bearbeiter ließen sich dabei von dem Grundsatz eines ethischen Tierschutzes leiten, woraus sich eine um die Schutzwürdigkeit des Lebens des Tieres erweiterte Zielsetzung gegenüber dem geltenden Recht ergab. Damit sollte dcn modernen Vorstellungen über die Notwendigkeit eines umfassenden Lebensschutzes Genüge getan werden. Die in § 2 aufgeführten *Gebote*[511] seien die konsequente Folge des § 1. Diese „für jeden Staatsbürger eindeutige und objektiv gefaßte Grundforderung des Tierschutzes" bringe gleichzeitig die gebotene Verankerung in der den Menschen bindenden allgemeinen Sittenordnung zum Ausdruck. Als Neuerung war in § 3 *(Tierhaltung)* ein Absatz 2 eingefügt worden, der die zuständigen Behörden ermächtigte, im Einzelfall Maßnahmen anzuordnen, die zur Erfüllung der in Absatz 1 genannten Anforderungen erforderlich und ohne unverhältnismäßige Aufwendungen ausführbar seien.

Bezüglich der *Tötung*, der *Eingriffe* und der *Versuche* an Tieren (§§ 4-9) wurde ausgeführt, daß Wirbeltieren eine exponierte Stellung zukäme. Wirbeltiere seien im Vergleich zu Wirbellosen im Hinblick auf die Schmerzerregung, Schmerzleitung und Schmerzempfindung wesentlich differenzierter, wobei die warmblütigen Wirbeltiere über ein besonders ausgeprägtes Schmerzempfinden verfügten. Daher habe man nicht nur vorgesehen, jede Tötung eines Wirbeltieres nur unter Betäubung zuzulassen (§ 4 Absatz 1 des Entwurfs), sondern auch, daß bei schmerzhaften Eingriffen an warmblütigen Wirbeltieren die Betäubung durch Tierärzte vorzunehmen sei, da diese über die erforderlichen Kenntnisse auf dem Gebiete der Physiologie und Betäubungslehre sowie entsprechende

---

509 BA Koblenz Akte 136/8666. Darin war unter anderem geregelt, daß Tiere vor dem Transport von einem Tierarzt zu untersuchen seien, daß ordentliche Verladevorrichtungen bereitgestellt werden müßten und daß die Tiere ausreichend Platz haben sollten.

510 „§ 1 Dieses Gesetz dient dem Schutz des Lebens und Wohlbefindens des Tieres." Vgl. Entwurf vom 21. Dezember 1970, BA Koblenz Akte 116/79305.

511 „§ 2 Niemand darf unnötig ein Tier töten oder ihm unnötig Schmerzen, Leiden oder Schaden zufügen."

praktische Fähigkeiten verfügten (§ 5 Absatz 1 Satz 2).[512] Wie schon im Dezemberentwurf war die vollständige oder teilweise Amputation von Körperteilen eines Wirbeltieres grundsätzlich verboten (§ 6), um insbesondere „modische Exterieurvorstellungen“ zu unterbinden, wie etwa das Kupieren von Hundeohren und Hunderuten. Nunmehr hatte man zudem die Ausnahme eingefügt, daß die Amputation gestattet sei, wenn der Nutzungszweck des Tieres den Eingriff erforderlich mache und die tierärztliche Indikation für den Eingriff vorläge. Unter diese Ausnahme sollten vor allem Kastrationen fallen.

Die ausführlichen Vorschriften über die *Tierversuche* (§§ 7-9) wurden dadurch erklärt, daß diese für die Wissenschaft und Wirtschaft in zunehmendem Maße unvermeidlich seien und daher straffe Regelungen und Überprüfbarkeit notwendig machten. Entgegen dem Dezemberentwurf sollte die für Tierversuche erforderliche Genehmigung nur Einrichtungen von Universitäten sowie anderen Einrichtungen und Personen, die Forschungen betrieben, erteilt werden. Zur Durchführung von mit operativen Eingriffen verbundenen Versuchen sollten nur Personen mit abgeschlossenem Hochschulstudium der (Veterinär-) Medizin berechtigt sein (§ 8 Absatz 1 und 2). Während vorher Tierversuche „für die Belange der Rechtspflege“[513] genehmigungsfrei sein sollten, galt dies nun für Tierversuche, die auf Grund „richterlicher Anordnungen“ durchzuführen wären (§ 8 Absatz 6). Für Eingriffe oder Behandlungen, die an Tieren zu Lehr- oder Ausbildungszwecken im Rahmen eines Hochschulstudiums vorgenommen würden, sollten die Beschränkungen der §§ 5 Absatz 1 Satz 2 und 6-8 keine Anwendung finden, da diese Versuche an Hochschulen „seit je her unter besonderer Sorgfalt und Sachkunde“ durchgeführt worden seien.

Gänzlich neu war das *Verbot in § 12* des Entwurfs: „§ 12: Wirbeltiere, an denen Schäden feststellbar sind, von denen anzunehmen ist, daß sie den Tieren durch tierschutzwidrige Handlungen zugefügt worden sind, dürfen nicht in den Geltungsbereich dieses Gesetzes verbracht oder im Geltungsbereich dieses Gesetzes gewerbsmäßig in den Verkehr gebracht oder gewerbsmäßig gehalten werden, wenn das Weiterleben der Tiere auf Grund der Folgen dieser Handlungen nur unter Leiden möglich ist.“ Zur Begründung hieß es: „Es ist davon auszugehen, daß in anderen Ländern andere Anschauungen über Tierschutz und Tierbe-

512 Diese Argumentation erklärt auch das gesteigerte Interesse, das man den Wirbeltieren schon in den früheren Entwürfen entgegengebracht hatte.

513 Entwurf vom 21. Dezember 1970; BA Koblenz Akte 116/79305; dies entsprach der Formulierung des § 8 Satz 1 des geltenden Tierschutzgesetzes. Tierversuche für die Belange der Rechtspflege bzw. auf richterliche Anordnung sind u. a. denkbar bei der Aufklärung eines Giftmordes, bei der Prüfung von Auswirkungen von Medikamenten (z. B. Contergan!) oder der Rekonstruktion von Tiertransporten; s. dazu Lorz, § 1 Anh. Rn. 63, S. 122.

handlung bestehen. Um zu verhindern, daß unter Zugrundelegung anderer Maßstäbe des Tierschutzes Tiere, die an den Folgen tierschutzwidriger Handlungen leiden, zum Gegenstand kommerzieller Interessen werden, ist es erforderlich, schon die Einfuhr solcher Tiere zu verbieten. Da diese Tiere aber unter Umständen nicht immer erfaßt werden, muß auch das Handeln und das gewerbsmäßige Halten ... verboten werden."[514]

In § 13 des Entwurfs waren die *Ermächtigungen* des Bundeslandwirtschaftsministers zum Erlaß von Rechtsverordnungen bezüglich der Haltung/Pflege, des Transports und des Schutzes des Wildes jetzt alle zusammengefaßt, während sie im Dezemberentwurf noch auf verschiedene Paragraphen verteilt gewesen waren.[515]

Neu gefaßt war auch der § 14, gemäß dessen Absatz 1 die *Durchführung* des Gesetzes den nach Landesrecht zuständigen Behörden obliegen sollte.[516] Damit wollte man eine Vereinheitlichung sowohl der Ahndung von tierschutzwidrigen Handlungen als auch des Meldewesens erreichen. Für Tiere, die sich im Besitz der Bundeswehr befänden, sollten die zuständigen Dienststellen der Bundeswehr die Vorschriften des Gesetzes durchführen (§ 17, entspricht § 16 des Dezemberentwurfs). Dies sei unter Berücksichtigung des Artikel 87 b des Grundgesetzes[517] vertretbar und zweckmäßig.

§ 15 sollte eine allgemeine *Auskunftspflicht* begründen, die sich auf alle zur Durchführung des Gesetzes erforderlichen Auskünfte bezog. Ohne eine solche Auskunftspflicht ließen sich die notwendigen Maßnahmen des Tierschutzes nicht durchführen. Da sich tierschutzwidrige Handlungen oft nicht im Lichte der Öffentlichkeit abspielten, könne es erforderlich werden, auch Grundstücke, Gebäude und Räume zu betreten oder Geschäftsunterlagen einzusehen. § 16 orientierte sich an § 11 Absatz 3 TierSchG. Die Vorschrift, nach der in Haltung, Pflege oder Unterbringung erheblich vernachlässigte Tiere dem Verfügungsberechtigten von der zuständigen Behörde fortgenommen und auf dessen Kosten anderweitig untergebracht werden könnten, habe sich bewährt und diene dem unmittelbaren Schutz der Tiere.

---

514 Diese Neuerung sollte beinahe wörtlich in das Tierschutzgesetz von 1972, dort ebenfalls als § 12, eingehen.

515 Nur die Ermächtigung zum Erlaß von Rechtsverordnungen über bestimmte Tötungsarten war in § 4 Absatz 2 geregelt, da sie an dieser Stelle im Zusammenhang mit den sonstigen Tötungsvorschriften sinnvoller war.

516 Im Dezemberentwurf sollten nur „die zuständigen Behörden" die Durchführung und Überwachung vornehmen (§ 14).

517 Artikel 87 b GG, eingeführt durch das Gesetz vom 19. März 1956, BGBl. I S. 111, hat die Bundeswehrverwaltung zum Inhalt.

Eine neue Fassung erhielten auch die *Straf- und Bußgeldvorschriften* (§§ 18-21). Die Strafvorschrift lautete nunmehr:

„§ 18: Mit Freiheitsstrafe bis zu zwei Jahren oder mit Geldstrafe wird bestraft, wer

1. ein Wirbeltier unnötig tötet oder
2. einem Wirbeltier
   a) aus Roheit, aus Gewinnsucht oder sonstigen niederen Beweggründen Schmerzen oder Leiden oder Schaden oder
   b) länger anhaltende oder sich wiederholende, offensichtlich erhebliche Schmerzen oder Leiden zufügt."

Im Gegensatz zum Dezemberentwurf war die Strafandrohung hier Freiheits- *oder* Geldstrafe. Eine fahrlässige Tierquälerei war nicht mehr vorgesehen. Auch die Formulierung der Tatbestände war anders.[518] Die Bearbeiter des Entwurfs begründeten die Vorschrift folgendermaßen: „Die Vorschrift enthält nur die Tatbestände, die wegen ihrer Bedeutung und wegen ihres kriminellen Unrechtsgehalts mit Freiheitsstrafe zu ahnden sind. Die im bisher geltenden Tierschutzgesetz angedrohten Strafen standen häufig in keinem angemessenen Verhältnis zu der Schwere der Zuwiderhandlungen. Darunter hat in der Vergangenheit vielfach die strafrechtliche Verfolgung von Verstößen gegen tierschutzrechtliche Vorschriften gelitten. Zwar sind jede unnötige Tötung eines Tieres sowie alle tierquälerischen Handlungen wegen der relativen Wehrlosigkeit des Tieres besonders verwerflich und strafwürdig, unter Strafe gestellt werden jedoch nur Handlungen gegenüber Wirbeltieren. Handlungen gegenüber Tieren einer im zoologischen Sinne niederen Entwicklungsstufe unterliegen zwar denselben ethischen Beurteilungsmaßstäben, diese Tiere können aber wegen ihrer im Vergleich zu Wirbeltieren deutlich verminderten Empfindungsfähigkeit ohne Strafschutz bleiben. In den von § 18 nicht erfaßten Fällen tierschutzwidriger Handlungen kann die Beachtung der Vorschriften des Tierschutzgesetzes und der nach ihm zu erlassenden Rechtsverordnungen schneller und wirksamer durch Ahndung als Ordnungswidrigkeiten ausreichend erreicht werden. Dabei wird sowohl die vorsätzliche als auch die fahrlässige Begehung einer Ordnungswidrigkeit erfaßt."[519] Die in § 19 aufgeführten Ordnungswidrigkeiten sollten mit einer Geldbuße in Höhe von bis zu 10.000.- DM geahndet werden. Zwar waren im Dezemberentwurf noch 20.000.- DM als Höchststrafe vorgesehen, doch meinte man, daß die jetzt festgelegte Höhe der Bußgelddrohung der Bedeutung, die man den Verstö-

518 Mit den Tatbestandsmerkmalen „Gewinnsucht" und „niedere Beweggründe" in § 18 Nr. 2 a erinnert die Vorschrift sogar an die Mordmerkmale des § 211 Absatz 2 StGB.

519 BA Koblenz Akte 116/70507, S. 456.

ßen gegen das Tierschutzgesetz zumesse, ausreichend Rechnung trage. § 20 sah schließlich vor, daß nach der Begehung einer Handlung, die nach § 18 mit Strafe bedroht sei, das Tier eingezogen werden könne, wenn es dem Täter oder Teilnehmer zur Zeit der Entscheidung gehöre. Diese Vorschrift habe sich bewährt und es bestehe ein praktisches Bedürfnis für deren Beibehaltung..

Insgesamt läßt sich festhalten, daß sich der Entwurf vom 25. Januar 1971, trotz der kurzen Zeitspanne zwischen den Entwürfen, in einigen Punkten deutlich von seinem Vorgänger unterschied. In stetiger Fortentwicklung der Vorschriften näherte man sich so von Entwurf zu Entwurf schrittweise dem letztlich von der Bundesregierung vorzulegenden Vorschlag für ein neues Tierschutzgesetz. Der Entwurf wurde den obersten Landesveterinärbehörden zur eingehenden Erörterung anläßlich der Sitzung des Landwirtschaftsausschusses des Bundestages vom 09. bis 11. Februar 1971 übermittelt. In der Sitzung teilte das BML mit, daß nunmehr beabsichtigt sei, den Gesetzentwurf im Rahmen eines Ressortgesprächs am 25. Februar 1971 mit den beteiligten Bundesministerien abzustimmen und alsbald die Prüfung auf Rechtsförmlichkeit einzuleiten.[520] Das Ressortgespräch, an dem unter anderem die Bundesministerien für Verkehr sowie für Jugend, Familie und Gesundheit beteiligt waren, erbrachte keine nennenswerten Änderungen.[521] Am 16. März befaßte sich dann auch der Beirat für Tierschutz beim Bundeslandwirtschaftsministerium in seiner fünften Sitzung mit dem Entwurf vom 25. Januar 1971.[522]

2. Die Märzentwürfe

Währenddessen war im Bundeslandwirtschaftsministerium bereits bis zum 08. März eine Neufassung des Januarentwurfs erarbeitet worden.[523] Dieser wurde noch einmal überprüft und auf dem Stand vom 25. März 1971[524] vom BML an das BMJ mit der Bitte um rechtsförmliche Prüfung übersandt. Da erst am 18. März das Neunundzwanzigste Gesetz zur Änderung des Grundgesetzes (Artikel 74 GG -Tierschutz) in Kraft getreten war, gab man dem Gesetzentwurf gute Chancen, diese Prüfung zu bestehen. Schließlich waren die verfassungsrechtlichen Hindernisse nun nicht mehr im Wege. Die Entwürfe vom März enthielten allerdings keine nennenswerten Neuerungen gegenüber dem Januarentwurf. Tatsächlich wurde der Entwurf vom BMJ nicht beanstandet, so daß Bundesland-

520 BA Koblenz Akte 116/70507, S. 462 ff.

521 Akte 70707 BA, S. 463 a ff.

522 BA Koblenz Akte 116/70507, S. 480 ff. Der Beirat zeigte sich dabei auch sehr erfreut über die gerade verabschiedete Änderung des Artikel 74 Nr. 20 GG.

523 BA Koblenz Akte 116/70507, S. 486 ff.

524 BA Koblenz Akte 116/70507, S. 548 ff.

wirtschaftsminister Ertl am 13. Mai 1971 dem Chef des Bundeskanzleramtes den Entwurf eines Tierschutzgesetzes nebst Begründung übersandte, mit der Bitte, die Zustimmung des Kabinetts durch Umlauf herbeizuführen; die beteiligten Bundesminister hatten den Entwurf bereits gebilligt.[525] Bereits am 28. Mai konnte das Bundeslandwirtschaftsministerium den obersten Landesveterinärbehörden mitteilen, daß das Kabinett dem Entwurf im Umlaufverfahren zugestimmt hatte.[526] Noch am selben Tag übersandte Bundeskanzler Brandt dem Deutschen Bundesrat gemäß Artikel 76 Absatz 2 GG den von der Bundesregierung beschlossenen Entwurf eines Tierschutzgesetzes mit Begründung (*Bundesratsdrucksache 278/71*). Damit war die Bundesregierung dem Ersuchen des Bundestages aus dem Entschließungsantrag vom 02. Juli 1969 nach beinahe zwei Jahren gefolgt.

III. Die Bundesratsdrucksache 278/71

1. Die Vorschriften

Der Entwurf Bundesratsdrucksache 278/71[527] ist im Wesentlichen mit dem Entwurf vom 25. Januar 1971 identisch.[528] Unterschiede gab es jedoch in der Stellung einzelner Vorschriften im Text, die also eher redaktionelle als tatsächliche Änderungen waren. Naturgemäß waren auch vereinzelt Formulierungen anders getroffen worden. Besonders auffällig war der neugestaltete Anfang des Gesetzestextes. Die §§ 1 und 2 des Januarentwurfs hatte man zusammengezogen und leicht verändert. Der *Grundsatz* lautete nunmehr: „§ 1: Dieses Gesetz dient dem Schutz des Lebens und Wohlbefindens des Tieres. Niemand *soll* einem Tier *ohne vernünftigen Grund* Schmerzen, Leiden oder Schäden zufügen."

In die Vorschriften über die Tierhaltung (§ 2) hatte man die Möglichkeit der Fortnahme bei Vernachlässigung integriert, die im Januarentwurf noch in § 16 vorgesehen war. Richtigerweise hatte man diese Regelung in den Zusammenhang mit den allgemeinen Tierhaltungsvorschriften gebracht. In den Vorschrif-

---

525 Schnellbrief vom 13. Mai 1971; BA Koblenz Akte 116/70507, S. 587 ff.

526 BA Koblenz Akten 116/70507, S. 627 ff. und 141/41832. Die Süddeutsche Zeitung meldete in einem Artikel vom 29. Mai 1971 unter dem Titel „Gesicherte Existenz für Tiere", daß man für die geplanten Ermächtigungen des Bundeslandwirtschaftsministers bereits an Gutachten über die Einzelheiten der zu erlassenden Rechtsverordnungen arbeite; BA Koblenz Akte 116/50089.

527 Bundesratsdrucksache 278/71 vom 07. Juni 1971; BRDS 1971 Band 7, Nr. 251-280. BA Koblenz Akte 116/70507, S. 655 ff.; abgedruckt im Anhang, S. 247 ff.

528 Nur wenige kleine Änderungen waren in den Märzentwürfen dazugekommen.

ten über das Töten von Tieren hatte man nun eine Ausnahme des grundsätzlichen Betäubungszwangs bei Tötungen hinzugefügt. So sollte im Rahmen der zulässigen Schädlingsbekämpfung eine Betäubung nicht erforderlich sein (§ 4 Absatz 1 Satz 2). Bezüglich der Eingriffe an Tieren sollte der Bundeslandwirtschaftsminister eine weitere Ermächtigung zum Erlaß von Rechtsverordnungen erhalten. Mit dieser Ermächtigung sollte es ihm möglich gemacht werden, Verfahren und Methoden zur Durchführung von Maßnahmen nach § 5 Absatz 3[529] vorzuschreiben, zuzulassen oder zu verbieten, soweit dies zum Schutz der Tiere erforderlich sei. Zur Begründung[530] wurde ausgeführt, daß § 5 Absatz 2 und 3 einzelne Eingriffe aufführe, die auch unter Anlegung eines strengen Maßstabes an bestimmten Tieren ohne Betäubungen vorgenommen werden könnten. Dabei handele es sich um erfahrungsgemäß schadlos vertragene Eingriffe, die entweder sehr schnell erfolgten oder die Schmerzfähigkeit junger Tiere noch nicht oder nur unbedeutend berühre. Es müsse gewährleistet sein, daß die Eingriffe nur nach Verfahren und Methoden durchgeführt würden, die Schmerzen oder Leiden nach Möglichkeit ausschlössen. Die Ermächtigung des Absatzes 4 diene eben der Regelung dieses Bereichs.

Während sich im Bereich der Tierversuche nur kleine Änderungen ergaben hatten, war § 10 Absatz 1 neu gefaßt worden, der die Eingriffe zu Ausbildungszwecken regelte. Nunmehr sollten § 5 Absatz 1 Satz 2 und die §§ 6 bis 8 nicht mehr anzuwenden sein bei Eingriffen oder Behandlungen, die im Rahmen „1. einer Ausbildung oder Fortbildung an einer wissenschaftlichen Hochschule oder einer staatlichen wissenschaftlichen Einrichtung oder 2. einer Ausbildung für veterinärmedizinische oder medizinische Heilhilfsberufe oder für naturwissenschaftliche Hilfsberufe vorgenommen" würden.[531]

Ein absolutes Novum stellte auch § 14 dar. Darin war vorgesehen, daß der Bundesminister für Wirtschaft und Finanzen und die von ihm bestimmten Zolldienststellen bei der Überwachung des Verbringens von Tieren in den Geltungsbereich des Gesetzes mitwirken sollten. Die Behörden sollten außerdem die Tiere, ihre Beförderungsmittel, Behälter und Verpackungsmittel bei dem Verbrin-

529 § 5 Absatz 3 regelte die Kastration, das Kupieren und Enthornen von Jungtieren etc.

530 Die Begründung der Bundesratsdrucksache 278/71 entsprach beinahe wörtlich derjenigen des Januarentwurfs. Nur bei Umstellungen und Neuerungen gab es geringfügige Änderungen.

531 Die Begründung schweigt sich über diese Ergänzung aus. Möglicherweise hatte man die Heilhilfsberufe über all die Jahre vergessen; vielleicht verlangte die steigende Zahl der Tierversuche aber auch, daß die Heilhilfsberufe zunehmend in diesem Bereich unterrichtet wurden, um bei Tierversuchen assistieren zu können oder um ihnen einfach ein besseres Verständnis für die Anatomie und das Wesen der Tiere zu vermitteln.

gen in den Geltungsbereich des Gesetzes zur Überwachung anhalten können. Bei dem Verdacht von Verstößen gegen Verbote und Beschränkungen des Gesetzes, der sich bei der Abfertigung ergebe, sollten sie diesen der zuständigen Behörde mitteilen und anordnen können, daß in diesen Fällen die Tiere auf Kosten und Gefahr der Verfügungsberechtigten der zuständigen Behörde vorgeführt würden (§ 14 Absatz 1). Nach § 14 Absatz 2 sollte der Bundesminister für Wirtschaft und Finanzen im Einvernehmen mit dem Bundeslandwirtschaftsminister durch Rechtsverordnung ohne Zustimmung des Bundesrates die Einzelheiten des Verfahrens nach Absatz 1 regeln. Dabei sollte er insbesondere Pflichten zu Anzeigen, Anmeldungen, Auskünften und zur Leistung von Hilfsdiensten sowie zur Duldung der Einsichtnahme in Geschäftspapiere und sonstige Unterlagen und zur Duldung von Besichtigungen vorsehen können. Zur Begründung wurde ausgeführt: „Zur Durchsetzung der Vorschriften über das Verbringen von Tieren in den Geltungsbereich dieses Gesetzes ist eine Mitwirkung des Bundesministers für Wirtschaft und Finanzen –hier Zolldienststellen- erforderlich. Die hierzu notwendige Ermächtigung lehnt sich an eine entsprechende Regelung im § 2 a des Viehseuchengesetzes ... an."

Neben der Neufassung der Strafvorschrift (§ 17), bei der man die vielleicht etwas übertriebene Formulierung des Januarentwurfs wieder ein wenig geglättet hatte[532], differenzierte man nun bei den Ordnungswidrigkeiten: Nach § 18 Absatz 1 handelte immer ordnungswidrig, wer beispielsweise ein Tier entgegen § 4 Absatz 1, also ohne die vorgeschriebene Betäubung tötete. Gemäß § 18 Absatz 2 handelte man bei allen anderen Verstößen ordnungswidrig, wenn die Handlung vorsätzlich oder fahrlässig begangen wurde. Zur Begründung wurde ausgeführt, man habe zwischen vorsätzlich und fahrlässig begangenen Tatbeständen unterschieden, soweit dies angezeigt erschienen sei. Das Bußgeld betrug –wie schon im Januarentwurf- auch hier im Höchstfall 10.000.- DM. Gemäß § 19 sollten künftig nicht mehr nur Tiere eingezogen werden können, auf die sich eine Straftat nach § 17 bezog, sondern auch solche, die mit einer Ordnungswidrigkeit nach § 18 zu tun hatten.[533]

---

532 Dort waren ja Tatbestandsmerkmale wie „Gewinnsucht" oder „niedere Beweggründe" eingeführt worden. § 17 lautete hier:
„§ 17: Mit Freiheitsstrafe oder mit Geldstrafe wird bestraft, wer
1. ein Wirbeltier ohne vernünftigen Grund tötet oder
2. 2. einem Wirbeltier
   a) aus Roheit offensichtlich erhebliche Schmerzen oder Leiden oder
   b) b) länger anhaltende oder sich wiederholende offensichtlich erhebliche Schmerzen oder Leiden zufügt."

533 Die wahrscheinlich in der Praxis oft nur schwer zu klären gewesene Frage, ob das Tier dem Täter oder Teilnehmer zur Zeit der Entscheidung gehöre, erübrigte sich

Die neue Übergangsvorschrift des § 21 sah schließlich vor, daß derjenige, der bei Inkrafttreten des Gesetzes an Tieren zu Versuchszwecken Eingriffe oder Behandlungen auf Grund einer ihm nach geltendem Recht erteilten Erlaubnis vornehme oder vornehmen lasse, die gemäß § 7 erforderliche Anzeige der zuständigen Behörde innerhalb von drei Monaten zu machen habe. Der Grund für diese Vorschrift sei, daß nach bisher geltendem Recht genehmigte Tierversuche reibungslos auch im Rahmen der Bestimmungen dieses Gesetzes fortgeführt werden können sollten.

Der Bundesrat überwies den Gesetzentwurf -zur Vorbereitung seiner 369. Sitzung am 09. Juli 1971- an den Landwirtschaftsausschuß (Federführung) sowie an den Rechtsausschuß und den Ausschuß für Jugend, Familie und Gesundheit zur Mitberatung.

2. *Die Arbeit der Bundesratsausschüsse*

a) *Der Unterausschuß des Rechtsausschusses*

In seiner Sitzung vom 14./15. Juni 1971 beriet zunächst der Unterausschuß des Rechtsausschusses über den Entwurf.[534] Unter dem Vorsitz von Oberlandesgerichtsrat Dr. Gert März (Niedersachsen) stellte man die Gesetzgebungskompetenz des Bundes fest, die sich allgemein aus Artikel 74 Nr. 20 Grundgesetz und für die §§ 17 ff. aus Artikel 74 Nr. 1 Grundgesetz ergebe. Diejenigen Normen, die Ermächtigungen zum Erlaß von Rechtsverordnungen enthielten (§ 4 Absatz 2, § 5 Absatz 4, § 13 Absatz 1 bis 3 und § 14 Absatz 2), seien im Hinblick auf die Bestimmtheit des Adressaten und die Konkretisierung unbedenklich. Weiterhin wurden die Verwaltungszuständigkeiten der Landes- und der Bundesbehörden geprüft, wobei man befand, daß durch den § 14, der die Zuständigkeit von Zolldienststellen regeln sollte, den Zolldienststellen neue Aufgaben zugewiesen würden. Dies sei in entsprechender Anwendung von Artikel 87 Absatz 3 Satz 2 Grundgesetz[535] zulässig, löse jedoch die in der Präambel vorgesehene Zustim-

---

mit der Neugestaltung des § 19, da der entsprechende Passus gestrichen worden war.

534 PA Bonn Band A Nr. 3. Gesetzesmaterialien finden sich in den Akten des Parlamentsarchivs/Bonn zum Tierschutzgesetz vom 24. Juli 1972 in Band A, dort mit den laufenden Nummern 1-41.

535 Art. 87 Abs. 3 S. 2 GG: „Erwachsen dem Bunde auf Gebieten, für die ihm die Gesetzgebung zusteht, neue Aufgaben, so können bei dringendem Bedarf bundeseigene Mittel- und Unterbehörden *mit Zustimmung des Bundesrates und der Mehrheit der Mitglieder des Bundestages* errichtet werden."

mungsbedürftigkeit des Gesetzes aus.[536] Den Zolldienststellen sollten durch das Gesetz neue Aufgaben außerhalb ihres Tätigkeitsbereichs nach Artikel 84 Absatz 1 Grundgesetz[537] übertragen werden, die über ihren bisherigen Tätigkeitsbereich hinausgingen und nicht nur von der Hauptstelle, sondern auch von ihrem Verwaltungsunterbau wahrzunehmen seien. Die Übertragung dieser Aufgaben sei daher nur unter den Voraussetzungen des Artikel 87 Absatz 3 Satz 2 Grundgesetz zulässig. Die Eingangsworte seien daher entsprechend dieser Vorschrift wie folgt zu fassen: „Der Bundestag hat mit der Mehrheit seiner Mitglieder und mit Zustimmung des Bundesrates das folgende Gesetz beschlossen:..."

Zu Artikel 12 Grundgesetz wurde festgestellt, daß die Vorschriften § 2 Absatz 3, § 3 Nr. 2, § 4 Absatz 1 Satz 3, §§ 8, 12, 14 Absatz 2 Satz 2, § 16 Absatz 1 und § 20 mit Artikel 12 Absatz 1 Satz 2 Grundgesetz vereinbar seien, soweit darin die Berufsausübung geregelt werde. Es handele sich in allen diesen Fällen um den geringst möglichen Eingriff im Sinne der 3-Stufen-Theorie. Bei § 16 Absatz 2, der unter bestimmten Voraussetzungen das Betreten von Wohnräumen gestatte, seien die Erfordernisse des Artikel 13 Absatz 3 Grundgesetz und das Zitiergebot des Artikel 19 Absatz 1 Satz 2 Grundgesetz beachtet worden.

Hinsichtlich der einzelnen Vorschriften machte der Ausschuß Vorschläge zu kleineren Neufassungen, die vor allem der notwendigen oder redaktionellen Klarstellung dienten. Anträge einiger Länder, den § 17 Nr. 1 des Entwurfs ganz zu streichen oder umzugestalten sowie der Antrag, die Vorschrift des § 18 Absatz 1 Nr. 1 als neue Nr. 1 a in Absatz 2 einzufügen, wurden abgelehnt.

b) Der Rechtsausschuß

Der mitberatende Rechtsausschuß stimmte in seiner 370. Sitzung am 22. Juni 1971[538] sowohl hinsichtlich der verfassungsrechtlichen Fragen, als auch bezüglich der geänderten Formulierungen in den Einzelvorschriften zu. Hessen wiederholte seinen Antrag aus dem Unterausschuß, den § 17 Nr. 1 zu streichen, und begründete diesen folgendermaßen: „Nach den bisherigen Erfahrungen und auch bei kritischster sozial-ethischer Prüfung des Täterverhaltens erscheint es zumindest fraglich, ob ein dringendes Bedürfnis besteht, neben dem bisherigen Straftatbestand der Tierquälerei einen zusätzlichen Straftatbestand der „Tötung eines

536 Die Präambel des Gesetzentwurfs lautete: „Der Bundestag hat *mit Zustimmung des Bundesrates* das folgende Gesetz beschlossen:..."

537 Art. 84 Abs. 1 GG: „ Führen die Länder die Bundesgesetze als eigene Angelegenheiten aus, so regeln sie die Einrichtung der Behörden und das Verwaltungsverfahren, soweit nicht Bundesgesetze mit Zustimmung des Bundesrates etwas anderes bestimmen."

538 PA Bonn Band A Nr. 4 und BayHStA StK – GuV 13776.

Wirbeltieres ohne vernünftigen Grund" zu schaffen. Der Schutz der tierischen Existenz obliegt anderen Gesetzen, insbesondere den Jagd- und Fischereigesetzen sowie dem Naturschutzrecht. Jedenfalls sollte nicht ohne zwingende Notwendigkeit der ... eingeschlagene Weg, die Straftatbestände auf ein unumgängliches Maß zu beschränken, verlassen werden." Zudem sei der Begriff des „Wirbeltieres" sehr umfassend –so gehörten neben Säugetieren, Vögeln und Fischen auch Reptilien und Amphibien dazu- und der Bevölkerung nicht unbedingt geläufig. Es könne somit nicht davon ausgegangen werden, daß der Durchschnittsbürger, dem die Strafdrohung gelte, den Umfang dieses Begriffs kenne oder sich problemlos damit vertraut mache. Bedenken gegen die Bestimmung bestünden aber vor allen Dingen, weil das Tatbestandsmerkmal „ohne vernünftigen Grund" nicht hinreichend bestimmt sei. Es handele sich dabei um einen allgemeinen, wertausfüllungsbedürftigen Begriff, der im besonderen Maße der Auslegung durch den Richter bedürfe. Der Antrag wurde zwar schließlich abgelehnt, jedoch beschloß der Rechtsausschuß einstimmig folgende Stellungnahme: „Der Bundesrat ist der Auffassung, daß in § 17 Nr. 1 das Tatbestandsmerkmal „ohne vernünftigen Grund" der näheren Konkretisierung bedarf, um die Strafvorschrift justitiabel zu machen. Durch die Konkretisierung sollten die als strafwürdig in Betracht kommenden Fälle (z.B. Tötung aus Mordlust oder roher Gesinnung) erfaßt werden. Sollte eine entsprechende Konkretisierung nicht möglich sein, so bestünden gegen die Strafvorschrift in der Fassung des Entwurfs rechtliche Bedenken. Die Bundesregierung wird ferner gebeten, zu prüfen, ob der Begriff des „Wirbeltieres" ... nicht eingeschränkt werden sollte. Ferner sollte geprüft werden, ob die Höhe der vorgesehenen Strafandrohung gerechtfertigt ist."

Baden-Württemberg wiederholte ebenfalls den Antrag aus dem Unterausschuß, die Vorschrift des § 18 Absatz 1 Nr. 1 als neue Nr. 1 a in Absatz 2 einzufügen, da es notwendig erscheine, den Tatbestand des § 18 Absatz 1 Nr. 1 auch bei fahrlässiger Begehung unter Bußgeldandrohung zu stellen. Im Gegensatz zu seinem Unterausschuß nahm der Rechtsausschuß diesen Antrag an.

c) Der Ausschuß für Jugend, Familie und Gesundheit

Dieser ebenfalls mitberatende Ausschuß erhob nur wenige Bedenken gegen den Gesetzentwurf. In seiner 68. Sitzung am 24. Juni 1971[539] stellte Hamburg den Antrag, in § 9 Absatz 1 Nr. 6[540] nach Satz 1 folgenden Satz einzufügen: „Dies

539 PA Bonn Band A Nr. 2 und BayHStA StK – GuV 13776.

540 § 9 Abs. 1 Nr. 6 Satz 1: „Nach Abschluß eines Versuchs ist jedes hierbei verwendete überlebende Tier der Gattung Einhufer, Paarhufer, ... unverzüglich einem Tierarzt zur Untersuchung vorzustellen."

gilt nicht, wenn der Versuch offensichtlich keine Schmerzen, Leiden oder Schäden eines Tieres zur Folge hat." Zur Begründung führte man aus, daß viele Routineversuche ohne Reaktionen beim Tier verliefen. In einem solchen Falle sei das Urteil eines Tierarztes nicht erforderlich. Obwohl der Vertreter des BML dem Antrag widersprach, da es unklar sei, wer feststellen könne, ob tatsächlich keine Schmerzen etc. auftreten könnten und im übrigen auch psychische Leiden eines Tieres in Rechnung gezogen werden müßten, die durch die ständige Benutzung als Versuchstier auftreten könnten, wurde der Antrag angenommen. Weiterhin beschloß der Ausschuß, in § 10 Absatz 1 Nr. 2[541] die Worte „veterinärmedizinische oder medizinische" zu streichen, da diese Ausnahmevorschrift auch für die Ausbildung der pharmazeutisch-technischen Assistenten gelten müsse. Weitere Bedenken gegen den Gesetzentwurf bestanden nicht.

d) Der Unterausschuß des Landwirtschaftsausschusses

Der Landwirtschaftsausschuß hatte eigens einen Unterausschuß „Tierschutzgesetz" eingesetzt, der nur ein einziges Mal, am 18. Juni 1971,[542] tagte und den Entwurf Bundesratsdrucksache 278/71 als einzigen Tagesordnungspunkt hatte. Von den vielen gestellten Anträgen seien hier nur einige aufgezeigt, von denen sich die angenommenen später auch im Tierschutzgesetz von 1972 niederschlagen sollten. So beschloß man zunächst, dem Landwirtschaftsausschuß zu empfehlen, in § 2 Absatz 1[543] (Tierhaltung) nach dem Wort „hält" das Wort „ , betreut" einzufügen. Durch die Neufassung würden auch die Fälle erfaßt, in denen ein Tier weder gehalten noch aufgrund abgeleiteter Rechtspflicht zu betreuen sei. Auch war man dafür, daß der § 7[544] (Tierversuche) diese Fassung erhalten sollte: „ Wer zu Versuchszwecken Tiere für Eingriffe oder Behandlungen, die mit Schmerzen, Leiden oder Schäden verbunden sein können, verwenden will, hat dies vor Beginn der Versuche der zuständigen Behörde anzuzeigen." Es müsse sichergestellt werden, daß die Anzeigepflicht nach § 7 nicht nur für Versuche gelte, die durch unmittelbare Eingriffe oder Behandlungen an Tieren vorgenommen würden, sondern auch für Behandlungsweisen, in denen ohne physische Eingriffe lediglich auf die Psyche des Tieres eingewirkt werde (psychologi-

---

541 § 10 Abs. 1 Nr. 2: „ (§§ ...sind nicht anzuwenden bei Eingriffen...im Rahmen) ...2. einer Ausbildung für veterinärmedizinische oder medizinische Heilhilfsberufe..."

542 PA Bonn Band A Nr. 5 und BayHStA StK – GuV 13776.

543 § 2 Abs. 1: „Wer ein Tier hält oder zu betreuen hat..."

544 § 7: „Wer an Tieren zu Versuchszwecken Eingriffe oder Behandlungen, die mit Schmerzen, Leiden oder Schäden verbunden sein können, vornehmen will, hat dies vor Beginn der Versuche der zuständigen Behörde anzuzeigen."

sche Teste). Eine entsprechende Formulierung beschloß man für § 8 Absatz 1 Satz 1 zu empfehlen. In § 8 Absatz 4 Nr. 1 sollte der Buchstabe c) gestrichen werden[545], da man ein „sonstiges berechtigtes Interesse" nicht einräumen wolle. Ansonsten werde unter Umgehung der Einschränkungen der Nummern 1 und 2 die Möglichkeit geschaffen, für jeden sonstigen Zweck Tierversuche durchzuführen. Im übrigen sei in der Entwurfsbegründung zu § 8 das berechtigte Anliegen der Öffentlichkeit hervorgehoben worden, das Ausmaß der Versuche an Tieren so gering wie möglich zu halten.

In § 9 (Durchführung von Tierversuchen) wollte man in Absatz 4[546] den Satz anfügen: „Darüber hinaus dürfen die Maßnahmen nur von Personen vorgenommen werden, die die dazu notwendigen Kenntnisse und Fähigkeiten haben." Dies sei erforderlich, da die genannten Maßnahmen ein praktische Erfahrung voraussetzten und durch die Erweiterung der Vorschrift auch erreicht werde, daß Impfungen und Blutentnahmen bei Tieren nur von geschultem Personal vorgenommen und somit unnötige Schmerzen und Schäden bei den Tieren vermieden würden.

Zudem sollte in § 16 (Durchführungsvorschriften für die zuständigen Behörden) vor Absatz 1 folgender Absatz 0 eingefügt werden: „Einrichtungen, in denen an Versuchstieren Eingriffe oder Behandlungen durchgeführt werden, ferner Betriebe im Sinne des § 11 Absatz 1 Satz 1 und Absatz 2[547] sind durch die zuständigen Behörden zu beaufsichtigen." Aus der Fassung des § 16 lasse sich nicht die rechtliche Möglichkeit bzw. Verpflichtung zur laufenden amtstierärztlichen Überwachung von Tierhandlungen und Tierhaltungen einschließlich Versuchstierhaltungen ableiten. Diese laufende Überwachung z.B. von Hundehandlungen sei jedoch dringend notwendig und eine Forderung der Öffentlichkeit. Gerade auf die laufende Überwachung der genannten Einrichtungen und Betriebe komme es entscheidend an.

---

545 § 8 Abs. 4: „Die Genehmigung darf nur erteilt werden, wenn
1. dargelegt wird, daß die angestrebten Versuchsergebnisse nicht durch andere zumutbare Methoden oder Verfahren als den Tierversuch zu erreichen sind und
a) die Versuche zur Vorbeuge, zum Erkennen oder Heilen von Krankheiten bei Mensch oder Tier erforderlich sind,
b) die Versuche wissenschaftlichen Zwecken dienen oder
c) für die Versuche ein sonstiges berechtigtes Interesse nachgewiesen wird, (2. ...)"

546 § 9 Absatz 4: „Für Tierversuche nach § 8 Abs. 6 gelten die Absätze 1 bis 3 entsprechend." § 8 Abs. 6 regelte Tierversuche, die auf Grund gesetzlicher Vorschriften oder richterlicher Anordnung durchzuführen wären und Impfungen, Blutentnahmen etc.

547 Umfaßt waren Tierhandlungen, Tierhaltungen, Reitställe und Tierschauen.

Abgelehnt wurden u. a. die Anträge des Landes Berlin, in § 3 Nr. 7 hinter die Worte „aus gesundheitlichen Gründen“ die Worte „nach tierärztlicher Indikation“ einzufügen; in § 6 Satz 3 in dem Satzteil nach dem Semikolon die Worte „der Nummern 3 und“ zu streichen und das Wort „können“ durch das Wort „dürfen“ zu ersetzen; in § 9 Absatz 1 Nr. 4 Satz 2 das Wort „Personen“ durch die Worte „Tierärzten oder Ärzten“ zu ersetzen oder in § 11 hinter Absatz 2 folgenden neuen Absatz 2 a einzufügen: „(2 a) Wer gewerbsmäßig mit Tieren nach Absatz 1 Satz 1 handelt, hat Buch zu führen und darin insbesondere die gehandelten Tiere sowie Name und Anschrift des Vorbesitzers und des Käufers einzutragen. Die Buchführung ist nicht erforderlich, soweit sie nach anderen Rechtsvorschriften vorgeschrieben ist.“ Auch der Antrag Baden-Württembergs, § 5 Absatz 3 Nr. 3 wie folgt zu fassen: „ 3. für das Kürzen des Schwanzes von unter acht Tagen alten Ferkeln und von unter zwei Monate alten Lämmern sowie für das Kürzen des Schwanzes von Ferkeln und Lämmern, die dieses Alter überschritten haben, mittels elastischer Ringe,“ fand keine Mehrheit, ebenso wie der Antrag Hamburgs, in § 8 Absatz 1 Satz 2 die Worte „die Forschung betreiben“ durch die Worte „die sich mit Forschung oder mit der wissenschaftlichen Prüfung von Stoffen befassen“ zu ersetzen.

e) Der Landwirtschaftsausschuß

Der Landwirtschaftssausschuß beschloß in seiner 304. Sitzung am 22. Juni 1971[548], den Vorschlägen des Unterausschusses „Tierschutzgesetz“ bezüglich der Änderungen in § 2 Absatz 1, §§ 7 und 8 Absatz 1 Satz 1 und Absatz 4 sowie in den §§ 9 und 16 zu folgen. Daneben beschloß man, dem Bundesrat folgende Stellungnahme zu empfehlen: „Die Bundesregierung wird gebeten, Bestrebungen zur Schaffung einer Europäischen Tierschutzkonvention im Rahmen des Europarates bzw. der Europäischen Gemeinschaften nachdrücklich zu fördern, um insbesondere die Gefahr von unvertretbaren Wettbewerbsverzerrungen im Bereich der Tiererzeugung aufgrund nationaler tierschutzrechtlicher Beschränkungen zu begegnen.“

Unter dem 28. Juni 1971 wurden die Empfehlungen der Ausschüsse als Bundesratsdrucksache 278/1/71[549] für die Bundesratssitzung am 09. Juli zusammengefaßt. Es wurde entsprechend den Vorschlägen der Ausschüsse empfohlen, gemäß Artikel 76 Absatz 2 GG zu dem Gesetzentwurf Stellung zu nehmen. So sollte die Bundesregierung insbesondere die Präambel wegen der Zustimmungsbedürftigkeit neu fassen sowie zahlreiche Paragraphen in den Formulierungen

548 PA Bonn Band A Nr. 6 und BayHStA StK – GuV 13776.
549 PA Bonn Band A Nr. 7 und BayHStA StK – GuV 13776.

erneuern, erweitern oder kürzen. Im übrigen empfahlen die Ausschüsse dem Bundesrat, keine Einwendungen zu erheben.

Auch der *Koordinierungsausschuß* des Bundesrates schlug nach seiner Besprechung am 05. Juli 1971 vor, alle Empfehlungen in Drucksache 278/1/71 unter den Nummern 1 bis 16 zu unterstützen.[550] Von den einzelnen Ländern billigte beispielsweise der Bayerische Ministerrat die vom Koordinierungsausschuß beschlossenen Empfehlungen.[551]

3. Die Stellungnahme des Bundesrates

Am 09. Juli 1971 beriet der Bundesrat in seiner 369. Sitzung[552] über den Entwurf eines Tierschutzgesetzes Bundesratsdrucksache 278/71 und die Empfehlungen der Ausschüsse - Bundesratsdrucksache 278/1/71. Die Berichterstattung von Minister Dr. Best[553] wurde zu Protokoll gegeben (Anlage 10).[554] Darin führte Dr. Best unter anderem aus, daß die Ausschüsse die Regierungsvorlage im wesentlichen bestätigt hätten, wobei in einigen Punkten jedoch Abänderungsvorschläge vorgenommen worden seien. Diese zielten vorwiegend darauf ab, eine noch bessere Absicherung des Tieres vor unnötigen Eingriffen und schädigenden Einwirkungen des Menschen zu gewährleisten.[555] Der Bundesrat folgte allen Empfehlungen der Ausschüsse, so daß der Präsident des Bundesrates am selben Tage Bundeskanzler Brandt informieren konnte: „Auf Ihr Schreiben vom 28. Mai 1971 ... teile ich Ihnen mit, daß der Bundesrat ... gemäß Artikel 76 Absatz 2 des Grundgesetzes beschlossen hat, zu dem Entwurf eines Tierschutzgesetzes

---

550 BayHStA StK – GuV 13776; die Empfehlungen unter Nr. 3 b, 4 c, 4 d und 6 c sollten nur hilfsweise unterstützt werden.

551 Sitzung vom 06. Juli 1971; BayHStA StK – GuV 13776.

552 Sitzungsberichte Bundesrat 1971, 361-375, S. 214 B ff.; PA Bonn Band A Nr. 9.

553 Dr. Werner Best war von 1970 bis 1973 Hessischer Staatsminister für Landwirtschaft und Umwelt.

554 Sitzungsberichte Bundesrat 1971, 361-375, S. 214, 225.

555 Minister Dr. Best bekräftigte auch noch einmal die Forderung von Öffentlichkeit und Parlament nach einem neuen Tierschutzgesetz, und er beschrieb den Gesetzentwurf als ethisch begründet. Der Entwurf diene dem Schutz des Tieres vor Schmerzen. Leiden und Schäden. Es seien insbesondere im Hinblick auf aktuelle Tierschutzprobleme in neuzeitlichen Intensivhaltungsformen und für den Bereich der Tierversuche und Tiertransporte neue Regelungen getroffen worden. Ferner werde die gebotene Durchsetzung und Überwachung der Vorschriften ermöglicht, die strafrechtlichen Auswirkungen seien nach modernen Gesichtspunkten ausgerichtet und der Gesetzentwurf unterstütze zudem Bestrebungen zur Schaffung einer europäischen Tierschutzkonvention, wie sie im Europarat erkennbar und vom Deutschen Bundestag ausdrücklich gefordert worden sei.

wie aus der Anlage ersichtlich Stellung zu nehmen. Im übrigen erhebt der Bundesrat gegen den Entwurf keine Einwendungen."[556]

Somit hatte der vorgelegte Gesetzentwurf den Bundesrat recht passabel überstanden. Es läßt sich also festhalten, daß der Entwurf bis auf wenige Ausnahmen bereits gut aufgebaut und durchdacht war. Im Gegensatz zu den vorigen Entwürfen der vierten und fünften Legislaturperiode bestanden nun auch keine Hindernisse mehr. Problematische Punkte wie die Einfügung der Schlachtvorschriften in das Tierschutzgesetz hatte man weggelassen, da diese in Einzelgesetzen und Verordnungen besser aufgehoben waren. Es galt nunmehr, auf die Beanstandungen des Bundesrates zu reagieren.

4. Die Gegenäußerung der Bundesregierung

Am 20. Juli 1971 erging ein Schnellbrief des Bundeslandwirtschaftsministeriums an die anderen Bundesministerien, worin es hieß: „Als Anlage übersende ich den Entwurf einer Gegenäußerung der Bundesregierung zum Beschluß des Bundesrates vom 09. Juli 1971 (BR-Ds. 278/71 -Beschluß). ... Sofern ich bis zum 13. August d.J. von Ihnen keine Nachricht erhalten haben sollte, gehe ich davon aus, daß Sie mit der Gegenäußerung einverstanden sind. Ich werde die Gegenäußerung sodann unverzüglich dem Bundeskanzleramt mit der Bitte zuleiten, die Zustimmung des Kabinetts durch Umlauf herbeizuführen."[557] Nachdem der Entwurf einer Gegenäußerung mit den beteiligten Ressorts abgestimmt war, übersandte das Bundeslandwirtschaftsministerium diesen am 24. August 1971 an das Bundeskanzleramt, wo er die Zustimmung des Kabinetts erhielt.[558] Am 07. September 1971 legte dann die Bundesregierung als *Bundestagsdrucksache VI/2559* den Entwurf eines Tierschutzgesetzes mit Begründung (Anlage 1), der Stellungnahme des Bundesrates (Anlage 2) und der Gegenäußerung (Anlage 3) vor.[559]

In der *Gegenäußerung* stimmte die Bundesregierung den Vorschlägen zu den Ziffern 2, 3 a und b, 4 a und b, 5 a und b, 6 a und b, 7 b, 8 a und b, 9, 10, 11, 14 a und b sowie 15 zu. Jedoch war die Bundesregierung dagegen, die Präambel zu ändern, denn bei den von den Zolldienststellen nach den Vorschriften des Gesetzes wahrzunehmenden Aufgaben handele es sich um die Überwachung von Einfuhrverboten (§ 12). Diese Überwachungstätigkeit gehöre zum herkömmlichen Aufgabenbereich der Zollverwaltung und sei daher durch Artikel 87 Absatz 1

556 Bundesratsdrucksache 278/71 (Beschluß) mit der Stellungnahme in der Anlage; PA Bonn Band A Nr. 10.
557 BA Koblenz Akte 116/84804, S. 740 ff.
558 BA Koblenz Akte 116/84804, S. 749 ff.
559 BTDS Band 152; PA Bonn Band A Nr. 11.

Satz 1 Grundgesetz[560] gedeckt. Die Voraussetzungen des Artikel 87 Absatz 3 Satz 2 Grundgesetz lägen nicht vor, so daß das Gesetz nicht der Zustimmung der Mehrheit der Mitglieder des Bundestages bedürfe. Auch dem Vorschlag zu Ziffer 7 a (§ 9) stimmte die Bundesregierung nicht zu.[561] Auch wenn Tiere der aufgeführten Gattungen nur zu sogenannten Routineversuchen herangezogen würden, die vielfach zunächst ohne offensichtliche Reaktionen abliefen, sei davon auszugehen, daß im Zuge der Versuche im Organismus der Tiere unvermeidbare Veränderungen verursacht würden, die mit Schmerzen, Leiden oder Schäden einhergingen. Bereits die Feststellung solcher Veränderungen müsse die Weiterverwendung der Tiere ausschließen. Die Beobachtung und Beurteilung dieser Entwicklung könne nur Personen zugestanden werden, die auf Grund ihrer Ausbildung in der Lage seien, „insbesondere die tierartspezifischen anatomischen und physiologischen Gegebenheiten in Verbindung mit toxikologischen und anderen belastenden Einwirkungen" im Rahmen der Versuche zu beurteilen. Dazu sei jedoch auf Grund seiner Ausbildung und Erfahrung nur ein Tierarzt befähigt. Dem Vorschlag zu Ziffer 12 (§ 16)[562] stimmte man nur mit der Maßgabe zu, daß im Sinne des Tierschutzanliegens gleich gewichtige Betriebe, wie zum Beispiel Nutztierhaltungen in neuzeitlichen Systemen, zoologische Fachhandlungen oder Versuchstierhaltungen, in die Regelung einbezogen würden. Zu dem Vorschlag Ziffer 13 (§ 17)[563] äußerte sich die Bundesregierung dahingehend, daß man prüfen werde, ob und inwieweit eine Konkretisierung des § 17 Nr. 1 insbesondere im Hinblick auf das Tatbestandsmerkmal „ohne vernünftigen Grund" möglich sei. Im übrigen mache sie vorsorglich darauf aufmerksam, daß erstens Wirbeltiere über ein zentrales Nervensystem verfügten und somit ein hochdifferenziertes Schmerzleitungssystem und ein ausgeprägtes Schmerzempfindungsvermögen hätten, so daß es sachlich nicht vertretbar sei, innerhalb der Gruppe der Wirbeltiere eine Aufteilung vorzunehmen, die willkürlich erfolgen müßte. Zweitens

560 Art. 87 Abs. 1 S. 1 GG, alte Fassung. Nunmehr neu gefaßt durch Gesetz vom 20. Dezember 1993 (BGBl. I S. 2089). Die für die vorliegende Frage relevanten Formulierungen sind allerdings gleich geblieben.

561 Danach sollten Tiere bestimmter Gattungen dann nicht einem Tierarzt vorgestellt werden müssen, wenn die vorangegangenen Versuche offensichtlich keine Schmerzen, Leiden oder Schäden verursacht hatten.

562 Danach sollten Einrichtungen, in denen an Versuchstieren Eingriffe oder Behandlungen durchgeführt würden sowie Betriebe im Sinne des § 11 Abs. 1 Satz 1 und Abs. 2 durch die zuständigen Behörden beaufsichtigt werden.

563 Hier war der Bundesrat der Ansicht, daß das Tatbestandsmerkmal „ohne vernünftigen Grund" der näheren Konkretisierung bedürfe, um die Strafvorschrift justitiabel zu machen. Auch solle die Bundesregierung prüfen, ob der Begriff des „Wirbeltieres" nicht eingeschränkt werden sollte und ob die Höhe der Strafandrohung gerechtfertigt sei.

entspreche der vorgesehene Strafrahmen nicht nur dem geltenden Recht, sondern auch Vorstellungen des Initiativentwurfs eines Tierschutzgesetzes (Drucksache V/934). Eine Herabsetzung des Höchstmaßes der Strafandrohung sei auch im Hinblick auf den Unrechtsgehalt, der einer Zuwiderhandlung gegen diese Vorschrift in besonders schweren Fällen zukommen könne, nicht gerechtfertigt.

Auf die Empfehlung der Ziffer 16[564] antwortete die Bundesregierung, daß die im Europarat erkennbaren Bestrebungen zur Schaffung einer Europäischen Tierschutzkonvention von der Bundesregierung seit dem Votum des Deutschen Bundestages vom 02. Juli 1969 mit Nachdruck unterstützt werde. Die Bundesregierung sei bemüht, diese Arbeiten zu beschleunigen.

IV. Die Bundestagsdrucksache VI/2559

1. Die erste Lesung der Bundestagsdrucksache VI/2559

In der 137. Sitzung des Deutschen Bundestages am 29. September 1971 wurde der Gesetzentwurf Bundestagsdrucksache VI/2559[565] erstmals behandelt.[566] Zunächst faßte *Bundeslandwirtschaftsminister Ertl* die Entwicklung bis hin zu diesem Gesetzentwurf zusammen und betonte zudem dessen -gegenüber dem geltenden Tierschutzrecht- erweiterte Zielsetzung um die Schutzbedürftigkeit des Lebens der Tiere. Ertl machte deutlich, daß der Entwurf, der zweifellos in vielen einzelnen Fragen sehr schwierige Entscheidungen erfordere, in dem einen oder anderen Punkt eine Änderung im Rahmen der anstehenden Beratungen erfahren werde. Abschließend verlieh er seiner Hoffnung Ausdruck, daß aus den Beratungen ein Gesetz hervorgehen werde, welches in weiten Kreisen der Bevölkerung Anklang finden und dem Tier in wohlverstandener Weise den ihm gebührenden Schutz zukommen lassen werde.[567]

Zu Beginn der Aussprache zur ersten Lesung lobte dann der Abgeordnete *Rollmann* (CDU/CSU) die Regierungsvorlage und erinnerte daran, daß der Bundestag nun schon seit zehn Jahren um ein neues Tierschutzgesetz kämpfe.[568] Er

---

564 Hierin war die Bundesregierung gebeten worden, Bestrebungen zur Schaffung einer Europäischen Tierschutzkonvention im Rahmen des Europarates bzw. der Europäischen Gemeinschaften nachdrücklich zu fördern.

565 BTDS Band 152.

566 Stenographische Berichte, Band 77, S. 7997 ff.; PA Bonn Band A Nr. 12.

567 Die Rede Ertls wurde auch in den Informationen des BML Nr. 40 vom 04. Oktober 1971 veröffentlicht; BA Koblenz Akte 116/84804, S. 821.

568 Seit dem ersten Entwurf -Bundestagsdrucksache IV/85- vom 14. Dezember 1961 waren beinahe zehn Jahre vergangen; der zweite Entwurf – Bundestagsdrucksache

unterstrich dabei die Bedeutsamkeit der Vorarbeiten, die in den vergangenen Legislaturperioden gemacht worden seien und auf denen der jetzige Gesetzentwurf beruhe. Rollmann meinte, es seien in dem Entwurf wohl für jeden noch Wünsche und Erwartungen offengeblieben. Er regte daher an, daß sich die Ausschüsse, denen der Gesetzentwurf zur weiteren Beratung überwiesen werde, „in einem Hearing allen in diesem Lande stellen, die an einem neuen Tierschutzgesetz ein sachverständiges Interesse nehmen.“

Auch der Abgeordnete *Saxowski* (SPD) sah bei den Beratungen mannigfaltige Probleme voraus und erwartete, daß es wohl viel Zeit und ernsthafter Überlegungen bedürfe, um zu einem guten Kompromiß zu gelangen, denn Idealvorstellungen für alle betroffenen Teile werde man in diesem Gesetz nicht erreichen können. Auch Saxowski sprach sich daher dafür aus, daß man sich den Sachverstand aller Verbände und Institutionen zu eigen machen und sie in einem Hearing anhören müsse, um sich dann in den Beratungen ihres Fachwissens zu bedienen. Ähnlich äußerte sich auch der Abgeordnete *Helms* (FDP). Der Abgeordnete *Spillecke* (SPD) wies darauf hin, daß die Wissenschaft, insbesondere die Tierpsychologie und die Verhaltungsforschung, in den vergangenen zwei Jahrzehnten ihre Kenntnisse erheblich erweitert habe. Dieser entwickelten Erkenntnis müsse der Gesetzgeber entsprechen. Die gesetzliche Regelung dürfe sich nicht auf Fragen der Vernachlässigung und der Mißhandlung der Kreatur beschränken, sondern müsse zugleich eine positive Fürsorge enthalten. Das Maß der Sorge, die man den Tieren widme, sei immer auch ein Gradmesser für die Kultur eines Volkes. Spillecke war zuversichtlich, daß es bei den Beratungen keine Parteidifferenzen, sondern eher ein „interfraktionelles Teamwork“ geben werde. Abschließend erinnerte der Abgeordnete *Klinker* (CDU/CSU) daran, daß 80 % der Einnahmen der deutschen Landwirtschaft aus der Tierhaltung kämen und daß die Konkurrenzfähigkeit angesprochen sei, wenn im nationalen Rahmen strengere Auflagen als im europäischen gemacht würden. Er appellierte an Bundeslandwirtschaftsminister Ertl, im europäischen Rahmen für ähnliche Auflagen zu sorgen wie im nationalen Rahmen. Ertl erwiderte darauf, daß der Entwurf bereits dem Europarat vorgelegt worden sei, woraufhin man die Mitteilung erhalten habe, daß der Europarat den Entwurf begrüße und als richtungsweisend für seine Beratungen betrachte.

Am Ende der Beratung wurde beschlossen, den Entwurf an den Landwirtschaftsausschuß (Federführung) und an den Innenausschuß sowie den Rechtsausschuß (zur Mitberatung) zu überweisen.

V/934- vom 22. September 1966 lag bereits fünf Jahre zurück. Zwei Vorreiter des Tierschutzes in der vierten und fünften Legislaturperiode, die Abgeordneten Büttner und Ritzel, gehörten dem Bundestag schon nicht mehr an.

Bereits vor der Ersten Lesung des Entwurfs im Bundestag hatte in der 48. Sitzung des Landwirtschaftsausschusses am 23. September 1971 der Vorsitzende, Dr. Schmidt (Gellersen; SPD)[569], eine eintägige öffentliche Anhörung angeregt, um für die bevorstehenden Ausschußberatungen eine breite Informationsbasis zu schaffen. Die Themen im einzelnen und die Benennung der Sachverständigen sollte den Obleuten der Bundestagsfraktionen vorbehalten bleiben. Diesem Vorschlag hatte der Ausschuß zugestimmt.[570] Auch die Redner in der Ersten Lesung hatten eine solche öffentliche Anhörung gefordert und befürwortet.

In seiner Sitzung vom 05. bis 07. Oktober 1971 machte der Ausschuß deutlich, daß vor der Aufnahme der Ausschußberatungen ein Hearing durchgeführt werden sollte, da dem Parlament in den letzten Monaten zahlreiche Zuschriften zu dem Gesetzentwurf zugegangen seien und noch zugingen, die oftmals sehr unterschiedliche Standpunkte erkennen ließen. Aus der Sicht des BML stünde im Brennpunkt der öffentlichen Diskussion derzeit die Frage der Berechtigung des Ohren- bzw. Rutenkupierens bei bestimmten Hunderassen sowie die Frage der Einbeziehung der Biologen in den Kreis der Personen, der selbständig operative Eingriffe im Rahmen von Versuchen an Wirbeltieren vornehmen könne.[571]

In der darauffolgenden Ausschußsitzung am 14. Oktober 1971 teilte der Vorsitzende mit, daß man sich in der Sitzung vom selben Tage mit den Obleuten der Fraktionen einmütig auf die anzuhörenden Sachverständigen und Verbände für die beschlossene öffentliche Anhörung geeinigt habe. Die Anhörung solle am 08. Februar 1972 stattfinden und folgende Themenkreise umfassen:

I. Mensch und Tier in der Gesellschaft;
II. Tierschutz und Nutztierhaltung einschließlich Fische (Neuzeitliche Haltungssysteme, Lebendvermarktung einschließlich Tiertransport, Jagd und Sport);
III. Tierschutz und Versuche am lebenden Tier.

Im Zusammenhang mit der Anhörung sollten auch moderne Haltungssysteme und Tiere demonstriert werden. Die Sachverständigen- und Themenvorschläge würden dem mitberatenden Innenausschuß mit der Anfrage zugeleitet, ob noch

569 Dr. Martin Schmidt, Diplomlandwirt, gehörte von der 1. bis zur 10. Wahlperiode dem Bundestag an. In allen zehn Wahlperioden gehörte er weiterhin als Ordentliches Mitglied dem Landwirtschaftsausschuß an, dessen Vorsitz er von der 6. bis zur 10. Wahlperiode innehatte; Vierhaus/Herbst, S. 759.

570 PA Bonn Band A Nr. 20.

571 BA Koblenz Akte 116/84804.

weitere Themenkreise einbezogen oder Sachverständige gehört werden sollten. Zur Anhörung werde der Innenausschuß eingeladen.[572]

Der *Innenausschuß* machte daraufhin in seiner Sitzung am 08. Dezember 1971 einige Änderungsvorschläge und bat darum, die vorgesehene Anhörung als gemeinsame Anhörung beider Ausschüsse durchzuführen.[573] Diesem Wunsch wurde bei der Anhörung entsprochen.[574] Insgesamt beschlossen die Ausschüsse, zu den drei genannten Themenkreisen sachverständige Vertreter von siebzehn verschiedenen Interessengruppen anzuhören. Der Landwirtschaftsausschuß beschloß zudem in seiner Sitzung am 19. Januar 1972[575], die vom Ausschuß im Zusammenhang mit der öffentlichen Anhörung zum Tierschutzgesetz vorgesehene Demonstration moderner Haltungssysteme und die Vorführung bestimmter vom Kupierverbot betroffener Hundearten aus jahreszeitlichen Gründen im März durchzuführen und zwar die Vorführung der Hunde im Bereich des Bundeshauses und die Besichtigung der Massentierhaltungen im Versuchsgut Frankenforst der Universität Bonn.

H. Das Jahr 1972

I. Die Stellungnahmen vor der öffentlichen Anhörung

Vor der öffentlichen Anhörung, die für den 08. Februar terminiert war, nahmen die eingeladenen Verbände und Organisationen zu dem Gesetzentwurf Bundestagsdrucksache VI/2559, aber auch zu allgemeinen Fragen des Tierschutzes Stellung. Unter den Beteiligten waren dabei sowohl Tierschützer als auch Forschungseinrichtungen, Zuchtverbände und Industrie.[576] Daneben gab es noch ei-

---

572 PA Bonn Band A Nr. 21; die Einladung an den Innenausschuß ist dort als Anlage 1 angegliedert. Später wurde auch der ebenfalls mitberatende Rechtsausschuß eingeladen; Anlage 2.

573 PA Bonn Band A Nr. 14.

574 Vgl. Protokoll über die gemeinsame Sitzung am 08. Februar, PA Bonn Band A Nr. 14 a bzw. 23.

575 PA Bonn Band A , laut Inhaltsverzeichnis Nr. 22, gestempelt als Nr. 21.

576 Unter anderem sollten gehört werden: Der DTSB, der BMT, die Arbeitsgemeinschaft Deutscher Tierzüchter, die Deutsche Veterinärmedizinische Gesellschaft, der Verband für das Deutsche Hundewesen, der Bundesverband der Pharmazeutischen Industrie, der Zentralverband der Deutschen Geflügelwirtschaft und der Deutsche Bauernverband.
Im Gegensatz zur Deutschen Veterinärmedizinischen Gesellschaft erhielt die Deutsche Tierärzteschaft keine Möglichkeit, sich im Rahmen der öffentlichen Anhörung

ne Vielzahl an Vorschlägen von Unbeteiligten, beispielsweise von Hundeclubs, Einzelpersonen und einem Lehrerkollegium.[577]

1. Die Tierschutzvereinigungen

Bereits im Dezember 1971 hatte die Gemeinsame Kommission der deutschen Tierschutzverbände unter dem Vorsitz von Senatspräsident Dr. Albert Lorz den Abgeordneten des Deutschen Bundestages für die Beratungen eines neuen Tierschutzgesetzes eine Gegenüberstellung[578] zugesandt. Darin war der Regierungsentwurf mit einem Entwurf der deutschen Tierschutzverbände[579] verglichen worden, in den man die Stellungnahme des Bundesrates, die Gegenäußerung der Bundesregierung sowie die Stellungnahme der Kommission selbst vom Juli 1971 bereits eingearbeitet hatte. Die Gemeinsame Kommission für den Tierschutz firmierte unter der Adresse der Bundesgeschäftsstelle des DTSB in Bonn, was den Schluß nahelegt, daß der DTSB als größter Tierschutzverband in Deutschland die Initiative und Organisation ergriffen hatte und Räumlichkeiten und Material zur Verfügung stellte. So verwundert es auch nicht, daß der DTSB selbst am 25. Januar 1972 eine Stellungnahme abgab, die die wesentlichen Punkte der Gegenüberstellung der Gemeinsamen Kommission noch einmal zusammenfaßte und gleichzeitig betonte. Obwohl der DTSB die vom 6. Deutschen Bundestag bezüglich des Tierschutzrechts getroffenen und eingeleiteten Maßnahmen –Änderung des Artikel 74 Nr. 20 GG und die Vorlage der Bundestagsdrucksache VI/2559- sehr begrüßte, stellte er dennoch folgende Grundforderungen:

- Ausdrückliche Bestätigung des ethischen Prinzips des Tierschutzes auch im Gesetzestext;
- strenge Reglementierung und Einengung der Tierversuche mit dem Ziel, auf sie möglichst ganz zu verzichten;

---

zu äußern. Erst nach einer Aufforderung durch den Landwirtschaftsausschuß wurde am 23. Mai 1972 eine Stellungnahme abgegeben.

577 Die gesammelten Stellungnahmen finden sich in den Akten des Parlamentsarchivs/Bonn zum Tierschutzgesetz vom 24. Juli 1972 in Band B als „Sonstige Materialien" mit den laufenden Nummern 1-70. Die Stellungnahmen der siebzehn an der Anhörung beteiligten Verbände und Gesellschaften finden sich unter den laufenden Nummern 1-17. Diese enthielten bereits zum großen Teil die später auch in der öffentlichen Anhörung vorgebrachten Argumente und werden daher schon hier ausführlich dargestellt.

578 PA Bonn Band B Nr. 37.

579 Entwurf der deutschen Tierschutzverbände vom Dezember 1971, PA Bonn Band B Nr. 37.

- ausdrücklicher Schutz des Lebens, Wohlbefindens, der Gesundheit und der Unversehrtheit der Tiere;
- Praktikabilität der strafrechtlichen Norm.

Daneben hatte der DTSB noch mehrere Einzelforderungen und Wünsche. Dazu gehörte der nachdrückliche Vorschlag, den § 1 Satz 2 so zu fassen. „Niemand *darf* ein Tier *unnötig* töten oder ihm Schmerzen, Leiden oder Schäden zufügen." Damit sollte das Verbot der Tiertötung und -quälerei nicht mehr als unverbindliche Sollvorschrift ausgesprochen werden, die niemanden verpflichten würde. Vielmehr sollte der Charakter einer rechtlichen Verpflichtung geschaffen werden. Daneben wollte man die Abgrenzung der gerechtfertigten von der ungerechtfertigten Handlung eher durch das Wort „unnötig", das auf den Zweck Bezug nehme, als durch die Formulierung „ohne vernünftigen Grund" erreichen. Auch der Verbotskatalog des § 3 sollte geändert werden. Neben der Einfügung einer Vorschrift über Kettenhunde sah man in der Ziffer 2, 2. Halbsatz Änderungsbedarf. Diese Regelung verstoße „in eklatanter Weise gegen den Sinn des Tierschutzgesetzes und wird als inhuman und unsinnig abgelehnt."

Im Zusammenhang mit § 3 Nr. 4 des Entwurfs stellte der DTSB die generelle Forderung auf, die Begriffe „offensichtlich" und „erheblich" im gesamten Gesetzestext zu streichen. Gerade in § 17 Nr. 2 a werde deutlich, daß ein Beibehalten der Begriffe die Strafvorschriften zu papiernen Drohungen mache, die niemals realisiert werden könnten. Es werde in der Praxis kaum nachzuweisen sein, wann jemand roh handele, da dies ein innerer Vorgang sei, dessen Nachweis eben nur schwer zu erbringen sei. Auch die Offensichtlichkeit der Schmerzzufügung sei tierschutzfeindlich, da die Bestrafung nicht davon abhängen könne, ob die zugefügten Schmerzen für jedermann ersichtlich gewesen seien. Ähnliches gelte auch für die Nachweisbarkeit der Erheblichkeit von Schmerzen. Bei einer Beibehaltung der Strafvorschriften in der vorliegenden Fassung werde das Tierschutzgesetz zu einer Farce, wenn man nur einmal § 3 Nr. 4 betrachte. Danach sei die Heranziehung eines Tieres zu einer Abrichtung, Schaustellung etc. nur verboten, sofern damit „offensichtlich erhebliche Schmerzen. Leiden oder Schäden verbunden seien. Im Hinblick auf die Strafvorschriften forderte man daneben die Verwendung der Formulierung „unnötig" statt „ohne vernünftigen Grund" in § 17 Nr. 1, wie es bereits der Bundesrat in seiner Stellungnahme vorgeschlagen hatte. Auch sollte die Höchststrafe –im Einklang mit dem Strafrecht der Schweiz- auf drei Jahre heraufgesetzt werden. Tierversuche sollten generell verboten, Ausnahmen nur unter bestimmten Voraussetzungen zulässig sein, so wie es das geltende Recht in § 5 TierSchG vorsehe. Die neuen Regelungen der §§ 7 ff. seien daher sogar ein Rückschritt und eine Verschlechterung. Auch das Kupieren von Ruten und Ohren wurde vollständig abgelehnt. Abschließend sprach sich der DTSB für den § 13 des Entwurfs aus, da die Probleme der Massentierhaltungen am besten durch Rechtsverordnungen, und zwar als „Durchführungsverordnungen" geregelt werden könnten, solange der ökonomische Prozeß des weltweiten Wachstums dieser Haltungsmethoden noch nicht abgeschlossen und überschaubar sei.

2. Forschung, Züchtung und Industrie

Die Vorschläge und Änderungswünsche der Forschungsinstitutionen und der anderen Interessengruppen waren nicht so einschneidend und vielschichtig wie die der Tierschutzvereinigungen. Verständlicherweise betrafen die Anregungen insbesondere die Bereiche der Tierversuche und der Ausbildung. Stellvertretend seien hier die Meinungen der Bayer AG[580], der Deutschen Forschungsgemeinschaft in Bonn (DFG)[581], der Deutschen Veterinärmedizinischen Gesellschaft e.V. in München (DVetG)[582], der Deutschen Zoologischen Gesellschaft in München (DZoolG)[583] und des Bundesverbandes der Pharmazeutischen Industrie e.V. in Frankfurt/ Main[584] (BPI) wiedergegeben. Diese waren sich in den wesentlichen Punkten ähnlich und wurden zum Teil in den wörtlichen Formulierungen der Vorschläge später in das neue Tierschutzgesetz übernommen.[585]

Die DVetG führte einleitend aus, daß das Tier an sich richtigerweise zivilrechtlich den Sachen zugerechnet werde. Diese Tatsache beschränke jedoch keinesfalls die Pflicht des Menschen, in dessen Obhut die Kreatur stünde, das Tier vor Schmerzen. Leiden oder Schäden zu bewahren. Eine Einschränkung bestünde nur insofern, als dem Tier ebendiese nach Maßgabe der allgemeinen Sittenordnung zugemutet werden könne. Die Sittenordnung wiederum enthalte Anliegen und Zwecke, die dem Tierschutz über- oder gleichgeordnet oder untergeordnet seien. Zu den über- oder gleichgeordneten Anliegen müsse man die Ernährung des Menschen, die Schädlingsbekämpfung, die Volksgesundheit und Volksbildung sowie den Naturschutz usw. ansehen. Hier müsse der Tierschutz zurückstehen. Andererseits müsse der Mensch dort Abstriche machen, wo der

580 Brief an den Vorsitzenden des Familienausschusses, Rudolf Hauck, MdB, vom 03. September 1971; PA Bonn Band B Nr. 18; die Bayer AG war -im Gegensatz zu den weiter Genannten- nicht an der öffentlichen Anhörung am 08. Februar 1972 beteiligt. Dennoch mag es von Interesse sein, im Zusammenhang mit den Tierversuchen auch die Ansichten eines direkten Vertreters der Pharmaindustrie zu betrachten.

581 Stellungnahme vom 11. Januar 1972; PA Bonn Band B Nr. 1.

582 Ebenfalls vom 11. Januar 1972; PA Bonn Band B Nr. 2.

583 Stellungnahme vom 27. Januar 1972; PA Bonn Band B Nr. 7.

584 Stellungnahme vom 26. Januar 1972; PA Bonn Band B Nr. 4.

585 Tatsächlich wurden im Tierschutzgesetz vom 24. Juli 1972 letztendlich mehr Vorschläge dieser „praktischen" Seite beachtet, als von Seiten der Tierfreunde.

Tierschutz modischen, sportlichen, artistischen oder künstlerischen Zwecken vorgehe.

Eines der Hauptanliegen der Forscher und der Industrie war die Änderung des § 8 Absatz 2 des Entwurfs.[586] Zu dessen Satz 1 schlug man vor, hinter die Worte „der Veterinärmedizin oder der Medizin“ die Worte „oder der Biologie“ einzufügen. Gerade Versuche im Sinne des Satzes 1 würden in großem Umfange von Biologen durchgeführt, die -insbesondere Zoologen und Mikrobiologen-gleich einem Veterinärmediziner die Möglichkeit hätten, im Rahmen ihrer Ausbildung die hierfür erforderlichen Fachkenntnisse zu erwerben. In Einzelfällen und im Umgang mit bestimmten Tierarten[587] seien die Biologen nicht nur gleichberechtigte Partner der Tierärzte und Mediziner, sondern sogar kompetenter als ihre Kollegen. Daher lehnten sie eine Aufsicht durch vielfach weniger kompetente Mediziner und Veterinäre ab. Auch § 8 Absatz 2 Satz 3 sollte umformuliert werden.[588] Hier wurde vorgeschlagen, hinter „beschäftigt“ folgende Worte einzufügen: „...oder mit Zustimmung des verantwortlichen Leiters zur Benutzung der Einrichtung befugt...“ Diese Änderung wurde als dringend erforderlich angesehen, da „nach dem bisher vorliegenden Entwurf beispielsweise Gastforscher und Doktoranden, die bei einer Einrichtung tätig sind oder dort arbeiten möchten, keine Tierversuche durchführen könnten. Ein solches Verfahren widerspräche nicht nur den internationalen Gepflogenheiten; es würde der deutschen Forschung Schaden zufügen.“[589]

Für § 9 des Gesetzentwurfs wurden ebenfalls mehrere Änderungen vorgeschlagen. So sollte § 9 Absatz 1 Nr. 4 Satz 3[590] in seinem letzten Satzteil so for-

---

586 § 8 Abs. 2 Satz 1 lautete: „Tierversuche mit operativen Eingriffen dürfen nur von Personen mit abgeschlossener Hochschulbildung der Veterinärmedizin oder der Medizin, die die erforderlichen Fachkenntnisse haben, sonstige Tierversuche auch von Personen mit abgeschlossener naturwissenschaftlicher Hochschulbildung, die die erforderlichen Fachkenntnisse haben, durchgeführt werden.“

587 Die DZoolG führte dazu aus, daß es allein nahezu zwei Millionen Tierarten gäbe, die nicht zu den Nutztieren gehörten. Hier seien die Zoologen/Biologen mit der Lebensweise, dem Bau, der Physiologie etc. sicherlich eher vertraut als der Tierarzt oder Mediziner; im übrigen schloß sich die Gesellschaft den von der DFG erarbeiteten Änderungsvorschlägen vollkommen an; a.a.O.

588 § 8 Abs. 2 Satz 3 lautete: „Die Personen, die die Versuche durchführen, müssen, wenn die Genehmigung einer Einrichtung erteilt ist, bei der Einrichtung beschäftigt sein.“

589 DFG, a.a.O. Dieser Vorschlag wurde später wörtlich in das Tierschutzgesetz eingefügt.

590 § 9 Abs.1 Nr. 4 Satz 3: „An einem unbetäubten Tier darf nur einmal ein schmerzhafter Eingriff oder eine schmerzhafte unblutige Behandlung durchgeführt werden, es sei denn, daß *ein* weiterer schmerzhafter Eingriff oder *eine* weitere schmerzhafte unblutige Behandlung für den verfolgten Zweck des Versuchs unerläßlich ist.“

muliert werden: „...es sei denn, daß der Zweck des Versuches mit einem einmaligen schmerzhaften Eingriff oder einer schmerzhaften unblutigen Behandlung nicht erreicht werden kann."[591] Die vorgeschlagene Änderung wurde als notwendig angesehen, da in Ausnahmefällen, die für die Arzneimittelforschung und die Prüfung von Arzneimitteln sehr wichtig sein könnten, *mehrere* schmerzhafte Eingriffe oder schmerzhafte unblutige Behandlungen für den verfolgten Zweck des Versuchs unumgänglich notwendig sein könnten.[592] Die Formulierung des Entwurfs „ein/eine" sei zu unpräzise, da es sich sowohl um einen unbestimmten Artikel als auch um ein Zahlwort handeln könne. Auch § 9 Absatz 1 Nr. 5[593] wurde für ungenau gehalten, da man aus der Formulierung nicht zweifelsfrei entnehmen könne, ob nach einem schweren operativen Eingriff bei einem Wirbeltier jedes weitere Versuchsvorhaben verboten sei oder ob solche weiteren Versuchsvorhaben erlaubt seien, bei denen das Tier keine Schmerzen, Leiden oder Schäden erlitte. Zudem befände sich das Tier nach Abschluß eines Versuches, in dem ein schwerer operativer Eingriff vorgenommen worden war, häufig in bestem Gesundheitszustand. Wenn es danach nicht mehr auch noch für einen schmerzfreien Versuch gebraucht werden dürfe, würde es in der Regel abgetötet, obwohl gemäß § 9 Absatz 1 Nr. 6 die Möglichkeit des Weiterlebens ohne Leiden etc. vorgesehen und gewährleistet sei. Eine solche Konsequenz könne aber nicht dem Sinn eines Gesetzes entsprechen, das die Schutzbedürftigkeit des Lebens an sich in den Mittelpunkt stellen wolle. Daher wurde beispielsweise folgende Formulierung vorgeschlagen: „Wird bei einem betäubten Wirbeltier ein schwerer operativer Eingriff vorgenommen, so darf dieses Tier für ein anderes Versuchsvorhaben nicht mehr verwendet werden, das mit Leiden, Schmerzen oder Schäden verbunden ist."[594]

Zu § 9 Absatz 1 Nr. 6 schlug die Bayer AG vor, daß das Versuchstier nach Abschluß eines Versuchs nicht einem Tierarzt, sondern dem verantwortlichen Leiter des Versuchs vorzustellen sei, da diesem die Zielsetzung sowie die gesammelten Daten und Beobachtungen des Versuchs am besten bekannt seien und er am besten entscheiden könne, ob ein Weiterleben des Tieres nur unter

591 DFG, a.a.O. Diese Änderung wurde in das Tierschutzgesetz übernommen.

592 Bayer führte dazu das Beispiel an, daß für die Registrierung neuer Arzneimittel von den zuständigen Behörden chronisch toxikologische Untersuchungen gefordert würden, bei denen den Versuchstieren über eine Dauer von bis zu zwei Jahren die zu prüfende Substanz injiziert werden müsse. Diese wiederholten Injektionen seien mehrere schmerzhafte Eingriffe.

593 § 9 Abs. 1 Nr. 5: „Wird bei einem betäubten Wirbeltier ein schwerer operativer Eingriff vorgenommen, so darf dieses Tier für ein anderes Versuchsvorhaben verwendet werden."

594 BPI, a.a.O. In ähnlicher Formulierung fand sich der Vorschlag im Tierschutzgesetz wieder.

Schmerzen, Leiden oder Schäden möglich sei. Die DFG bemängelte hingegen, daß das Wort „Gattung“ im zoologisch- systematischen Sinne nicht richtig gebraucht werde und schlug die Streichung vor.[595] Die Bayer AG sprach sich weiterhin dafür aus, in § 9 Absatz 2 Satz 3, 2. Halbsatz[596] das Wort „auszuhändigen“ durch das Wort „vorzulegen“ zu ersetzen, da die Aufzeichnungen neue, noch unveröffentlichte Forschungsergebnisse beinhalten könnten, die einen erhöhten Geheimnisschutz genießen sollten.[597]

Schließlich wurde noch vorgeschlagen, in den § 10 Absatz 2 Satz 2[598] des Entwurfs hinter die Worte „der Medizin“ die Worte „oder der Biologie“ einzufügen. Aus den gleichen Gründen, die man zu § 8 Absatz 2 ausgeführt habe, müsse auch in dieser Vorschrift der Biologie die gleichen Rechte wie der Veterinär oder der Mediziner erhalten. Hinter die Worte „bei operativen Eingriffen“ sollten die Worte „an warmblütigen Wirbeltieren“ eingefügt werden, da dies dem Sinn des Gesetzes entspreche.[599]

II. Die öffentliche Anhörung durch die Ausschüsse für Landwirtschaft und Inneres am 08. Februar 1972

Am 08. Februar 1972 fand im Bundeshaus in Bonn die gemeinsame Sitzung des Landwirtschaftsausschusses und des Innenausschusses unter dem Vorsitz von Dr. Schmidt (Gellersen, Landwirtschaftsausschuß) und Professor Dr. Schäfer (Innenausschuß) statt.[600] Einziger Tagesordnungspunkt war die öffentliche Anhörung von Sachverständigen und Verbandsvertretern. Neben den Vorsitzenden nahmen daran siebenundzwanzig Bundestagsabgeordnete teil, wovon zwanzig dem Landwirtschaftsausschuß, sechs dem Innen- und einer dem Rechtsausschuß

---

595 Dem Vorschlag der DFG wurde im späteren Tierschutzgesetz entsprochen, dem der Bayer AG nicht.

596 § 9 Abs. 2 S. 3, 2. HS: „...; die Aufzeichnungen sind drei Jahre nach Abschluß des Versuchsvorhabens aufzubewahren und der zuständigen Behörde auf Verlangen zur Einsichtnahme auszuhändigen.“

597 Auch diesem Wunsch der Bayer AG mochte man sich später nicht anschließen.

598 § 10 Abs. 2 S. 2: „Dieser muß die erforderlichen Fachkenntnisse haben und bei operativen Eingriffen über eine abgeschlossene Hochschulbildung der Veterinärmedizin oder der Medizin , bei sonstigen Eingriffen oder Behandlungen...“

599 DFG, a.a.O. Entsprechend der späteren Änderung des § 8 Abs. 2 erfolgte auch eine Umformulierung des § 10 Abs. 2 S. 2. Auch die „Wirbeltiere“ wurden eingefügt, wenn auch ohne den Zusatz „warmblütig“.

600 PA Bonn Band A Nr. 14 a (Vorblatt fehlgeheftet) und Nr. 23; gemeinsames Protokoll der 64. Sitzung des 9. Landwirtschaftsausschusses und der 78. Sitzung des Innenausschusses. Ein Auszug des Protokolls findet sich auch bei Gerold, S. 89 ff.

angehörten. Als Gäste waren -neben den eingeladenen Referenten- zudem ein Vertreter der Agrarkommission der Beratenden Versammlung des Europarates und der Präsident des Welttierschutzbundes, Professor Hofstra aus Amsterdam, anwesend. Die ebenfalls eingeladenen Professoren Grzimek und Lorenz waren verhindert.[601]

Von den insgesamt 17 Vorträgen behandelten drei das Thema *„Mensch und Tier in der Gesellschaft"*. Hierzu referierten Hans-Jürgen *Weichert*, Vizepräsident der Arbeitsgemeinschaft Deutscher Tierschutz, Dr. Hubert *Pieterek*, Städtischer Oberveterinärrat in Bonn und Präsidialmitglied des Deutschen Tierschutzbundes, und Professor Dr. H. *Autrum* von der Deutschen Zoologischen Gesellschaft. Weichert führte dazu aus, daß zu einer Aussage über den Tierschutz eigentlich nur die Tierschützer und zum Teil die Tiermediziner zuständig seien, da sie die Interessen der Tiere objektiv verträten und keinerlei wirtschaftliche Interessen an den Tieren hätten. Der Schwerpunkt des Tierschutzes liege in Präventivmaßnahmen, wobei der Schutz der Tiere vor Schmerz, Leid oder Schaden als ethische Forderung zur Grundlage werde. Er wies weiter auf die durch die gestiegenen Produktionszahlen bedingten erhöhten Transportzahlen hin, die eine größere Anzahl von Mißständen zur Folge hätten. Im gesamten EWG-Raum seien Überproduktionen auch an tierischen Erzeugnissen bekannt, die nicht nur gelagert, sondern teilweise auch vernichtet werden müßten. Weichert berief sich insgesamt auf die Forderungen aus der Stellungnahme der gemeinsamen Kommission der deutschen Tierschutzverbände und die Vorschläge des Vorsitzenden, Senatspräsident Dr. Lorz, zu den §§ 17 und 18 des Entwurfs.[602] Ebenso wiederholte der Vertreter des DTSB dessen bereits im Vorfeld geäußerte Wünsche und Forderungen, wobei eine Verschärfung des Tierversuchsregelungen und die Streichung der Worte „offensichtlich" und „erheblich" in mehreren Paragraphen einen Schwerpunkt bildeten. Professor Dr. Autrum von der Deutschen Zoologischen Gesellschaft forderte erneut, neben Ärzten und Veterinären auch Biologen zu Tierversuchen zuzulassen. Daneben machte er deutlich, daß man Tiere im Hinblick auf ihr Seelenleben, Schmerzverhalten und Schmerzempfinden nicht mit Menschen gleichstellen könne.

---

601 Die Anzahl und die fachliche Qualität der Eingeladenen und der Teilnehmer zeigt nicht nur die Bedeutung, die die Bundestagsausschüsse dem Entwurf und einer möglichst ausführlichen und befriedigenden Umsetzung in ein neues Gesetz beimaßen, sondern auch das rege Interesse außerhalb der Politik und sogar außerhalb der Bundesrepublik.

602 Die Stellungnahme von Dr. Lorz ist als Anlage 1 dem Protokoll beigefügt. Lorz sprach sich vor allem gegen die Tatbestandsmerkmale „erhebliche" und „offensichtliche" in §§ 17 Nr. 2 und 18 Absatz 2 Nr. 1 aus, da diese in der Praxis nur schwer nachzuweisen seien.

Den zentralen Punkt der Anhörung bildete das Thema *„Tierschutz und Nutztierhaltung einschließlich Fische"*, mit dem Untertitel *„Neuzeitliche Haltungssysteme, Lebendvermarktung einschließlich Tiertransporte, Jagd und Sport"*. Hierzu wurden allein zehn Vorträge gehalten[603] und auch die anschließende Diskussions- und Fragerunde war besonders ausführlich. Dies mag seinen Grund sicherlich darin gehabt haben, daß die sogenannte Massentierhaltung ein noch weitgehend unbekanntes Feld für die Abgeordneten der Ausschüsse darstellte. So wurde denn auch gleich die Gelegenheit genutzt, sich bei ausgewiesenen Experten zu informieren.[604] Hierbei muß bedacht werden, daß es bis dahin noch keine gesetzliche Regelung auf diesem Gebiet gab. Die vorgesehene Regelung des § 13 Absatz 1 des Entwurfs[605] war jedoch auch „nur" eine Ermächtigungsnorm, nach der der Bundeslandwirtschaftsminister Vorschriften über die Haltung von Tieren etc. per Rechtsverordnung erlassen können sollte. Der Inhalt der so zu erlassenden Rechtsverordnungen war also noch relativ abstrakt und wurde durch die Ausführungen der Referenten jedenfalls teilweise mit Leben erfüllt.

---

603 Die Vortragenden waren: Carl *Dobler*, Vizepräsident des Deutschen Bauernverbandes; Prof. *Scholtyssek*, Universität Hohenheim, für den Zentralverband der Deutschen Geflügelwirtschaft in Bonn; Prof. *Smidt*, Universität Göttingen, für die Arbeitsgemeinschaft Deutscher Tierzüchter in Bonn; Prof. *Kraft*, Universität München, für die Deutsche Veterinärmedizinische Gesellschaft in München; Prof. *Leyhausen*, Max-Planck-Institut für Verhaltensphysiologie, Wuppertal; Hans *Ditthardt*, Hauptgeschäftsführer des Verbandes für das deutsche Hundewesen, Dortmund; Dr. *Englaender*, Justitiar des Deutschen Jagdschutz-Verbandes in Bonn; E. *von Schmidt-Pauli*, Generalsekretär des Direktoriums für Vollblutzucht und Rennen, Köln; Prof. Rose-Marie *Wegner*, Institut für Tierzucht und Tierfütterung der Universität Bonn und Heinz *Kourim*, Erster Staatsanwalt, Landshut.

604 Dies war der eine Beweggrund für die öffentliche Anhörung gewesen. Ein weiterer Grund war der, daß man den betroffenen und interessierten Stellen Gelegenheit zu Vorschlägen und Stellungnahmen geben wollte. Zu den Referenten zählten hier u.a. Tierzüchter, ein Veterinär und ein Verhaltensphysiologe.

605 § 13 Absatz 1 des Entwurfs: „ Der Bundesminister wird ermächtigt, durch Rechtsverordnung mit Zustimmung des Bundesrates, soweit dies zum Schutz der Tiere erforderlich ist, Vorschriften über deren Haltung, Pflege und Unterbringung zu erlassen. Die Rechtsverordnung kann insbesondere Vorschriften enthalten über

1. Art und Umfang einer Beschränkung der natürlichen Bewegungs- oder Gemeinschaftsbedürfnisse von Tieren,
2. Anforderungen an Räume, Käfige, andere Behältnisse oder sonstige Einrichtungen zur Unterbringung von Tieren sowie die Beschaffenheit von Anbinde- und Fütterungsvorrichtungen,
3. Anforderungen an Lichtverhältnisse, Lufttemperatur, Luftfeuchte, Luftbewegung sowie Frischluftzufuhr bei der Unterbringung von Tieren,
4. Wartung und Pflege sowie Überwachung von Tieren durch den Tierhalter oder Betreuer."

Von besonderem Interesse für die Teilnehmer der Anhörung waren dabei die verschiedenen Einflüsse der modernen Haltungssysteme auf die solcherart gehaltenen Tiere, beispielsweise auf deren Gesundheit, Verhalten, gleichzeitig aber auch Produktivität.

Zunächst führte der Vizepräsident des Deutschen Bauernverbandes, Carl Dobler, aus, daß der *Markt für tierische Erzeugnisse* und Tiere selbst enorm gewachsen sei. Dazu trete „noch verschärfend hinzu, daß wir nicht mehr isoliert im Einzelmarkt leben. Wir müssen unsere Produkte den Verbrauchern im schärfsten Wettbewerb mit unseren ausländischen Konkurrenten anbieten. ... Die ausländischen Konkurrenten werden ihrerseits in der Regel durch nichts gehindert, die von ihnen ausgelöste Entwicklung der Haltung von Tieren in großen Beständen stetig fortzuentwickeln und ... zu rationalisieren.“ Professor Dr. Scholtyssek[606] vom Zentralverband der Deutschen Geflügelwirtschaft ergänzte, daß sich allein die Geflügelwirtschaft zu einem Landwirtschaftszweig entwickelt habe, der einen Produktionswert von rund drei Milliarden DM darstelle, wogegen der gesamte Getreideanbau nur 2,9 Milliarden DM erbringe. Der Bedarf an Eiern könne dadurch zu 100 %, der an Fleisch jedoch nur zu 50 % gedeckt werden, was eine weitere Expansion erforderlich mache. So oder ähnlich argumentierten verständlicherweise die Beteiligten nach ihrer jeweiligen Interessenlage, ein Vorgehen, das von den Ausschußvorsitzenden begrüßt wurde: „...ganz grundsätzlich: wir legen Wert darauf, daß die Herren, die von bestimmten Verbänden kommen, ihre Interessen hier offen darlegen. ... Es ist nichts Unehrenhaftes, sondern es ist etwas Normales, den Interessenstandpunkt darzulegen, und wir haben ein Interesse, die Interessenlage zu erkennen. Unsere enorme Schwierigkeit als Abgeordnete besteht dann darin, ein Konzept zu suchen, das wir guten Gewissens vertreten können.“[607] Im einzelnen wurden dann zur Geflügelzucht u.a. die Menge der in einem Käfig zu haltenden Hühner, die Größe der Käfige, die Qualität der Eier in Bezug auf Farbe des Eidotters und des Aminosäuregehaltes und das Verhalten der Hühner in Legebatterien gegenüber dem von Freilandhühnern erörtert. Während bei der Schweinezucht ein Verfahren aufgezeigt wurde, durch das Ferkel nicht von der Mutter wegen der Enge der Gehege erstickt wurden, ging es bei der Kälberzucht vor allem um die Frage, ob möglichst weißes Fleisch Sinn mache oder lediglich eine Modeerscheinung sei und um die Größe der Mastboxen.

606 Scholtyssek hatte bereits 1971 eine Dokumentation zum Thema „Käfighaltung von Hühnern“ erarbeitet und darin verschiedene Forschungsergebnisse aus diesem Bereich vorgestellt; PA Bonn Band B Nr. 70.

607 Prof. Dr. Schäfer zu den Ausführungen von Prof. Dr. Scholtyssek; vgl. hierzu auch Gerold, S. 130.

Daneben wurde ein weiterer Punkt sehr kontrovers diskutiert: Das *Kupieren*[608] *von Ohren und Ruten bei Hunden*, das schon seit Jahren von Tierschützern gefordert, von Hundehaltern und –züchtern aber abgelehnt wurde. Hierzu sah der Entwurf Bundestagsdrucksache VI/2559 in § 5 vor : „Absatz 3: Eine Betäubung ist ferner nicht erforderlich ...4. für das Kürzen der Rute von unter acht Tage alten Welpen, wenn diese Hunde nach den Grundsätzen waidgerechter Jagdausübung bei der Jagd verwendet werden sollen." Gemäß § 6 war das Amputieren von Körperteilen grundsätzlich verboten, und eine Ausnahme für das Kupieren bestand nicht, abgesehen von § 5 Absatz 3 Nr. 4.[609]

Gegen dieses Kupierverbot wandte sich der Verband für das Deutsche Hundewesen e.V. durch seinen Hauptgeschäftsführer Hans Ditthardt. Er führte zunächst aus, daß ein Kupierverbot zur Folge hätte, daß man zwar in der DDR, den anderen Ostblockstaaten, Italien oder Frankreich kupierte Deutsche Rassehunde erwerben könne, in Deutschland selbst dagegen nicht mehr. Somit werde der deutschen Rassehundezucht für diese Rassen der Todesstoß versetzt.[610] Neben dem züchterischen Aspekt sei das Kupieren jedoch auch und vor allem aus gesundheitlichen Gründen erforderlich. Nicht kupierte Hunde litten zu einem sehr viel höheren Prozentsatz an einer Entzündung in den Gehörgängen (Otitis) als kupierte. Zudem seien Hunde mit Hängeohren in den verschiedensten Tätigkeitsbereichen im Dienste des Menschen weitaus mehr Gefahren ausgesetzt als solche mit Stehohren. Das Hängeohr wiederum sei durch konditionsverschlechternde und verändernde Mutation und letztlich durch die Überzüchtung durch den Menschen selbst hervorgerufen worden und müsse nun auf dem Wege des Kupierens rückgängig gemacht werden. Die Rute der Hunde, insbesondere die kurzhaarige Rute bestimmter Rassen, sei während des ganzen Lebens und bei jedem Einsatz für den Menschen ständigen Verletzungsgefahren an Dornen, Büschen, Mauern oder Stacheldraht ausgesetzt. Hunde würden durch die Ohrerkrankungen und das Wundschlagen der Ruten nicht nur lange Krankheitszeiten überstehen müssen, sondern müßten erhebliche, langanhaltende Schmerzen oder

608 „Kupieren (frz. „schneiden"): Bei Tieren (v. a. bei bestimmten Hundesrassen) den Schwanz oder die Ohren unvollständig amputieren." Brockhaus, Band 3, S. 2605. Hauptgegenstand der Streitigkeiten war und ist die Frage, ob das Kupieren überhaupt einen praktischen Nutzen hat (immerhin werden die Tiere ja mit vollständigen Ohren und Ruten geboren) oder eine bloße Modeerscheinung ist und ob dabei eine Betäubung gegeben werden muß oder nicht.

609 Das Kupieren sollte also für alle Gebrauchs- und Schutzhunde strikt verboten sein, jedoch nicht für Gebrauchshunde, die bei der Jagd verwendet wurden.

610 Nach Angaben Ditthardts gab es 1972 in Deutschland circa 3 Millionen Hunde, davon 2,2 Millionen Rassehunde. Jährlich würden etwa 80.000 Tiere entweder an den Ohren, an der Rute oder an beidem kupiert. Es würden weiterhin pro Jahr ungefähr 10.000 kupierte Hunde exportiert.

Leiden ertragen, die oft nur durch eine Operation und dabei häufig doch durch das Kupieren behoben werden könnten und in keinem Verhältnis zu eventuellen Schmerzen oder Leiden stünden, würde man die Tiere gleich kupieren. Unterschiede zwischen Jagdhunden und anderen Hundes seien dabei nicht zu erkennen. Ditthardt bat daher, die §§ 5 und 6 wie folgt zu ändern: In § 5 Absatz 3 Nr. 4 sollten die Worte „...wenn diese Hunde nach den Grundsätzen waidgerechter Jagdausübung bei der Jagd verwendet werden sollen..." und in § 6 Satz 2[611] die Einfügung einer Ziffer 4: für das Kupieren der Ohren bei Hunden, wenn der Eingriff vor dem dritten Lebensmonat von einem Tierarzt schmerzlos unter Betäubung vorgenommen wird." Unterstützt wurde Ditthardt von Professor Dr. Felix *Müller*, Tierarzt und Direktor der Klinik für kleine Haustiere an der Freien Universität Berlin. Dieser erklärte, daß ein weiterer Grund für das Kupieren früher die Verwendung gewisser Hunde zur Sauhatz gewesen sei, da die Säue den Hunden an die Ohren gegangen seien und man Verletzungen habe verhindern wollen. Die Tatsache, daß heutzutage nicht alle Jagdhunde kupiert würden, habe seinen Grund darin, daß viele Hunde sogenannte Vorstehhunde[612] seien und keine Kampfhunde. Bei anderen Rassen, wie etwa dem Cocker Spaniel, könne man auch durch das Kupieren kein Stehohr herbeiführen, da die Ohren zu schlapp seien. Hier müsse man dann die Ohren ganz abschneiden. Zusammenfassend meinte Müller, daß das Kupieren von Rute und Ohren zwar auf den ersten Blick als Verstümmelung und dem Tierschutzgedanken entgegenstehend erscheine. In Wirklichkeit sei es jedoch sicher keine Amputation im Sinne einer Verstümmelung, denn es werde nur ein Zustand wieder herbeigeführt, den die Natur ursprünglich gewollt habe. „Die Frage des Tierschutzes beantwortet sich aber auch von der Frage des Schmerzes her. Dazu muß ich Ihnen sagen: Weder die Operation selbst, die unter Narkose durchgeführt wird, noch der Heilungsverlauf mutet dem Tier Schmerzen zu. Im Heilungsverlauf sind die Tiere munter und vergnügt. ... Ich glaube also nicht, ... , daß durch diesen Eingriff gegen einen vernünftigen und berechtigten Tierschutz verstoßen wird."[613]

Zu der Frage, warum in dem Entwurf zwischen Jagdhunden und anderen Hunden differenziert werde und ob eine solche Differenzierung sinnvoll sei, erläuterte Dr. Kurt Englaender, Justitiar des Deutschen Jagdschutz-Verbandes, daß beim Kupieren der Ruten von Jagdhunden seit jeher ausschließlich praktische

611 § 6: „ Verboten ist die vollständige oder teilweise Amputation von Körperteilen eines Wirbeltieres, soweit diese nicht nach anderen Rechtsvorschriften vorgeschrieben ist. Das Verbot gilt nicht, ..."

612 Vorstehhunde sind „meist mittelgroße Jagdhunde, die Niederwild durch Vorstehen (Stehenbleiben in charakteristischer Körperhaltung) anzeigen; u.a. Dt. Drahthaar, Dt. Kurzhaar, Münsterländer..."; Brockhaus Band 5, S. 4965.

613 Gerold, S. 179 f.

Gründe eine Rolle gespielt hätten, da gerade in Deutschland Jagdhunde als Vollgebrauchshunde für eine Vielzahl von Jagdaufgaben gezüchtet worden seien. Der sich hieraus ergebenden Verletzungsgefahr habe man durch das Rutenkürzen erfolgreich entgegenwirken können.

Hans Ditthardt vom Verband für das Deutsche Hundewesen machte aber auch noch auf einen weiteren Punkt im Bereich der Hunde aufmerksam, nämlich den *Versandhandel mit Hunden per Nachnahme* und mit dem Einschluß des Umtauschrechts und mit der Möglichkeit des Zurücksendens. Bei dieser Art des Handels würden Hunde häufig vom Empfänger nicht angenommen, so daß der Versandbehälter ungeöffnet mit dem unversorgten Hund an den Absender zurückging. Die Hunde seien dabei oftmals bis zu einer Woche unterwegs und könnten dann nur noch verendet aus den meist viel zu kleinen und unzweckmäßigen Behältern entnommen werden. Ditthardt forderte daher ein Verbot des Versandhandels.[614] Daneben prangerte er noch das Feilbieten von Hunden in Schaufenstern und die Haltung von Hunden an der Kette an.

Der dritte Teil der Anhörung mit dem Thema *„Tierschutz und Versuche am lebenden Tier"* war ebenso heftig umstritten wie das Kupierverbot.[615] Während einerseits vorgebracht wurde, daß man die Tierversuche weitgehend oder sogar völlig abschaffen müsse und dies auch könne, da es mittlerweile andere Methoden gäbe[616], wurde andererseits auf die Verdienste des Tierversuchs hingewiesen. Ohne Tierversuche wäre es beispielsweise unmöglich gewesen, etwa Antibiotika, Chemotherapeutika oder Penicillin zu entwickeln. Zwar habe man heutzutage andere Möglichkeiten zur Verfügung, zum Beispiel Gewebekulturen, die Tierversuche oftmals überflüssig machten, ein völliger Verzicht auf den Tierversuch käme jedoch nicht in Frage[617]. Als weiterer Punkt wurde noch die Befürchtung geäußert, daß der Zwang, Versuchstiere einem Tierarzt vorstellen zu müssen, zu einer Kostensteigerung führen werde, da man hierzu Veterinäre extra nur zu diesem Zweck einstellen müsse. Ansonsten erbrachte dieser Themenkomplex allerdings keine wirklichen Neuerungen.

---

614 Die Argumente bezüglich des Kupierens hatten ebenso Erfolg wie die hinsichtlich des Versandhandels. Im TierSchG vom 24. Juli 1972 wurden die §§ 5 und 6 wörtlich den Vorschlägen Ditthardts entsprechend geändert; in § 3 wurde unter Nr. 9 der Versandhandel von Tieren generell verboten.

615 Hierzu referierten: Prof. *Grundmann*, Universität Münster, für die deutsche Forschungsgemeinschaft, Bonn; Prof. *Gillert*, Vorsitzender der Berliner Mikrobiologischen Gesellschaft; Dr. *Beissenhirtz*, Bund gegen den Mißbrauch der Tiere, München und Prof. *Schaumann* vom Bundesverband der Deutschen Pharmazeutischen Industrie, Frankfurt am Main.

616 So z.B. der BMT.

617 So Professor Dr. Schaumann vom BPI.

Insgesamt läßt sich feststellen, daß die öffentliche Anhörung und die dazu im Vorfeld abgegebenen Stellungnahmen einen enormen Einfluß auf die Bundestagsdrucksache VI/2559 -und somit letztlich auch auf die Novellierung des Tierschutzgesetzes selbst- hatte und ihr in vielen Punkten noch einmal entscheidende Impulse zu geben vermochte. Tatsächlich zeigt ein Vergleich der Bundestagsdrucksache VI/2559 mit dem späteren Tierschutzgesetz vom 24. Juli 1972, daß beinahe sämtliche noch vorgenommenen Änderungen auf den Vorschlägen der Sachverständigen und Verbände aus der öffentlichen Anhörung beruhten.

III. Die Arbeit der Bundestagsausschüsse

Nach der öffentlichen Anhörung wurden die vorgebrachten Änderungsvorschläge in den Bundestagsausschüssen erörtert, wobei das Bundeslandwirtschaftsministerium Formulierungshilfen[618] gab, und die mitberatenden Ausschüsse übermittelten Stellungnahmen dazu an den *Landwirtschaftsausschuß*. Dieser legte am 16. Juni 1972 einen abschließenden schriftlichen Bericht -*Bundestagsdrucksache VI/3556*- vor.

1. Der Innenausschuß

Zunächst kam am 08. Juni 1972 der Innenausschuß zu seiner 86. Sitzung zusammen.[619] Darin wurde von der Berichterstatterin, Frau Tübler (CDU/CSU)[620], beantragt, in § 1 Satz 2 das Wort „soll“ durch das Wort „darf“ zu ersetzen, weil dadurch das Hauptanliegen des Gesetzes, jegliche unnötige Tierquälerei zu vermeiden, stärker zum Ausdruck komme. Dagegen wandte sich Ministerialrat Dr. Schultze-Petzold (BML), da dadurch der Eindruck einer Strafvorschrift erweckt werde, ohne daß § 1 eine Strafsanktion enthalte. Der Vorsitzende Professor Dr. Schäfer erklärte dazu, daß es mit den Strafvorschriften des § 17 durchaus vereinbar sei, wenn in § 1 ein nicht sanktionsbewehrtes, aber nachdrückliches Gebot zur sachgerechten Tierbehandlung auf ethischer Grundlage an die Spitze des Gesetzes gestellt werde. Der Antrag von Frau Tübler wurde angenommen. Auch folgte der Ausschuß dem Vorschlag, in § 5 Absatz 3 Nr. 4 den zweiten Halbsatz

---

618 Die Formulierungshilfen des BML vom 18. April 1972 finden sich als Anlage 1 zu dem Protokoll der 70. Sitzung des Landwirtschaftsausschusses vom 09. Juni 1972 als Ausschußdrucksache VI/80; PA Bonn Band A Nr. 24.

619 PA Bonn Band A Nr. 15 (Protokoll) und Nr. 16 (Stellungnahme).

620 Zweiter Berichterstatter neben Frau Tübler war der Abgeordnete Spillecke (SPD).

zu streichen[621]. Es sei ungerechtfertigt, hier bei einem Ruten-Kupierverbot zwischen Jagd- und sonstigen Hunden zu unterscheiden. Ebenfalls sprach sich der Ausschuß dafür aus, in § 6 eine Nummer 4 einzufügen, die das Kupieren von Ohren bei Hunden erlaubte, soweit der Eingriff vor dem dritten Lebensmonat und durch einen Tierarzt erfolgte.[622]

§ 8 Absatz 4 Nr. 4[623] sollte folgende neue Fassung erhalten: „...die Haltung und Pflege der Versuchstiere dem jeweiligen Stand der wissenschaftlichen Kenntnisse entspricht und ihre medizinische Versorgung gewährleistet ist." Hierin wurde eine weitere geeignete Möglichkeit gesehen, den Tierschutz bei Tierversuchen zu verbessern und der laufenden Entwicklung flexibel anzupassen. Auch sollte gemäß § 9 Absatz 1 Nr. 5 ein Wirbeltier nach einem schweren operativen Eingriff nur dann für ein weiteres Versuchsvorhaben verwendet werden dürfen, „wenn dies nicht mit Leiden, Schmerzen oder Schäden verbunden ist." Zur Vorbeugung von Mißständen beim Versandhandel einigte man sich darauf, in § 3 eine neue Nummer 9 einzufügen: „(Es ist verboten) ...9. ein Tier mit Nachnahme zu versenden." Hinsichtlich der Versandarten, bei denen dem Empfänger ein Umtauschrecht zustünde, kam man überein, dem Landwirtschaftsausschuß zu empfehlen, daß sichergestellt werden müsse, daß nicht ein mit einem Umtauschrecht des Empfängers verbundener Tierversand zu Gefahren führen könne, die durch das Verbot des Nachnahmeversandes verhindert werden sollten. Abgesehen von den Änderungen, die in einer Stellungnahme an den Landwirtschaftsausschuß zusammengefaßt wurden, schlug der Vorsitzende, Prof. Schäfer, unter Zustimmung des Ausschusses vor, es bei der Fassung des Entwurfs zu belassen.

2. Der Rechtsausschuß

Der Rechtsausschuß beriet in seiner 89. Sitzung am 15. Juni 1972 über den Gesetzentwurf.[624] Nach Ansicht des Berichterstatters Dr. Schmude (SPD) enthielt der Entwurf nur zwei Einzelprobleme. Die Verstümmelung von Tieren sei gene-

---

621 § 5 Abs. 3 Nr. 4: „...wenn diese Hunde nach den Grundsätzen waidgerechter Jagdausübung bei der Jagd verwendet werden sollen."

622 Insofern folgte der Innenausschuß dem Vorschlag von Hans Ditthardt (Verband für das Deutsche Hundewesen) aus der Anhörung vom 08. Februar 1972.

623 § 8 Abs. 4 des Entwurfs lautete: „Die Genehmigung darf nur erteilt werden, wenn ...4. die ordnungsgemäße Unterbringung und Wartung der Tiere sowie ihre medizinische Versorgung gewährleistet sind."

624 Protokoll der 89. Sitzung des Rechtsausschusses, 6. Wahlperiode, am 15.Juni 1972, TOP 4, S. 38 ff. PA Bonn Band A Nr. 17 (Protokoll) Nr. 18 (Beschlußprotokoll) und Nr. 19 (Stellungnahme); Berichterstatter waren Dr. Schmude (SPD) und Dr. Arnold (CDU/CSU).

rell verboten, insbesondere das Kupieren von Schweifen und Ohren. Der Innen- und der Landwirtschaftsausschuß hätten eine Ausnahmeregelung für Jagdhunde gestrichen, die auch durch nichts zu rechtfertigen gewesen wäre. Hinsichtlich des § 17 Nr. 2 a[625] bestünden Bedenken, ob die Tatbestandsmerkmale der Offensichtlichkeit und der Erheblichkeit nicht die ganze Strafvorschrift unpraktikabel machten, da es im Regelfall nicht gelingen werde, darzutun, daß die erhebliche Schmerzzufügung auch offensichtlich sei. Man solle sich daher mit dem normalen Vorsatz begnügen, der auch die erhebliche Schmerzzufügung umfassen müsse. Dem schloß sich der zweite Berichterstatter, Dr. Arnold (CDU/CSU), an und ergänzte, daß ohne die Streichung der Nachweis der Tierquälerei erheblich schwieriger zu erbringen sei als nach geltendem Recht und der Rechtsprechung, die sich dazu gebildet habe. Diese Erschwerung liege aber nicht in der Tendenz, die der Gesetzentwurf im übrigen verfolge. Weiterhin wurde darüber beraten, ob man die Massenhühnerhaltung in Käfigen ausdrücklich verbieten solle wie es in Dänemark bereits der Fall sei. Darauf wurde jedoch hinsichtlich der Ermächtigung des Bundeslandwirtschaftsministers in § 13 des Entwurfs verzichtet. Zudem wolle man keine konkreten Einzelfälle in das Gesetz aufnehmen.

In seiner anschließenden Stellungnahme empfahl der Ausschuß dem federführenden Landwirtschaftsausschuß:

„1. in § 17 Nr. 2 des Gesetzentwurfs das Wort „offensichtlich“ zu streichen, und
2. den Bundesminister für Ernährung, Landwirtschaft und Forsten zu bitten, die Entwürfe der in § 18 Absatz 2 Nr. 14 des Gesetzentwurfs genannten Rechtsverordnungen[626] dem Ausschuß für Ernährung, Landwirtschaft und Forsten und dem Rechtsausschuß rechtzeitig vor deren Einbringung im Bundesrat zur Kenntnisnahme zuzuleiten.“ Im übrigen erhob der Rechtsausschuß keine weiteren Einwendungen.

3. Der Landwirtschaftsausschuß

In seiner Eigenschaft als in dieser Sache federführender Ausschuß befaßte sich der Landwirtschaftsausschuß am häufigsten und auch am intensivsten mit dem Gesetzentwurf Bundestagsdrucksache VI/2559. In der 70. Sitzung am 09. Juni 1972 wurden zunächst einmal die Formulierungshilfen des Bundeslandwirt-

---

625 § 17 Nr. 2 a: „Mit Freiheitsstrafe bis zu zwei Jahren oder mit Geldstrafe wird bestraft, wer einem Wirbeltier aus Roheit offensichtlich erhebliche Schmerzen oder Leiden zufügt.“

626 § 18 Abs. 2 Nr. 14: „(Ordnungswidrig handelt, wer vorsätzlich oder fahrlässig)...einer nach § 4 Abs. 2, § 5 Abs. 4, § 13 oder § 14 Abs. 2 erlassenen Rechtsverordnung zuwiderhandelt, soweit sie für einen bestimmten Tatbestand auf diese Bußgeldvorschrift verweist...“

schaftsministeriums vom 18. April 1972 erörtert.[627] Das BML hatte darin nicht nur redaktionelle Vorschläge gemacht –so sollte beispielsweise in § 5 Absatz 3 Nr. 4 das Wort „waidgerecht“ durch das Wort „weidgerecht“ ersetzt werden, da dies der Duden von 1970 vorsah und auch das Bundesjagdgesetz in seiner jüngsten Form[628] diese Schreibweise verwandte- sondern Änderungsvorschläge unterbreitet, die zum großen Teil auf den Anregungen der Deutschen Forschungsgemeinschaft (DFG) beruhten.[629] Der Landwirtschaftsausschuß billigte die Mehrzahl der Formulierungshilfen sowie den Vorschlag des Abgeordneten Bewerunge (CDU/CSU)[630], der in dieser Sitzung amtierender Vorsitzender war, in § 3 hinter Nr. 8 folgende neue Nr. 9 anzufügen: „9. ein Tier mit Nachnahme zu versenden.“[631]

In der darauffolgenden 71. Sitzung am 14. Juni 1972[632] bat der Vorsitzende, Dr. Schmidt (Gellersen, SPD), den Ausschuß dringend, in der nächsten Sitzung den Entwurf abschließend zu behandeln, damit er noch vor der Sommerpause vom Bundestag verabschiedet werden könne. Er erinnerte daran, daß sich das Parlament nunmehr bereits seit vier Wahlperioden mit einer Vorlage zum Tierschutz befasse.

Diesen Appell wiederholte Dr. Schmidt auch zu Beginn der 72. Sitzung am 15. Juni 1972[633] und wies darauf hin, daß der Bundestag den Entwurf schon in der nächsten Woche in Zweiter und Dritter Lesung behandeln könne. Dem Ausschuß standen bei den anschließenden Beratungen zum einen eine Gegenüberstellung des Entwurfs eines Tierschutzgesetzes –Drucksache VI/2559- mit der Stellungnahme des Bundesrates und der Gegenäußerung der Bundesregierung zur Verfügung[634], zum anderen eine Zusammenstellung der beim Ausschuß eingegangenen Stellungnahmen und Änderungsvorschläge zu dem Gesetzent-

---

627 Protokoll der 70. Sitzung vom 09. Juni 1972, PA Bonn Band A Nr. 24 (Protokoll) mit den Formulierungshilfen des BML (Ausschußdrucksache VI/80; Anlage 3 zum Sitzungsprotokoll) in der Anlage 1.

628 Bundesjagdgesetz vom 29. November 1952, BGBl. I S. 780; damals zuletzt geändert durch das Dritte Gesetz zur Reform des Strafrechts vom 20. Mai 1970, BGBl. I S. 505.

629 Vgl. Schreiben vom 11. Januar zur Anhörung am 08. Februar 1972; PA Bonn Band B Nr. 1.

630 Karl Bewerunge war Landwirt und von 1961 bis 1976 Mitglied des Bundestages. 1972 war er Anwärter auf das Amt des Bundeslandwirtschaftsministers im Schattenkabinett Rainer Barzels; Vierhaus/Herbst, S. 64.

631 Ebendiese Formulierung hatte bereits der Innenausschuß in seiner Stellungnahme vom Vortag empfohlen.

632 Protokoll der 71. Sitzung vom 14. Juni 1972, PA Bonn Band A Nr. 26.

633 Protokoll der 72. Sitzung vom 15. Juni 1972, PA Bonn Band A Nr. 27.

634 a.a.O., als Anlage 5; Gegenüberstellung vom 14. Juni 1972, Ausschußdrucksache VI/88.

wurf.[635] Nach ausführlichen Beratungen beschloß der Landwirtschaftsausschuß zahlreiche Änderungen der Vorlage. Anschließend gab der Vorsitzende die inzwischen eingegangene Stellungnahme des Rechtsausschusses bekannt. Der Ausschuß billigte einmütig die Stellungnahme Nr. 1, worin der Rechtsausschuß empfohlen hatte, in § 17 Nr. 2 des Gesetzentwurfs das Wort „offensichtlich" zu streichen. Auf Vorschlag des Vorsitzenden stimmte der Ausschuß der Stellungnahme Nr. 2[636] des Rechtsausschusses mit der Maßgabe zu, daß nur die Entwürfe der „entscheidenden in Nr. 18 Absatz 2 Nr. 14 des Entwurfs genannten Rechtsverordnungen" den Ausschüssen zugeleitet werden sollten. Sämtliche Beschlüsse des Landwirtschaftsausschusses zu der Vorlage wurden in einer Anlage zum Sitzungsprotokoll zusammengestellt[637] und in einem schriftlichen Bericht als Bundestagsdrucksache VI/3556 dem Deutschen Bundestag vorgelegt.

IV. Die Bundestagsdrucksache VI/3556 vom 16. Juni 1972

Der *schriftliche Bericht –Bundestagsdrucksache VI/3556*[638]- der Berichterstatter des Landwirtschaftsausschusses, der Abgeordneten *Vit* (SPD) und *Dr. Hammans* (CDU/CSU)[639], enthielt zunächst einmal den Antrag, der Bundestag möge den Gesetzentwurf -Drucksache VI/2559- in der aus der anliegenden Zusammenstellung ersichtlichen Fassung annehmen. Diese Zusammenstellung enthielt die vom Landwirtschaftsausschuß für vernünftig erachteten und beschlossenen Änderungen, die in dem anschließenden Bericht[640] kurz begründet wurden.

1. Allgemeine Ausführungen

Grundsätzlich führten Vit und Dr. Hammans in ihrem Bericht aus, daß in den Fraktionen im Ausschuß Einmütigkeit darüber herrsche, daß die Gesetzvorlage

---

635 PA Bonn Band A Nr. 25; Zusammenstellung vom 12. Juni 1972.

636 Nr. 2: „den Bundesminister für Ernährung, Landwirtschaft und Forsten zu bitten, die Entwürfe der in § 18 Absatz 2 Nr. 14 des Gesetzentwurfs genannten Rechtsverordnungen dem Ausschuß für Ernährung, Landwirtschaft und Forsten und dem Rechtsausschuß rechtzeitig vor deren Einbringung im Bundesrat zur Kenntnisnahme zuzuleiten." Vgl. PA Bonn Band A Nr. 19.

637 PA Bonn Band A Nr. 27; Anlage 4.

638 Bundestagsdrucksache VI/3556; BTDS Band 164.

639 Franz Vit war von 1965 bis 1976 Bundestagsabgeordneter und von 1969 bis 1976 Ordentliches Mitglied des Landwirtschaftsausschusses. Dr. Hugo Hammans gehörte von 1965 bis 1980 dem Bundestag und in der 6. Wahlperiode auch dem Landwirtschaftsausschuß an; Vierhaus/Herbst, S. 302 f., 897.

640 zu Drucksache VI/3556; BTDS Band 164.

vordringlich sei, um mit ihr das in seiner Zielsetzung und wissenschaftlichen Grundlage nicht mehr zeitgemäße Tierschutzgesetz aus dem Jahre 1933 zu ersetzen. Sowohl in der den Entwurf begleitenden Diskussion um den Tierschutz in der Öffentlichkeit als auch in den Ausschußberatungen gehe es darum, einen Kompromiß zwischen einem ethisch ausgerichteten Tierschutz und den Erfordernissen der ernährungswirtschaftlich heutzutage notwendigen Massentierhaltung zu finden. Dabei habe die öffentliche Anhörung vom Februar neue Beurteilungsmaßstäbe eingeführt, wonach die Verpflichtung zum Tierschutz nicht mehr so sehr aus den Empfindungen und der Einstellung des Menschen zum Tier zu begründen und stark emotional zu sehen sei, sondern immer mehr exakte und repräsentative wissenschaftliche Feststellungen über tierartgemäße und verhaltensgerechte Normen den Tierschutz in der modernen Industriegesellschaft bestimmten. Für den Ausschuß seien jedoch die besondere Schutzbedürftigkeit des Lebens des Tieres, seine Unversehrtheit und sein Wohlbefinden unbestrittene Grundsätze des Tierschutzes, welche allerdings nicht ausschlössen, daß im Rahmen der selbstverständlichen Erhaltungsinteressen des Menschen Lebensbeschränkungen des Tieres ethisch gerechtfertigt seien. Da diese Erwägungen auch dem Regierungsentwurf zugrunde gelegen hätten, sei ihm der Ausschuß im wesentlichen gefolgt.

2. Die wichtigsten Änderungen[641]

Verdeutlicht wurde diese neue Konzeption des Gesetzes gleich in § 1 Satz 2, wo der Ausschuß das Wort „soll“ durch das Wort „darf“ ersetzt hatte. Die *Präambel* war aus den Gründen der Gegenäußerung der Bundesregierung zu den Beschlüssen des Bundesrates unverändert geblieben.

Hinsichtlich der *Tierhaltung* hatte man in § 3 Nr. 4[642] das Wort „Abrichtung“ durch das Wort „Ausbildung“ ersetzt, da die moderne Tierpsychologie und Verhaltenswissenschaft gezeigt habe, daß gerade Tiere höherer Organisationsstufen ein arteigenes Bewußtsein zuzubilligen sei. Das daraus resultierende Lernvermögen des Tieres erfordere es, dann von einer Ausbildung zu sprechen, wenn

641 Die meisten der Änderungen sind bereits im Rahmen der öffentlichen Diskussion mitsamt den dazu abgegebenen Stellungnahmen sowie in den Ausschußberatungen vom Juni 1972 dargestellt worden, so daß hier nur noch die wesentlichen Änderungen oder absolute Neuerungen kurz aufgezeigt werden sollen.

642 § 3 Nr. 4: „(Es ist verboten) ein Tier zu einer *Abrichtung*, Filmaufnahme, Schaustellung...heranzuziehen, sofern damit offensichtlich erhebliche Schmerzen, ... für das Tier verbunden sind; *dies gilt nicht, soweit Schmerzen bei sachkundiger Abrichtung von Gebrauchshunden sowie andere Tiere, die zur waidgerechten Jagdausübung benötigt werden, unvermeidbar sind, ...*“

ihm mit Hilfe seines Bewußtseins durch den Menschen bestimmte Verrichtungen beigebracht werde. Würden dabei Zwangsmaßnahmen verwendet, so handele es sich um eine Abrichtung, die die Tiere schädige. Eine mit offensichtlichen Schmerzen, Leiden oder Schäden für das Tier verbundene Ausbildung sei verboten. Bei ihr werde der Übergang zur Abrichtung überschritten, welche damit ebenfalls verboten sei. Der zweite Halbsatz des § 3 Nr. 4 war gestrichen und durch § 3 Nr. 9 war ein Verbot des Nachnahmeversandes von Tieren angefügt worden.

Bezüglich der *Eingriffe bei Tieren* war in § 5 Absatz 3[643] eine neue Nummer 3 a eingeführt worden: „...für das Kürzen des Schwanzes von Lämmern bis zu einem Alter von drei Monaten mittels elastischer Ringe,..." Dem lag die Erwägung zugrunde, daß die moderne Schafhaltung und –nutzung die Vornahme eines unblutigen Schwanzkürzens auch dann erforderlich mache, wenn Lämmer älter als acht Tage seien. In § 5 Absatz 3 Nr. 4 war man dem Vorschlag des Innenausschusses gefolgt und hatte sich für die Nichterforderlichkeit einer Betäubung für das Kürzen der Rute von unter acht Tage alten Welpen generell ausgesprochen. Der Landwirtschaftsausschuß sah einen solchen Eingriff entgegen der Bundesregierung nicht nur bei Jagdhunden, sondern bei allen Hunden noch als tierschutzgerecht an. Mit der Hinzufügung einer neuen Nummer 6 in § 5 Absatz 3[644] kam man einem Anliegen der Geflügel-Exportwirtschaft entgegen. Das Absetzen einzelner Tierzehenglieder sei erforderlich, um zu verhindern, daß die später schweren Hähne den Hennen beim Tretakt mit den Krallen Verletzungen zufügen könnten. Auch dieser Eingriff erschien dem Ausschuß noch tierschutzgerecht.

Eine wichtige Änderung entgegen dem ursprünglichen Entwurf hatte der Ausschuß in § 6 Satz 2 durch die Einfügung einer neuen Nummer 4 vorgenommen.[645] Damit war der Landwirtschaftsausschuß einem Anliegen vieler Hundehalter und der Stellungnahme des Innenausschusses nachgekommen. Insbesondere auf Grund der durch die öffentlichen Anhörung vermittelten Erkenntnisse hatte der Ausschuß der Ansicht der Bundesregierung nicht zu folgen vermocht,

---

643 § 5 Abs. 3: „Eine Betäubung ist ferner nicht erforderlich..."

644 § 5 Abs. 3 Nr. 6: „...für das Absetzen des krallentragenden letzten Zehengliedes bei Masthahnenküken, die als Zuchthähne Verwendung finden sollen, während des ersten Lebenstages mittels Elektrokauter."
Die Kauterisation bedeutet die operative Gewebezerstörung durch Anwendung von Hitze, Kälte oder Ätzmitteln; Brockhaus Band 3, S. 2349.

645 § 6: „Verboten ist die vollständige oder teilweise Amputation von Körperteilen eines Wirbeltieres, soweit diese nicht nach anderen Rechtsvorschriften vorgeschrieben ist. Das Verbot gilt nicht, ...4. für das Kupieren der Ohren bei Hunden, wenn der Eingriff vor dem dritten Lebensmonat schmerzlos vorgenommen wird."

das Kupieren der Ohren bei bestimmten Hundearten beruhe auf modischen Exterieurvorstellungen.[646] Der Ausschuß hatte hierbei die Überzeugung gewonnen, daß ein solcher Eingriff, wenn er schmerzlos vorgenommen und nachbehandelt werde, den Anliegen eines modernen Tierschutzes gerecht werde.

Auf Anregung der Deutschen Forschungsgemeinschaft hatte der Ausschuß im Bereich der *Tierversuche* § 8 Absatz 2 teilweise neu gefaßt. Bedeutung und Stand der biologischen Forschung machten es notwendig, auch Biologen an Hochschulen und staatlichen wissenschaftlichen Einrichtungen in den Kreis der zur selbständigen Durchführung operativer Eingriffe Berechtigten einzubeziehen, unter der Voraussetzung allerdings, daß diese die erforderlichen fachlichen Kenntnisse besäßen. Durch eine Ergänzung des § 8 Absatz 2 Satz 3 hatte man zudem die Möglichkeit geschaffen, Gastwissenschaftlern oder Diplomanden zu gestatten, bei der wissenschaftlichen Einrichtung Tierversuche durchzuführen, ohne bei ihr beschäftigt zu sein. Diese Regelung entspreche einem praktischen Erfordernis. Zu § 8 Absatz 4 Nr. 4 hatte der Innenausschuß vorgeschlagen, Unterbringung und Wartung dahin zu konkretisieren, daß „ die Haltung und Pflege der Versuchstiere dem jeweiligen Stand der wissenschaftlichen Kenntnisse entspricht". Der Landwirtschaftsausschuß war dagegen der Meinung, daß der Fassung des Regierungsentwurfs der Vorzug zu geben sei, da sie klarer, objektiver und somit leichter faßbar sei. Neben einer Klarstellung in § 9 Absatz 1 Nr. 4 Satz 1[647], daß ausschließlich Versuche an Wirbeltieren gemeint seien, hatte man auch den Satz 3 derselben Vorschrift geändert. Diese ermögliche nun in den Fällen weitere Behandlungen oder Eingriffe, in denen es der Zweck des Versuchs unabdingbar erfordere. In § 9 Absatz 1 Nr. 5 war der Landwirtschaftsausschuß dem Vorschlag des Innenausschusses zur Klarstellung gefolgt, daß die Beschränkung auf einen einmaligen Eingriff nur für Versuchsvorhaben gelte, die mit Schmerzen, Leiden oder Schäden verbunden seien.[648]

Durch die Änderung in § 8 Absatz 2, die auch Biologen zur Vornahme von Tierversuchen ermächtigte, hatte der Ausschuß parallel dazu auch § 10 Absatz 2 Satz 2 ändern müssen. Nunmehr sollten Biologen auch im Rahmen von Ausbildungsveranstaltungen Tierversuche vornehmen dürfen.

---

646 Damit hatten sich -ebenso wie im Falle des § 5 Abs. 3 Nr. 4- der Verband für das Deutsche Hundewesen und Professor F. Müller mit ihrer Argumentation aus der öffentlichen Anhörung durchgesetzt.

647 Statt „Die Versuche dürfen nur..." hatte man die Formulierung „Versuche an Wirbeltieren dürfen nur..." gewählt.

648 Die Änderungen in § 9 Abs. 1 Nr. 4 Satz 3 und Nr. 5 erfüllten gleichzeitig einen im Rahmen der öffentlichen Anhörung vielfach ausgesprochenen Wunsch der Beteiligten.

In Bezug auf den *Tierhandel* hatte man einen neuen § 11 Absatz 4 angefügt, um einem Anliegen der tierschützerischen Praxis gerecht zu werden.[649] Durch die Vorschrift sollte verhindert werden, daß „Kinder gegen den Willen ihrer Erziehungsberechtigten ein Tier erwerben, dessen tierschutzgerechte Unterbringung und Wartung infolge des Widerstandes der Erziehungsberechtigten gegen den Erwerb nicht gewährleistet ist.“[650]

Die *Ermächtigungen* des Bundeslandwirtschaftsministers (§ 13) und des Bundesfinanzministers (§ 14 Absatz 2) zum Erlaß von Rechtsverordnungen waren im wesentlichen unverändert gelassen worden.

§ 15 Absatz 1 hatte man dahingehend ergänzt, daß nicht nur die *Durchführung* dieses Gesetzes den nach Landesrecht zuständigen Behörden obliegen sollte, sondern auch die Durchführung der aufgrund dieses Gesetzes erlassenen Rechtsverordnungen (§ 4 Absatz 2, § 5 Absatz 4, §§ 13, 14 Absatz 2).

In § 16, der den zuständigen Behörden *Auskunftsrechte* einräumte, hatte man einen neuen Absatz 01 eingefügt[651], wobei der Ausschuß der Stellungnahme des Bundesrates nach Maßgabe der Gegenäußerung der Bundesregierung gefolgt war und im Sinne des Tierschutzanliegens gleichgewichtige Betriebe, wie Nutztierhaltungen in modernen Systemen, zoologische Fachhandlungen und Versuchstierhaltungen, in die Regelung einbezogen hatte. Neben der Ermächtigung zum Erlaß von Rechtsverordnungen in § 13, die vor allem den Schutz der Tiere in Massentierhaltungen garantieren sollten, rundete die Vorschrift des § 16 Absatz 1 als weiterer wichtiger Aspekt auf dem Gebiet der neuzeitlichen Haltungssysteme diesen Schutz ab.[652]

Die im Vorwege äußerst umstrittene *Strafvorschrift* des § 17 Nr. 1 war unverändert geblieben. Demnach sollte weiterhin derjenige mit Freiheitsstrafe bis zu zwei Jahren oder mit Geldstrafe bestraft werden, der ein Wirbeltier *ohne vernünftigen Grund* tötete. Der Ausschuß hatte dabei eingehend erörtert, ob der Begriff „ohne vernünftigen Grund“ hinreichend bestimmt sei und sich schließlich dem Regierungsentwurf in der Hoffnung angeschlossen, daß die Rechtsprechung unter Berücksichtigung des Einzelfalles diesen Begriff zu konkretisieren vermö-

---

649 § 11 Abs. 4: „Ohne Einwilligung der Erziehungsberechtigten dürfen Tiere an Kinder bis zum vollendeten 14. Lebensjahr nicht verkauft werden.“

650 zu Drucksache VI/3556, S. 3; BTDS Band 164.

651 § 16 Abs. 01: „Einrichtungen, in denen an Versuchstieren Eingriffe oder Behandlungen durchgeführt werden, ferner Betriebe im Sinne des § 11 Abs. 1 Satz 1 und Abs. 2, Nutztierhaltungen in neuzeitlichen Haltungssystemen, in denen Tiere feilgehalten werden, sowie Versuchstierhaltungen sind durch die zuständige Behörde zu beaufsichtigen.“

652 Den erforderlichen Nachdruck zur Einhaltung dieser Vorschriften brachten dazu noch die Bußgeldvorschriften in § 18 Abs. Nr. 13 und 14.

ge. Den Strafrahmen hatte man weder für überspannt noch für zu gering erachtet. Nach Ansicht des Landwirtschaftsausschusses stand er in einem angemessenen Verhältnis zu der Schwere der denkbaren Zuwiderhandlungen. Während insbesondere von den Tierschutzvereinigungen immer wieder die Streichung der Begriffe „offensichtlich“ und „erhebliche“ (Schmerzen) gefordert worden war, stellte § 17 Nr. 2 den einzigen Fall dar, in dem zumindest das Wort „offensichtlich“ tatsächlich gestrichen worden war.[653] Begründet wurde dies nicht, es steht jedoch zu vermuten, daß in der Strafvorschrift jede nicht unerhebliche Schmerzens- oder Leidenszufügung bestraft werden sollte und dabei nicht nur solch eine, die für jedermann offensichtlich wäre.

3. Die Entschließungsanträge

Neben dem Antrag an die Bundesregierung, den Gesetzentwurf in der dargestellten Fassung anzunehmen (1.) und die zu dem Gesetzentwurf eingegangenen Petitionen für erledigt zu erklären (2.), stellte der Landwirtschaftsausschuß noch zwei *Entschließungsanträge* (3. a und b). Mit dem ersten wurde die Bundesregierung gebeten, Bestrebungen zur Schaffung einer Europäischen Tierschutzkonvention im Rahmen des Europarates bzw. der Europäischen Gemeinschaften nachdrücklich zu fördern, um insbesondere die Gefahr von unvertretbaren Wettbewerbsverzerrungen im Bereich der Tiererzeugung aufgrund nationaler tierschutzrechtlicher Beschränkungen zu begegnen. Das Ersuchen, Bestrebungen zur Schaffung einer Europäischen Tierschutzkonvention zu unterstützen, war indes nicht neu, sondern bereits in dem Entschließungsantrag des Bundestages vom 02. Juli 1969 enthalten. Daneben war seinerzeit auch die Schaffung von Regelungen über die Massentierhaltung gefordert worden. Dies war mit dem vorgelegten Entwurf zwar geschehen, gleichzeitig wollte man mit dem jetzigen Entschließungsantrag verhindern, daß die Deutschen Erzeuger tierischer Produkte durch die zu erwartenden Rechtsverordnungen auf diesem Gebiet einen Nachteil gegenüber ihren unbeschränkten Konkurrenten in den Mitgliedstaaten der EG erleiden würden. Sicherlich sollte den Produzenten damit ein beruhigendes Signal gegeben werden, daß man sie nicht nur im Inland reglementiere, sie aber im Ausland hängen lasse, sondern sich auch auf europäischer Ebene für sie

---

653 § 17 Nr. 2: „(...wird bestraft, wer...)...einem Wirbeltier
a) aus Roheit erhebliche Schmerzen oder Leiden oder
b) b) länger anhaltende oder sich wiederholende erhebliche Schmerzen oder Leiden
zufügt.“
Vor „erhebliche“ war jeweils das Wort „offensichtliche“ entfernt worden.

einsetzen werde. Der Ausschuß schloß sich insgesamt der Empfehlung des Bundesrates an (Nummer 16 der Stellungnahme[654]).

Mit dem zweiten Entschließungsantrag wurde die Bundesregierung gebeten, die Entwürfe der entscheidenden in § 18 Absatz 2 Nr. 14 des Entwurfs genannten Rechtsverordnungen des Bundeslandwirtschaftsministers dem Landwirtschafts- und dem Rechtsausschuß des Deutschen Bundestages vor ihrer Einbringung im Bundesrat zur Kenntnisnahme zuzuleiten. Im Gegensatz zum Rechtsausschuß, der die Vorlage *sämtlicher* in § 18 Absatz 2 Nr. 14 genannten Rechtsverordnungen vorgeschlagen hatte, hielt der Landwirtschaftsausschuß die Vorlage nur der entscheidenden Rechtsverordnungen für zweckmäßig. Er war daneben der Auffassung, daß eine solche Vorlage insbesondere für die die Massentierhaltung betreffenden Rechtsverordnungen nach § 13 in Betracht kommen müsse.

Schließlich stellten die Abgeordneten Vit und Dr. Hammans zur zweiten Beratung des Entwurfs im Umdruck 296 des Deutschen Bundestages einen Änderungsantrag. Danach sollte der § 23 Satz 1 folgende Fassung erhalten: „Dieses Gesetz tritt am 01. Oktober 1972 in Kraft."[655] § 23 Satz 1 hatte bis dahin lediglich die Fassung: „Dieses Gesetz tritt am ....in Kraft." gehabt. Trotz aller Sorgfalt im Ausschuß hatte die Frage, wann das Gesetz in Kraft treten sollte, nicht geklärt werden können. Der nun gestellte Änderungsantrag beruhte auf einer interfraktionellen Vereinbarung.

I. Das Tierschutzgesetz vom 24. Juli 1972

1. Die Annahme des Tierschutzgesetzes im Bundestag

In seiner 194. Sitzung am 21. Juni 1972 beriet der Bundestag den Entwurf eines Tierschutzgesetzes -Bundestagsdrucksache VI/2559- und den Bericht des Ausschusses für Ernährung, Landwirtschaft und Forsten -Bundestagsdrucksachen VI/3556, zu VI/3556- in zweiter und dritter Lesung.[656] Zunächst erinnerte der eine Berichterstatter des Landwirtschaftsausschusses, der Abgeordnete Vit (SPD), daran, daß der vorgelegte Entwurf auf die Regierungserklärung vom 28. Oktober 1969 zurückgehe, in der die Bundesregierung unter anderem eindringlich darauf hingewiesen hatte, daß dem Schutz der Natur und der Tiere mehr

---

654 Bundesratsdrucksache 278/1/71; BRDS 1971 Band 7, Nr. 251-280.
655 Umdruck 296 vom 19. Juni 1972; PA Bonn Band A Nr. 30.
656 Stenographische Berichte, Band 80, S. 11390 ff. Die erste Beratung hatte in der 137. Sitzung am 29. September 1971 stattgefunden.

Aufmerksamkeit geschenkt werden müsse. Nach der Ausräumung verfassungsrechtlicher Bedenken durch die Neufassung des Artikel 74 Nr. 20 des Grundgesetzes am 18. März 1971 und die daraufhin erfolgende Vorlage des Gesetzentwurfs sowie die öffentliche Anhörung im Februar 1972 und die gründliche Beratung in den Ausschüssen könne als Ergebnis nun der Entwurf eines Tierschutzgesetzes vorgelegt werden. Dieser sei das Kernstück eines Rechtsgebietes, das noch durch eine Reihe von Rechtsverordnungen des Bundeslandwirtschaftsministers weitere detaillierte Regelungen erfahren werde. Die positive Resonanz aus der Öffentlichkeit eröffne zudem günstige Perspektiven für die praktische Handhabung und Beachtung des Gesetzes. Der Entwurf umschließe alle Tierarten, auch die niederen und schädlichen. Nach den in dem Gesetzentwurf festgelegten Tatbestandsmerkmalen solle sich der Schutz jedoch in erster Linie auf solche Tiere erstrecken, die der Empfindung von Schmerz fähig sind. Dadurch würden Beurteilungsmaßstäbe gesetzt, die eine gute rechtliche Plattform darstellten. Als einen wesentlichen Punkt nannte Vit die Tierversuche, denen der Entwurf einen breiten Raum einräume und somit dem Umstand Rechnung trage, daß die Bedeutung und die Häufigkeit der Tierversuche sowohl in der Wissenschaft als auch in der Forschung ständig zunähmen und dringend und unverzüglich einer exakten Regelung bedürften. Daneben habe die Massentierhaltung den gravierendsten Einfluß auf den Lebensablauf gerade domestizierter Tierarten. Dabei müßten berechtigte, vernünftige und vertretbare Einschränkungen der Lebensbedingungen der betroffenen Tiere im Interesse der Lebenserhaltung des Menschen in Kauf genommen werden. Den hierfür notwendigen Spielraum räume das Gesetz unter Beachtung des erforderlichen Tierschutzes ein. Auch habe sich der Landwirtschaftsausschuß in der öffentlichen Anhörung überzeugen lassen, daß es sich beim Kupieren von Hundeohren und –ruten überwiegend um gesundheitsfördernde und nicht um modische, also einem ständigen Wechsel unterworfene Eingriffe handele. Die Fachleute hätten diese Maßnahmen vielmehr für notwendig erachtet, um die negativen Folgen der zahlreichen Tierzüchtungen wieder auszugleichen. Die ausgewogene und angemessene Fassung der vorgesehenen Strafbestimmungen solle die Rechtsprechung erleichtern und ihr Normen zur Verfügung stellen, die die Beachtung des Tierschutzes erleichterten und förderten. In einer abschließenden Würdigung ging Vit davon aus, „daß sich durch das Gesetz auch zwangsläufig positive Auswirkungen auf das Verhältnis von Mensch und Tier als wünschenswerte Folgeerscheinung ergeben werden.“[657]

657 Stenographische Berichte, Band 80, S. 11392.

Im Anschluß an die Ausführungen des Abgeordneten Vit wurde in zweiter Beratung der Gesetzentwurf mitsamt dem Änderungsantrag zu § 23 Satz 1 -Umdruck 296- einstimmig angenommen.

Nachdem man in die dritte Beratung eingetreten war, führte der andere Berichterstatter des Landwirtschaftsausschusses, *Dr. Hammans* (CDU/CSU), vor allem ethische Gesichtspunkte an, die in den Beratungen eine Rolle gespielt hatten. Auch er gab zu bedenken, daß Tierversuche unverzichtbar und daher straffe Regelungen und Überprüfungen notwendig seien. Dieser Sache habe sich der Gesetzentwurf mit besonderer Sorgfalt angenommen. Als weiteres Kernstück nannte Dr. Hammans die (Massen-) Tierhaltung. Neben einer angepaßten Ernährung und einer angemessenen Unterbringung der Tiere stellte er die Mindestforderung auf, daß die „essentiellen Funktionskreise des arteigenen angeborenen Verhaltensinventars der betreffenden Tiere aufrechterhalten bleiben müssen. Diese lebenswichtigen Bedürfnisse eines Tieres müssen im Interesse des Tieres allgemein durchgesetzt werden und sicherstellen, daß die Tiere insoweit als biologische Maßstäbe z. B. beim Stallbau; bei der Stalleinrichtung und bei Haltung und Pflege und Transport gelten. Im einzelnen wird dies in entsprechenden Durchführungsverordnungen seinen Niederschlag finden.“[658] Zu § 4, in dem vom Töten die Rede sei, hoffe er, daß bald eine neue Schlachtordnung folge, in der dann auch die strittige Frage des Schächtens neu geregelt werde.[659] Abschließend wünsche und hoffe er, daß das Gesetz trotz seines großen Spannungsfeldes in weiten Kreisen der Bevölkerung ein hohes Maß an Zustimmung finden möge.

Der Abgeordnete *Löffler* (SPD) stimmte im Namen der Fraktion der SPD dem Gesetzentwurf zu und stellte fest, daß die wirtschaftlichen und ethischen Belange in diesem Gesetz in ein ausgewogenes Verhältnis gebracht worden seien, das dem Gesichtspunkt eines neuzeitlichen Tierschutzes entspreche. Zwar könne man ethische Normen nicht durch Gesetze und Strafbestimmungen durchsetzen. Gesetze könnten aber, wie im vorliegenden Fall, für bestimmte Gebiete den erlaubten Handlungsrahmen abstecken, über den es einen Konsens in der Gesellschaft gebe. Dies bedeute jedoch gleichzeitig auch, daß Erziehung, Aufklärung und Information auf dem Gebiete des Tierschutzes durch dieses Gesetz

658 Damit stellte Dr. Hammans bereits für die nahe Zukunft einige Punkte auf, die die Erarbeiter der noch zu erlassenden Rechtsverordnungen beachten sollten. Dabei sah er ebenfalls voraus, daß man zur Aufstellung der Mindestforderungen Gutachten von Sachverständigen aus Wissenschaft und Praxis unter maßgeblicher Beteiligung von Vertretern der Verhaltenswissenschaft anfordern müsse; Stenographische Berichte, Band 80, S. 11394 f.

659 Das Schächten hatte -im Gegensatz zu früheren Gesetzentwürfen- während der Diskussion um den vorliegenden Entwurf praktisch keine Bedeutung gehabt.

nicht ersetzt werden könnten und weiterhin eine wichtige Aufgabe blieben. Auch die FDP-Fraktion sprach sich in Gestalt des Abgeordneten *Peters* (Poppenbüll) für den Gesetzentwurf aus. Abschließend dankte *Fritz Logemann*, Parlamentarische Staatssekretär beim Bundeslandwirtschaftsministerium, dem Bundestag für die intensive, sachliche und zügige Beratung und bat um Zustimmung zu dem Gesetzentwurf.

In der dritten Beratung beschloß der Deutsche Bundestag dann einstimmig:

„Der Gesetzentwurf -Drucksache VI/2559- wird in der Fassung des Ausschußantrags -Drucksache VI/3556- mit folgender Änderung angenommen: § 23 Satz 1 erhält folgende Fassung: „Dieses Gesetz tritt am 01. Oktober 1972 in Kraft." (Umdruck 296) Die zu dem Gesetzentwurf eingegangenen Petitionen werden entsprechend Nummer 2 des Ausschußantrags für erledigt erklärt. Nummer 3 des Ausschußantrags[660] wird angenommen."[661]

II. Die Annahme des Tierschutzgesetzes im Bundesrat

Das vom Deutschen Bundestag beschlossene Gesetz wurde vom Präsidenten des Bundestages entsprechend Artikel 77 Absatz 1 Satz 2 des Grundgesetzes am 23. Juni 1972 dem Bundesrat zugeleitet und sogleich als Zustimmungsgesetz gemäß Artikel 84 Absatz 1 und 87 Absatz 3 Satz 2 des Grundgesetzes eingestuft.[662]

Wie bereits bei der Stellungnahme des Bundesrates zu der Bundesratsdrucksache 278/71 (Beschluß) wurden zunächst einmal der *Landwirtschaftsausschuß* - federführend - und der Rechtsausschuß - mitberatend - gebeten, eine Empfehlung zu dem Gesetzesbeschluß abzugeben.

Der *Rechtsausschuß* empfahl dem Bundesrat, die Einberufung des Vermittlungsausschusses gemäß Artikel 77 Absatz 2 des Grundgesetzes[663] zu verlangen,

---

660 Nummer 3 a und b enthielten die Entschließungsanträge.

661 Stenographische Berichte, Band 80, S. 11390 D ff.; Amtliches Protokoll der 194. Sitzung des Deutschen Bundestages vom 21. Juni 1972, PA Bonn Band A Nr. 32.

662 Bundesratsdrucksache 381/72; BRDS 1972 Band 3, Nr. 51-90; PA Bonn Band A Nr. 33. Die Einstufung als Zustimmungsgesetz ergibt sich aus der Kopfzeile der Bundesratsdrucksache; gleichzeitig wurde der Fristablauf für die Anrufung des Vermittlungsausschusses auf den 14. Juli 1972 festgelegt.
Die Entschließungsanträge aus Nummer 3 des Ausschußantrages wurden dem Bundesrat ebenfalls am 23. Juni 1972 zur Kenntnisnahme zugeleitet; zu Bundesratsdrucksache 381/72, a.a.O.; PA Bonn Band A Nr. 34.

663 Gemäß Artikel 77 Absatz 2 kann der Bundesrat binnen drei Wochen nach Eingang eines Gesetzesbeschlusses verlangen, daß ein aus Mitgliedern des Bundesrates und des Bundestages für die gemeinsame Beratung von Vorlagen gebildeter Ausschuß einberufen wird (Satz 1). Schlägt der Ausschuß eine Änderung des Gesetzesbe-

da man dort der Ansicht war, daß in § 17 des Gesetzesbeschlusses die Nummer 1 zu streichen sei.[664] Zur Begründung[665] wurde ausgeführt, daß der Bundesrat bereits anläßlich des ersten Durchganges die Auffassung vertreten habe, daß in § 17 Nummer 1 das Tatbestandsmerkmal „ohne vernünftigen Grund“ der näheren Konkretisierung bedürfe, um die Strafvorschrift justitiabel zu machen, und daß, falls eine Konkretisierung nicht möglich sei, gegen die Strafvorschrift rechtliche Bedenken bestünden. Bei „kritischer sozial-ethischer Prüfung des Täterverhaltens“ erscheine es zumindest fraglich, ob ein dringendes Bedürfnis gegeben sei, neben dem Straftatbestand der Tierquälerei einen zusätzlichen Straftatbestand der „Tötung eines Wirbeltieres ohne vernünftigen Grund“ zu schaffen. Nach den bisherigen Erfahrungen gebe es dafür keine Veranlassung. Der Schutz des tierischen Lebens unterliege anderen Gesetzen, insbesondere den Jagd- und Fischereigesetzen, dem Naturschutzrecht und dem Schlachtrecht. Der Begriff des „Wirbeltieres“ sei für den Durchschnittsbürger zudem nicht verständlich und es könne nicht erwartet werden, daß er den Umfang dieses Begriffes kenne oder sich mit ihm ohne Schwierigkeiten vertraut mache. Neben weiteren Bedenken führte der Ausschuß aus, daß die Vorschrift nicht justitiabel sei, da das Tatbestandsmerkmal „ohne vernünftigen Grund“ nicht hinreichend bestimmt sei. Es handele sich um einen allgemeinen, wertausfüllungsbedürftigen Begriff, der in besonderem Maße der Auslegung durch den Richter bedürfe. Einen eigenen, konkreten Formulierungsvorschlag legte jedoch auch der Rechtsausschuß nicht vor. Für den Fall, daß der Bundesrat den Vermittlungsausschuß einberufen würde, sah man im BML das geplante Inkrafttreten am 01. Oktober 1972 als nicht mehr gewährleistet an, so daß Bundeslandwirtschaftsminister Ertl beabsichtigte, sofort einen Appell an die Agrarminister der Länder zu richten, den so öffentlichkeitswirksamen Gesetzentwurf nicht an dieser Frage scheitern zu lassen. Ebenfalls wollte Ertl sich an Bundesjustizminister Jahn wenden und ihn bitten, ebenfalls einen Appell in diesem Sinne an die Justizminister der Länder zu richten.[666]

Der *Landwirtschaftsausschuß* empfahl dem Bundesrat, an seiner im ersten Durchgang vertretenen Auffassung festzuhalten, daß der Bundestag das Gesetz mit der Mehrheit seiner Mitglieder beschließen mußte, und dementsprechend

---

schlusses vor, so hat der Bundestag erneut Beschluß zu fassen (Satz 5). Dieses Ziel der erneuten Beschlußfassung verfolgte der Rechtsausschuß mit seiner Empfehlung.

664 „§ 17: Mit Freiheitsstrafe...wird bestraft, wer
1.ein Wirbeltier ohne vernünftigen Grund tötet oder
2....“

665 Die Empfehlungen der Ausschüsse sind in Bundesratsdrucksache 381/1/72 dargestellt, a.a.O.; PA Bonn Band A Nr. 37.

666 BA Koblenz Akte 136/8668.

dem Gesetz gemäß Artikel 84 Absatz 1 *und* Artikel 87 Absatz 3 Satz 2 des Grundgesetzes zuzustimmen. Die Frage der Zustimmungsbedürftigkeit hatte sich schon bei der Vorlage des Gesetzentwurfs Bundesratsdrucksache 278/71 gestellt. Während der damalige Entwurf vorsah, die Präambel folgendermaßen zu fassen: „Der Bundestag hat mit Zustimmung des Bundesrates das folgende Gesetz beschlossen:...", hatte der Bundesrat die Meinung vertreten, die Formulierung müsse lauten: „Der Bundestag hat *mit der Mehrheit seiner Mitglieder und* mit Zustimmung des Bundesrates das folgende Gesetz beschlossen:...". Der Bundesrat hatte diese Ansicht damit begründet, daß durch das Gesetz den Zolldienststellen außerhalb ihres Tätigkeitsbereichs neue Aufgaben übertragen würden, die über ihren bisherigen Tätigkeitsbereich hinausgingen und nicht nur von der Hauptstelle, sondern auch von ihrem Verwaltungsunterbau wahrzunehmen seien. Die Übertragung dieser Aufgaben sei daher nur unter den Voraussetzungen des Artikel 87 Absatz 3 Satz 2 des Grundgesetzes zulässig.[667] Die Bundesregierung war diesem Vorschlag in ihrer Gegenäußerung nicht gefolgt, da es sich bei den von den Zolldienststellen nach den Vorgeben des Gesetzes wahrzunehmenden Aufgaben um die Überwachung von Einfuhrverboten handele (§ 12). Diese Überwachungstätigkeit gehöre zum herkömmlichen Aufgabenbereich der Zollverwaltung und sei daher bereits durch Artikel 87 Absatz 1 Satz des Grundgesetzes gedeckt. Die Voraussetzungen des Artikel 87 Absatz 3 Satz 2 lägen also nicht vor, und das Gesetz bedürfe nicht der Zustimmung der Mehrheit der Mitglieder des Bundestages.

In seiner 383. Sitzung am 07. Juli 1972 beschloß der Bundesrat, dem vom Deutschen Bundestag am 21. Juni 1972 verabschiedeten Gesetz gemäß Artikel 84 Absatz 1 und Artikel 87 Absatz 3 Satz 2 des Grundgesetzes zuzustimmen.[668] Der Bundesrat war also insoweit der Empfehlung des Agrarausschusses gefolgt. Der Vermittlungsausschuß war dagegen nicht -wie es der Rechtsausschuß empfohlen hatte- einberufen worden. Offensichtlich hatten die Bemühungen und Appelle von Bundeslandwirtschaftsminister Ertl Erfolg gehabt. Dies mag zum einen seinen Grund darin gehabt haben, daß auch der Bundesrat der Meinung war, daß man sich nun lange genug um ein neues Tierschutzgesetz bemüht hatte -immerhin ein auch von der Öffentlichkeit vielbeachtetes Sachgebiet-, zum anderen sah man es wahrscheinlich zunächst einmal als wichtiger an, das Gesetz überhaupt durchzubringen und, falls sich tatsächlich Lücken auftun sollten, spä-

667 Artikel 87 Abs. 3 S. 2 GG: „Erwachsen dem Bunde auf Gebieten, für die ihm die Gesetzgebung zusteht, neue Aufgaben, so könne bei dringendem Bedarf bundeseigene Mittel- und Unterbehörden mit Zustimmung des Bundesrates und der Mehrheit der Mitglieder des Bundestages errichtet werden."

668 Bundesratsdrucksache 381/72 (Beschluß), BRDS 1972 Band 3 Nr. 51-90; Sitzungsberichte Bundesrat 1972, 376-388, S. 617 D; PA Bonn Band A Nr. 40.

ter nachzubessern, bzw. diese Lücken von der richterlichen Praxis ausfüllen zu lassen.

Das Tierschutzgesetz wurde am 24. Juli 1972 verkündet und trat am 01. Oktober 1972 in Kraft.[669] Somit hatte die Bundesrepublik Deutschland[670] nach jahrzehntelangem Ringen ein umfassendes neues und den modernen Verhältnissen angepaßtes zweites Tierschutzgesetz erhalten, das -mit Veränderungen- bis zum heutigen Tage gilt.

III. Das neue Tierschutzgesetz

Das Gesetz ist in zwölf Abschnitte unterteilt, deren erster eine Grundsatzerklärung enthält (§ 1). Daran schließen sich die „Tierhaltergeneralklausel“[671] (§ 2) und ein Verbotskatalog (§ 3) an, gefolgt von Vorschriften über das Töten von Tieren (§ 4), über Eingriffe an Tieren (§§ 5 und 6), über Tierversuche (§§ 7 bis 9), über Eingriffe zu Ausbildungszwecken (§ 10) sowie über den Tierhandel (§ 11). Während § 12 die Vorschriften über das Verbringungs-, Verkehrs- und Haltungsverbot enthält, sind im nächsten Abschnitt die Ermächtigungen sowie die Mitwirkung von Zolldienststellen geregelt (§§ 13 und 14). Es folgen Vorschriften über die Durchführung des Gesetzes (§§ 15 und 16), die Straf- und Bußgeldvorschriften (§§ 17 bis 20) und die Übergangs- und Schlußvorschriften (§§ 21 bis 23). Das gesamte Gesetz enthält keine Definition des Begriffes „Tier“. Dadurch wird deutlich, daß der Gesetzgeber grundsätzlich alle Tiere schützen wollte, wobei er jedoch den Wirbeltieren, denen ein erhöhtes Gefühls- und Schmerzempfinden zugesprochen wird, in manchen Vorschriften einen besonderen Schutz angedeihen ließ.

Ein Grund für die Schaffung eines neuen Tierschutzgesetzes war die Tatsache, daß der Tierschutz national wie international an Bedeutung zugenommen und durch Massenmedien auch erheblich an Gewicht und Aktualität gewonnen hatte. Dadurch gab es immer mehr Bürger, die sich für den Tierschutz engagierten und auch einen gewissen politischen Druck ausüben konnten. Die Notwendigkeit für ein neues Gesetz hatte sich jedoch vor allem aus der wissenschaftlichen, technischen und wirtschaftlichen Fortentwicklung ergeben. Dies hatte zur

---

669 BGBl. I S. 1277 ff.; abgedruckt im Anhang, S. 257 ff.

670 Gemäß § 22 TierSchG i. V. m. § 13 des Dritten Überleitungsgesetzes vom 04. Januar 1952 (BGBl. I S. 1) galt das Gesetz auch für Berlin. In der DDR bestand zu diesem Zeitpunkt ein gesetzliche Neuregelung der Straftatbestände der Schädigung des Tierbestandes (§ 168 StGB DDR) und der Tierquälerei (§ 250 StGB DDR); vgl. Ennulat/Zoebe, S. 233 f.

671 Ennulat in: DudT 1972, S. 60.

Folge, daß man neuer Regelungen bezüglich der sich immer weiter ausdehnenden Massentierhaltung bedurfte, während Forderungen, die noch Ende der Fünfzigerjahre gestellt worden waren –beispielsweise das Verbot einer Schaustellung von Tanzbären, der Verwendung des Doppeljochs oder von Einhufern unter Tage- schon nicht mehr aktuell waren. Ebenso war eine umfassende Neuregelung der Bestimmungen über Tierversuche notwendig geworden, da die zunehmende Forschungsarbeit u. a. auf den Gebieten der Medizin, der Pharmaindustrie und der Ernährungswissenschaft auch einen verstärkten Einsatz von Tierversuchen mit sich brachte.[672] Im Gegensatz zum Reichstierschutzgesetz von 1933, wo man diese Entwicklungen noch nicht voraussehen konnte, waren also gerade auf diesen Gebieten die wohl weitreichendsten Veränderungen vorgenommen worden. Neben der Einführung eines für jeden Bürger verständlichen Grundsatzes in § 1 sind insbesondere die Bestimmungen hinsichtlich der Tierhaltung, des Tierhandels, der Ausbildung und der Tiertransporte zu erwähnen. Einen weiteren Schwerpunkt bilden die Ermächtigungen des Bundeslandwirtschaftsministers zum Erlaß von Rechtsverordnungen auf den Gebieten der Tierhaltung, -pflege und –unterbringung sowie die Überwachung der gesetzlichen Vorschriften durch die zuständigen Behörden. Schließlich hatte auch die Strafrechtsreform von 1969 ihren Anteil an dem neuen Gesetz, das nunmehr auch Bußgeldvorschriften und Ordnungswidrigkeiten enthielt, so daß wesentlich mehr Verstöße gegen die Tierschutzbestimmungen geahndet werden konnten als vorher.

Gleichzeitig mit dem Inkrafttreten des neuen Gesetzes traten außer Kraft: das Tierschutzgesetz vom 24. November 1933[673], die Erste[674], Zweite[675] und Fünfte[676] Verordnung zur Ausführung des Tierschutzgesetzes, § 6 der Verordnung über das Schlachten und Aufbewahren von lebenden Fischen und anderen kaltblütigen Tieren[677] und das Gesetz zur Änderung des Tierschutzgesetzes für das Land Nordrhein-Westfalen[678] mit wenigen Ausnahmen. Daneben gab es aber auch noch tierschutzrechtliche Gesetzesbestimmungen, die durch das neue Tierschutzgesetz nicht aufgehoben worden waren, insbesondere § 5 des Natur-

---

672 1972 soll der Jahresbedarf in der Bundesrepublik Deutschland alleine bei etwa 10 bis 12 Millionen Ratten, Mäusen und Meerschweinchen gelegen haben, bei Hunden vermutete man eine Zahl von 8.000 bis 13.000; Eberle, NJW 1973, S. 1408 m.w.N.

673 RGBl. I S. 987, zuletzt geändert durch das EGOWiG vom 24. Mai 1968, BGBl. I S. 503.

674 RGBl. 1934 I S. 516.

675 RGBl. 1936 I S. 539.

676 RGBl. 1938 I S. 1004.

677 RGBl. 1936 I S. 13.

678 GVBl. Nordrhein-Westfalen 1970 S. 437.

schutzgesetzes[679] und die §§ 12 bis 26, 27, 29 der Naturschutzverordnung.[680] „Im Verhältnis zu ihnen ist das Tierschutzgesetz das Kerngesetz, dem insoweit eine erhöhte Bedeutung für die Auslegung tierschutzrechtlicher Normen zukommt."[681]

Der Gesetzgeber hatte bei der Schaffung des Gesetzes die schwierige Aufgabe gehabt, sowohl ethische als auch wirtschaftliche und wissenschaftliche Interessen, die sich gerade im Bereich des Tierschutzes häufig gegenüberstanden und -stehen, zu berücksichtigen und letztlich einen Kompromiß zwischen den verschiedenen Interessen zu finden. Inwieweit ihm dies gelungen war, blieb zunächst offen, bis die ersten Reaktionen und Rückmeldungen erfolgten.

Gleichzeitig war die Bundesregierung mit dem Gesetz den Forderungen des Deutschen Bundestages aus dem Entschließungsantrag vom 02. Juli 1969 nachgekommen.[682]

---

679 RGBl. 1935 I S. 821 in der Fassung vom 29. Juni 1935, 01. Dezember 1936 und 20. Januar 1938.

680 RGBl. 1936 I S. 181 in der Fassung vom 21. Januar 1938 und 16. März 1940.

681 Eberle, NJW 1973, S. 1405 ff.

682 Das Bundeslandwirtschaftsministerium begründete das neue Gesetz folgendermaßen: „Das neue Tierschutzgesetz hält an der Grundkonzeption eines ethisch ausgerichteten Tierschutzes fest. Das Gesetz, das das Tierschutzrecht aus dem Jahre 1933 ablöst, ersetzt die bisher mehr gefühlsbetonten Beurteilungsmaßstäbe zunehmend durch exakte, repräsentative, wissenschaftliche Erkenntnisse über tierartgemäße und verhaltensgerechte Normen und Erfordernisse. So sind insbesondere die Vorschriften über Haltung, Pflege und Unterbringung von Tieren, der Handel mit Tieren, ihre Überwachung und die Versuche an Tieren neu gefaßt worden. Auch zur Regelung von Fragen der Tierhaltung auf begrenztem Raum in neuzeitlichen Haltungssystemen sowie des Tiertransports sieht das Gesetz die notwendigen Ermächtigungen vor. Weitere Abschnitte des Gesetzes befassen sich mit dem Töten von Tieren, mit Eingriffen an Tieren und mit tierschutzrelevanten Fragen beim Tierhandel. Unter anderem dürfen solche Wirbeltiere, die an den Folgen tierschutzwidriger Handlungen leiden, nicht mehr in die Bundesrepublik eingeführt werden. Aus dem bisherigen Tierschutzrecht ist die Regelung übernommen worden, daß in Haltung, Pflege und Unterbringung vernachlässigte Tiere von der Verwaltungsbehörde auf Kosten des Halters anderweitig untergebracht werden können. Zuwiderhandlungen gegen die Vorschriften des neuen Gesetzes können mit Geldstrafen bis zu 10.000 DM geahndet werden.
Das bisherige Tierschutzrecht genügte mit seinen Vorstellungen, seiner Zielsetzung und seiner wissenschaftlichen Grundlage den Anforderungen an ein zeitgemäßes Tierschutzrecht nicht mehr. Früher ging es im wesentlichen um den Schutz der Tiere vor Behandlungen, die ihnen Schäden zufügten. Heute stehen sich infolge der Entwicklung der Wirtschaftsformen, der Wissenschaft und Technik vielfach wirtschaftliche und wissenschaftliche sowie ethische Forderungen gegenüber. Diese unterschiedlichen Gesichtspunkte bringt das neue Gesetz in Einklang." BML-Informationen Nr. 26/1972; Deutsches Tierärzteblatt 8/72, S. 298.

Teil III: Reaktionen auf das Tierschutzgesetz und die Entwicklung des Tierschutzrechts von 1973 bis 2003; Zusammenfassung; Ausblick

A. Reaktionen

Nach der Verabschiedung des Gesetzes erklärte der *Präsident des Welttierschutzbundes, Professor Dr. S. Hofstra* aus Amsterdam, gegenüber Bundespräsident Dr. Gustav Heinemann seine Freude und Genugtuung und führte aus: „Wenn auch wohl der eine oder andere Wunsch des Tierschutzes unerfüllt geblieben ist, so kann doch als besonders erfreulich herausgestellt werden, daß das neue Gesetz auf ethischer Basis konzipiert wurde und moderne wissenschaftliche Erkenntnisse, insbesondere auf dem Verhaltenssektor Berücksichtigung fanden. ... Ich glaube, daß das nützlich sein dürfte für die in verschiedenen Ländern erkennbaren Bestrebungen, ebenfalls ein neues Tierschutzgesetz zu schaffen wie auch für die derzeit stattfindenden und noch vorgesehenen Beratungen, eine Humanisierung und Harmonisierung in Teilbereichen des Tierschutzes auf internationaler Ebene herbeizuführen."[683]

Auch *Dr. Horst Gerold, Regierungsdirektor und Sekretär des Landwirtschaftsausschusses des Deutschen Bundestages*, bezeichnete das Gesetz als „beispielgebend", da es modern, dabei aber weniger menschlich-gefühlsbetont wie sein Vorgänger sondern eher wissenschaftlich fundiert sei.[684]

Wie es bei Kompromissen üblich ist -und das neue Tierschutzgesetz war schließlich in weiten Teilen solch ein Kompromiß zwischen Ethik und Wirtschaft/Wissenschaft- konnte keine Seite vollständig zufriedengestellt werden. Demzufolge ging das Gesetz den *Tierschützern*[685] nicht weit genug und stellte ihrer Meinung nach in einigen Punkten sogar noch eine Verschlechterung gegenüber dem alten Gesetz dar. Bemängelt wurde insbesondere die Beibehaltung der Begriffe der „Offensichtlichkeit" und „Erforderlichkeit" in zahlreichen Vorschriften, die als tierschutzfeindlich angesehen wurden und deren Streichung bereits in den Vorberatungen vehement gefordert worden war. Heftig kritisiert wurde aber daneben auch die Vorschrift des § 3 Nummer 2 TierSchG, nach der es nunmehr erlaubt war, alte, kranke oder gebrechliche Tiere, für die ein Weiterleben mit nicht behebbaren Schmerzen oder Leiden verbunden sein würde, zu

683 Gerold, S. 3.
684 Gerold, S. 3.
685 Siehe stellvertretend für viele Tierfreunde: Ennulat, DudT 1972, S. 60 ff.

Versuchszwecken abzugeben. „Kann es wirklich der Wille des Gesetzgebers gewesen sein, daß jeder, der ein solches Tier hält, für das der schmerzlose Tod eine Erlösung darstellt, jetzt noch ein Geschäft mit diesem Tier machen darf...?“[686] Als weitgehend unbefriedigend wurden auch die Vorschriften der §§ 5 und 6 angesehen, wobei vor allem die Zulassung des Kupierens von Hundeohren und –ruten ebenfalls als eine Verschlechterung bezeichnet wurde. Ebenfalls für ungenügend wurden die Straf- und Bußgeldvorschriften befunden, wobei vor allem eine Versuchsstrafbarkeit sowie eine Ausdehnung der Verjährungsfrist auf ein Jahr[687] in § 18 vermißt wurde. Lob erhielten dagegen das Verbot des Versandhandels von Tieren, das über die Erwartungen der Tierschützer hinausgehe, das Veräußerungsverbot von Tieren an Kinder und die detaillierten Ermächtigungsvorschriften zum Erlaß von Rechtsverordnungen. Auch auf dem Gebiete der Tierversuche seien die Vorschriften über den Kreis der Berechtigten, die Auswahl der zu verwendenden Tiere und die Überwachung sehr detailliert und eng gefaßt, so daß ein Mißbrauch insgesamt ausgeschlossen erscheine und dem Tierschutzanliegen weitgehend Rechnung getragen worden sei. *Landgerichtsdirektor Zoebe* stellte heraus, daß die Tiere, die in der Regel als Objekte betrachtet würden, eigentlich nur im neuen Tierschutzgesetz und in dem gerade neugefaßten Tierschutzgesetz in Österreich zum Subjekt würden.[688] *Rechtsanwalt Dr. A. Eberle* lobte in der NJW das neue Tierschutzgesetz folgendermaßen: „Als eine Materie des Strafrechts, wozu auch das Nebenstrafrecht rechnet, ist das neue Tierschutzgesetz ein echtes Rechtsgesetz und damit ein Kulturgesetz. ... (Es) zeichnet sich durch eine klare und knappe Diktion aus. Es ist dem Gesetz-

---

686 Ennulat, a.a.O.

687 Nach Ansicht der Tierschützer beweise die Praxis täglich, mit welchem Zeitaufwand Ermittlungen in Tierschutzsachen durchgeführt werden müßten. Eine knapp bemessene Verjährungsfrist sei allzu schnell überschritten; Ennulat a.a.O.

688 Zoebe, DudT 1972, S. 90 und 1973, S. 48. Zoebe meint dort weiter: „Das neue deutsche Tierschutzgesetz hat eine ethisch-wissenschaftliche Basis; auf ihr ruhen die 5 Hauptforderungen, die es stellt und für deren Durchsetzung es das nötige Rüstzeug bietet:

1. die sachgerechte, möglichst schmerzlose und nur vernünftige Tötung von Tieren,
2. die Verhütung von jeglichen vermeidbaren Tierquälereien, sei es in der einen oder anderen Form, wobei auch eine unzureichende Betreuung, ein untragbarer Transport oder die Abforderung unzumutbarer Leistung diesen Tatbestand erfüllen kann,
3. die Überwachung und korrekte Durchführung von jeglichen Eingriffen an Tieren, zu denen auch die wissenschaftlichen Tierversuche gehören,
4. die Überprüfung des Tierhandels,
5. die Beeinflussung der Massentierhaltung durch den Erlaß entsprechender Rechtsverordnungen im tiergerechten Sinn.“

geber gelungen, die komplexe und konfliktgeladene Materie in 23 Paragraphen einzufangen. ... (Man ist) versucht, dieses moderne Tierschutzgesetz als Musterbeispiel bester Gesetzestechnik zu bezeichnen."[689] Gleichzeitig befürchtete Eberle, daß die Gestaltung des Instanzenzuges und die Zurückhaltung der Bevölkerung bei der Anrufung des Gerichts wegen der Tiere auch dazu führen könne, daß sich kaum eine gefestigte, herrschende oder sogar obergerichtliche Rechtsprechung zu den vielen offenen und neuen Rechtsfragen bilden würde, so daß der Tierschutz weiterhin ein Schattendasein führen müsse. Dabei erinnerte er daran, daß es in dem neuen Gesetz eine Menge unbestimmter Rechtsbegriffe gebe, z.B. die Leid- oder Schadenzufügung ohne vernünftigen Grund, die angemessene Nahrung und Pflege, vermeidbare oder erhebliche Schmerzen oder Roheit[690]. *Werner Vontz* führte im Deutschen Ärzteblatt[691] aus, daß das Tierschutzgesetz „breite Zustimmung in der Öffentlichkeit und eine durchweg positive Aufnahme in der fachlichen Beurteilung durch die Sachverständigen und die Verbandsvertreter gefunden hat. Gerade diese Resonanz spricht ... nicht nur für die ausgewogene Berücksichtigung der verschiedenen, oft divergierenden Interessen durch das Gesetz, sondern sie eröffnet auch günstige Perspektiven für die praktische Handhabung und Beachtung des neuen Gesetzes." *Fritz Logemann, Parlamentarischer Staatssekretär beim Bundeslandwirtschaftsministerium*, berichtete 1973[692], daß man sich nunmehr an die Vorbereitungen und den Erlaß der Durchführungsverordnungen mache, die sich auf die Ermächtigungen des Tierschutzgesetzes stützten. Zudem solle das Schlachtrecht novelliert werden. Da den Durchführungsverordnungen gewisse Mindestanforderungen des Tierschutzes zugrunde zu legen seien, die zahlreiche wissenschaftliche und fachtechnische Fragen beinhalteten, habe man Sachverständige aus Praxis und Wissenschaft mit der Erstellung von Gutachten beauftragt. Diese beträfen vor allen Dingen die Bereiche „Wirtschaftsgeflügel", „Schweine" und „Kälber" im Hinblick auf die neuzeitlichen Haltungssysteme, aber auch „Transporte von Tieren" und die „Einschränkung und Ersetzbarkeit" von Tieren bei Tierversuchen.

Über die Durchführung des Tierschutzgesetzes und der aufgrund dieses Gesetzes zu erlassenden Rechtsverordnungen, die gemäß § 15 Absatz 1 TierSchG den nach Landesrecht zuständigen Behörden oblag, erläuterte der *Geschäftsfüh-*

---

689 Eberle, NJW 1973, S. 1405 ff.

690 Während der Begriff „roh" aus § 1 Abs. 1 TierSchG von 1933 in § 1 Abs. 2 definiert war, wurde im TierSchG von 1972 für die Roheit des § 17 Nr. 2 a keine Definition abgegeben.

691 Deutsches Ärzteblatt 15/1973 S. 1006 ff., 17/1973 S. 1148 f., 18/1973 S. 1218 ff. und 19/1973 S. 1294 ff.

692 DudT 1973, S. 52.

rer des Deutschen Tierschutzbundes, Klaus Ennulat, 1973[693], daß -mit Ausnahme von Hamburg und dem Saarland- mittlerweile alle Bundesländer die entsprechenden Regelungen getroffen hätten. In der Regel liege die Frage der Genehmigung und Überwachung von Tierversuchen fast ausschließlich auf der höheren Länderebene, so daß die Regierungspräsidien, die Regierungen, die Senatoren oder die Ministerien selbst zuständig seien. Die Verfolgung von Ordnungswidrigkeiten nach dem Tierschutzgesetz werde ebenso im Regelfall von den mittleren oder unteren Verwaltungsbehörden als Ordnungsbehörden wahrgenommen.[694]

Insgesamt läßt sich festhalten, daß das neue Tierschutzgesetz in der Öffentlichkeit durchweg positiv aufgenommen wurde und aufgrund seiner Gesetzestechnik und der Anpassung an die modernen Umstände eine wesentliche Verbesserung gegenüber seinem Vorgängergesetz darstellte. Gleichzeitig blieb aber auch eine Reihe von Wünschen -gerade seitens der Tierschutzverbände- unerfüllt. Ohnehin schon seit langem heftig diskutierte Punkte, wie etwa das Kupieren bei Hunden, spalteten weiterhin die Lager. Außerdem mußte man zunächst einmal abwarten, wie Rechtsprechung und Praxis das Gesetz weiter ausgestalten und welchen Schutz die Durchführungsverordnungen bieten würden.

B. Änderungen des Tierschutzgesetzes seit 1972

I. Das Änderungsgesetz 1986

Nachdem man bereits in der Neunten Legislaturperiode Vorarbeiten geleistet hatte, wurde am 12. August 1986 das *Erste Gesetz zur Änderung des Tierschutzgesetzes (Änderungsgesetz 1986)*[695] erlassen. Am 18. August wurde die Neufassung des bestehenden Tierschutzgesetzes bekanntgegeben[696], die am 01. Januar

693 Ennulat, DudT 1973, S. 101.

694 So war beispielsweise in Schleswig-Holstein aufgrund der Landesverordnung vom 16. März 1973 (GVBl. S. 83) der Minister für Ernährung, Landwirtschaft und Forsten in den Fällen des § 7, § 8 Abs. 1 bis 3 und 5 und des § 21 zuständig; die Landräte und Bürgermeister als Kreisordnungsbehörden für § 5 Abs. 1, § 9 Abs. 1 und 2, § 14 Abs. 1 Nr. 2 und 3 und § 16 Abs. 1; die Amtsvorsteher und Bürgermeister als örtliche Polizeibehörden für § 2 Abs. 2 und 3 und § 11 Abs. 1 bis 3; für die Verfolgung von Ordnungswidrigkeiten die Ordnungsbehörden.

695 BGBl. I S. 1309 ff.

696 BGBl. I S. 1319 ff. Vorher hatte es noch durch den Artikel 37 des Gesetzes vom 08. März 1975 (BGBl. I S. 705, 712) eine kleine Änderung gegeben, der lediglich besagte, daß in § 14 Abs. 1 Satz 1 und 2 und Abs. 2 Satz 1 des Tierschutzgesetzes die

1987 in Kraft trat. Das neue Gesetz brachte –unter der Federführung von Bundeslandwirtschaftsminister Ignaz Kiechle (CSU)- einige wesentliche Veränderungen mit sich. Insgesamt wurden so sechzehn neue in die bereits bestehenden dreiundzwanzig Paragraphen integriert, wovon nur zwei ihren ursprünglichen Wortlaut behielten.[697] Zunächst einmal wurde der Grundsatz des § 1 Satz 1 umformuliert.[698] Der Bundeslandwirtschaftsminister erhielt Verordnungsermächtigungen für die landwirtschaftliche Massentierhaltung in § 2 a -betreffend die Haltung, den Transport und die Versendung[699] von Tieren-, die auf dem Vorbild des § 13 Absatz 1 und 3 a.F. basierten. Darin wurde von der Literatur der Schlüssel für die mit der Massentierhaltung zusammenhängenden Fragen gesehen.[700] Eine weitere Neuerung war die Einführung des § 4 a und b, wobei sich das Tierschutzgesetz erstmals mit dem Schlachten befaßte. Gemäß § 4 a Absatz 1 durfte ein warmblütiges Tier nur geschlachtet werden, wenn es vor der Blutentziehung betäubt wurde. Eine Betäubung war gemäß § 4 a Absatz 2 nicht erforderlich bei Notschlachtungen oder beim *Schächten*, wobei für letzteres die zuständige Behörde eine Ausnahmegenehmigung erteilt haben mußte.[701]

Durch die Neufassung des § 6 war nun doch das Kupieren von Hunde*ohren* verboten worden.

Die ebenfalls erfolgte Neugestaltung der Bestimmungen über Tierversuche hatte zum Ziel, die Versuche weiter einzuschränken.[702] Für die Zucht von Tie-

---

Worte „Bundesminister für Wirtschaft und Finanzen“ durch die Worte „Bundesminister der Finanzen“ ersetzt würden.

697 Lorz, NJW 1987, S. 2049 ff.

698 § 1 Satz 1 lautete nun: „Zweck dieses Gesetzes ist es, aus der Verantwortung des Menschen für das Tier als Mitgeschöpf dessen Leben und Wohlbefinden zu schützen.“ Damit wurde erstmals der Bürger direkt auf seine Verantwortung gegenüber den Tieren angesprochen.

699 Das frühere Verbot der Versendung per Nachnahme verstieß gegen Artikel 12 Abs. 1 GG; BVerfGE 36, S. 47 ff.

700 Lorz, NJW 1987, S. 2049; Lorz, Kommentar zum Tierschutzgesetz, Einführung Rn. 53.
Caspar führt dazu aus (S. 283 f.): „Es gehört nun zu einem der zentralsten Regulierungsdefizite im damaligen Tierschutzrecht, daß entgegen der Intention der gesetzlichen Kodifizierung von 1972 bis zum Außerkrafttreten der Vorschrift des § 13 I TierSchG versäumt wurde, von der Ermächtigungsvorschrift Gebrauch zu machen.“

701 Damit war das rituelle Schächten auch durch das Tierschutzgesetz erlaubt, wenn auch nur in streng reglementierten Fällen. Der Versuch, Schlachtrecht und Schächterlaubnis in das Tierschutzgesetz einzuführen, war in den Sechzigerjahren so stark kritisiert worden, daß man seinerzeit diesen Gedanken wieder fallengelassen hatte; vgl. BT-Ds. IV/85 § 3 Absatz 3 Nr. 7.

702 Laut BVerfG, JR 1978, S. 516 war es Sinn und Zweck der Vorschriften, die Versuche auf ein unumgängliches Maß zu beschränken, nur von besonders fachkundigen Personen ausführen zu lassen und einer strengen Kontrolle zu unterwerfen. Zur Er-

ren[703] oder den Handel mit Tieren bedurfte es von nun an in zahlreichen Fällen einer Erlaubnis (§ 11). Die nach Landesrecht zur Durchführung des Gesetzes zuständigen Behörden sollten Kommissionen einberufen, die die Behörden bei der Entscheidung über die Genehmigung von Tierversuchen unterstützen sollten (§ 15 Absatz 1 Satz 2); der Bundeslandwirtschaftsminister sollte seinerseits eine Kommission zu seiner Unterstützung in Tierschutzfragen einberufen (§ 16 b). Neben der Verpflichtung der Bundesregierung, dem Bundestag alle zwei Jahre einen Bericht über den Stand der Entwicklung des Tierschutzes zu erstatten (§ 16 d)[704], wurde der Bundeslandwirtschaftsminister ermächtigt, mit Zustimmung des Bundesrates die allgemeinen Verwaltungsvorschriften, die zur Durchführung des Gesetzes und der aufgrund des Gesetzes erlassenen Rechtsverordnungen erforderlich sein würden, zu erlassen. Weiterhin war auch das Recht der Ordnungswidrigkeiten neu gefaßt und erweitert worden; das Bußgeld wurde auf bis zu 50.000 DM heraufgesetzt.

II. Das Tier im Bürgerlichen Gesetzbuch (1990)

Mit dem *Gesetz zur Verbesserung der Rechtsstellung des Tieres im bürgerlichen Recht* vom 20. August 1990[705] erhielten die Tiere die seit Jahren geforderte Aufwertung auch im Zivilrecht. Der Zweite Abschnitt des Bürgerlichen Gesetzbuchs erhielt die Überschrift „Sachen. Tiere" und der neu eingefügte § 90 a BGB bestimmte:

„Tiere sind keine Sachen. Sie werden durch besondere Gesetze geschützt. Auf sie sind die für Sachen geltenden Vorschriften entsprechend anzuwenden, soweit nicht etwas anderes bestimmt ist."

Und dem § 903 BGB wurde folgender Satz 2 angefügt: „Der Eigentümer eines Tieres hat bei der Ausübung seiner Befugnisse die besonderen Vorschriften zum Schutz der Tiere zu beachten."

---

reichung dieser Vorhaben wurde z. B. die Bestellung von Tierschutzbeauftragten in bestimmten Einrichtungen obligatorisch (§ 8 b); Tierversuche zur Entwicklung von Tabakerzeugnissen, Waschmitteln oder dekorativen Kosmetika wurden ganz verboten (§ 7 Abs. 5).

703 Somit hatte neben dem Schlachten auch die Tierzucht in das Tierschutzrecht Eingang gefunden.

704 Dies hatte zum Ziel, den Tierschutz als bleibende Aufgabe im Bewußtsein der Öffentlichkeit zu verankern; Lorz, NJW 1987, S. 2053.

705 BGBl. I S. 1762 f.; vgl. hierzu: Mühe, NJW 1990 S. 2238 ff. und Lorz, MDR 1990 S. 1057 ff.

III. Weitere Änderungen

Seit der Wiedervereinigung der beiden Deutschen Staaten gilt das Tierschutzgesetz auch in den *östlichen Bundesländern.*[706] Aufgrund des *Maastrichter Vertrages* vom 07. Februar 1992, der den Binnenhandel ohne Grenzen in den Mitgliedsländern der Europäischen Union (EU) ermöglichte[707], wurde es erforderlich, auch das Tierschutzgesetz entsprechend anzugleichen. Mit dem *Gesetz zur Änderung veterinärrechtlicher, lebensmittelrechtlicher und tierzuchtrechtlicher Vorschriften* vom 18. Dezember 1992[708] erhielt der Bundeslandwirtschaftsminister die Ermächtigungen des § 12 Absatz 2 zum Erlaß von Rechtsverordnungen bezüglich der Einfuhr von Tieren aus Ländern, die nicht der Europäischen Union angehörten. Zudem wurden die §§ 16 f, g und i -nach heutiger Zählung- eingefügt, die die Zusammenarbeit der zuständigen Behörden innerhalb der EU regelten.

Die letzte große Erweiterung und Umgestaltung erfuhr das Tierschutzgesetz durch das Zweite Gesetz zur Änderung des Tierschutzgesetzes vom 25. Mai 1998 (*Änderungsgesetz 1998*)[709]. Mit diesem Gesetz wurden neue Entwicklungen in der Forschung berücksichtigt, und es wurde versucht, Bestimmungen, die seit der letzten großen Änderung 1986 in der Praxis ins Leere gelaufen waren, zu ändern und Lücken, die sich aufgetan hatten, zu schließen. Hinzu kam die Umsetzung einiger europarechtlicher Regelungen.[710] Mit dem Änderungsgesetz 1998 wurde u. a. der Tierschutz auf Tötung zu wissenschaftlichen Zwecken, Transplantationen und Verfahren der Biotechnologie und Labortechnik ausgedehnt, zudem wurden Tierversuche zur Entwicklung *aller* Kosmetika verboten und die Einfuhrbestimmungen verschärft.[711] Das Änderungsgesetz 1998 er-

706 S. Einigungsvertrag Anlage I Kapitel VI Sachgebiet A Abschnitt III Nr. 14.

707 Die Konferenzen der Vertreter der Regierungen der Mitgliedstaaten hatten u. a. eine Erklärung zum Tierschutz beschlossen: „Die Konferenz ersucht das Europäische Parlament, den Rat und die Kommission sowie die Mitgliedstaaten, bei der Ausarbeitung und Durchführung gemeinschaftlicher Rechtsvorschriften in den Bereichen Gemeinsame Agrarpolitik, Verkehr, Binnenmarkt und Forschung den Erfordernissen des Wohlergehens der Tiere in vollem Umfang Rechnung zu tragen." Schlußakte des Vertrages von Maastricht, III., Erklärung Nr. 24.

708 BGBl. I S. 2022, 2027 ff.

709 BGBl. I S. 1094 ff. Das Gesetz trat zwar bereits am 01. Juni 1998 in Kraft, manche Bestimmungen wurden jedoch erst am 01. Mai 2000 wirksam.

710 Dies stellt bereits die Fußnote in BGBl. I S. 1094 klar, die besagt, daß das Gesetz der Umsetzung der dort aufgeführten Richtlinien dient.

711 s. Lorz, Kommentar zum Tierschutzgesetz, Einführung Rn. 55 m. w. N.

brachte eine Neubekanntmachung des Tierschutzgesetzes.[712] Eine letzte kleine Änderung erfuhr das Tierschutzgesetz durch das Gesetz vom 06. August 2002.[713]

C. Zusammenfassung und Ausblick

Nach der Begründung des modernen Tierschutzes in England im Jahr 1822 kam es in der Folgezeit auch in den deutschen Einzelstaaten zu ersten Vorschriften zum Schutz der Tiere. Erst das *Reichsstrafgesetzbuch von 1870/71* brachte eine einheitliche Strafnorm in § 360 Nr. 13, für die das menschliche Sittlichkeitsgefühl und das Mitleid des Menschen mit der geschundenen Kreatur ausschlaggebend für eine Bestrafung waren. Nach langjährigen Überlegungen und Vorentwürfen für ein neues Strafgesetzbuch waren es dann schließlich die Nationalsozialisten, die im Jahre 1933 zunächst eine Strafgesetznovelle[714], in der die Tierquälerei von einer bloßen Übertretung zu einem Vergehen erhoben wurde, und noch im selben Jahr das *Reichstierschutzgesetz*[715] erließen. In diesem Gesetz waren erstmals die Belange der Tiere umfassend geregelt, wobei deren Schutz nicht nur auf die reine Tierquälerei beschränkt war, sondern auch die Vivisektionen, die Tierhaltung, Strafvorschriften und vieles mehr umfaßte. Das Reichstierschutzgesetz war das erste eigenständige, ethisch fundierte Tierschutzgesetz, das das Tier um seiner selbst und nicht um des Menschen willen schützte. Aus diesem Grunde war es auch wegweisend für andere Länder und galt seinerzeit als das modernste Tierschutzgesetz der Welt, das durch das *Reichsnaturschutzgesetz*[716] und zahlreiche Nebengesetze und Verordnungen noch umfangreich ergänzt wurde. Dabei darf jedoch nicht übersehen werden, daß die Nationalsozialisten auch skrupellos ihre Interessen auf Kosten von Minderheiten durchsetzten -

---

712 Durch die Bekanntmachung vom 25. Mai 1998, BGBl. I S. 1105; dann noch einmal berichtigt am 25. Juni 1998, BGBl. I S. 1818.

713 Gesetz zur Neuorganisation des gesundheitlichen Verbraucherschutzes und der Lebensmittelsicherheit vom 06. August 2002, BGBl. I S. 3082.
Artikel 11 § 1 des Gesetzes bestimmt: „In § 12 Abs. 2 Satz 1 Nr. 6 werden die Worte ‚Bundesministerium im Einvernehmen mit dem Bundesministerium der Finanzen im Bundesanzeiger bekannt gemacht hat' durch die Worte ‚Bundesamt für Verbraucherschutz und Lebensmittelsicherheit im Einvernehmen mit dem Bundesministerium der Finanzen im Bundesanzeiger bekannt gemacht hat; das Bundesministerium der Finanzen kann die Erteilung des Einvernehmens auf die Mittelbehörde seines Geschäftsbereichs übertragen' ersetzt."

714 Gesetz zur Abänderung strafrechtlicher Vorschriften, RGBl. I 1933, S. 295.

715 RTierSchG vom 24. November 1933; RGBl. I S. 203.

716 RNatSchG vom 26. Juni 1935; RGBl. 1935 I S. 821.

beispielsweise in einer eigentlich harmlos wirkenden Nebenvorschrift wie dem § 1 des Gesetzes über das Schlachten von Tieren.

Der *Zweite Weltkrieg* brachte die Fortentwicklung des Tierschutzes in Deutschland zum Stillstand und erst einige Zeit nach dem Krieg konnte man sich wieder einer Nebenmaterie des Strafrechts wie dem Tierschutzrecht zuwenden.[717] So wurde durch eine *Änderungsverordnung*[718] von 1952 die Verwendung von Bolzenschußapparaten bei der Tötung von Tieren in Schlachthöfen vorgeschrieben, um den Tod für die Tiere möglichst schnell und schmerzlos herbeizuführen. Ab 1955 wurden dann die ersten Entwürfe für ein neues Tierschutzgesetz vorgelegt, hauptsächlich von Tierschutzvereinigungen, aber auch von einzelnen Bundesländern. Daneben gab es zahlreiche Eingaben von anderen Interessengruppen und Einzelpersonen. Nachdem das Drängen der beiden aktivsten Tierschutzverbände, des *Deutschen Tierschutzbundes* und des *Bundes gegen den Mißbrauch der Tiere*, immer stärker wurde, machte man sich auch im Bundeslandwirtschaftsministerium an die Arbeit und stellte 1960 einen ersten eigenen *Entwurf* vor, der mit den betroffenen und interessierten Stellen diskutiert[719] wurde. Am Anfang der Sechzigerjahre kam so ein neuer Schwung in die Bemühungen um einen verbesserten Tierschutz. Von 1960 bis 1963 gab es gleich drei Projekte, die man in Bonn parallel verfolgte. Zum einen sollte ein neuartiges Betäubungsverfahren bei der Tierschlachtung eingeführt werden, bei dem ein Kohlendioxid-Luft-Gemisch verwendet werden sollte, was jedoch abgelehnt wurde; zum anderen erreichte man eine wesentliche Verringerung tierischer Leiden durch die Einführung eines Exportverbotes von Schlachtpferden und eine allgemeine Verbesserung der Transportkonditionen. Dieses *Pferdeexportverbot*[720], hervorgegangen aus der *Bundestagsdrucksache III/1539*[721], war gleichzeitig die erste Änderung des Tierschutzgesetzes seit den Nationalsozialisten überhaupt. Bei der Einführung des Verbotes hatte die Presse eine wesentliche Rolle gespielt, da durch eine ständige und streckenweise auch aggressive Berichterstattung die Politik einem erhöhtem Druck ausgesetzt war. Den Mittel-

---

717 „Tatsächlich bestand gerade in der Nachkriegszeit gesellschaftlich kaum ein wirklicher Bedarf an einer Diskussion um die Verbesserung der Rechtsstellung der Tiere. ... Deutlich überwog in den Jahren des Wiederaufbaus denn auch das Interesse an der Herstellung eines unbehinderten volkswirtschaftlichen Wachstums. Eine selbstkritische Aufarbeitung des Mensch-Tier-Verhältnisses und eine rechtliche Angleichung des bereits veralteten Tierschutzrechts an die veränderten Bedingungen der industriellen Tiernutzung fand nicht statt." Caspar, S. 280 f..

718 Verordnung vom 10. November 1952; BGBl. I S. 748.

719 Diskussionsentwurf vom 18. Juni 1960; BA Koblenz Akte 116/19575.

720 Gesetz zur Änderung und Ergänzung des Tierschutzgesetzes vom 18. Juli 1961; BGBl. I S. 1360.

721 BTDS Band 65.

punkt der Aktivitäten bildete allerdings die *Bundestagsdrucksache IV/85*[722], in dem Abgeordnete aller Parteien erstmals im Bundestag einen Gesetzentwurf vorstellten, der aus dem Diskussionsentwurf des Bundeslandwirtschaftsministeriums vom 18. Juni 1960 hervorgegangen war. Bemerkenswert an diesem Entwurf waren zum einen die geplante Einführung von Schlachtvorschriften in das Tierschutzrecht sowie die Erlaubnis des Schächtens, zum anderen die Ermächtigung, über Maßnahmen der Schlachtung, der Tierhaltung und des Tiertransportes Rechtsverordnungen zu erlassen. Zwar wurde die Bundestagsdrucksache letztlich nicht weiterverfolgt, doch entsprechende Vorschriften sind heute im Tierschutzgesetz enthalten. Der Grund für die Ablehnung des in vielen Punkten äußerst umstrittenen Gesetzentwurfs lag in der Ungewißheit, ob der Tierschutz nicht in der erwarteten großen Strafrechtsreform doch wieder im Strafgesetzbuch geregelt werden würde. Darüber hinaus war die Frage ungeklärt, ob das Sachgebiet Tierschutz in die Kompetenz des Bundes oder der Länder fiel.

Diese Einwände waren auch die Ursache für ein längeres Ruhenlassen des Tierschutzrechts im Bundestag in der Mitte der Sechzigerjahre. Erst 1966 brachte ein Antrag von Abgeordneten und der Fraktion der SPD eine erneute Hinwendung zum Tierschutz, denn mit der *Bundestagsdrucksache V/182*[723] wurde die Bundesregierung aufgefordert, innerhalb eines Jahres einen eigenen Entwurf für ein neues Tierschutzgesetz vorzulegen. Daraufhin legte zunächst das Bundeslandwirtschaftsministerium, im September jedoch erneut eine Gruppe von Abgeordneten aller Parteien einen Gesetzentwurf vor, die *Bundestagsdrucksache V/934.*[724] Dieser Entwurf sollte richtungsweisend auf dem Weg zu einem neuen Tierschutzgesetz werden. So enthielt er einen vorangestellten Grundsatz, der den Zweck des Gesetzes leicht erkennen ließ, vor allem aber war zum ersten Male auch die Ermächtigung zum Erlaß von Rechtsverordnungen bezüglich der Haltung, Aufzucht und Mast von Tieren vorgesehen, womit der zunehmenden Massentierhaltung Rechnung getragen wurde. Obwohl der Entwurf deutlich besser beurteilt wurde als sein Vorgänger -Bundestagsdrucksache IV/85-, scheiterte er ebenso an den Hürden Strafrechtsreform und Gesetzgebungskompetenz.

Infolgedessen machte man sich in den kommenden Jahren lediglich verstärkt Gedanken um eine Änderung des Grundgesetzes zugunsten einer Bundeskompetenz im Bereich des Tierschutzes. Zwischenzeitlich wurde das Tierschutzgesetz -insgesamt erst zum zweiten Mal- noch durch *Artikel 95 EGOWiG*[725] geändert, bis man im Jahr 1969 einen teilweisen Durchbruch schaffte. Die große

722 BTDS Band 76.
723 BTDS Band 102.
724 BTDS Band 107.
725 Gesetz vom 24. Mai 1968; BGBl. I S. 481, 503.

Strafrechtsreform war gekommen und hatte den Tierschutz nicht in das umgestaltete Strafgesetzbuch aufgenommen. Somit war ein langjähriges Hindernis beseitigt. Parallel dazu befürwortete der Bundestag einen *Entschließungsantrag - Bundestagsdrucksache V/4422*[726]-, der die Bundesregierung aufforderte, einen neuen Entwurf für ein neues Tierschutzgesetz vorzulegen.

Während das Bundeslandwirtschaftsministerium unter Mithilfe des eigens zu diesem Zwecke gegründeten *Beirates für den Tierschutz* an einem neuen Entwurf arbeitete, trieb man die Änderung des Grundgesetzes voran, die dann im Frühjahr 1971[727] vollzogen wurde. Nunmehr besaß der Bund die alleinige Gesetzgebungskompetenz im Bereich des Tierschutzes. Nachdem auf diese Weise auch die zweite große Hürde aus dem Weg geräumt war, wurde nach mehreren Entwürfen schließlich dem Bundesrat von der Bundesregierung der Entwurf *Bundesratsdrucksache 278/71*[728] vorgelegt. Nach der kritischen Stellungnahme des Bundesrates erarbeitete die Bundesregierung eine Gegenäußerung, die mit einem neuerlichen Entwurf verbunden wurde und als *Bundestagsdrucksache VI/2559*[729] im Herbst 1971 erstmals im Bundestag beraten wurde. Um sich ein möglichst breites Bild von den Wünschen und Veränderungsvorschlägen der mit dem Tierschutz befaßten Stellen - Tierschutzvereinigungen ebenso wie Forschung, Zucht oder Industrie - wurde dazu im Februar 1972 eine öffentliche Anhörung durchgeführt. Die im Vorfeld und im Rahmen der Anhörung vorgebrachten Änderungswünsche waren dabei noch einmal ausschlaggebend für zahlreiche Umstellungen, die nach den Beratungen der Bundestagsausschüsse in einem abschließenden Bericht und neuen Entwurf *-Bundestagsdrucksache VI/3556*[730]- gipfelten. Dieser Entwurf wurde am 21. Juni 1972 vom Bundestag verabschiedet. Am 07. Juli stimmte auch der Bundesrat dem Gesetz zu, das am 24. Juli 1972 verkündet wurde und am 01. Oktober 1972 als *neues Tierschutzgesetz*[731] in Kraft trat.

Das neue Tierschutzgesetz war an die veränderten Umstände angepaßt worden. Neben einer Grundsatzerklärung enthielt es erstmals auch ein explizites Verbot, ein Tier zu töten. Daneben waren die Eingriffe und Versuche an Tieren sowie die Haltung, Ausbildung, der Transport und der Handel ausführlich geregelt und stark limitiert worden. Einen weiteren Schwerpunkt stellten die Ermächtigungen zum Erlaß von Rechtsverordnungen insbesondere auf dem Gebiet der Intensiv-Tierhaltung dar, die dadurch erstmals gesetzlich berücksichtigt wur-

---

726 BTDS Band 132.
727 29. Gesetz zur Änderung des Grundgesetzes vom 18. März 1971; BGBl. I S. 207.
728 BRDS 1971 Band 7 Nr. 251-280.
729 BTDS Band 152.
730 BTDS Band 164.
731 Tierschutzgesetz vom 24. Juli 1972; BGBl. I S. 1277.

de, wenn es auch diesbezüglich zunächst noch an der praktischen Umsetzung fehlte. Auch die Überwachung durch die zuständigen Behörden hatte man jetzt weitergehend geregelt und mit der Einführung von Ordnungswidrigkeiten hatte man das Gesetz auf den entsprechenden Stand des geltenden Strafrechts gebracht. Während die früheren Vorschriften und Gesetze zum Schutz der Tiere eher menschlich-gefühlsbetont waren, hatte man nun ein modernes, wissenschaftlich fundiertes Gesetz geschaffen, das erneut beispielhaft für andere Länder war. Grundlage dieses Gesetzes waren die Erkenntnisse der zeitgenössischen Verhaltensforschung, wobei auch die für die Forschung unerläßlichen Tierversuche und die notwendig gewordene und ansteigende Massentierhaltung berücksichtigt worden waren. Gleichwohl basierte das Tierschutzgesetz von 1972 immer noch auf der Konzeption eines ethisch motivierten Tierschutzes.

Seit dem Jahr 1972 ist die Wissenschaft in riesigen Schritten vorangekommen, etwa durch den Einsatz von Computern oder durch die Entwicklung der Gentechnologie, so daß man meinen könnte, die Tierversuche seien heutzutage durch andere Methoden zu ersetzen. Dies mag zwar in vielen Bereichen zutreffen, jedoch macht gerade ein wachsender Fortschritt auch immer neue Versuche nötig.[732] Ähnliches gilt für neu oder wieder auftretende Krankheiten, deren Bekämpfung man erst an einem Tier erproben muß oder die durch Tiere überhaupt erst auf den Menschen gelangen, wie z. B. die Immunschwächekrankheit AIDS, die Lungenkrankheit SARS oder die Geflügelpest. Mittlerweile sind in Deutschland seit 1998 die Tierversuche für Kosmetika vollständig verboten und durch die sogenannte Kosmetik-Richtlinie der EU[733] soll dies ab 2009 in allen Mitgliedstaaten der Europäischen Union gelten. Eine weitere EU-weite Regelung soll in der nächsten Zeit geschaffen werden, die auch die teilweise unhaltbare

---

732 Vgl. Weller/Hierholzer im Deutschen Ärzteblatt 22/1991 S. 1307 f.: „Jeder ernsthafte und kritische Wissenschaftler wird sich heute mit der aktuellen Fragestellung „der Notwendigkeit von Tierexperimenten" auseinandersetzen müssen. Vorab sei wiederholt und festgestellt, daß ohne Tierexperimente eine medizinische Forschung auch in Zukunft nicht möglich sein wird. ... Um nicht in Zukunft den Fortschritt der medizinischen Wissenschaft, welcher zwangsläufig mit der Notwendigkeit von Tierexperimenten verbunden ist, durch weitergehende Restriktionen in Frage zu stellen, ist es notwendig, den Tierschutzorganisationen mit ihren Aufrufen und Anklagen zu beweisen, daß man sich auch im Kreise der Wissenschaft ernsthaft und nachhaltig bemüht, unnötige und nicht gerechtfertigte Parallel- und Wiederholungsversuche zu verhindern. Die Weiterentwicklung der Medizin ist an das Gebot gebunden, die Verantwortung für eine notwendige Untersuchung wahrzunehmen und dabei die Grenze des ethischen Handelns nicht zu verkennen."

733 Richtlinie 2003/15/EG des Europäischen Parlaments und des Rates vom 27. Februar 2003 zur Änderung der Richtlinie 76/768/EWG des Rates zur Angleichung der Rechtsvorschriften der Mitgliedstaaten über kosmetische Mittel.

Situation beim Transport von Pferden, Schweinen, Rindern, Ziegen und Schafen verbessern soll.

Die Materie Tierschutz wird wegen ihrer Vielfalt wohl nie vollständig und zur vollen Zufriedenheit aller gesetzlich zu regeln sein. Dennoch werden immer neue Bemühungen gemacht, um den Tierschutz zu stärken und zu verbessern. Den vorläufigen Schlußpunkt auf diesem Gebiet setzte Deutschland, das im Jahre 2002 als erstes Land der Europäischen Union den Tierschutz als Staatsziel in das Grundgesetz aufnahm. Bereits drei Mal war vorher über dieses Vorhaben im Bundestag beraten worden und jedesmal hatten die Unionsparteien die Aufnahme blockiert. In einem erneuten Anlauf beschloß am 17. Mai 2002 der Bundestag mit einer überwältigenden Mehrheit, den Tierschutz nun doch als *Staatsziel in das Grundgesetz* aufzunehmen. Nachdem auch der Bundesrat am 21. Juni 2002 zugestimmt hatte, lautet Artikel 20 a des Grundgesetzes nunmehr: „Der Staat schützt auch in Verantwortung für die künftigen Generationen die natürlichen Lebensgrundlagen *und die Tiere* im Rahmen der verfassungsmäßigen Ordnung durch die Gesetzgebung und nach Maßgabe von Recht und Gesetz durch die vollziehende Gewalt und die Rechtsprechung.“[734] Somit wurde der Tierschutz anderen Grundrechten, wie Religionsfreiheit oder Freiheit der Wissenschaft, gleichgestellt. Während vorher der Maßstab für den Tierschutz ausschließlich das Interesse des Menschen war, muß sich der Tierschutz nun an den anderen Grundrechten messen lassen. Dadurch erhielt der Tierschutz einen höheren Stellenwert und man versprach sich von diesem Fortschritt eine stärkere Überprüfbarkeit etwa der Tierversuche, des Schächtens oder der Tierhaltung. Tierschützer beklagen jedoch, daß die Verantwortlichen in der Politik ihre selbstauferlegte Verpflichtung zum Tierschutz nicht ernst nähmen.

Eine Staatszielbestimmung enthält eine verfassungsrechtliche Wertentscheidung, die von der Politik bei der Gesetzgebung und von den Verwaltungsbehörden und Gerichten bei der Auslegung und Anwendung des geltenden Rechts zu beachten sind. Aus einer Staatszielbestimmung können die Bürger allerdings keine individuellen Ansprüche herleiten und eine Staatszielbestimmung verpflichtet nicht zu einer unbedingten Beachtung, also im vorliegenden Falle zu einem unbegrenzten Tierschutz. Inwieweit die Aufnahme des Tierschutzes als Staatsziel in das Grundgesetz daher letztlich umgesetzt wird und inwieweit sie dem Tierschutz wirklich dienen kann, bleibt abzuwarten.

734 Art. 20 a GG in der Fassung des Art. 1 des Gesetzes vom 26. Juli 2002, mit Wirkung vom 01. August 2002; BGBl. I S. 2862.

Biographischer Anhang[735]

Bading, Harri, SPD: Diplomlandwirt, von 1957-69 MdB und Ordentliches Mitglied des Landwirtschaftsausschusses, 1957-1969 Mitglied der Interparlamentarischen Arbeitsgemeinschaft (dort stellvertretender Vorsitzender 1962-69). Beteiligt an den Drucksachen IV/85, V/182, V/934.

Bauknecht, Bernhard, CDU: Landwirt, MdB von 1949-69, von November 1953 bis 1969 Vorsitzender des Landwirtschaftsausschusses.

Bewerunge, Karl, CDU: Landwirt, von 1961-76 MdB und Ordentliches Mitglied des Landwirtschaftsausschusses; 1972 war er Anwärter auf das Amt des Bundeslandwirtschaftsministers im Schattenkabinett Rainer Barzels.

Beyer, Lucie, SPD: Angestellte, MdB von 1953-69; beteiligt an der Drucksache III/1539.

Büttner, Fritz, SPD: Kaufmann, MdB von 1957-69, beteiligt an den Drucksachen V/182 und V/934.

Enseling, Elisabeth, CDU: Postbeamtin, MdB von 1966-69; Mitglied und Berichterstatterin des Innenausschusses, beteiligt an dem Entschließungsantrag Drucksache V/4422.

Ertl, Josef, FDP: Diplomlandwirt, von 1961-87 MdB, von 1969-83 Bundesminister für Ernährung, Landwirtschaft und Forsten unter den Kanzlern Brandt, Schmidt und Kohl.

Finus, Karl Ferdinand, Starnberg: Diplomlandwirt, Vorsitzender des Bundes gegen den Mißbrauch der Tiere 1952-76.

Hammans, Dr. Hugo, CDU: Lehrer, von 1965-80 MdB, seit September 1971 stellvertretendes Mitglied des Landwirtschaftsausschusses; zusammen mit Franz Vit Berichterstatter der Drucksache VI/3556.

Höcherl, Hermann, CSU: Jurist, von 1953-76 MdB, von 1961-65 Bundesinnenminister, von 1965-69 Bundesminister für Ernährung, Landwirtschaft und Forsten.

Lorz, Dr. Albert, München: Senatspräsident und Vizepräsident des Bayerischen Obersten Landgerichts; Vorsitzender der Gemeinsamen Kommission der deutschen Tierschutzverbände; Verfasser zahlreicher Artikel in Tierschutzzeitschriften, Verfasser des Kommentars zum Tierschutzgesetz.

---

735 Kurzbiographien der Mitglieder des Bundestages nach: Vierhaus/Herbst, Band 1 und 2.

Lübke, Heinrich, CDU: Ingenieur, MdB von 1949-50 und 1953-59, von 1953-59 Bundesminister für Ernährung, Landwirtschaft und Forsten; 1959-69 Bundespräsident.

Knobloch, Ludwig, CDU: Landwirt, MdB von 1953-1965 , dort Ordentliches Mitglied des Landwirtschaftsausschusses, und von 1967-69; beteiligt u. a. an der Drucksache III/1539.

Leber, Georg, SPD: Kaufmann, MdB von 1957-84, u. a. Bundesverkehrsminister 1967-74 und Bundesverteidigungsminister, beteiligt u. a. an der Drucksache III/1539.

Marx, Franz, SPD: Metallarbeiter, MdB von 1949-72; beteiligt u. a. an den Drucksachen III/1539 und IV/85.

Margulies, Robert, FDP: Unternehmer, MdB von 1949-64; beteiligt an der Drucksache IV/85.

Mertes, Werner, FDP: Diplomvolkswirt, MdB von 1961-76; beteiligt an der Drucksache V/934.

Reitz, Wilhelm, SPD: Buchbinder, MdB von 1953-69; beteiligt an der Drucksache III/1539.

Ritzel, Heinrich, SPD: Beamter, MdB von 1949-65; Vorreiter der Drucksache III/1539.

Rollmann, Dietrich-Wilhelm, CDU: Jurist, MdB von 1960-76; maßgeblich beteiligt an der Drucksache V/934.

Rutschke, Dr. Wolfgang, FDP: Jurist, MdB von 1957-71; beteiligt u. a. an den Drucksachen IV/85 und V/934.

Schmidt, Dr. Otto (Wuppertal), CDU: Jurist, MdB von 1957-72, von 1958-69 Vorsitzender der Interparlamentarischen Arbeitsgemeinschaft; maßgeblich beteiligt an den Drucksachen IV/85 und V/934.

Schmidt, Dr. Martin (Gellersen), SPD: Diplomlandwirt, MdB von 1949-87, in allen 10 Wahlperioden engagierte sich Schmidt als Ordentliches Mitglied im Landwirtschaftsausschuß, in der 4. und 5. Wahlperiode war er stellvertretender Vorsitzender, in der 6.-10. Wahlperiode war er dessen Vorsitzender.

Schmitt-Vockenhausen, Dr. Hermann, SPD: Jurist, MdB von 1953-79, von 1961-69 Vorsitzender des Innenausschusses, von 1969-79 Vizepräsident des Bundestages; maßgeblich beteiligt an den Drucksachen III/1539, IV/85, V/182 und V/934. H. Schmitt-Vockenhausen hieß bis 1960 Schmitt, dann wurde sein Name entsprechend der Praxis des Bundestages amtlich in Schmitt-Vockenhausen (nach seinem Geburtsort) geändert.

Schwabe, Wolfgang, SPD: Beamter, MdB von 1961-80; beteiligt an der Drucksache V/182.

Schwarz, Werner, CDU: Landwirt, MdB von 1953-65, von 1959-65 Bundesminister für Ernährung, Landwirtschaft und Forsten.

Stolting II, Dr. Hermann, Frankfurt am Main: Rechtsanwalt, Präsident des Deutschen Tierschutzbundes 1962-1970.

Vit, Franz, SPD: Kaufmännischer Angestellter, MdB von 1965-76, in der 6. und 7. Wahlperiode Ordentliches Mitglied im Landwirtschaftsausschuß; zusammen mit Dr. Hammans Berichterstatter der Drucksache VI/3556.

Weichert, Hans-Jürgen, Hamburg: Vizepräsident der Arbeitsgemeinschaft Deutscher Tierschutzverbände (ADT) und Vorsitzender des Bundes der Tierfreunde in Hamburg.

Wilhelmi, Dr. Hans, CDU: Jurist, MdB von 1957-69, in der 3. bis 5. Wahlperiode Ordentliches Mitglied, ab Dezember 1964-69 Vorsitzender des Rechtsausschusses.

Zoebe, Gerhard, Frankfurt am Main: Landgerichtsdirektor; Verfasser zahlreicher Artikel in Tierschutzzeitschriften und zweier Bücher zum Tierschutzrecht.

Gesetzes- und Entwurfstexte/ Übersicht

1. Tierschutzgesetz vom 24. November 1933 (RGBl. I S. 987)

Die Reichsregierung hat das folgende Gesetz beschlossen, das hiermit verkündet wird:

Abschnitt I
Tierquälerei

§ 1
(1) Verboten ist, ein Tier unnötig zu quälen oder roh zu mißhandeln.
(2) Ein Tier quält, wer ihm länger dauernde oder sich wiederholende Schmerzen oder Leiden verursacht; unnötig ist das Quälen, soweit es keinem vernünftigen, berechtigten Zweck dient. Ein Tier mißhandelt, wer ihm erhebliche Schmerzen verursacht; eine Mißhandlung ist roh, wenn sie einer gefühllosen Gesinnung entspricht.

Abschnitt II
Vorschriften zum Schutze der Tiere

§ 2
Verboten ist:
1. Ein Tier in Haltung, Pflege oder Unterbringung oder bei der Beförderung derart zu vernachlässigen, daß es dadurch erhebliche Schmerzen oder erheblichen Schaden erleidet;
2. ein Tier unnötig zu Arbeitsleistungen zu verwenden, die offensichtlich seine Kräfte übersteigen, oder die ihm erhebliche Schmerzen bereiten, oder denen es infolge seines Zustandes nicht gewachsen ist;
3. ein Tier zu Abrichtungen, Filmaufnahmen, Schaustellungen oder ähnlichen Veranstaltungen zu verwenden, soweit sie mit erheblichen Schmerzen oder erheblichen Gesundheitsschädigungen für das Tier verbunden sind;
4. ein gebrechliches, krankes, abgetriebenes oder altes Haustier, für das das Weiterleben eine Qual bedeutet, zu einem anderen Zwecke als zur alsbaldigen schmerzlosen Tötung zu veräußern oder zu erwerben;
5. ein eigenes Haustier auszusetzen, um sich des Tieres zu entledigen;
6. Hunde auf Schärfe an lebenden Katzen, Füchsen oder anderen Tieren abzurichten oder zu prüfen;
7. einem über zwei Wochen alten Hund die Ohren oder den Schwanz zu kürzen. Das Kürzen ist zulässig, wenn es unter Betäubung vorgenommen wird;
8. einem Pferd die Schweifrübe zu kürzen (kupieren). Das Kürzen ist zulässig, wenn es zur Behebung einer Untugend oder einer Erkrankung der Schweifrübe durch einen Tierarzt unter Betäubung vorgenommen wird;

9. an einem Tier in unsachgemäßer Weise oder ohne Betäubung einen schmerzhaften Eingriff vorzunehmen. Die Kastration ist als schmerzhafter Eingriff anzusehen bei Pferden, bei über neun Monate alten Rindern, bei über sechs Monate alten Schweinen und bei geschlechtsreifen Schaf- und Ziegenböcken. Einer Betäubung bedarf es nicht, sofern der mit dem Eingriff verbundene Schmerz nur geringfügig ist oder bei gleichen oder ähnlichen Eingriffen am Menschen eine Betäubung in der Regel unterbleibt oder die Betäubung im einzelnen Falle nach tierärztlichem Ermessen nicht durchführbar erscheint;
10. ein in einer Farm gehaltenes Pelztier anders als unter Betäubung oder sonst schmerzlos zu töten;
11. Geflügel durch Stopfen (Nudeln) zur Futteraufnahme zu zwingen;
12. lebenden Fröschen die Schenkel abzureißen oder abzutrennen.

§ 3
Die Einfuhr kupierter Pferde ist verboten. Der Reichsminister des Innern kann in besonders begründeten Fällen Ausnahmen zulassen.

§ 4
Die Verwendung von Einhufern unter Tag ist nur mit Genehmigung der zuständigen Landesbehörde gestattet.

Abschnitt III
Versuche an lebenden Tieren

§ 5
Verboten ist, Eingriffe oder Behandlungen, die mit erheblichen Schmerzen oder Schädigungen verbunden sind, an lebenden Tieren zu Versuchszwecken vorzunehmen, soweit nicht die Vorschriften der §§ 6-8 etwas anderes bestimmen.

§ 6
(1) Der Reichsminister des Innern kann auf Vorschlag der zuständigen Reichs- oder obersten Landesbehörden bestimmten wissenschaftlich geleiteten Instituten oder Laboratorien die Erlaubnis zur Vornahme wissenschaftlicher Versuche an lebenden Tieren erteilen, sofern der wissenschaftliche Leiter über die erforderliche fachmännische Ausbildung und Zuverlässigkeit verfügt, geeignete Einrichtungen für die Vornahme von Tierversuchen vorhanden sind und Gewähr für gute Wartung und Unterbringung der Versuchstiere gegeben ist.
(2) Der Reichsminister des Innern kann die Erteilung der Erlaubnis anderen obersten Reichsbehörden überlassen.
(3) Die Erlaubnis kann jederzeit ohne Entschädigung zurückgezogen werden.

§ 7
Bei Ausführung der Tierversuche (§ 5) sind folgende Vorschriften zu beachten:
1. Die Versuche dürfen nur unter voller Verantwortung des wissenschaftlichen Leiters oder des von ihm besonders ermächtigten Stellvertreters ausgeführt werden.
2. Die Versuche dürfen nur von wissenschaftlich hierzu vorgebildeten Personen oder unter deren Leitung und nur unter Vermeidung jeder für den Zweck entbehrlichen Schmerzerregung vorgenommen werden.

3. Versuche zu Forschungszwecken sind nur dann zu unternehmen, wenn sie einen bestimmten, bisher noch nicht bestätigten Erfolg erwarten lassen oder soweit sie zur Klärung bisher ungelöster Fragen dienen.
4. Die Versuche sind, sofern nicht nach dem Urteil des wissenschaftlichen Leiters der Zweck des Versuches dies unbedingt ausschließt oder der mit dem Eingriff verbundene Schmerz geringfügiger ist als die mit einer Betäubung verbundene Beeinträchtigung des Wohlbefindens des Versuchstieres, nur unter Betäubung vorzunehmen. An demselben unbetäubten Tier darf nicht mehr als e i n schwerer operativer oder schmerzhafter unblutiger Versuch ausgeführt werden. Tiere, die nach Beendigung schwerer, insbesondere mit operativen Eingriffen verbundener Versuche unter erheblichen Schmerzen zu leiden haben, sind, sofern dies nach dem Urteil des wissenschaftlichen Leiters mit dem Zweck des Versuches vereinbar ist, alsbald schmerzlos zu töten.
5. Versuche an Pferden, Hunden, Katzen oder Affen dürfen nur ausgeführt werden, wenn durch Versuche an anderen Tieren der beabsichtigte Zweck nicht erreicht werden kann.
6. Es dürfen nicht mehr Tiere verwendet werden, als zur Klärung der betreffenden Frage notwendig sind.
7. Tierversuche zu Lehrzwecken sind nur dann gestattet, wenn andere Lehrmittel, z. B. Bild, Modell, Präparat, Film nicht ausreichen.
8. Über die Art der verwendeten Tiere, den Zweck, die Durchführung und das Ergebnis der Versuche sind Aufzeichnungen zu machen.

§ 8

Den Vorschriften der §§ 5-7 unterliegen nicht Tierversuche für Belange der Rechtspflege sowie Impfungen und Blutentnahmen an lebenden Tieren zum Zwecke der Erkennung von Krankheiten der Menschen und Tiere oder zur Gewinnung oder Prüfung (Wertbestimmung) von Seren und Impfstoffen nach bereits erprobten oder staatlich anerkannten Verfahren. Doch sind auch diese Tiere alsbald schmerzlos zu töten, wenn sie unter erheblichen Schmerzen zu leiden haben und die Tötung mit dem beabsichtigten Zweck vereinbar ist.

Abschnitt IV
Strafbestimmungen

§ 9

(1) Wer ein Tier unnötig quält oder roh mißhandelt, wird mit Gefängnis bis zu zwei Jahren und mit Geldstrafe oder mit einer dieser Strafen bestraft.
(2) Wer, abgesehen von den Fällen des Abs. 1, ohne die erforderliche Erlaubnis einen Versuch an lebenden Tieren (§ 5) vornimmt, wird mit Gefängnis bis zu sechs Monaten und mit Geldstrafe oder mit einer dieser Strafen bestraft.
(3) Mit Geldstrafe bis zu RM 150.—oder mit Haft wird, soweit die Tat nicht schon unter Strafandrohung der Abs. 1 und 2 fällt, bestraft, wer vorsätzlich oder fahrlässig
   1. einem der Verbote der §§ 2-4 zuwiderhandelt,
   2. einer Vorschrift des § 7 zuwiderhandelt,
   3. einer vom Reichsminister des Innern oder von einer Landesregierung nach § 14 erlassenen Vorschrift zum Schutz der Tiere zuwiderhandelt,

4. es unterläßt, Kinder oder andere Personen, die seiner Aufsicht unterstehen und zu seiner Hausgemeinschaft gehören, von einer Zuwiderhandlung gegen die Vorschriften dieses Gesetzes abzuhalten.

§ 10

(1) Neben der wegen einer vorsätzlichen Zuwiderhandlung aufgrund § 9 erkannten Strafe kann auf Einziehung oder auf Tötung des Tieres erkannt werden, wenn es dem Verurteilten gehört. Statt der Einziehung kann angeordnet werden, daß das Tier auf Kosten des Verurteilten bis zur Dauer von drei Monaten anderweitig untergebracht und verpflegt wird.

(2) Kann keine bestimmte Person verfolgt oder verurteilt werden, so kann auf Einziehung oder Tötung des Tieres selbständig erkannt werden, wenn im übrigen die Voraussetzungen hierfür vorliegen.

§ 11

(1) Ist jemand wiederholt wegen einer vorsätzlichen Zuwiderhandlung auf Grund von § 9 rechtskräftig verurteilt worden, so kann ihm die zuständige Landesbehörde die Haltung von bestimmten Tieren oder die berufsmäßige Beschäftigung oder Handel mit ihnen auf Zeit oder Dauer untersagen.

(2) Nach Ablauf eines Jahres seit der Rechtskraft der Untersagungsanordnung kann die zuständige Landesbehörde die Anordnung wieder aufheben.

(3) In der Haltung, Pflege oder Unterbringung schuldhaft erheblich vernachlässigte Tiere können durch die zuständige Landesbehörde ihrem Besitzer fortgenommen und anderweitig pfleglich untergebracht werden, bis die Gewähr für eine einwandfreie Tierhaltung vorhanden ist. Die Kosten für diese Unterbringung sind dem Schuldigen aufzuerlegen.

§ 12

Ist in einem Streitverfahren zweifelhaft, ob die Tat unter ein Verbot des § 2 Nr. 1 oder 2 fällt, so sollen hierüber in einem möglichst frühen Abschnitt des Verfahrens der beamtete Tierarzt und, soweit es sich um landwirtschaftliche Betriebe handelt, der Reichsnährstand gehört werden.

Abschnitt V
Schlußbestimmungen

§ 13

Unter Betäubung im Sinne dieses Gesetzes sind alle Verfahren zu verstehen, die allgemein schmerzlos machen oder örtlich die Schmerzempfindung ausschalten.

§ 14

Der Reichsminister des Innern kann zur Durchführung und Ergänzung dieses Gesetzes Rechts- und Verwaltungsvorschriften erlassen. Soweit er von dieser Ermächtigung keinen Gebrauch macht, können die Landesregierungen die erforderlichen Durchführungsvorschriften erlassen.

§ 15
Dieses Gesetz tritt am 1.2.1934 in Kraft mit Ausnahme des § 2 Nr. 8 und 11 und des § 3, für die der Reichsminister des Innern im Einvernehmen mit dem Reichsminister für Ernährung und Landwirtschaft den Zeitpunkt des Inkrafttretens festsetzt. Die §§ 145 b und 360 Nr. 13 des Strafgesetzbuches treten am 1.2.1934 außer Kraft. Die Bestimmungen des Vogelschutzgesetzes vom 30.6.1908 (RGBl. S. 314) bleiben unberührt.

Berlin, den 24. November 1933
Der Reichskanzler
Adolf Hitler

Der Reichsminister des Innern
Frick

Der Reichsminister der Justiz
Dr. Gürtner

2. Gesetze, Verordnungen und Erlasse der NS-Zeit im zeitlichen Überblick (Auswahl)

1933

21.04. Gesetz über das Schlachten von Tieren (RGBl. I S. 203)

21.04 . Verordnung über das Schlachten von Tieren (RGBl. I S. 212)

20.05. Dritte VO über das Verschreiben Betäubungsmittel enthaltender Arzneien und ihre Abgabe in den Apotheken (RGBl. I S. 287)

22.05. Gesetz zur Änderung des Opiumgesetzes (RGBl. I S. 287)

05.09. RdErl. des Preuß. Min. des Innern, betr. Vivisektion (Deutsche Justiz S. 88)

24.11. Reichstierschutzgesetz (RGBl. I S. 987)

1934

23.02. RdErl. des Preuß. Min. für Wirtschaft und Arbeit, betr. Belehrung der Studierenden und Schüler über das Tierschutzgesetz (Ministerialblatt für Wirtschaft und Arbeit S. 88)

28.05. Reichsstraßenverkehrsordnung (RGBl. I S. 455)

20.06. Erste VO zur Ausführung des Tierschutzgesetzes (RGBl. I S. 516)

03.07. Reichsjagdgesetz (RGBl. I S. 549)

14.11. VO zur Änderung der VO über das Schlachten von Tieren (RGBl. I S. 1163)

15.11. RdErl. des Reichsmin. für Wissenschaft, Erziehung und Volksbildung, betr. Schule und Tierschutz (Zentralblatt für die ges. Unterrichtsverwaltung S. 350)

1935

26.06. Reichsnaturschutzgesetz (RGBl. I S. 821)

29.09. Gesetz zur Änderung des Reichsnaturschutzgesetzes (RGBl. I S. 1191)

31.10. VO zur Durchführung des Reichsnaturschutzgesetzes (RGBl. I S. 1275)

1936

14.01. VO über das Schlachten und Aufbewahren von lebenden Fischen und anderen kaltblütigen Tieren (RGBl. I S. 13)

17.03. Gesetz zur Förderung der Tierzucht (RGBl. I S. 175)

18.03. VO zum Schutze der wildwachsenden Pflanzen und der nichtjagdbaren wildlebenden Tiere (Naturschutzverordnung; RGBl. I S. 181)

27.06. Zweite VO zur Ausführung des Tierschutzgesetzes (RGBl. I S. 539)

11.09. Dritte VO zur Ausführung des Tierschutzgesetzes (RGBl. I S. 735)

01.12. Zweites Gesetz zur Änderung des Reichsnaturschutzgesetzes (RGBl. I S. 1001)

1937

17.03. VO über die wissenschaftliche Vogelberingung (RGBl. I S. 331)

09.09. RdErl. des Reichsmin des Innern, betr. Richtlinien für die Verladung und Beförderung von Tieren (Ministerialblatt für Inneres S. 1523)

13.11. Straßenverkehrs- und Straßenverkehrszulassungsordnung (RGBl. I S. 1179 und 1215)

1938

19.01. VO über die Beleuchtung und Belüftung von Stallungen landwirtschaftlicher Betriebe (RGBl. I S. 37)

20.01. Drittes Gesetz zur Änderung des Reichsnaturschutzgesetzes (RGBL. I S. 36)

21.01. VO zur Änderung und Ergänzung der Naturschutzverordnung (RGBl. I S. 45)

23.05. VO zur Ergänzung des Tierschutzgesetzes (RGBl. I S. 598)

02.07. VO über jagdbare Tiere (RGBl. I S. 789)

12.07. Vierte VO zur Ausführung des Tierschutzgesetzes (RGBl. I S. 854)

11.08. Fünfte VO zur Ausführung des Tierschutzgesetzes (Tierschutzvereine) (RGBl. I S. 1004)

08.09. Eisenbahnverkehrsordnung (RGBl. II S. 663)

16.09. VO zur Ergänzung der VO zur Durchführung des Reichsnaturschutzgesetzes (RGBl. I S. 1184)

1939

13.04. RdErl. des Reichsmin. des Innern, betr. die Verhinderung des Kettenhandels mit Schlachtpferden (Ministerialblatt für Inneres S. 904)

1940

16.03. VO zur Änderung und Ergänzung der Naturschutzverordnung (RGBl. I S. 567)

29.10. Fleischbeschaugesetz (RGBl. I S. 1463)

20.12. Gesetz über den Hufbeschlag (RGBl. 1941 I S. 2)

1943

12.02. RdErl. des Reichsmin. des Innern, betr. Vereinfachung der Verwaltung; hier: wissenschaftliche Versuche an lebenden Tieren und Überprüfung der zugelassenen Institute und Laboratorien (Ministerialblatt für Inneres S. 260)

29.07. RdErl. des Reichsmin. des Innern, betr. Verwendung des Doppeljoches für Zugrinder (Ministerialblatt für Inneres S. 1279)

06.08. VO zur Änderung der VO zur Durchführung des Reichsnaturschutzgesetzes (RGBl. I S. 481)

3. *Diskussions-Entwurf des Bundeslandwirtschaftsministeriums zu einem Tierschutzgesetz (18. Juni 1960*[737]*; bisher unveröffentlicht)*

Der Bundestag hat mit Zustimmung des Bundesrates das folgende Gesetz beschlossen:

§ 1

(1) Verboten ist, ein Tier unnötig zu quälen oder roh zu mißhandeln.

(2) Im Sinne dieses Gesetzes sind
   a) Quälen eines Tieres die Zufügung sich wiederholender mehr als geringfügiger Schmerzen oder Leiden,
   b) Mißhandeln eines Tieres die Zufügung kurzzeitiger oder einmaliger mehr als geringfügiger Schmerzen.

Unnötig ist das Quälen, wenn es keinem vernünftigen, berechtigten Zweck dient oder wenn die angewandten Mittel in keinem vertretbaren Verhältnis zu dem angestrebten vernünftigen und berechtigten Zweck stehen und daher als verwerflich anzusehen sind.

Eine Mißhandlung ist roh, wenn sie einer gefühllosen Gesinnung entspringt.

§ 2

Verboten ist:
1. ein Tier bei Haltung, Pflege oder Unterbringung oder bei der Beförderung derart zu vernachlässigen, daß es dadurch mehr als geringfügige Schmerzen, Leiden oder Gesundheitsschäden erleidet;
2. ein Tier unnötig zu Arbeitsleistungen zu verwenden, die offensichtlich seine Kräfte übersteigen, oder die ihm mehr als geringfügige Schmerzen verursachen, oder denen es infolge seines Zustandes nicht gewachsen ist;
3. ein Tier zu Abrichtungen, Filmaufnahmen, Schaustellungen, Werbezwecken oder ähnlichen Veranstaltungen zu verwenden, wenn diese mit mehr als geringfügigen Schmerzen, Leiden oder Gesundheitsschäden für das Tier verbunden sind;
4. ein gebrechliches, krankes, abgetriebenes oder altes im Haus oder Betrieb gehaltenes Tier, für das das Weiterleben eine Qual bedeutet, zu einem anderen Zweck als zur unverzüglichen schmerzlosen Tötung zu übernehmen oder einem anderen zu überlassen;
5. ein im Haus oder Betrieb gehaltenes Tier auszusetzen und in hilfloser Lage zurückzulassen, um sich des Tieres zu entledigen;
6. Hunde auf Schärfe an lebenden Tieren abzurichten oder zu prüfen;
7. Hunden die Ohren oder den Schwanz zu kürzen. Die Kürzung ist zulässig, wenn sie innerhalb von 10 Tagen nach der Geburt erfolgt oder zur Behandlung einer Krankheit erforderlich ist;
8. Pferden die Schweifrübe zu kürzen (kupieren). Das Kürzen ist zulässig, wenn es zur Behebung einer Untugend oder einer Erkrankung der Schweifrübe erforderlich ist;
9. an einem Tier in unsachgemäßer Weise oder ohne vorherige Betäubung einen schmerzhaften Eingriff vorzunehmen;

---

737 BA Koblenz Akte 116/19575

10. Tiere anders als unter vorheriger Betäubung oder sonst schmerzlos zu töten, soweit dies vernünftigerweise möglich ist;
11. Geflügel durch Stopfen (Nudeln) zur Futteraufnahme zu zwingen oder in Legebatterien zu halten;
12. Hunde in ihrer Bewegungsfreiheit dauernd so einzuschränken, daß ihnen dadurch mehr als geringfügige Schmerzen, Leiden oder Gesundheitsschäden zugefügt werden;
13. die Verwendung des Doppeljochs bei Rindern.

§ 3

(1) Betäubung im Sinne dieses Gesetzes sind alle Verfahren, die allgemein schmerzlos machen oder örtlich die Schmerzempfindung ausschalten.

(2) Schmerzhafte Eingriffe im Sinne dieses Gesetzes sind insbesondere
   a) das Kürzen der Ohren und des Schwanzes bei Hunden, der Schweifrübe bei Pferden (§ 2 Nr. 7, 8),
   b) die Kastration und Sterilisierung weiblicher Tiere,
   c) die Kastration von männlichen Tieren bei
      1. Pferden, Hunden und Katzen
      2. über drei Monate alten Rindern und Schweinen
      3. geschlechtsreifen Schaf-, Kaninchen- und Ziegenböcken.

(3) Die Tötung von Tieren ohne vorherige Betäubung ist nicht als schmerzlos anzusehen, wenn sie durch
   a) Ertränken
   b) Ersticken
   c) Erdrosseln
   d) Totknien
   e) Erhängen
   f) Erschlagen
   g) Vergiften erfolgt.

§ 4

Schmerzhafte Eingriffe an Tieren dürfen nur durch einen Tierarzt und nur nach vorheriger Betäubung durchgeführt werden. Einer Betäubung bedarf es nicht, wenn
a) der mit dem Eingriff verbundene Schmerz nur geringfügig ist, oder
b) bei gleichen oder ähnlichen Eingriffen am Menschen eine Betäubung in der Regel unterbleibt, oder
c) die Betäubung im einzelnen Falle nicht durchführbar erscheint.

§ 5

Die Vorschrift des § 2 Nr. 10 findet keine Anwendung auf die Tötung von
a) Hunden- und Katzenwelpen, die das Augenlicht noch nicht erlangt haben, durch Kopfschlag,
b) Tieren durch Vergiften, wenn diese durch einen Tierarzt erfolgt,
c) Tieren, bei denen die unverzügliche Tötung zur Abkürzung ihrer Leiden erforderlich ist, und
d) Tieren im Rahmen der Schädlingsbekämpfung.

§ 6
Die Einfuhr kupierter Pferde ist verboten. Die zuständige Behörde kann in einzelnen Fällen für die Einfuhr von Zucht-, Reit- oder Turnierpferden Ausnahmen zulassen.

§ 7
Die Verwendung von Einhufern unter Tage ist verboten. Die bisher von den zuständigen Behörden erteilten Ausnahmegenehmigungen werden hiervon nicht berührt.

§ 8
Es ist verboten, lebende Tiere zu Versuchen, die mit mehr als geringfügigen Schmerzen, Leiden oder Gesundheitsschäden verbunden sind, zu verwenden, soweit nicht die §§ 9 und 10 etwas anderes bestimmen.

§ 9
(1) Die zuständige Behörde kann Leitern bestimmter wissenschaftlicher Einrichtungen auf Antrag die Erlaubnis erteilen, lebende Tiere zu Versuchen (§ 8) zu verwenden.

(2) Die Erlaubnis nach Absatz 1 darf nur erteilt werden, wenn
   a) diese Versuche zur Vorbeugung, Erkennung oder Heilung von Krankheiten der Menschen oder Tiere erforderlich sind, oder
   b) diese Versuche zu Forschungszwecken erforderlich sind und einen bisher von der Wissenschaft nicht bestätigten Erfolg erwarten lassen oder zur Klärung ungelöster Fragen von ernster wissenschaftlicher Bedeutung dienen, oder
   c) diese Versuche zu Lehrzwecken erforderlich sind, weil andere Lehrmittel, insbesondere Bilder, Modelle, Präparate und Filme den Lehrzweck nicht ausreichend veranschaulichen.

(3) Voraussetzung für die Erteilung der Erlaubnis nach Absatz 1 ist ferner, daß
   1. der wissenschaftliche Leiter über die erforderliche fachmännische Ausbildung und Zuverlässigkeit verfügt,
   2. geeignete Einrichtungen für die Vornahme von Tierversuchen vorhanden sind, und
   3. eine ordnungsgemäße Wartung der Versuchstiere durch fachlich ausgebildete Personen gewährleistet ist.

(4) Antragsteller, die wegen Zuwiderhandlung gegen die Vorschriften dieses Gesetzes rechtskräftig verurteilt worden sind, verfügen nicht über die nach Absatz 3 Nr. 1 erforderliche Zuverlässigkeit.

(5) Die Erlaubnis ist zu widerrufen, wenn die bei der Erteilung erforderlichen Voraussetzungen nicht mehr vorliegen.

§ 10
Soweit eine Erlaubnis nach § 9 erteilt ist, dürfen:
1. Die Versuche nur unter Verantwortung des wissenschaftlichen Leiters oder des jeweils von ihm schriftlich ermächtigten Stellvertreters, der über die gleiche fachmännische Ausbildung und Zuverlässigkeit wie der Leiter verfügen muß, durchgeführt werden.

2. Die Versuche nur unter Vermeidung jeder für den Versuchszweck entbehrlicher Schmerzerregung vorgenommen werden.
3. Die Versuche nur unter Betäubung durchgeführt werden, sofern nicht nach dem Urteil des wissenschaftlichen Leiters der Zweck des Versuches dies unbedingt ausschließt oder der mit dem Eingriff verbundene Schmerz geringfügiger ist, als die mit einer Betäubung verbundene Beeinträchtigung des Wohlbefindens des Versuchstieres. An demselben unbetäubten Tier darf nicht mehr als ein schwerer operativer oder schmerzhafter unblutiger Versuch ausgeführt werden. Tiere, die nach Beendigung schwerer, insbesondere mit operativen Eingriffen verbundener Versuche unter erheblichen Schmerzen zu leiden haben, sind, soweit dies nach dem Urteil des wissenschaftlichen Leiters mit dem Zweck des Versuches vereinbar ist, unverzüglich zu töten oder es sind ihnen schmerzstillende Mittel zu verabreichen.
4. Versuche an Pferden, Hunden, Katzen, Affen oder anderen warmblütigen Tieren nur dann vorgenommen werden, wenn nach dem Urteil des wissenschaftlichen Leiters durch Versuche an anderen Tieren der beabsichtigte Zweck nicht erreicht werden kann.
5. Zur Durchführung wissenschaftlicher Versuche nicht mehr Tiere verwendet werden, als zur Klärung der den Versuchen zugrundeliegenden Fragen unbedingt notwendig ist.

§ 11

Über die Zahl und Art der zu Versuchen verwendeten lebenden Tiere, den Zweck, die Durchführung und das Ergebnis dieser Versuche, sind von dem, der die Versuche durchgeführt hat, ausführliche Aufzeichnungen zu machen. Diese Aufzeichnungen sind von dem verantwortlichen wissenschaftlichen Leiter oder des jeweils von ihm ermächtigten Stellvertreters gegenzuzeichnen und mindestens 3 Jahre in der wissenschaftlichen Einrichtung, in der die Versuche durchgeführt worden sind, aufzubewahren.

§ 12

Die zuständige Behörde, die die Erlaubnis zur Verwendung von lebenden Tieren zu Versuchen erteilt hat, hat die Einhaltung der für diese Versuche geltenden Vorschriften durch jährlich mindestens zwei unvermutete Kontrollen zu überwachen.

§ 13

Tierversuche für Belange der Rechtspflege sowie Impfungen und Blutentnahmen zum Zwecke der Vorbeugung, Erkennung oder Heilung von Krankheiten der Menschen oder Tiere oder zur Gewinnung oder Prüfung (Wertbestimmung) von Seren oder Impfstoffen nach bereits erprobten oder staatlich anerkannten Verfahren, bedürfen keiner Erlaubnis nach § 9. Im übrigen unterliegen auch diese Versuche den Vorschriften dieses Gesetzes.

§ 14

Für das Töten von warmblütigen Tieren, bei denen eine Blutentziehung erfolgt und deren Fleisch zum Genuß für Menschen bestimmt ist sowie für das Töten von kaltblütigen Tieren, deren Fleisch zum Genuß für Menschen bestimmt ist (Schlachten von Tieren), gelten nachstehende Vorschriften.

§ 15

(1) Es ist verboten, beim Schlachten von warmblütigen Tieren ohne vorherige Betäubung mit der Blutentziehung zu beginnen.

(2) Die zuständige Behörde hat Ausnahmen für Schlachtungen nach religiösen Riten zuzulassen.

§ 16

Das Verbot des § 15 Abs. 1 findet keine Anwendung

1. bei Notschlachtungen von Tieren (§ 1 Abs. 2 des Fleischbeschaugesetzes vom 29. Oktober 1940 (RGBl. I S. 1463), zuletzt geändert durch das Gesetz zur Änderung des Fleischbeschaugesetzes vom 15. März 1960 (BGBl. I S. 186)) oder
2. bei Schlachtungen von Geflügel, wenn das Töten durch schnelles vollständiges Abtrennen des Kopfes vom Rumpf erfolgt.

§ 17

Es ist verboten, Fische, Aale, Krebse, Hummern, und andere Krustentiere und Frösche, deren Fleisch zum Genuß für Menschen bestimmt ist, ohne vorherige Betäubung zu schlachten.

§ 18

Das Verbot des § 17 findet keine Anwendung auf das Schlachten von

a) Aalen, wenn die Tötung durch einen bis auf die Wirbelsäule reichenden Schnitt dicht unterhalb des Kopfes und sofortiges Aufschneiden der Leibeshöhle und Herausnehmen der Eingeweide einschließlich des Herzens erfolgt; der Schnitt bis auf die Wirbelsäule kann unterbleiben, wenn die Ausblutung durch Aufschneiden der Leibeshöhle und sofortiges Herausnehmen der Eingeweide einschließlich des Herzens bewirkt wird;

b) Plattfischen (insbesondere Schollen, Flundern und Seezungen), wenn die Tötung durch einen schnellen den Kopf vom Rumpf trennenden Schnitt erfolgt. Das Abtrennen des Kopfes kann unterbleiben, wenn die Ausblutung durch Aufschneiden der Leibeshöhle und sofortiges Herausnehmen der Eingeweide einschließlich des Herzens bewirkt wird;

c) Krebsen, Hummern und anderen Krustentieren, wenn die Tötung durch einzelnes Hineinwerfen in bereits kochendes Wasser erfolgt;

d) Fröschen, wenn die Tötung durch einen schnellen den Kopf vom Rumpf trennenden Schnitt erfolgt.

§ 19

Bei der Schlachtung von Tieren darf, soweit eine vorherige Betäubung vorgeschrieben ist, nur ein Betäubungsverfahren angewendet werden, das eine Schmerzempfindung der Schlachttiere vollständig ausschließt.

§

Strafvorschriften

§

Der Bundesminister für Ernährung, Landwirtschaft und Forsten wird ermächtigt, durch Rechtsverordnung mit Zustimmung des Bundesrates Vorschriften zu erlassen

1. über den Transport von Tieren;
2. über Maßnahmen, die vor und nach der Schlachtung (einschließlich der Betäubung) von warmblütigen Tieren zu treffen sind, über den Ort an dem die Schlachtung, über den Kreis der Personen von denen oder in deren Gegenwart die Schlachtung durchgeführt werden darf;
3. über die Art der Betäubung beim Schlachten von Fischen und anderen kaltblütigen Tieren sowie über die Aufbewahrung und den Verkauf dieser Tiere in lebendem Zustand;
4. über die Zulassung von Apparaten und Verfahren, bei deren Anwendung eine vollständige Betäubung der Schlachttiere erreicht wird.

§

Die nachstehenden Gesetze bleiben von den Vorschriften dieses Gesetzes unberührt

1. Viehseuchengesetz vom 26. Juni 1909 (RGBl. I S. 519), zuletzt geändert durch Gesetz zur Änderung des Viehseuchengesetzes vom 23. August 1956 (BGBl. I S. 743);
2. Fleischbeschaugesetz vom 29. Oktober 1940 (RGBl. I S. 1463), zuletzt geändert durch Gesetz zur Änderung des Fleischbeschaugesetzes vom 15. März 1960 (BGBl. I S. 186);
3. Gesetz über den Verkehr mit Lebensmitteln und Bedarfsgegenständen vom 17. Januar 1936 (RGBl. I S. 17), zuletzt geändert durch Gesetz zur Änderung und Ergänzung des Lebensmittelgesetzes vom 21. Dezember 1958 (BGBl. I S. 950);
4. Reichsnaturschutzgesetz vom 26. Juni 1935 (RGBl. I S. 821);
5. Bundesjagdgesetz vom 29. November 1952 (BGBl. I S. 780).

§

Berlinklausel

Dieses Gesetz gilt nach Maßgabe des § 13 Abs. 1 des Dritten Überleitungsgesetzes vom 4. Januar 1952 (BGBl. I S. 1) auch im Land Berlin. Rechtsverordnungen, die aufgrund dieses Gesetzes erlassen werden, gelten im Land Berlin nach § 14 des Dritten Überleitungsgesetzes.

§

Vorschriften dieses Gesetzes , die eine Ermächtigung zum Erlaß von Rechtsverordnungen enthalten, treten am Tage nach der Verkündung dieses Gesetzes in Kraft.

Im übrigen tritt das Gesetz ein Jahr nach seiner Verkündung in Kraft.
Gleichzeitig treten außer Kraft

1. das Tierschutzgesetz vom 24. November 1933 (Reichsgesetzbl. I S. 987),
2. die Erste Verordnung zur Ausführung des Tierschutzgesetzes vom 20. Juni 1934 (Reichsgesetzbl. I S. 516),
3. die Zweite Verordnung zur Durchführung des Tierschutzgesetzes vom 27. Juni 1936 (Reichsgesetzbl. I S. 539),
4. die Dritte Verordnung zur Ausführung des Tierschutzgesetzes vom 11. September 1936 (Reichsgesetzbl. I S. 735),
5. die Verordnung zur Ergänzung des Tierschutzgesetzes vom 23. Mai 1938 (Reichsgesetzbl. I S. 598),
6. die Vierte Verordnung zur Ausführung des Tierschutzgesetzes vom 12. Juli 1938 (Reichsgesetzbl. I S. 854),

7. die Fünfte Verordnung zur Ausführung des Tierschutzgesetzes vom 11. August 1938 (Reichsgesetzbl. I S. 1004)
8. das Gesetz über das Schlachten von Tieren vom 21. April 1933 (Reichsgesetzbl. I S. 203),
9. die Verordnung über das Schlachten von Tieren vom 21. April 1933 (Reichsgesetzbl. I S. 212),
10. die Verordnung zur Änderung der Verordnung über das Schlachten von Tieren vom 14. November 1934 (Reichsgesetzbl. I S. 1163),
11. die zweite Verordnung zur Änderung der Verordnung über das Schlachten von Tieren vom 10. November 1952 (Bundesgesetzbl. I S. 748),
12. die Verordnung über das Schlachten von lebenden Fischen und anderen kaltblütigen Tieren vom 14. Januar 1936 (Reichsgesetzbl. I S. 13),
13. das hessische Gesetz vom 7. August 1946 über die Aufhebung des Schächtverbots sowie des Gesetzes vom 21. 4. 1933 (Schlachtgesetz) und der Verordnung vom 21. 4. 1933 (Gesetz- und Verordnungsblatt S. 173),
14. das hessische Gesetz über das Schlachten von Tieren vom 20. Juni 1947 (Gesetz- und Verordnungsblatt S. 37),
15. die Verordnung Nr. 49 des Landes Bayern über das Schlachten von Tieren vom 14. Januar 1946 (Gesetz- und Verordnungsblatt S. 142),
16. die Anordnung der britischen Militärregierung (Bekanntmachung des Bürgermeisters der Hansestadt Hamburg vom 7. März 1946 – Gesetz- und Verordnungsblatt S. 25),
17. die Instruktion Nr. 5 der britischen Militärregierung Nr. 229 für Niedersachsen,
18. die Anordnung der britischen Militärregierung für Schleswig-Holstein,
19. die Verordnung über das Schlachten von Tieren des Oberpräsidenten der Nordrheinprovinz Nr. 24 vom 11. März 1946 (Mitteilungs- und Verordnungsblatt S. 127)
20. die Anordnung über das Tierschlachten auf jüdische Weise des Oberpräsidenten der Provinz Westfalen vom 23. März 1946 (Mitteilungs- und Verordnungsblatt S. 46).
21.

4. Entwurf eines Tierschutzgesetzes vom 14. Dezember 1961 (BT-Ds. IV/85)

Antrag
der Abgeordneten Dr. Schmidt (Wuppertal), Bading, Margulies und Genossen

Der Bundestag wolle beschließen

Entwurf eines Tierschutzgesetzes

Der Bundestag hat mit Zustimmung des Bundesrates das folgende Gesetz beschlossen:

Erster Abschnitt – Straf- und Bußgeldvorschriften

§ 1

(1) Wer ein Tier quält oder mißhandelt, wird mit Gefängnis bis zu drei Jahren und mit Geldstrafe oder mit einer dieser Strafen bestraft.

(2) Ein Tier wird gequält, wenn ihm unnötig längerdauernde oder sich wiederholende, mehr als geringfügige Schmerzen oder Leiden zugefügt werden. Ein Tier wird mißhandelt, wenn ihm aus gefühlloser Gesinnung kurzzeitige oder einmalige, mehr als

geringfügige Schmerzen zugefügt werden. Unnötig ist das Quälen, soweit es keinem billigenswerten Zweck dient oder, wenn der Zweck billigenswert ist, die angewandten Mittel nicht in einem vertretbaren Verhältnis zu diesem Zweck stehen.

§ 2

(1) Mit Gefängnis bis zu zwei Jahren und mit Geldstrafe oder mit einer dieser Strafen wird bestraft, wenn die Tat nicht in § 1 mit Strafe bedroht ist, wer

1. ein Tier in Haltung, Pflege oder Unterbringung oder bei der Beförderung derart vernachlässigt, daß es dadurch mehr als geringfügige Schmerzen, Leiden oder Gesundheitsschäden erleidet;
2. ein Tier unnötig zu Arbeitsleistungen verwendet, die offensichtlich seine Kräfte übersteigen, die ihnen mehr als geringfügige Schmerzen verursachen oder denen es infolge seines Zustandes nicht gewachsen ist;
3. ein Tier zur Abrichtung, Filmaufnahme, Schaustellung, Werbung oder einer ähnlichen Veranstaltung verwendet, wenn dies mit mehr als geringfügigen Schmerzen, Leiden oder Gesundheitsschäden für das Tier verbunden ist;
4. ein gebrechliches, krankes oder abgetriebenes im Haus oder Betrieb gehaltenes Tier, für das das Weiterleben eine Qual bedeutet, zu einem anderen Zweck als zur unverzüglichen schmerzlosen Tötung von einem anderen übernimmt oder einem anderen überläßt;
5. ein im Haus oder Betrieb gehaltenes Tier aussetzt oder zurückläßt und es dadurch in eine hilflose Lage versetzt;
6. einen Hund auf Schärfe an einem lebenden Tier abrichtet oder prüft oder
7. entgegen § 19 Schlachtpferde ausführt.

(2) Wer eine der in Absatz 1 Nr. 1 und 2 bezeichneten Taten fahrlässig begeht, wird mit Gefängnis bis zu einem Jahr oder mit Geldstrafe bestraft.

§ 3

(1) Mit Gefängnis bis zu zwei Jahren und mit Geldstrafe oder mit einer dieser Strafen wird bestraft, wenn die Tat nicht in § 1 mit Strafe bedroht ist, wer,

1. ein Tier ohne vorherige allgemeine Betäubung durch Ertränken, Ersticken, Erdrosseln, Totknien, Erhängen, Erschlagen, Vergiften oder sonst auf schmerzhafte Weise tötet oder
2. beim Töten von warmblütigen Tieren, bei denen eine Blutentziehung erfolgt (Schlachten), ohne vorherige allgemeine Betäubung mit der Blutentziehung beginnt.

(2) Der Versuch ist strafbar.

(3) Die Absätze 1 und 2 gelten nicht für

1. das Töten von Hunden und Katzen, die das Augenlicht noch nicht erlangt haben, durch Kopfschlag;
2. das Vergiften von Tieren durch einen Tierarzt;
3. das Töten von Tieren im Rahmen der Schädlingsbekämpfung;
4. das Töten eines Tieres, wenn die Art der Tötung zur Abkürzen seiner Leiden erforderlich ist;
5. Notschlachtungen von Tieren (§ 1 Abs. 2 des Fleischbeschaugesetzes vom 29. Oktober 1940 (RGBl. I S. 1463), zuletzt geändert durch das Gesetz zur Änderung des Fleischbeschaugesetzes vom 15. März 1960 (BGBl. I S. 186));

6. das Töten von Tieren in waidgerechter Ausübung von Jagd und Fischfang;
7. Schlachtungen nach religiösen Riten;
8. Schlachtungen von Geflügel, wenn das Töten durch schnelles vollständiges Abtrennen des Kopfes vom Rumpf erfolgt;
9. das Töten von kaltblütigen Tieren, deren Fleisch zum Genuß für Menschen bestimmt ist (Schlachten), wenn es
   a) bei Aalen durch einen bis auf die Wirbelsäule reichenden Schnitt dicht unterhalb des Kopfes und sofortiges Aufschneiden der Leibeshöhle und Herausnehmen der Eingeweide einschließlich des Herzens erfolgt; der Schnitt bis auf die Wirbelsäule kann unterbleiben, wenn die Ausblutung durch Aufschneiden der Leibeshöhle und sofortiges Herausnehmen der Eingeweide einschließlich des Herzens bewirkt wird,
   b) bei Plattfischen (insbes. Schollen, Flundern, Seezungen) durch einen schnellen, den Kopf vom Rumpf trennenden Schnitt erfolgt; das Abtrennen des Kopfes kann unterbleiben, wenn die Ausblutung durch Aufschneiden des Leibeshöhle und sofortiges Herausnehmen der Eingeweide einschließlich des Herzens bewirkt wird,
   c) bei Krebsen, Hummern oder anderen Krustentieren durch einzelnes Einwerfen dieser Tiere in bereits kochendes Wasser erfolgt,
   d) bei Fröschen durch einen schnellen, den Kopf vom Rumpf trennenden Schnitt erfolgt.

§ 4

Mit Gefängnis bis zu einem Jahr und mit Geldstrafe oder mit einer dieser Strafen wird bestraft, wenn die Tat nicht in § 1 mit Strafe bedroht ist, wer
1. ohne die nach § 14 erforderliche Genehmigung lebende Tiere zu Versuchen verwendet oder
2. bei vorliegender Genehmigung Versuche mit lebenden Tieren zu anderen als den in § 14 Abs. 2 bezeichneten Zwecken vornimmt.

§ 5

Wer ein Tier hält oder sich berufsmäßig mit Tieren befaßt, obwohl ihm dies strafgerichtlich untersagt ist, wird mit Gefängnis bis zu einem Jahr oder mit Geldstrafe bestraft.

§ 6

Wer leichtfertig durch Verletzung der Pflicht zur Aufsicht über ein Kind oder einen Jugendlichen, für den ihm die Personensorge zusteht oder die seiner Erziehung anvertraut sind, dazu beiträgt, daß der Schutzbefohlene eine rechtswidrige Tat nach § 1 begeht, wird mit Gefängnis bis zu einem Jahr oder mit Geldstrafe bestraft.

§ 7

(1) Ordnungswidrig handelt, wer vorsätzlich oder fahrlässig
   1. ohne Tierarzt zu sein, einen schmerzhaften Eingriff an einem Tier vornimmt;
   2. ein Tier in seiner Bewegungsfreiheit dauernd so einschränkt, daß ihm dadurch mehr als geringfügige Schmerzen, Leiden oder Gesundheitsschäden zugefügt werden;
   3. einer mit der Genehmigung zu Tierversuchen verbundenen Auflage (§ 14 Abs. 1 Satz 2) zuwiderhandelt;

4. einer Auflage nach § 19 Abs. 2 Satz 2 zuwiderhandelt oder
5. einer Vorschrift einer nach § 20 ergangenen Rechtsverordnung zuwiderhandelt, soweit diese Rechtsverordnung auf diese Bußgeldvorschrift verweist.

(2) Ordnungswidrig handelt auch, wer vorsätzlich
1. Geflügel durch Stopfen (Nudeln) zur Futteraufnahme zwingt oder in Legebatterien hält;
2. das Doppeljoch bei Rindern verwendet;
3. Einhufer unter Tage verwendet.

§ 8

(1) Ordnungswidrig handelt, wer kupierte Pferde in den Geltungsbereich dieses Gesetzes verbringt oder nach Ablauf der nach Absatz 2 bestimmten Frist im Geltungsbereich dieses Gesetzes beläßt.

(2) Die zuständige Behörde kann zulassen, daß Zucht-, Reit- oder Turnierpferde für eine von ihr zu bestimmende Dauer in den Geltungsbereich dieses Gesetzes verbracht werden.

§ 9

(1) Ordnungswidrig handelt, wer als Tierarzt
1. einen schmerzhaften Eingriff an einem Tier vornimmt, ohne es vorher zu betäuben oder
2. auch bei vorheriger Betäubung einem über zehn Tage alten Hund die Ohren oder den Schwanz oder einem Pferd die Schweifrübe kürzt, wenn dies nicht zur Behebung einer Erkrankung oder beim Pferd auch einer Untugend erforderlich ist.

(2) Einer Betäubung bedarf es in den Fällen des Absatzes 1 Nr. 1 nicht, wenn
1. der mit dem Eingriff verbundene Schmerz nur geringfügig ist;
2. bei gleichen oder ähnlichen Eingriffen am Menschen eine Betäubung in der Regel unterbleibt oder
3. die Betäubung im einzelnen Falle nicht durchführbar erscheint.

§ 10

(1) Unter Betäubung im Sinne dieses Gesetzes sind alle Behandlungen zu verstehen, die allgemein schmerzlos machen oder örtlich die Schmerzempfindung ausschalten.

(2) Schmerzhafte Eingriffe im Sinne dieses Gesetzes sind insbesondere
1. das Kürzen der Ohren und des Schwanzes von Hundes, der Schweifrübe von Pferden;
2. die Kastration und Sterilisieren weiblicher Tiere
3. die Kastration von männlichen Tieren bei
   a) Pferden, Eseln, Mauleseln, Maultieren, Hunden und Katzen
   b) über drei Monate alten Rindern und Schweinen,
   c) geschlechtsreifen Schafen, Kaninchen und Ziegen.

§ 11

(1) Die Ordnungswidrigkeiten im Sinne dieses Gesetzes können mit einer Geldbuße geahndet werden.

(2) Die Verfolgung von Ordnungswidrigkeiten im Sinne dieses Gesetzes verjährt in einem Jahr.

(3) Die Bußgeldvorschriften dieses Gesetzes gelten nicht, wenn die Tat in anderen Vorschriften mit Strafe bedroht ist.

§ 12

(1) Ist eine der in §§ 1 bis 4 bezeichneten rechtswidrigen Taten begangen worden, so kann das Tier eingezogen werden, wenn es dem Täter oder Teilnehmer zur Zeit der Entscheidung gehört.

(2) Kann wegen der Tat keine bestimmte Person verfolgt werden, so kann auf Einziehung des Tieres selbständig erkannt werden, wenn im übrigen die in Absatz 1 bestimmten Voraussetzungen vorliegen.

(3) Absatz 2 gilt auch, wenn das Gericht von Strafe absieht oder wenn das Verfahren nach einer Vorschrift eingestellt wird, die dies nach dem Ermessen des Staatsanwalts oder des Gerichts oder im Einvernehmen beider zuläßt.

§ 13

(1) Wird jemand wegen einer der in § 1 bis 4 bezeichneten rechtswidrigen vorsätzlichen Taten verurteilt oder nur deshalb nicht verurteilt, weil seine Schuldunfähigkeit erwiesen oder nicht auszuschließen ist, so kann ihm das Gericht das Halten von Tieren oder die berufsmäßige Befassung mit ihnen für die Dauer von einem Jahr bis zu fünf Jahren oder für immer verbieten, wenn die Gefahr besteht, daß er rechtswidrige Taten der in §§ 1 bis 4 bezeichneten Art begehen wird.

(2) Das Verbot wird mit der Rechtskraft des Urteils wirksam. In die Verbotsfrist wird die Zeit, in welcher der Täter auf behördliche Anordnung in einer Anstalt verwahrt ist, nicht eingerechnet.

(3) Ergibt sich nach der Anordnung des Verbots Grund zu der Annahme, daß die Gefahr, der Täter werde rechtswidrige Taten der in §§ 1 bis 4 bezeichneten Art begehen, nicht mehr besteht, so kann das Gericht das Verbot aufheben, wenn es mindestens sechs Monate gedauert hat.

Zweiter Abschnitt – Versuche an lebenden Tieren

§ 14

Wer lebende Tiere zu Versuchen verwenden will, die mit mehr als geringfügigen Schmerzen, Leiden oder Gesundheitsschäden für die Tiere verbunden sind, bedarf der Genehmigung. Die Genehmigung kann inhaltlich beschränkt oder mit Auflagen, insbesondere zur Einhaltung der Vorschriften der §§ 15 und 16, verbunden werden.

(2) Die Genehmigung darf nur erteilt werden, wenn die Versuche

1. zur Vorbeugung, Erkennung oder Heilung von Krankheiten der Menschen oder Tiere erforderlich sind oder

2. zu medizinischen Forschungszwecken erforderlich sind und einen bisher von der Wissenschaft nicht bestätigten Erfolg erwarten lassen.

(3) Die Genehmigung darf ferner nur erteilt werden, wenn
1. keine Tatsachen vorliegen, aus denen sich Bedenken gegen die Zuverlässigkeit des Antragstellers und der für die Leitung und der Tierversuche verantwortlichen Personen ergeben und die für die Leitung und Beaufsichtigung der Tierversuche verantwortlichen Personen die hierfür erforderliche Fachkunde besitzen;
2. geeignete Einrichtungen für die Vornahme von Tierversuchen vorhanden sind und
3. eine ordnungsgemäße Wartung der Versuchstiere durch fachlich ausgebildete Personen gewährleistet ist.

(4) Die Genehmigung ist zu widerrufen, wenn
1. eine ihrer Voraussetzungen von Anfang an nicht gegeben war oder später weggefallen und nicht in angemessener Zeit Abhilfe geschaffen ist;
2. gegen die Vorschriften dieses Gesetzes oder gegen Auflagen oder sonstige Bestimmungen des Genehmigungsbescheides erheblich oder wiederholt verstoßen wird.

§ 15

(1) Für die nach § 14 erlaubten Versuche dürfen nicht mehr Tiere verwendet werden, als für den Zweck des Versuches notwendig sind. Hierbei ist jede entbehrliche Schmerzerregung zu vermeiden.

(2) Die Versuche dürfen
1. nur unter Aufsicht und Verantwortung des wissenschaftlichen Leiters oder des jeweils von ihm schriftlich ermächtigten Stellvertreters, der die gleiche fachmännische Ausbildung wie der Leiter besitzen muß, vorgenommen werden;
2. nur unter Betäubung vorgenommen werden, sofern nicht der Zweck des Versuches dies unbedingt ausschließt oder der mit dem Eingriff verbundene Schmerz geringfügiger ist als die mit einer Betäubung verbundene Beeinträchtigung des Wohlbefindens des Versuchstieres;
3. an Pferden, Hunden, Katzen oder Affen nur vorgenommen werden, wenn durch Versuche an anderen warmblütigen Tieren der beabsichtigte Zweck nicht erreicht werden kann. Das gleiche gilt für Versuche an warmblütigen Tieren, wenn der Zweck des Versuches an kaltblütigen Tieren nicht erreicht werden kann.

(3) An demselben unbetäubten Tier darf nicht mehr als ein schmerzhafter Eingriff oder schmerzhafter unblutiger Versuch ausgeführt werden.

(4) Tieren, die nach Beendigung schwerer, insbesondere mit operativen Eingriffen verbundener Versuche unter erheblichen Schmerzen zu leiden haben, sind, soweit dies mit dem Zweck des Versuches vereinbar ist, schmerzstillende Mittel zu verabreichen oder sie sind sofort zu töten.

§ 16
Über die Zahl und Art der zu Versuchen verwendeten lebenden Tiere, den Zweck, die Durchführung und das Ergebnis dieser Versuche sind von dem, der die Versuche durchgeführt hat, Aufzeichnungen zu machen. Diese Aufzeichnungen sind von dem verantwortlichen Leiter oder dem jeweils von ihm ermächtigten Stellvertreter zu unterzeichnen. Der Leiter hat sie mindestens drei Jahre in der wissenschaftlichen Einrichtung, in der die Versuche durchgeführt worden sind, aufzubewahren.

§ 17
Die zuständige Behörde hat die Einhaltung der für diese Versuche geltenden Vorschriften zu überwachen. Zu diesem Zweck dürfen die beauftragten Personen Räume und Grundstücke betreten, soweit es ihr Auftrag erfordert. Das Grundrecht des Artikels 13 auf Unverletzlichkeit der Wohnung wird insoweit eingeschränkt.

§ 18
Tierversuche für Belange der Rechtspflege sowie Impfungen und Blutentnahmen an lebenden Tieren zum Zwecke der Vorbeugung, Erkennung oder Heilung von Krankheiten der Menschen oder Tiere oder zur Gewinnung oder Prüfung (Wertbestimmung) von Seren oder Impfstoffen nach bereits erprobten oder staatlich anerkannten Verfahren bedürfen keiner Erlaubnis nach § 14. Im übrigen unterliegen auch diese Versuche den Vorschriften dieses Gesetzes.

Dritter Abschnitt – Schluß- und Übergangsvorschriften

§ 19
(1) Die Ausfuhr von Schlachtpferden ist verboten.

(2) Die Außenhandelsstelle für Erzeugnisse der Ernährung und Landwirtschaft wird ermächtigt, im Einzelfall Ausnahmen von dem Verbot des Absatzes 1 zuzulassen, wenn für die beantragte Ausfuhr nach Prüfung durch Verwaltungsangehörige sichergestellt ist, daß der Transport und die Schlachtung der Pferde unter Beachtung der Grundsätze dieses Gesetzes und der für den Transport und die Schlachtung der Pferde unter Beachtung der Grundsätze dieses Gesetzes und der für den Transport von Pferden in der Bundesrepublik geltenden Vorschriften erfolgen. Bei Ausnahmegenehmigungen können zur Sicherstellung des Tierschutzes und zu Zwecken der Überwachung schriftliche Auflagen erteilt werden.

(3) Der Ausfuhr im Sinne des Absatzes 1 steht jedes sonstige Verbringen aus dem Geltungsbereich dieses Gesetzes gleich.

§ 20
(1) Der Bundesminister für Ernährung, Landwirtschaft und Forsten wird ermächtigt, durch Rechtsverordnung mit Zustimmung des Bundesrates Vorschriften zu erlassen
   1. über die Unterbringung einschließlich des Transports von Tieren, um zu verhüten, daß den Tieren mehr als geringfügige Schmerzen, Leiden oder Gesundheitsschäden zugefügt werden;
   2. über Maßnahmen, die bei der Schlachtung (einschließlich der Betäubung) von warmblütigen Tieren zu treffen sind, über den Ort, an dem die Schlachtung, über

den Kreis der Personen, von denen oder in deren Gegenwart die Schlachtung durchgeführt werden darf;
3. über die Art der Betäubung beim Schlachten von Fischen und anderen kaltblütigen Tieren sowie über die Aufbewahrung und die gewerbsmäßige oder berufsmäßige Abgabe dieser Tiere in lebendem Zustand;
4. über die Zulassung von Geräten und Verfahren, bei deren Anwendung eine vollständige Betäubung der Schlachttiere erreicht wird.

§ 21

Dieses Gesetz gilt nach Maßgabe des § 13 Abs. 1 des Dritten Überleitungsgesetzes vom 4. Januar 1952 (BGBl. I S. 1) auch im Land Berlin. Rechtsverordnungen, die auf Grund dieses Gesetzes erlassen werden, gelten im Land Berlin nach § 14 des Dritten Überleitungsgesetzes.

§ 22

(1) Vorschriften dieses Gesetzes , die eine Ermächtigung zum Erlaß von Rechtsverordnungen enthalten, treten am Tage nach der Verkündung dieses Gesetzes in Kraft.

(2) Im übrigen tritt das Gesetz ein Jahr nach seiner Verkündung in Kraft.

(3) Gleichzeitig treten außer Kraft
1. das Tierschutzgesetz vom 24. November 1933 (Reichsgesetzbl. I S. 987),
2. die Erste Verordnung zur Ausführung des Tierschutzgesetzes vom 20. Juni 1934 (Reichsgesetzbl. I S. 516),
3. die Zweite Verordnung zur Durchführung des Tierschutzgesetzes vom 27. Juni 1936 (Reichsgesetzbl. I S. 539),
4. die Dritte Verordnung zur Ausführung des Tierschutzgesetzes vom 11. September 1936 (Reichsgesetzbl. I S. 735),
5. die Verordnung zur Ergänzung des Tierschutzgesetzes vom 23. Mai 1938 (Reichsgesetzbl. I S. 598),
6. die Vierte Verordnung zur Ausführung des Tierschutzgesetzes vom 12. Juli 1938 (Reichsgesetzbl. I S. 854),
7. die Fünfte Verordnung zur Ausführung des Tierschutzgesetzes vom 11. August 1938 (Reichsgesetzbl. I S. 1004)
8. das Gesetz über das Schlachten von Tieren vom 21. April 191933 (Reichsgesetzbl. I S. 203),
9. die Verordnung über das Schlachten von Tieren vom 21. April 1933 (Reichsgesetzbl. I S. 212),
10. die Verordnung zur Änderung der Verordnung über das Schlachten von Tieren vom 14. November 1934 (Reichsgesetzbl. I S. 1163),
11. die zweite Verordnung zur Änderung der Verordnung über das Schlachten von Tieren vom 10. November 1952 (Bundesgesetzbl. I S. 748),
12. die Verordnung über das Schlachten von lebenden Fischen und anderen kaltblütigen Tieren vom 14. Januar 1936 (Reichsgesetzbl. I S. 13),
13. das hessische Gesetz vom 7. August 1946 über die Aufhebung des Schächtverbots sowie des Gesetzes vom 21. 4. 1933 (Schlachtgesetz) und der Verordnung vom 21. 4. 1933 (Gesetz- und Verordnungsblatt S. 173),

14. das hessische Gesetz über das Schlachten von Tieren vom 20. Juni 1947 (Gesetz- und Verordnungsblatt S. 37),
15. die Verordnung Nr. 49 des Landes Bayern über das Schlachten von Tieren vom 14. Januar 1946 (Gesetz- und Verordnungsblatt S. 142),
16. die Anordnung der britischen Militärregierung (Bekanntmachung des Bürgermeisters der Hansestadt Hamburg vom 7. März 1946 – Gesetz- und Verordnungsblatt S. 25),
17. die Instruktion Nr. 5 der britischen Militärregierung Nr. 229 für Niedersachsen,
18. die Anordnung der britischen Militärregierung für Schleswig-Holstein,
19. die Verordnung über das Schlachten von Tieren des Oberpräsidenten der Nordrheinprovinz Nr. 24 vom 11. März 1946 (Mitteilungs- und Verordnungsblatt S. 127),
20. die Anordnung über das Tierschlachten auf jüdische Weise des Oberpräsidenten der Provinz Westfalen vom 23. März 1946 (Mitteilungs- und Verordnungsblatt S. 46).

Bonn, den 14. Dezember 1961

Dr. Schmidt (Wuppertal), Bausch, Dr. Elbrächter, Dr. Even (Düsseldorf), Frau Geisendörfer, Dr. Hesberg, Illerhaus, Dr. Kopf, Memmel, Ruf, Dr. Schwörer, Spies, Dr. Touissant (CDU/CSU).

Bading, Bauer (Würzburg), Haase (Kellinghusen), Jacobi (Köln), Dr. Klein (Berlin), Marx, Dr. Morgenstern, Rehs, Ritzel, Schmitt-Vockenhausen, Schoettle, Steinhoff, Wittrock (SPD).

Margulies, Dr. Bucher, Dr. Dahlgrün, Dorn, Dr. Effertz, Eisenmann, Dr. Hoven, Keller, Frau Dr. Kiep-Altenloh, Dr. Kohut, Mauk, Dr. Rutschke (FDP).

5. Entwurf eines Tierschutzgesetzes vom 22. September 1966 (BT-Ds. V/934)

Antrag

der Abgeordneten Dr. Schmidt (Wuppertal), Bading, Mertes, Rollmann und Genossen

Der Bundestag wolle beschließen:

Entwurf eines Tierschutzgesetzes

Der Bundestag hat mit Zustimmung des Bundesrates das folgende Gesetz beschlossen:

Abschnitt I - Allgemeine Schutzvorschriften

§ 1 Grundsatz

Niemand soll ein Tier ohne vernünftigen Grund töten oder ihm Schmerzen, Leiden oder Schäden zufügen.

§ 2 Einzelne Schutzvorschriften

(1) Wer ein Tier hält, zu betreuen hat oder befördert, muß dafür sorgen, daß dem Tier bei der Haltung, Pflege, Unterbringung oder Beförderung keine vermeidbaren, erheblichen Schmerzen, Leiden oder Schäden zugefügt werden.

(2) Es ist verboten,

1. ein Haustier oder ein gezähmtes oder gefangenes Tier einer wildlebenden Art anders als unter Betäubung oder sonst unter Vermeidung von Schmerzen zu töten,
2. ein in Nummer 1 bezeichnetes Tier auszusetzen oder zurückzulassen, um sich oder einen anderen des Tieres zu entledigen,
3. ein in Nummer 1 bezeichnetes Tier, das gebrechlich, krank, abgetrieben oder alt und dem das Weiterleben eine Qual ist, zu einem anderen Zweck als zur Linderung dieser Qual oder zur unverzüglichen Tötung zu veräußern oder zu erwerben,
4. ein Tier ohne vernünftigen Grund zu einer Arbeitsleistung zu verwenden, die seine Kräfte offensichtlich übersteigt, oder die ihm erhebliche Schmerzen oder Leiden bereitet, oder der es wegen seines Zustandes nicht gewachsen ist,
5. ein Tier zu einer Abrichtung, Filmaufnahme, Schaustellung oder ähnlichen Veranstaltung zu verwenden, die mit erheblichen Schmerzen, Leiden oder Schäden für das Tier verbunden ist,
6. ein Tier an einem anderen Tier auf Schärfe abzurichten oder zu prüfen,
7. ein Tier zur Futteraufnahme zu zwingen, um es zu mästen.

§ 3 Vornahme von Eingriffen

(1) Es ist verboten, ein Tier zu verstümmeln. Dies gilt auch für

1. das Kürzen
   a) der Ohren
   b) des Schwanzes, außer bei weniger als zehn Tage alten Hunden,
   c) des Schnabels und des Kammes bei Geflügel,
2. das Ausreißen oder sonstige Abtrennen der Schenkel bei Fröschen.

Das Verbot des Kürzens gilt nicht, wenn es nach tierärztlichem Urteil erforderlich ist, um eine Krankheit, bei einem Pferd auch eine Untugend, zu beheben.

(2) Nur ein Tierarzt darf eine Kürzung in den nach Absatz 1 erlaubten Fällen oder eine Betäubung in den Fällen des Absatzes 2 vornehmen oder ein Tier unfruchtbar machen. Dies gilt, wenn es sich um die Unfruchtbarmachung eines männlichen Tieres handelt, nur bei Pferden, anderen Einhufern, Hunden, Katzen, mehr als einen Monat alten Rindern und Schweinen sowie bei geschlechtsreifen Schafen, Kaninchen und Ziegen.

(3) Es ist verboten, in unsachgemäßer Weise oder ohne Betäubung einen mit erheblichen Schmerzen verbundenen Eingriff an einem Tier vorzunehmen. Einer Betäubung bedarf es nicht, wenn sie bei einem gleichen oder ähnlichen Eingriff am Menschen in der Regel unterbleibt oder im Einzelfall nach tierärztlichem Urteil nicht durchführbar erscheint.

§ 4 Ausfuhr von Schlachtpferden

(1) Die Ausfuhr von Schlachtpferden ist verboten.

(2) Das Bundesamt für Ernährung und Forstwirtschaft kann die Ausfuhr im Einzelfall ausnahmsweise genehmigen. Die Genehmigung darf nur erteilt werden, wenn sichergestellt ist, daß bei der Beförderung und Schlachtung der Pferde die Grundsätze dieses Gesetzes sowie der im Geltungsbereich dieses Gesetzes geltenden Vorschriften über die Beförderung von Pferden und über das Schlachten warmblütiger Tiere beachtet werden. Die Genehmigung kann mit Auflagen zur Gewährleistung des Tierschutzes und der Überwachung verbunden werden.

(3) Der Ausfuhr steht jedes sonstige Verbringen aus dem Geltungsbereich dieses Gesetzes gleich.

§ 5 Tierversuche

(1) Es ist verboten, Eingriffe oder andere Behandlungen, die mit Schmerzen, Leiden oder Schäden verbunden sind, zu Versuchszwecken an Tieren vorzunehmen.

(2) Die zuständige Behörde kann Tierversuche im Sinne des Absatzes 1, die zur Verfolgung eines ernsten wissenschaftlichen Zweckes erforderlich erscheinen, genehmigen. Die Genehmigung wird bestimmten wissenschaftlichen Einrichtungen erteilt und berechtigt nur Personen mit abgeschlossener wissenschaftlicher Fachausbildung, die in der Einrichtung beschäftigt sind, die genehmigten Tierversuche vorzunehmen oder vornehmen zu lassen. Die Genehmigung darf nur erteilt werden, wenn

1. keine Tatsachen vorliegen, aus denen sich Bedenken gegen die Zuverlässigkeit des verantwortlichen Leiters oder gegen dessen fachliche Eignung zur Vornahme der Tierversuche ergeben,
2. die erforderlichen Anlagen, Geräte und anderen sachlichen Mittel für die Vornahme der Tierversuche vorhanden sind und
3. die ordnungsgemäße Wartung und Unterbringung der Tiere gewährleistet ist.

Die Genehmigung kann inhaltlich beschränkt, befristet und mit Auflagen verbunden werden. Sie kann jederzeit ohne Entschädigung widerrufen werden.

(3) Einer Genehmigung nach Absatz 2 bedürfen nicht: Impfungen und Blutentnahmen, die nach bereits erprobten oder staatlich anerkannten Verfahren vorgenommen werden und der Verhütung, Erkennung, Heilung oder Linderung von Krankheiten, Leiden, Körperschäden und körperlichen Beschwerden der Menschen oder Tiere, der Erkennung der Schwangerschaft oder Trächtigkeit oder der Gewinnung oder Prüfung (Wertbestimmung) von Seren oder Impfstoffen dienen.

§ 6 Ausführung von Tierversuchen

(1) Genehmigte Tierversuche (§ 5 Abs. 2) sind von dem verantwortlichen Leiter zu überwachen. Bei der Ausführung der Tierversuche sind folgende Vorschriften zu beachten:

1. Jede für den verfolgten Zweck entbehrliche Erregung von Schmerzen oder Leiden ist zu vermeiden.
2. Es dürfen nicht mehr Tiere verwendet werden, als für den verfolgten Zweck erforderlich ist.
3. Versuche zu Lehrzwecken sind nur dann erlaubt, wenn andere Lehrmittel, namentlich Bilder, Modelle, Präparate oder Filme, nicht ausreichen.
4. Die Versuche dürfen nur unter Betäubung vorgenommen werden, wenn der verfolgte Zweck nach dem Urteil des verantwortlichen Leiters eine Betäubung nicht ausschließt oder die Vornahme der Betäubung das Wohlbefinden des Tieres nicht mehr beeinträchtigt als der mit dem Versuch verbundene Schmerz.
5. Mehr als ein operativer oder unblutiger Versuch, der mit erheblichen Schmerzen verbunden ist, darf an demselben unbetäubten Tier nicht vorgenommen werden.
6. Tiere, die nach Beendigung schwerer, namentlich operativer Versuche unter erheblichen Schmerzen leiden, sind unverzüglich mit schmerzstillenden Mitteln zu behandeln oder zu töten, wenn der verfolgte Zweck dies nicht ausschließt.
7. Versuche an Pferden, Hunden, Katzen oder Affen sind nur dann erlaubt, wenn Versuche an anderen, niederen Tieren für den verfolgten Zweck nicht ausreichen. Dies gilt entsprechend für die Verwendung kaltblütiger an Stelle warmblütiger Tiere.

(2) Absatz 1 Satz 2 Nr. 6 gilt auch für Eingriffe und Behandlungen nach § 5 Abs. 3.

(3) Die wissenschaftlichen Einrichtungen, die eine Genehmigung nach § 5 Abs. 2 erhalten haben, müssen Aufzeichnungen über die einzelnen Tierversuche führen. Die Aufzeichnungen müssen für jeden Versuch den mit ihm verfolgten wissenschaftlichen Zweck, die Zahl und Bezeichnung der verwendeten Tiere, die Art und Ausführung des Versuches, das Versuchsergebnis, die Gründe eines zu Lehrzwecken vorgenommenen Versuches oder eines Versuches an Pferden, Hunden, Katzen oder Affen oder des Absehens von einer Betäubung oder Behandlung mit schmerzstillenden Mitteln oder Tötung angeben. Sind die Versuchstiere von einem anderen erworben worden, so ist dieser mit Namen und Wohnung anzugeben. Die Aufzeichnungen sind von demjenigen, der den Versuch ausgeführt hat, und von dem verantwortlichen Leiter zu unterzeichnen; sie sind drei Jahre aufzubewahren und der für die Genehmigung zuständigen Behörde auf Verlangen zur Einsichtnahme auszuhändigen.

§ 7 Erlaß von Rechtsverordnungen

(1) Die Bundesregierung wird ermächtigt, durch Rechtsverordnung mit Zustimmung des Bundesrates Vorschriften zum Schutz der Tiere bei der Haltung, namentlich bei der Aufzucht und Mast zu erlassen, um die Einhaltung des § 2 Abs. 1 und 2 Nr. 7 sicherzustellen. Die Rechtsverordnung kann in diesem Rahmen bestimmen,
1. auf welche Art und in welchem Umfang der natürliche Bewegungs- und Gemeinschaftstrieb eines Tieres beschränkt werden darf,
2. welche Arten von Futter und Trank sowie welche Arten des Fütterns und Tränkens zulässig sind,
3. welche Beschaffenheit, einschließlich der Bodenbeschaffenheit, Räume, Käfige und andere Behältnisse zur Unterbringung der Tiere aufweisen müssen,

4. wie viele Tiere in den Fällen der Nummer 3 in den Räumen, Käfigen und anderen Behältnissen untergebracht werden dürfen und
5. auf welche Art und in welchem Umfang in den Fällen der Nummer 3 für
   a) Be- und Entlüftung, Beleuchtung sowie angemessene Temperatur und Luftfeuchtigkeit,
   b) Sauberhaltung der Räume, Käfige und anderen Behältnisse sowie
   c) Wartung, Pflege und Beaufsichtigung der Tiere zu sorgen ist.

(2) Die Bundesregierung wird auch ermächtigt, durch Rechtsverordnung mit Zustimmung des Bundesrates Vorschriften über die Beförderung von Tieren durch Eisenbahnen sowie im Straßen-, See- und Luftverkehr zu erlassen, um die Einhaltung des § 2 Abs. 1 sicherzustellen. Absatz 1 Satz 2 ist sinngemäß anzuwenden.

(3) Der Bundesminister für Ernährung, Landwirtschaft und Forsten wird ermächtigt, zum Schutz der Tiere vor erheblichen Schmerzen, Leiden oder Schäden durch Rechtsverordnung mit Zustimmung des Bundesrates Vorschriften zu erlassen über
1. die Zulassung von Verfahren und Geräten zur Betäubung,
2. die Betäubung, Schlachtung und andere Arten der Tötung sowie über die Aufbewahrung und gewerbliche Abgabe von Fischen und anderen kaltblütigen Tieren.

(4) Die Bundesregierung hat innerhalb eines Jahres nach Inkrafttreten dieses Gesetzes erstmalig eine Rechtsverordnung nach Absatz 1 zu erlassen.

Abschnitt II – Straf- und Bußgeldvorschriften

§ 8 Strafbare Tötung eines Wirbeltieres, Tierquälerei

(1) Wer ein Wirbeltier ohne vernünftigen Grund tötet, wird mit Gefängnis bis zu zwei Jahren und mit Geldstrafe oder mit einer dieser Strafen bestraft.

(2) Ebenso wird bestraft, wer einem Tier
1. aus Roheit erhebliche Schmerzen oder
2. länger dauernde oder sich wiederholende erhebliche Schmerzen oder Leiden ohne vernünftigen Grund zufügt.

(3) Nach Absatz 2 wird nicht bestraft, wer an einem Tier zur Verfolgung eines ernsten wissenschaftlichen Zweckes einen dazu erforderlichen Eingriff oder eine dazu erforderliche andere Behandlung unter Beachtung des § 6 Abs. 1 Satz 2, namentlich unter Vermeidung der Erregung entbehrlicher Schmerzen oder Leiden vornimmt.

§ 9 Strafbare Verletzung von Schutzvorschriften

(1) Mit Gefängnis bis zu einem Jahr und mit Geldstrafe oder mit einer dieser Strafen wird bestraft, wer
1. der Vorschrift des § 2 Abs. 1 über die Haltung, Pflege, Unterbringung oder Beförderung zuwiderhandelt,
2. entgegen § 2 Abs. 2 Nr. 1 ein dort bezeichnetes Tier nicht unter Betäubung oder sonst unter Vermeidung von Schmerzen tötet,

3. gegen die Vorschrift des § 2 Abs. 2 Nr. 2 über das Aussetzen oder Zurücklassen verstößt,
4. der Vorschrift des § 2 Abs. 2 Nr. 3 über das Veräußern oder Erwerben eines dort bezeichneten Tieres zuwiderhandelt,
5. entgegen § 2 Abs. 2 Nr. 4 ein Tier zu einer Arbeitsleistung verwendet,
6. entgegen § 2 Abs. 2 Nr. 5 ein Tier zu einer dort bezeichneten Veranstaltung verwendet,
7. ein Tier an einem anderen Tier auf Schärfe abrichtet oder prüft,
8. ein Tier zur Futteraufnahme zwingt, um es zu mästen,
9. entgegen einer der Vorschriften des § 3 einen der dort bezeichneten Eingriffe vornimmt,
10. entgegen § 4 ein Schlachtpferd ausführt oder
11. entgegen § 5 einen Eingriff oder eine andere Behandlung zu Versuchszwecken vornimmt.

(2) Handelt der Täter in den Fällen des Absatzes 1 Nr. 1, 2 oder 5 fahrlässig, so ist die Strafe Geldstrafe oder Gefängnis bis zu einem Jahr.

(3) Absatz 1 gilt nicht, wenn die Tat als Tierquälerei (§ 8 Abs. 2) mit Strafe bedroht ist.

§ 10 Ordnungswidrigkeiten

(1) Ordnungswidrig handelt, wer vorsätzlich oder fahrlässig
1. bei der Ausfuhr von Schlachtpferden einer Auflage nach § 4 Abs. 2 Satz 4,
2. bei Tierversuchen einer Auflage nach § 5 Abs. 2 Satz 4 oder einer Vorschrift des § 5 über die Überwachung, Ausführung oder Aufzeichnung oder
3. einer nach § 7 Abs. 3 erlassenen Rechtsverordnung, soweit sie für einen bestimmten Tatbestand auf diese Bußgeldvorschrift verweist,

zuwiderhandelt.

(2) Die vorsätzliche Ordnungswidrigkeit kann mit einer Geldbuße bis zu zweitausend Deutsche Mark, die fahrlässige Ordnungswidrigkeit mit einer Geldbuße bis zu tausend Deutsche Mark geahndet werden.

(3) Die Verfolgung von Ordnungswidrigkeiten im Sinne des Absatzes 1 verjährt in einem Jahr.

§ 11 Einziehung

(1) Ist eine der in §§ 8, 9 oder 12 Abs. 3 mit Strafe oder in § 10 mit Geldbuße bedrohten Handlung begangen worden, so kann das Tier eingezogen werden, wenn es dem Täter oder Teilnehmer zur Zeit der Entscheidung gehört.

(2) Kann wegen der Tat keine bestimmte Person verfolgt, verurteilt oder mit Geldbuße belegt werden, so kann die Einziehung des Tieres selbständig angeordnet werden, wenn im übrigen die in Absatz 1 bestimmten Voraussetzungen vorliegen.

(3) Absatz 2 gilt auch, wenn das Gericht von Strafe absieht oder wenn ein Strafverfahren nach einer Vorschrift eingestellt wird, die dies nach dem Ermessen des Staatsanwalts oder des Gerichts oder im Einvernehmen beider zuläßt.

§ 12 Verbot der Tierhaltung

(1) Wird jemand wegen einer in §§ 8 oder 9 Abs. 1 Nr. 1 mit Strafe bedrohten Handlung verurteilt oder nur deshalb nicht verurteilt, weil seine Schuldunfähigkeit erwiesen oder nicht auszuschließen ist, so kann das Gericht das Halten von Tieren jeder oder einer bestimmten Art für die Dauer von einem Jahr bis zu fünf Jahren oder für immer verbieten, wenn die Gefahr besteht, daß er erhebliche mit Strafe bedrohte Handlungen nach §§ 8 oder 9 Abs. 1 Nr. 1 begehen wird.

(2) Das Verbot wird mit der Rechtskraft des Urteils wirksam. In die Verbotsfrist wird die Zeit, in welcher der Täter in einer Anstalt verwahrt wird, nicht eingerechnet. Ergibt sich nach der Anordnung des Verbots Grund zu der Annahme, daß die Gefahr, der Täter werde erhebliche mit Strafe bedrohte Handlungen der in Absatz 1 bezeichneten Art begehen, nicht mehr besteht, so kann das Gericht das Verbot aufheben, wenn es mindestens sechs Monate gedauert hat.

(3) Wer ein Tier hält, obwohl ihm dies strafgerichtlich verboten ist, wird mit Gefängnis bis zu einem Jahr und mit Geldstrafe oder mit einer dieser Strafen bestraft.

Abschnitt III - Schlußvorschriften

§ 13 Heranziehung von Sachverständigen

Ist in einem Strafverfahren zweifelhaft, ob die Tat unter §§ 1, 2 oder 3 fällt, so soll in einem möglichst frühen Abschnitt des Verfahrens ein geeigneter Sachverständiger, namentlich der beamtete Tierarzt, gehört werden.

§ 14 Überwachung des Handels mit Tieren

Die Gewerbeordnung wird wie folgt ergänzt: Dem § 38 Abs. 1 wird folgende Nummer 10 angefügt: „10. An- und Verkauf von Tieren".

§ 15 Geltung in Berlin

Dieses Gesetz gilt nach Maßgabe des § 13 Abs. 1 des Dritten Überleitungsgesetzes vom 4. Januar 1952 (Bundesgesetzbl. I S.1) auch im Land Berlin. Rechtsverordnungen, die auf Grund dieses Gesetzes erlassen werden, gelten im Land Berlin nach § 14 des Dritten Überleitungsgesetzes.

§ 16 Inkrafttreten, Aufhebung von Vorschriften

(1) Dieses Gesetz tritt mit Ausnahme der §§ 7 und 14 am .... in Kraft.

Gleichzeitig treten außer Kraft:

1. Das Tierschutzgesetz vom 24. November 1933 (Reichsgesetzbl. I S. 987), zuletzt geändert durch das Gesetz vom 18. August 1961 (Bundesgesetzbl. I S. 1360),
2. die Zweite Verordnung zur Durchführung des Tierschutzgesetzes vom 27. Juni 1936 (Reichsgesetzbl. I S. 539),
3. die Dritte Verordnung zur Ausführung des Tierschutzgesetzes vom 11. September 1936 (Reichsgesetzbl. I S. 735),
4. die Verordnung zur Ergänzung des Tierschutzgesetzes vom 23. Mai 1938 (Reichsgesetzbl. I S. 598),
5. die Vierte Verordnung zur Ausführung des Tierschutzgesetzes vom 12. Juli 1938 (Reichsgesetzbl. I S. 854),
6. die Fünfte Verordnung zur Ausführung des Tierschutzgesetzes vom 11. August 1938 (Reichsgesetzbl. I S. 1004)
7. § 6 der Verordnung über das Schlachten und Aufbewahren von lebenden Fischen und anderen kaltblütigen Tieren vom 14. Januar 1936 (Reichsgesetzbl. I S. 13), geändert durch die Verordnung vom 13. November 1936 (Reichsgesetzbl. I S. 941).

(2) Die §§ 7 und 14 treten am Tage nach der Verkündung dieses Gesetzes in Kraft.

Bonn, den 22. September 1966

Dr. Schmidt (Wuppertal), Rollmann, Adorno, Baier, Benda, Dr. Elbrächter, Dr. Even, Dr. Jungmann, Dr. Löhr, Dr. Martin, Frau Dr. Maxsein, Prochazka, Dr. Wörner (CDU/CSU).

Bading, Bauer (Würzburg), Dr. Bechert (Gau-Algesheim), Börner, Brück (Holz), Brünen, Büttner, Haase (Kellinghusen), Frau Herklotz, Hirsch, Jacobi (Köln), Liehr, Marx (München), Müller (Mülheim), Dr. Müller (München), Dr. Müller-Emmert, Raffert, Rehs, Dr. Rinderspacher, Dr. Schmidt (Offenbach), Dr. Schmitt-Vockenhausen, Schonhofen (SPD).

Mertes, Mischnick, Dr. Rutschke, Scheel (FDP).

6. Diskussionsentwurf des Bundeslandwirtschaftsministeriums zu einem Tierschutzgesetz (22. April 1970[738]; bisher unveröffentlicht)

Der Bundestag hat mit Zustimmung des Bundesrates das folgende Gesetz beschlossen:

§ 1

(1) Zweck dieses Gesetzes ist, das Tier in seiner Eigenschaft als Erscheinungsform des Lebens im Rahmen der kulturellen, wissenschaftlichen und wirtschaftlichen Gegebenheiten vor Behandlungen zu bewahren [schützen], die unter Berücksichtigung von Domestikations- oder anderen Adaptionsergebnissen nicht tierartgemäß und nicht verhaltensgerecht sind.

(2) Dem Zweck dieses Gesetzes handelt zuwider, wer einem Tier Schmerz, Qual oder Schaden zufügt.

---

738 BA Koblenz Akte 116/70507, S. 101 ff.

§ 2

Im Sinne dieses Gesetzes sind

1. Wohlbefinden: Der ungestörte tierartgemäße und verhaltensgerechte Ablauf der Lebensvorgänge eines Tieres;
2. Das Zufügen von Schmerz: Die unmittelbare Einwirkung auf ein Tier, die zu erheblicher Beeinträchtigung seines körperlichen Wohlbefindens und zu erkennbaren Abwehrreaktionen des Tieres führt;
3. Das Zufügen von Leiden: Die Einwirkung auf ein Tier, die zu nachhaltiger, länger dauernder Beeinträchtigung seines Wohlbefindens führt;
4. Das Zufügen von Qual: Die durch länger andauernde und [oder] wiederholte Zufügung von Schmerz oder Leiden verursachte Beeinträchtigung des Wohlbefindens eines Tieres;
5. Schaden: Die bleibende Beeinträchtigung des Körpers eines Tieres, die durch Zufügen von Schmerz, Leiden oder Qual verursacht worden ist.

§ 3

(1) Wer ein Tier hält oder zu betreuen hat, muß
   a) dem Tier angemessene Nahrung und Pflege sowie tierartgemäße und verhaltensgerechte Unterbringung gewähren,
   b) sicherstellen, daß die Bewegungsfreiheit des Tieres nicht dauernd und ohne vernünftigen [, berechtigten] Grund so eingeschränkt wird, daß dem Tier dadurch Schmerz, Leiden, Qual oder Schaden zugefügt wird.

Satz 1 gilt sinngemäß für die Beförderung eines Tieres.

(2) Es ist verboten,
   1. einem Tier ohne vernünftigen [, berechtigten] Grund Leistungen abzuverlangen, die offensichtlich seine Kräfte übersteigen und ihm Schmerz bereiten,
   2. ein Tier zu einer Abrichtung, Filmaufnahme, Schaustellung, Werbung oder zu einer ähnlichen Veranstaltung heranzuziehen, sofern damit Schmerz, Leiden, Qual oder Schaden für das Tier verbunden ist,
   3. ein gebrechliches, krankes, abgetriebenes oder altes, im Haus oder Betrieb gehaltenes Tier, für das das Weiterleben mit Qualen verbunden ist, zu einem anderen Zweck als zur unverzüglichen schmerzlosen Tötung zu veräußern,
   4. ein im Haus oder Betrieb gehaltenes Tier auszusetzen oder zurückzulassen, um sich seiner zu entledigen,
   5. ein Tier an einem anderen lebenden Tier auf Schärfe abzurichten oder zu prüfen.

§ 4

(1) Ein Wirbeltier darf nur unter Betäubung getötet werden. Dies gilt nicht, sofern in anderen Rechtsvorschriften die Tötung oder Tötungsart geregelt ist oder die Tötung im Rahmen zulässiger Maßnahmen zur Bekämpfung von Schädlingen erfolgt.

(2) Absatz 1 Satz 1 gilt ferner nicht für
   1. das Töten von Hunden und Katzen, die das Augenlicht noch nicht erlangt haben, durch Kopfschlag;
   2. das Töten eines Tieres, wenn die Art der Tötung zur Abkürzung von Schmerzen, die durch eine erhebliche Verletzung verursacht sind, erforderlich ist;
   3. das Töten durch tierärztliche Maßnahme.

§ 5

(1) An einem Tier darf in unsachgemäßer Weise oder ohne Betäubung ein mit Schmerzen verbundener Eingriff nicht vorgenommen werden.

(2) Eingriffe im Sinne des Absatzes 1 sind insbesondere
   1. das Kürzen der Ohren oder des Schwanzes bei einem über zehn Tage alten Hunde,
   2. das Kürzen der Schweifrübe bei einem Pferd
   3. das Kürzen des Schnabels oder des Kammes bei Geflügel,
   4. das Enthornen von [über vier Monate alten] Rindern,
   5. das Kastrieren und Sterilisieren weiblicher Tiere,
   6. das Kastrieren männlicher Tiere
      a) bei Pferden, Eseln, Mauleseln, Maultieren, Hunden und Katzen
      b) bei über drei Monate alten Rindern und Schweinen,
      c) bei geschlechtsreifen Ziegen, Schafen und Kaninchen.

(3) Die Eingriffe nach Absatz 2 Nr. 1, 2 und 4 bis 6 dürfen nur durch einen Tierarzt vorgenommen werden.

(4) Einer Betäubung nach Absatz 1 bedarf es nicht, wenn
   1. bei vergleichbaren Eingriffen am Menschen eine Betäubung in der Regel unterbleibt,
   2. die Betäubung im Einzelfall nach tierärztlichem Urteil nicht durchführbar erscheint.

§ 6

(1) Wer zu Versuchszwecken Eingriffe oder Behandlungen, die mit Schmerz, Leiden, Qual oder Schaden verbunden sein können, an lebenden Wirbeltieren vornehmen will, bedarf der Genehmigung durch die zuständige Behörde.

(2) Die Genehmigung wird wissenschaftlichen Einrichtungen erteilt und berechtigt nur Personen mit abgeschlossener wissenschaftlicher Fachausbildung, die in der Einrichtung beschäftigt sind, die genehmigten Tierversuche vorzunehmen oder vornehmen zu lassen. In der Genehmigung ist der verantwortliche Leiter der Versuche zu benennen.

(3) Die Genehmigung darf nur erteilt werden, wenn
   1. die Versuche zur Vorbeuge, zum Erkennen oder Heilen von Krankheiten bei Mensch oder Tier erforderlich sind,
   2. die Versuche wissenschaftlichen Zwecken dienen oder
   3. für die Versuche ein sonstiges berechtigtes Interesse nachgewiesen wird und

die angestrebten Versuchsergebnisse nicht durch andere Methoden oder Verfahren als den Tierversuch zu erreichen sind.

(4) Die Genehmigung darf ferner nur erteilt werden, wenn
   1. keine Tatsachen vorliegen, aus denen sich Bedenken gegen die Zuverlässigkeit des verantwortlichen Leiters oder gegen dessen fachliche Eignung zur Vornahme der Tierversuche ergeben,

2. die erforderlichen Anlagen, Geräte und anderen sachlichen Mittel für die Durchführung der Tierversuche vorhanden sind und
3. die ordnungsgemäße Unterbringung und Wartung der Tiere sowie ihre tierärztliche Versorgung gewährleistet sind.

Die Genehmigung kann inhaltlich beschränkt, befristet, unter Bedingungen erteilt und mit Auflagen verbunden werden. Die Genehmigung ist zurückzunehmen, wenn bei der Erteilung die Voraussetzungen nach Absatz 3 und 4 nicht mehr gegeben sind und dem Mangel nicht innerhalb einer von der zuständigen Behörde gesetzten Frist abgeholfen wird; sie kann widerrufen werden, wenn ihre Beschränkungen nicht eingehalten oder die mit ihr verbundenen Auflagen nicht erfüllt werden oder den Vorschriften des § 7 wiederholt oder grob zuwidergehandelt worden ist.

(5) Einer Genehmigung nach Absatz 1 bedürfen nicht Tierversuche für Belange der Rechtspflege sowie Impfungen und Blutentnahmen, die nach bereits erprobten oder staatlich anerkannten Verfahren vorgenommen werden und der Verhütung, Erkennung, Heilung oder Linderung von Krankheiten, Leiden, Körperschäden und körperlichen Beschwerden der Menschen oder Tiere, der Erkennung der Schwangerschaft oder Trächtigkeit oder der Gewinnung oder Prüfung (Wertbestimmung) von Seren oder Impfstoffen dienen.

§ 7

Genehmigte Tierversuche sind von dem verantwortlichen Leiter zu überwachen. Bei der Durchführung der Tierversuche sind folgende Vorschriften zu beachten:
1. Die Versuche sind auf das unerläßliche Maß zu beschränken.
2. Versuche zu Lehrzwecken sind nur dann erlaubt, wenn andere Lehrmittel, insbesondere Bild, Modell, Präparat und Film nicht ausreichen.
3. Versuche an Pferden, Schweinen, Hunden, Katzen, Kaninchen oder Affen sind nur dann erlaubt, wenn Versuche an anderen warmblütigen Tieren für den verfolgten Zweck nicht ausreichen. Dies gilt entsprechend für Verwendung kaltblütiger Tiere anstelle warmblütiger Tiere.
4. Jedes für den verfolgten Zweck entbehrliche Verursachen von Schmerz, Leiden, Qualen oder Schaden ist zu vermeiden.
5. Die Versuche dürfen nur unter Betäubung vorgenommen werden, es sei denn, der Zweck des Versuchs schließt nach dem Urteil des verantwortlichen Leiters eine Betäubung aus oder der mit dem Eingriff verbundene Schmerz ist geringfügiger als die mit einer Betäubung verbundene Beeinträchtigung des Wohlbefindens des Versuchstieres. An einem unbetäubten Tier darf nur ein schmerzhafter Eingriff oder eine schmerzhafte unblutige Behandlung durchgeführt werden.

(2) Die wissenschaftlichen Einrichtungen, die eine Genehmigung nach § 6 Abs. 2 erhalten haben, müssen Aufzeichnungen über die einzelnen Tierversuche machen. Die Aufzeichnungen müssen für jeden Versuch den mit diesem verfolgten wissenschaftlichen Zweck, die Zahl und Bezeichnung der verwendeten Tiere, die Art und Ausführung des Versuchs, die Gründe eines zu Lehrzwecken vorgenommenen Versuchs oder eines Versuchs an Pferden, Schweinen, Hunden, Katzen, Kaninchen oder Affen angeben. Die Aufzeichnungen sind von demjenigen, der den Versuch durchgeführt hat, und von dem verantwortlichen Leiter zu unterzeichnen; sie sind drei Jahre aufzube-

wahren und der für die Genehmigung zuständigen Behörde auf Verlangen zur Einsichtnahme auszuhändigen.

(3) Sind die zu Versuchen verwendeten Tiere von einem Dritten erworben worden, so sind in den Aufzeichnungen nach Absatz 2 zusätzlich Name und Anschrift des Dritten anzugeben.

§ 8

(1) Der Bundesminister für Ernährung, Landwirtschaft und Forsten (Bundesminister) wird ermächtigt, durch Rechtsverordnung mit Zustimmung des Bundesrates zum Schutze der Tiere Vorschriften über deren Haltung und deren Unterbringung zu erlassen. Die Rechtsverordnung kann insbesondere Vorschriften enthalten über
1. Art und Umfang einer Beschränkung des natürlichen Bewegungs- oder Gemeinschaftstriebes eines Tieres,
2. Beschaffenheit von Räumen, Käfigen und anderen Behältnissen zur Unterbringung von Tieren sowie Gehegen,
3. Anforderungen über Lichtverhältnisse, Lufttemperatur, Luftbewegung sowie Frischluftzufuhr bei der Unterbringung von Tieren,
4. Wartung und Pflege sowie Überwachung von Tieren durch den Tierhalter oder Betreuer.

(2) Der Bundesminister wird ferner ermächtigt, durch Rechtsverordnung mit Zustimmung des Bundesrates zum Schutze der Tiere Vorschriften über deren Beförderung durch Eisenbahn sowie im Straßen-, Schiffs- oder Luftverkehr zu erlassen, insbesondere hinsichtlich der Beschaffenheit und Ausstattung der Transportmittel, der Verladedichte, der Versorgung und Betreuung.

§ 9

(1) Wer mit Tieren, ausgenommen landwirtschaftliche Nutztiere, handelt, hat der zuständigen Behörde vor Aufnahme des Handelsbetriebes nachzuweisen, daß er für die Haltung und Pflege der Tiere erforderliche Zuverlässigkeit und Sachkunde besitzt. Satz 1 gilt nicht für Züchter, soweit diese eingetragenen Züchtervereinigungen angehören und im Rahmen der Zweckbestimmung der Vereinigung Tiere halten und züchten.

(2) Absatz 1 Satz 1 gilt auch für Tierhalter, die Tiere gewerbsmäßig zur Schau stellen.

§ 10

(1) Soweit es zur Durchführung und Überwachung der Vorschriften dieses Gesetzes erforderlich ist, kann die zuständige Behörde von natürlichen oder juristischen Personen und nicht-rechtsfähigen Personenvereinigungen die erforderlichen Auskünfte verlangen.

(2) Personen, die von der zuständigen Behörde beauftragt sind, dürfen im Rahmen des Absatzes 1 Grundstücke, Geschäftsräume, Wirtschaftsgebäude sowie Wohnräume, in denen Tiere gehalten werden, betreten. Der Auskunftspflichtige hat die Maßnahmen nach Satz 1 zu dulden. Das Grundrecht der Unverletzlichkeit der Wohnung (Artikel 13 des Grundgesetzes) wird insoweit eingeschränkt.

(3) Der zur Erteilung einer Auskunft Verpflichtete kann die Auskunft auf solche Fragen verweigern, deren Beantwortung ihn selbst oder einen der in § 383 Abs. 1 Nr. 1 bis 3 der Zivilprozeßordnung bezeichneten Angehörigen der Gefahr strafrechtlicher Verfolgung oder eines Verfahrens nach dem Gesetz über Ordnungswidrigkeiten aussetzen würde.

§ 11
Die Durchführung der Vorschriften dieses Gesetzes und der auf Grund dieses Gesetzes erlassenen Rechtsvorschriften obliegt für Tiere, die sich im Besitz der Bundeswehr befinden, den zuständigen Dienststellen der Bundeswehr.

§ 12 / § 13 (Strafvorschriften)
- Straftatbestände – Ordnungswidrigkeiten -

§ 14 (Einziehung von Tieren)

§ 15
(1) Wird jemand wegen einer in § 12 mit Strafe bedrohten Handlung verurteilt, oder nur deshalb nicht verurteilt, weil seine Schuldunfähigkeit erwiesen oder nicht auszuschließen ist, so kann ihm das Gericht das Halten von Tieren jeder oder einer bestimmten Art für die Dauer von einem Jahr bis zu fünf Jahren oder für immer verbieten, wenn die Gefahr besteht, daß er erhebliche mit Strafe bedrohte Handlungen nach § 12 begehen wird.

(2) Das Verbot wird mit der Rechtskraft des Urteils wirksam. In die Verbotsfrist wird die Zeit, in welcher der Täter in einer Anstalt verwahrt wird, nicht eingerechnet. Ergibt sich nach der Anordnung des Verbots Grund zu der Annahme, daß die Gefahr, der Täter werde erhebliche mit Strafe bedrohte Handlungen der in Absatz 1 bezeichneten Art begehen, nicht mehr besteht, so kann das Gericht das Verbot aufheben, wenn es mindestens sechs Monate gedauert hat.

(3) Wer ein Tier hält, obwohl ihm dies strafgerichtlich verboten ist, wird mit Gefängnis bis zu einem Jahr und mit Geldstrafe oder mit einer dieser Strafen bestraft.

§ 16
Wer bei Inkrafttreten dieses Gesetzes mit Tieren handelt (§ 9 Abs. 1 Satz 1) oder Tiere zur Schau stellt (§ 9 Abs. 2), hat den Nachweis über Zuverlässigkeit und Sachkunde innerhalb eines Jahres nach Inkrafttreten des Gesetzes zu erbringen.

§ 17 (Berlinklausel)

§ 18
Dieses Gesetz tritt am ..... in Kraft. Gleichzeitig treten außer Kraft:
1. das Tierschutzgesetz vom 24. November 1933 (RGBl. I S. 987)
2. ....

7. Entwurf eines Tierschutzgesetzes vom 07. Juni 1971 (BR-Ds. 278/71)

Der Bundestag hat mit Zustimmung des Bundesrates das folgende Gesetz beschlossen:

Erster Abschnitt – Grundsatz

§ 1
Dieses Gesetz dient dem Schutz des Lebens und Wohlbefindens des Tieres. Niemand soll einem Tier ohne vernünftigen Grund Schmerzen, Leiden oder Schäden zufügen.

Zweiter Abschnitt – Tierhaltung

§ 2
(1) Wer ein Tier hält oder zu betreuen hat,
  1. muß dem Tier angemessene artgemäße Nahrung und Pflege sowie eine verhaltensgerechte Unterbringung gewähren,
  2. darf das artgemäße Bewegungsbedürfnis eines Tieres nicht dauernd und nicht so einschränken, daß dem Tier vermeidbare Schmerzen, Leiden oder Schäden zugefügt werden.

(2) Die zuständige Behörde ist befugt, im Einzelfall Maßnahmen anzuordnen, die zur Erfüllung der in Absatz 1 genannten Anforderungen erforderlich sind.

(3) Tiere, die nach dem Gutachten des beamteten Tierarztes in Haltung, Pflege oder Unterbringung erheblich vernachlässigt sind, können von der zuständigen Behörde dem Halter fortgenommen und so lange auf dessen Kosten anderweitig pfleglich untergebracht werden, bis eine ordnungsgemäße Haltung, Pflege oder Unterbringung der Tiere durch den Halter gewährleistet ist.

§ 3
Es ist verboten,
1. einem Tier außer in Notfällen Leistungen abzuverlangen, denen es wegen seines Zustandes offensichtlich nicht gewachsen ist oder die offensichtlich seine Kräfte übersteigen,
2. ein gebrechliches, krankes, abgetriebenes oder altes, im Haus, Betrieb oder sonst in Obhut des Menschen gehaltenes Tier, für das ein Weiterleben mit nicht behebbaren Schmerzen oder Leiden verbunden ist, zu einem anderen Zweck als zur unverzüglichen Tötung zu veräußern oder zu erwerben; dies gilt nicht für die unmittelbare Abgabe von Tieren an Personen oder Einrichtungen, denen eine Genehmigung nach § 8 erteilt worden ist,
3. ein im Haus, Betrieb oder sonst in Obhut des Menschen gehaltenes Tier auszusetzen oder es zurückzulassen, um sich seiner zu entledigen,
4. ein Tier zu einer Abrichtung, Filmaufnahme, Schaustellung, Werbung oder zu einer ähnlichen Veranstaltung heranzuziehen, sofern damit offensichtlich erhebliche Schmerzen, Leiden oder Schäden für das Tier verbunden sind; dies gilt nicht, soweit Schmerzen bei sachkundiger Abrichtung von Gebrauchshunden sowie anderer Tiere, die zur waidgerechten Jagdausübung benötigt werden, unvermeidbar sind,
5. ein Tier an einem anderen lebenden Tier auf Schärfe abzurichten oder zu prüfen,

6. ein Tier auf ein anderes Tier zu hetzen, soweit dies nicht die Grundsätze waidgerechter Jagdausübung erfordern,
7. einem Tier durch Anwendung von Zwang Futter einzuverleiben, sofern dies nicht aus gesundheitlichen Gründen erforderlich ist,
8. einem Tier Futter darzureichen, das dem Tier offensichtlich Schmerzen, Leiden oder Schäden bereitet.

Dritter Abschnitt – Töten von Tieren

§ 4

(1) Ein Wirbeltier darf nur unter Betäubung oder sonst unter Vermeidung von Schmerzen getötet werden. Satz 1 gilt nicht, sofern in anderen Rechtsvorschriften die Tötung oder Tötungsart geregelt ist oder die Tötung im Rahmen zulässiger Schädlingsbekämpfungsmaßnahmen vorgenommen wird. Ein Wirbeltier töten darf nur, wer die dazu notwendigen Kenntnisse und Fähigkeiten hat.

(2) Der Bundesminister für Ernährung, Landwirtschaft und Forsten (Bundesminister) wird ermächtigt, durch Rechtsverordnung mit Zustimmung des Bundesrates bestimmte Tötungsarten zu verbieten, zuzulassen oder vorzuschreiben, um sicherzustellen, daß den Tieren nicht mehr als unvermeidbare Schmerzen zugefügt werden.

Vierter Abschnitt – Eingriffe an Tieren

§ 5

(1) An einem Wirbeltier darf ohne Betäubung ein mit Schmerzen verbundener Eingriff nicht vorgenommen werden. Die Betäubung eines warmblütigen Wirbeltieres ist von einem Tierarzt vorzunehmen. Für die Betäubung mit Betäubungspatronen kann die zuständige Behörde Ausnahmen von Satz 2 zulassen, sofern ein berechtigter Grund nachgewiesen wird.

(2) Eine Betäubung ist nicht erforderlich,
   1. wenn bei vergleichbaren Eingriffen am Menschen eine Betäubung in der Regel unterbleibt,
   2. wenn die Betäubung im Einzelfall nach tierärztlichem Urteil nicht durchführbar erscheint.

(3) Eine Betäubung ist ferner nicht erforderlich
   1. für das Kastrieren von unter zwei Monate alten männlichen Rindern und Schweinen und von nicht geschlechtsreifen männlichen Ziegen, Schafen und Kaninchen, sofern kein von der normalen anatomischen Beschaffenheit abweichender Befund vorliegt,
   2. für das Enthornen von unter vier Monate alten Rindern sowie für das Enthornen von Rindern bis zu einem Alter von zwei Jahren mittels elastischer Ringe,
   3. für das Kürzen des Schwanzes von unter vier Tagen alten Ferkeln sowie von unter acht Tagen alten Lämmern,
   4. für das Kürzen der Rute von unter acht Tage alten Welpen, wenn diese Hunde nach den Grundsätzen waidgerechter Jagdausübung bei der Jagd verwendet werden sollen,
   5. für das Kürzen von Hornteilen des Schnabels beim Geflügel.

(4) Der Bundesminister wird ermächtigt, durch Rechtsverordnung mit Zustimmung des Bundesrates Verfahren und Methoden zur Durchführung von Maßnahmen nach Absatz 3 vorzuschreiben, zuzulassen oder zu verbieten, soweit dies zum Schutz der Tiere erforderlich ist.

§ 6
Verboten ist die vollständige oder teilweise Amputation von Körperteilen eines Wirbeltieres, soweit diese nicht nach anderen Rechtsvorschriften vorgeschrieben ist. Das Verbot gilt nicht,
1. wenn der Eingriff im Einzelfall nach tierärztlicher Indikation geboten ist,
2. wenn der Nutzungszweck des Tieres den Eingriff erforderlich macht und dem Eingriff tierärztliche Bedenken im Einzelfall nicht entgegenstehen oder ein Fall des § 5 Abs. 3 vorliegt oder
3. bei Tierversuchen im Rahmen eines nach diesem Gesetz genehmigten Versuchsvorhabens.

Eingriffe nach Satz 2 sind durch einen Tierarzt vorzunehmen; in den Fällen der Nummer 3 und des § 5 Abs. 3 können sie auch von anderen Personen vorgenommen werden, die die dazu notwendigen Kenntnisse und Fähigkeiten haben.

Fünfter Abschnitt – Tierversuche

§ 7
Wer an Tieren zu Versuchszwecken Eingriffe oder Behandlungen, die mit Schmerzen, Leiden oder Schäden verbunden sein können, vornehmen will, hat dies vor Beginn der Versuche der zuständigen Behörde anzuzeigen.

§ 8
(1) Wer an Wirbeltieren zu Versuchszwecken Eingriffe oder Behandlungen, die mit Schmerzen, Leiden oder Schäden verbunden sein können, vornehmen will, bedarf der Genehmigung des Versuchsvorhabens durch die zuständige Behörde. Die Genehmigung darf nur Einrichtungen von wissenschaftlichen Hochschulen sowie anderen Einrichtungen und Personen, die Forschung betreiben, erteilt werden. In der Genehmigung sind der Leiter des Versuchsvorhabens und sein Stellvertreter zu benennen.

(2) Tierversuche mit operativen Eingriffen dürfen nur von Personen mit abgeschlossener Hochschulbildung der Veterinärmedizin oder der Medizin, die die erforderlichen Fachkenntnisse haben, sonstige Tierversuche nur von Personen mit abgeschlossener naturwissenschaftlicher Hochschulbildung, die die erforderlichen Fachkenntnisse haben, durchgeführt werden. Die zuständige Behörde kann in besonders begründeten Fällen für Tierversuche mit operativen Eingriffen Ausnahmen von Satz 1 mit der Maßgabe zulassen, daß Personen, die diese Eingriffe vornehmen, die erforderlichen Fachkenntnisse haben und daß die Eingriffe nur unter Aufsicht eines in Satz 1 bezeichneten Tierarztes oder Arztes durchgeführt werden. Die Personen, die die Versuche durchführen, müssen, wenn die Genehmigung einer Einrichtung erteilt ist, bei der Einrichtung beschäftigt sein.

(3) Wechselt der Leiter eines Versuchsvorhabens oder sein Stellvertreter, so ist dies von dem Inhaber der Genehmigung der zuständigen Behörde anzuzeigen. In diesem Falle

gilt die Genehmigung weiter, wenn die zuständige Behörde sie nicht innerhalb eines Monats widerruft.

(4) Die Genehmigung darf nur erteilt werden, wenn
1. dargelegt wird, daß die angestrebten Versuchsergebnisse nicht durch andere zumutbare Methoden oder Verfahren als den Tierversuch zu erreichen sind und
    a) die Versuche zur Vorbeuge, zum Erkennen oder Heilen von Krankheiten bei Mensch oder Tier erforderlich sind,
    b) die Versuche wissenschaftlichen Zwecken dienen oder
    c) für die Versuche ein sonstiges berechtigtes Interesse nachgewiesen wird,
2. keine Tatsachen vorliegen, aus denen sich Bedenken gegen die Zuverlässigkeit des verantwortlichen Leiters des Versuchsvorhabens oder seines Stellvertreters, insbesondere hinsichtlich der Überwachung der Tierversuche ergeben,
3. die erforderlichen Anlagen, Geräte und anderen sachlichen Mittel sowie die personellen Voraussetzungen für die Durchführung der Tierversuche vorhanden sind und
4. die ordnungsgemäße Unterbringung und Wartung der Tiere sowie ihre medizinische Versorgung gewährleistet sind.

(5) Die Genehmigung kann inhaltlich beschränkt, befristet, unter Bedingungen erteilt und mit Auflagen verbunden werden. Die Genehmigung ist zurückzunehmen, wenn bei der Erteilung die Voraussetzungen nach Absatz 4 nicht gegeben waren. Sie ist zu widerrufen, wenn die Voraussetzungen nach Absatz 4 nicht mehr gegeben sind und dem Mangel nicht innerhalb einer von der zuständigen Behörde gesetzten Frist abgeholfen wird; sie kann widerrufen werden, wenn ihre Beschränkungen nicht eingehalten oder eine der mit ihr verbundenen Auflagen nicht erfüllt wird oder den Vorschriften des § 9 wiederholt oder grob zuwidergehandelt worden ist.

(6) Der Genehmigung bedürfen nicht
1. Tierversuche, die auf Grund gesetzlicher Vorschriften oder richterlicher Anordnung durchzuführen sind oder
2. Impfungen, Blutentnahmen und sonstige Maßnahmen diagnostischer Art an lebenden Tieren, wenn sie nach bereits erprobten oder staatlich anerkannten Verfahren vorgenommen werden und der Verhütung, Erkennung, Heilung oder Linderung von Krankheiten, Leiden, Körperschäden oder körperlichen Beschwerden der Menschen oder Tiere, der Erkennung der Schwangerschaft oder Trächtigkeit oder der Gewinnung oder Prüfung von Seren oder Impfstoffen dienen.

§ 9

(1) Für die Durchführung von Tierversuchen gilt folgendes:
1. Die Versuche sind auf das unerläßliche Maß zu beschränken.
2. Versuche an Wirbeltieren, die nach zoologischer Systematik den höheren Tieren zugerechnet werden, sind nur dann erlaubt, wenn Versuche an niederen Wirbeltieren für den verfolgten Zweck nicht ausreichen. Warmblütige Tiere sollen nur dann Verwendung finden, wenn Versuche an kaltblütigen Tieren für den verfolgten Zweck nicht ausreichen.
3. Schmerzen, Leiden oder Schäden dürfen einem Tier nur zugefügt werden, soweit sie für den verfolgten Zweck unvermeidlich sind.

4. Die Versuche dürfen nur unter Betäubung vorgenommen werden, es sei denn, der Zweck des Versuchs schließt nach dem Urteil des Leiters des Versuchsvorhabens eine Betäubung aus oder der mit dem Eingriff verbundene Schmerz ist geringfügiger als die mit einer Betäubung verbundene Beeinträchtigung des Befindens des Versuchstieres. Abweichend von § 5 Abs. 1 Satz 2 kann die Betäubung auch von den in § 8 Abs. 2 Satz 1 bezeichneten Personen oder unter ihrer Aufsicht vorgenommen werden. An einem unbetäubten Tier darf nur einmal ein schmerzhafter Eingriff oder eine schmerzhafte unblutige Behandlung durchgeführt werden, es sei denn, daß ein weiterer schmerzhafter Eingriff oder eine weitere schmerzhafte unblutige Behandlung für den verfolgten Zweck unerläßlich ist.
5. Wird bei einem betäubten Wirbeltier ein schwerer operativer Eingriff vorgenommen, so darf dieses Tier für ein anderes Versuchsvorhaben nicht mehr verwendet werden.
6. Nach Abschluß eines Versuchs ist jedes hierbei verwendete überlebende Tier der Gattung Einhufer, Paarhufer, Affe, Halbaffe, Hund, Katze oder Kaninchen unverzüglich einem Tierarzt zur Untersuchung vorzustellen. Ist nach dem Urteil des Tierarztes ein Weiterleben des Tieres nur unter Leiden möglich, muß das Tier unverzüglich schmerzlos getötet werden. Tiere anderer Gattungen sind gleichfalls zu töten, wenn dies nach dem Urteil der Person, die den Versuch durchgeführt hat, erforderlich ist.

Für die Einhaltung der Vorschriften nach Nummern 1 bis 6 ist der Leiter des Versuchsvorhabens oder sein Stellvertreter verantwortlich. Die zuständige Behörde hat die Einhaltung dieser Vorschriften zu überwachen.

(2) Über Versuche an Tieren sind Aufzeichnungen zu machen. Die Aufzeichnungen müssen für jedes Versuchsvorhaben den mit diesem verfolgten Zweck, insbesondere die Gründe für nach Absatz 1 Nr. 2 erlaubte Versuche an höheren Tieren, sowie die Zahl und Bezeichnung der verwendeten Tiere und die Art und Ausführung der Versuche angeben. Die Aufzeichnungen sind von den Personen, die die Versuche durchgeführt haben, und von dem Leiter des Versuchsvorhabens zu unterzeichnen; die Aufzeichnungen sind drei Jahre lang nach Abschluß des Versuchsvorhabens aufzubewahren und der zuständigen Behörde auf Verlangen zur Einsichtnahme auszuhändigen, sofern die zuständige Behörde sich nicht mit einer kürzeren Aufbewahrungsfrist einverstanden erklärt hat.

(3) Werden Hunde oder Katzen zu Versuchszwecken erworben, so sind in den Aufzeichnungen nach Absatz 2 zusätzlich Name und Anschrift des Vorbesitzers anzugeben.

(4) Für Tierversuche nach § 8 Abs. 6 gelten die Absätze 1 bis 3 entsprechend.

Sechster Abschnitt – Eingriffe zu Ausbildungszwecken

§ 10

(1) § 5 Abs. 1 Satz 2 und die §§ 6 bis 8 sind nicht anzuwenden bei Eingriffen oder Behandlungen, die mit Schmerzen, Leiden oder Schäden verbunden sind und an Tieren im Rahmen
1. einer Ausbildung oder Fortbildung an einer wissenschaftlichen Hochschule oder einer staatlichen wissenschaftlichen Einrichtung oder

2. einer Ausbildung für veterinärmedizinische oder medizinische Heilhilfsberufe oder für naturwissenschaftliche Hilfsberufe

vorgenommen werden.

(2) Eingriffe oder Behandlungen nach Absatz 1 müssen unter Aufsicht eines verantwortlichen Leiters durchgeführt werden. Dieser muß die erforderlichen Fachkenntnisse haben und bei operativen Eingriffen über eine abgeschlossene Hochschulbildung der Veterinärmedizin oder der Medizin, bei sonstigen Eingriffen oder Behandlungen über eine angeschlossene naturwissenschaftliche Hochschulbildung verfügen. Soweit Eingriffe oder Behandlungen nicht Versuche sind, gilt § 9 entsprechend.

Siebenter Abschnitt – Tierhandel

§ 11

(1) Wer gewerbsmäßig mit Tieren handelt, hat dies bei Beginn der Tätigkeit der zuständigen Behörde anzuzeigen. Dies gilt nicht für Personen, die mit landwirtschaftlichen Nutztieren aus dem eigenen Betrieb handeln, sowie für Züchter, die eingetragenen Züchtervereinen angehören und ausschließlich im Rahmen der Zweckbestimmung des Vereins Tiere halten, züchten und handeln.

(2) Absatz 1 Satz 1 gilt auch für Personen, die gewerbsmäßig

1. einen Reitstall unterhalten,
2. Tiere zur Schau stellen. Üben diese Personen die Tätigkeit als Reisegewerbe aus, so ist die Anzeige der für den jeweiligen Ort der Gewerbeausübung zuständigen Behörde zu erstatten.

(3) Wer bei Inkrafttreten dieses Gesetzes gewerbsmäßig

1. mit Tieren handelt, ausgenommen in den Fällen des Absatzes 1 Satz 2,
2. einen Reitstall unterhält oder
3. Tiere zur Schau stellt,

hat dies innerhalb eines Jahres nach Inkrafttreten dieses Gesetzes der zuständigen Behörde anzuzeigen.

Achter Abschnitt – Verbringungs-, Verkehrs- und Haltungsverbot

§ 12

Wirbeltiere, an denen Schäden feststellbar sind, von denen anzunehmen ist, daß sie den Tieren durch tierschutzwidrige Handlungen zugefügt worden sind, dürfen nicht in den Geltungsbereich dieses Gesetzes verbracht oder im Geltungsbereich dieses Gesetzes gewerbsmäßig in den Verkehr gebracht oder gewerbsmäßig gehalten werden, wenn das Weiterleben der Tiere infolge der Schäden nur unter Leiden möglich ist. Dieses Verbot steht der zollamtlichen Abfertigung nicht entgegen.

Neunter Abschnitt – Ermächtigungen, Mitwirkung von Zolldienststellen

§ 13

(1) Der Bundesminister wird ermächtigt, durch Rechtsverordnung mit Zustimmung des Bundesrates, soweit dies zum Schutz der Tiere erforderlich ist, Vorschriften über de-

ren Haltung, Pflege und Unterbringung zu erlassen. Die Rechtsverordnung kann insbesondere Vorschriften enthalten über

1. Art und Umfang einer Beschränkung der natürlichen Bewegungs- oder Gemeinschaftsbedürfnisse von Tieren,
2. Anforderungen an Räume, Käfige, andere Behältnisse oder sonstige Einrichtungen zur Unterbringung von Tieren sowie an die Beschaffenheit von Anbinde- und Fütterungsvorrichtungen,
3. Anforderungen an Lichtverhältnisse, Lufttemperatur, Luftfeuchte, Luftbewegung sowie Frischluftzufuhr bei der Unterbringung von Tieren,
4. Wartung und Pflege sowie Überwachung von Tieren durch den Tierhalter oder Betreuer.

(2) Der Bundesminister wird ermächtigt, durch Rechtsverordnung mit Zustimmung des Bundesrates zum Schutz des Wildes Maßnahmen anzuordnen, die das Wild vor vermeidbaren Schmerzen oder Schäden durch land- oder forstwirtschaftliche Arbeiten schützen.

(3) Der Bundesminister wird ermächtigt, im Einvernehmen mit dem Bundesminister für Verkehr durch Rechtsverordnung mit Zustimmung des Bundesrates Vorschriften, insbesondere über die Verladung, Entladung, Unterbringung, Versorgung und Betreuung der Tiere zu erlassen, soweit dies dem Schutz der Tiere bei der Beförderung im Straßen-, Schienen-, Schiffs- und Luftverkehr erforderlich ist.

§ 14

(1) Der Bundesminister für Wirtschaft und Finanzen und die von ihm bestimmten Zolldienststellen wirken bei der Überwachung des Verbringens von Tieren in den Geltungsbereich dieses Gesetzes mit. Für das Gebiet des Freihafens Hamburg kann der Bundesminister für Wirtschaft und Finanzen diese Aufgabe durch Vereinbarung mit dem Senat der Freien und Hansestadt Hamburg dem Freihafenamt übertragen. § 14 Abs. 2 des Finanzverwaltungsgesetzes in der Fassung des Finanzanpassungsgesetzes vom ... (BGBl. I S. ...) gilt entsprechend. Die genannten Behörden können

1. Tiere sowie deren Beförderungsmittel, Behälter, Lade- und Verpackungsmittel bei dem Verbringen in den Geltungsbereich dieses Gesetzes zur Überwachung anhalten,
2. den Verdacht von Verstößen gegen Verbote und Beschränkungen dieses Gesetzes oder der nach diesem Gesetz erlassenen Rechtsverordnungen, der sich bei der Abfertigung ergibt, den zuständigen Behörden mitteilen,
3. in den Fällen der Nummer 2 anordnen, daß die Tiere auf Kosten und Gefahr des Verfügungsberechtigten der zuständigen Behörde vorgeführt werden.

(2) Der Bundesminister für Wirtschaft uns Finanzen regelt im Einvernehmen mit dem Bundesminister durch Rechtsverordnung ohne Zustimmung des Bundesrates die Einzelheiten des Verfahrens nach Absatz 1. Er kann dabei insbesondere Pflichten zu Anzeigen, Anmeldungen, Auskünften und zur Leistung von Hilfsdiensten sowie zur Duldung der Einsichtnahme in Geschäftspapiere und sonstige Unterlagen und zur Duldung von Besichtigungen vorsehen.

Zehnter Abschnitt – Durchführung des Gesetzes

§ 15

(1) Die Durchführung dieses Gesetzes obliegt den nach Landesrecht zuständigen Behörden.

(2) Die zuständigen Behörden sollen im Rahmen der Durchführung dieses Gesetzes oder der auf Grund dieses Gesetzes erlassenen Rechtsverordnungen den beamteten Tierarzt als Sachverständigen beteiligen.

(3) Die Durchführung dieses Gesetzes obliegt für Tiere, die sich im Besitz der Bundeswehr befinden, den zuständigen Dienststellen der Bundeswehr.

§ 16

(1) Die zuständigen Behörden können zur Durchführung der ihnen durch dieses Gesetz oder auf Grund dieses Gesetzes übertragenen Aufgaben von natürlichen und juristischen Personen und nicht rechtsfähigen Personenvereinigungen die erforderlichen Auskünfte verlangen.

(2) Personen, die von der zuständigen Behörde beauftragt sind, dürfen im Rahmen des Absatzes 1 Grundstücke, Geschäftsräume, Wirtschaftsgebäude, Transportmittel und zur Verhütung dringender Gefahren für die öffentliche Sicherheit und Ordnung auch Wohnräume des Auskunftspflichtigen, in denen Tiere gehalten werden, betreten und, soweit es zur Durchführung dieses Gesetzes erforderlich ist, die geschäftlichen Unterlagen einsehen. Der Auskunftspflichtige hat die Maßnahmen nach Satz 1 zu gestatten. Das Grundrecht der Unverletzlichkeit der Wohnung (Artikel 13 des Grundgesetzes) wird insoweit eingeschränkt.

(3) Der zur Auskunft Verpflichtete kann die Auskunft auf solche Fragen verweigern, deren Beantwortung ihn selbst oder einen der in § 383 Abs. 1 Nr. 1 bis 3 der Zivilprozeßordnung bezeichneten Angehörigen der Gefahr strafgerichtlicher Verfolgung oder eines Verfahrens nach dem Gesetz über Ordnungswidrigkeiten aussetzen würde.

Elfter Abschnitt – Straf- und Bußgeldvorschriften

§ 17

Mit Freiheitsstrafe bis zu zwei Jahren oder mit Geldstrafe wird bestraft, wer
1. ein Wirbeltier ohne vernünftigen Grund tötet oder
2. einem Wirbeltier
   a) aus Roheit offensichtlich erhebliche Schmerzen oder Leiden oder
   b) länger anhaltende oder sich wiederholende offensichtlich erhebliche Schmerzen oder Leiden

   zufügt.

§ 18

(1) Ordnungswidrig handelt, wer
   1. entgegen § 4 Abs. 1 ein Wirbeltier tötet,
   2. entgegen § 8 Abs. 3 Satz 1 einen Wechsel in der Person nicht anzeigt,

3. einer nach § 8 Abs. 5 Satz 1 für einen Versuch an einem Wirbeltier festgesetzten Beschränkung oder Auflage zuwiderhandelt oder
4. die Anzeige nach § 11 Abs. 1 Satz 1 oder Abs. 2 oder 3 nicht oder nicht rechtzeitig erstattet.

(2) Ordnungswidrig handelt, wer vorsätzlich oder fahrlässig
1. einem Wirbeltier, das er hält oder zu betreuen hat, bei der Haltung, Pflege, Unterbringung oder Beförderung ohne vernünftigen Grund offensichtlich erhebliche Schmerzen, Leiden oder Schäden zufügt,
2. einer vollziehbaren Anordnung nach § 2 Abs. 2 zuwiderhandelt,
3. einem Verbot nach § 3 zuwiderhandelt,
4. an einem Wirbeltier entgegen § 5 Abs. 1 Satz 1 einen Eingriff oder entgegen § 5 Abs. 1 Satz 2 eine Betäubung vornimmt, ohne Tierarzt zu sein oder entgegen § 5 Abs. 1 Satz 3 eine Betäubung ohne Erlaubnis vornimmt,
5. dem Verbot der Amputation nach § 6 Satz 1 zuwiderhandelt oder eine zulässige Amputation entgegen § 6 Satz 3 vornimmt,
6. entgegen § 7 oder § 21 Satz 1 einen Versuch nicht anzeigt oder entgegen § 8 Abs. 1 ein Versuchsvorhaben an einem Wirbeltier ohne Genehmigung vornimmt,
7. entgegen § 8 Abs. 2 Satz 1 Tierversuche ohne die geforderte Vorbildung oder Fachkenntnis durchführt oder von Personen durchführen läßt, die die nach § 8 Abs. 2 Satz 2 geforderte Vorbildung oder Fachkenntnis nicht haben,
8. entgegen § 9 Abs. 1 als Leiter eines Versuchsvorhabens oder als sein Stellvertreter nicht für die Einhaltung der Vorschriften des § 9 Abs.1 Nr. 1 bis 6 sorgt,
9. entgegen § 9 Abs. 2 Aufzeichnungen nicht, nicht richtig oder nicht vollständig vornimmt, nicht unterzeichnet, nicht aufbewahrt oder nicht aushändigt,
10. entgegen § 9 Abs. 3 Name oder Anschrift des Vorbesitzers nicht angibt,
11. entgegen § 10 Abs. 2 Satz 1 als verantwortlicher Leiter die Aufsicht bei Eingriffen oder Behandlungen führt, ohne die in Abs. 2 Satz 2 geforderte Vorbildung oder Fachkenntnis zu haben,
12. entgegen § 12 ein Wirbeltier in den Geltungsbereich dieses Gesetzes verbringt oder im Geltungsbereich dieses Gesetzes in den Verkehr bringt oder hält,
13. entgegen § 16 Abs. 1 eine Auskunft nicht, nicht rechtzeitig, nicht vollständig oder nicht richtig erteilt oder entgegen § 16 Abs. 2 den Zutritt zu Grundstücken, Geschäftsräumen, Wirtschaftsgebäuden, Transportmitteln oder Wohnräumen oder die Einsichtnahme in geschäftliche Unterlagen nicht gestattet,
14. einer nach § 4 Abs. 2, § 5 Abs. 4, § 13 oder § 14 Abs. 2 erlassenen Rechtsverordnung zuwiderhandelt, soweit sie für einen bestimmten Tatbestand auf diese Bußgeldvorschrift verweist oder
15. einer Vorschrift der §§ 1 bis 5 der Verordnung über das Schlachten und Aufbewahren von lebenden Fischen und anderen kaltblütigen Tieren vom 14. Januar 1936 (RGBl. I S. 13) zuwiderhandelt.

(3) Die Ordnungswidrigkeit kann mit einer Geldbuße bis zu zehntausend Deutsche Mark geahndet werden.

§ 19

Tiere, auf die sich eine Straftat nach § 17 oder eine Ordnungswidrigkeit nach § 18 bezieht, können eingezogen werden.

§ 20

(1) Wird jemand wegen einer nach § 17 rechtswidrigen Tat verurteilt oder nur deshalb nicht verurteilt, weil seine Schuldunfähigkeit erwiesen oder nicht auszuschließen ist, so kann ihm das Gericht das Halten von Tieren jeder oder einer bestimmten Art für die Dauer von einem Jahr bis zu fünf Jahren oder für immer verbieten, wenn die Gefahr besteht, daß er weiterhin eine nach § 17 rechtswidrige Tat begehen wird.

(2) Das Verbot wird mit der Rechtskraft des Urteils wirksam. In die Verbotsfrist wird die Zeit, in welcher der Täter in einer Anstalt verwahrt wird, nicht eingerechnet. Ergibt sich nach der Anordnung des Verbots Grund zu der Annahme, daß die Gefahr, der Täter werde nach § 17 rechtswidrige Taten begehen, nicht mehr besteht, so kann das Gericht das Verbot aufheben, wenn es mindestens sechs Monate gedauert hat.

(3) Wer ein Tier hält, obwohl ihm dies strafgerichtlich verboten ist, wird mit Freiheitsstrafe bis zu einem Jahr oder mit Geldstrafe bestraft.

Zwölfter Abschnitt – Übergangs- und Schlußvorschriften

§ 21

Wer bei Inkrafttreten dieses Gesetzes an Tieren zu Versuchszwecken Eingriffe oder Behandlungen vornimmt oder vornehmen läßt, die mit Schmerzen, Leiden oder Schäden verbunden sein können und für die ihm die Erlaubnis zur Vornahme wissenschaftlicher Versuche an lebenden Tieren auf Grund bisheriger geltender Rechtsvorschriften erteilt war, hat die Anzeige nach § 7 innerhalb von drei Monaten nach Inkrafttreten dieses Gesetzes zu erstatten. Über die Weitergeltung einer bisher erteilten Erlaubnis als Genehmigung nach § 8 Abs. 1 entscheidet die zuständige Behörde.

§ 22

Dieses Gesetz gilt nach Maßgabe des § 13 Abs. 1 des Dritten Überleitungsgesetzes vom 4. Januar 1952 (BGBl. I S. 1) auch im Land Berlin. Rechtsverordnungen, die auf Grund dieses Gesetzes erlassen werden, gelten im Land Berlin nach § 14 des Dritten Überleitungsgesetzes.

§ 23

Dieses Gesetz tritt am .... in Kraft. Gleichzeitig treten außer Kraft:

1. das Tierschutzgesetz vom 24. November 1933 (RGBl. I S. 987), zuletzt geändert durch das Einführungsgesetz zum Gesetz über Ordnungswidrigkeiten vom 24. Mai 1968 (BGBl. I S. 503);
2. die Erste Verordnung zur Ausführung des Tierschutzgesetzes vom 20. Juni 1934 (RGBl. I S. 516);
3. die Zweite Verordnung zur Ausführung des Tierschutzgesetzes vom 27. Juni 1936 (RGBl. I S. 539);
4. die Fünfte Verordnung zur Ausführung des Tierschutzgesetzes (Tierschutzvereine) vom 11. August 1938 (RGBl. I S. 1004);
5. § 6 der Verordnung über das Schlachten und Aufbewahren von lebenden Fischen und anderen kaltblütigen Tieren vom 14. Januar 1936 (RGBl. I S. 13).

6. das Gesetz zur Änderung des Tierschutzgesetzes vom 16. Juni 1970 (Gesetz- und Verordnungsblatt für das Land Nordrhein-Westfalen S. 437), mit Ausnahme der durch Artikel I Nr. 1 in das Tierschutzgesetz eingefügten §§ 4 a und 4 b.

8. Stellungnahme des Bundesrates vom 09. Juli 1971 zur Bundesratsdrucksache 278/71 (Beschluß)

1. Zur Präambel

Die Eingangsworte sind wie folgt zu fassen:
„Der Bundestag hat mit der Mehrheit seiner Mitglieder und mit Zustimmung des Bundesrates das folgende Gesetz beschlossen:"
Begründung: Durch das Gesetz sollen den Zolldienststellen außerhalb ihres Tätigkeitsbereichs nach Artikel 87 Abs. 1 GG neue Aufgaben übertragen werden, die über ihren bisherigen Aufgabenbereich hinausgehen und nicht nur von der Hauptstelle, sondern auch von ihrem Verwaltungsunterbau wahrzunehmen sind. Die Übertragung dieser Aufgaben ist daher nur unter den Voraussetzungen des Artikel 87 Abs. 3 Satz 2 GG zulässig. Die Eingangsworte sind entsprechend dieser Vorschrift zu fassen.

2. Zu § 2

In Absatz 1 ist nach dem Wort „hält" das Wort „betreut" einzufügen.
Begründung: Durch die Neufassung werden auch die Fälle erfaßt, in denen ein Tier weder gehalten wird noch aufgrund abgeleiteter Rechtspflicht zu betreuen ist.

3. Zu § 3

a) Nummer 4 zweiter Halbsatz ist wie folgt zu fassen: „dies gilt nicht, soweit derartige Schmerzen bei sachkundiger Abrichtung von Tieren, die zur waidgerechten Jagdausübung benötigt werden, sowie von Dienst- und Gebrauchshunden unvermeidbar sind."
Begründung: Die vorgesehene Ausnahme muß auch auf Diensthunde der Polizei und anderer Verwaltungen sowie auf Tiere, die entsprechend ausgebildet werden, ausgedehnt werden.
b) In Nummer 8 ist nach dem Wort „offensichtlich" das Wort „erhebliche" einzufügen.
Begründung: Notwendige Klarstellung.

4. Zu § 4

a) Absatz 1 Satz 1 ist wie folgt zu fassen: „Ein Wirbeltier darf nur unter Betäubung oder sonst, soweit nach den gegebenen Umständen zumutbar, nur unter Vermeidung von Schmerzen getötet werden."
Begründung: Notwendige Klarstellung.
b) Absatz 1 Satz 2 ist wie folgt zu fassen: „Ist die Tötung eines Wirbeltieres ohne Betäubung im Rahmen waidgerechter Ausübung der Jagd oder auf Grund anderer Rechtsvorschriften zugelassen oder erfolgt sie im Rahmen zulässiger Schädlingsbekämpfungsmaßnahmen, so darf die Tötung nur vorgenommen werden, wenn hierbei nicht mehr als unvermeidbare Schmerzen entstehen."

Begründung: § 4 Abs. 1 Satz 2 regelt Ausnahmen von Satz 1 im Hinblick auf die Tötungsvorschriften in anderen Rechtsbereichen (z. B. Jagdrecht, Schlachtrecht, Viehseuchenrecht). Mit der Neufassung soll sichergestellt werden, daß auch diese Tötungen unter Wahrung der Forderungen des Tierschutzes (Vermeidung von Schmerzen oder Leiden) vorgenommen werden dürfen.

5. Zu §§ 7 und 8 Abs. 1

a) § 7 ist wie folgt zu fassen: Wer zu Versuchszwecken Tiere für Eingriffe oder Behandlungen, die mit Schmerzen, Leiden oder Schäden verbunden sein können, verwenden will, hat dies vor Beginn der Versuche der zuständigen Behörde anzuzeigen."

b) § 8 Abs. 1 Satz 1 ist wie folgt zu fassen: „Wer zu Versuchszwecken Wirbeltiere für Eingriffe oder Behandlungen verwenden will, die mit Schmerzen, Leiden oder Schäden verbunden sein können, bedarf der Genehmigung des Versuchsvorhabens durch die zuständige Behörde."

Begründung: Es muß sichergestellt werden, daß die Anzeigepflicht nach § 7 und die Genehmigungspflicht nach § 8 Abs. 1 Satz 1 nicht nur für Versuche gelten, die durch unmittelbare Eingriffe oder Behandlungen an (Wirbel-) Tieren vorgenommen werden, sondern auch für Behandlungsweisen, in denen ohne physische Eingriffe lediglich auf die Psyche der Tiere eingewirkt wird (psychologische Teste).

6. Zu § 8

a) In Absatz 3 Satz 2 sind nach den Worten „eines Monats" die Worte „nach Eingang der Anzeige" einzufügen.

Begründung: Klarstellung, daß die Zeit nicht von der Absendung der Anzeige rechnet und dadurch die Entscheidung der zuständigen Behörde nicht über Gebühr zeitlich eingeschränkt wird, zumal wenn die Nachprüfungen im Sinne des § 8 Abs. 5 erforderlich werden.

b) In Absatz 4 Nr. 1 sind die Buchstaben a und b wie folgt zu fassen:

„a) die Versuche zur Vorbeuge, zum Erkennen oder Heilen von Krankheiten bei Mensch oder
Tier erforderlich sind oder

b) die Versuche sonst wissenschaftlichen Zwecken dienen,"

und Buchstabe c zu streichen.

Begründung: Ein „sonstiges berechtigtes Interesse" soll nicht eingeräumt werden, weil sonst unter Umgehung der Einschränkungen der Buchstaben a und b die Möglichkeit geschaffen wird, für jeden sonstigen Zweck Tierversuche durchzuführen. Im übrigen wird in der Begründung zu § 8 das berechtigte Anliegen der Öffentlichkeit hervorgehoben, das Ausmaß der Versuche an Tieren so gering wie möglich zu halten.

7. Zu § 9

a) In Absatz 1 Nr. 6 ist nach Satz 1 folgender Satz einzufügen: „Dies gilt nicht, wenn der Versuch offensichtlich keine Schmerzen, Leiden oder Schäden eines Tieres zur Folge hat."

Begründung: Viele Routineversuche verlaufen ohne Reaktion beim Tier. In diesem Falle ist das Urteil eines Tierarztes nicht erforderlich.

b) In Absatz 4 ist folgender Satz anzufügen: „Darüber hinaus dürfen die Maßnahmen nur von Personen vorgenommen werden, die die dazu notwendigen Kenntnisse und Fähigkeiten haben."

Begründung: Die genannten Maßnahmen setzen praktische Kenntnisse und Erfahrungen – auch bei Impfungen und Blutentnahmen – voraus. Durch die Erweiterung der Vorschrift wird z. B. auch erreicht, daß Impfungen und Blutentnahmen bei Tieren von geschultem Personal durchgeführt werden; dadurch werden unnötige Schmerzen und Schäden bei den Tieren vermieden.

8. Zu § 10

a) In Absatz 1 ist das Zitat „§§ 6 bis 8“ durch das Zitat „§§ 6 und 8“ zu ersetzen und folgender Satz anzufügen: „In diesen Fällen gilt § 7 entsprechend.“
   Begründung: Über die Regelung des Absatzes 2 wird eine Überwachungsverpflichtung der zuständigen Behörde nach § 9 Abs. 1 letzter Satz begründet. Die Überwachung setzt eine Anzeigepflicht nach § 7 voraus, die durch die vorgeschlagene Änderung herbeigeführt wird.
b) In Absatz 1 Nr. 2 sind die Worte „veterinärmedizinische oder medizinische“ zu streichen.
   Begründung: Die Ausnahmevorschrift muß auch für die Ausbildung der pharmazeutisch-technischen Assistenten gelten.

9. Zu § 11

In Absatz 2 Nr. 1 und Absatz 3 Nr. 2 ist das Wort „Reitstall“ jeweils durch die Worte „Reit- oder Fahrbetrieb“ zu ersetzen.
Begründung: Pferde, die zum Fahren vermietet werden, sind den Reitpferden gleichzustellen.

10. Zu § 13

Absatz 3 ist wie folgt zu fassen: „(3) Der Bundesminister wird ermächtigt, im Einvernehmen mit dem Bundesminister für Verkehr durch Rechtsverordnung mit Zustimmung des Bundesrates Vorschriften zum Schutz der Tiere bei der Beförderung im Straßen-, Schienen-, Schiffs- und Luftverkehr zu erlassen, insbesondere Vorschriften über die Verladung, Entladung, Unterbringung, Versorgung und Betreuung der Tiere.“
Begründung: Klarere Fassung der Ermächtigungsnorm.

11. Zu § 15

Absatz 1 ist wie folgt neu zu fassen: „(1) Die Durchführung dieses Gesetzes und der auf Grund dieses Gesetzes erlassenen Rechtsverordnungen obliegt den nach Landesrecht zuständigen Behörden.“
Begründung: Notwendige Anpassung an § 15 Abs. 2.

12. Zu § 16

In § 16 ist vor Absatz 1 folgender Absatz 0 einzufügen: „(0) Einrichtungen, in denen an Versuchstieren Eingriffe oder Behandlungen durchgeführt werden, ferner Betriebe im Sinne des § 11 Abs. 1 Satz 1 und Abs. 2, sind durch die zuständigen Behörden zu beaufsichtigen.“
Begründung: Es ist erforderlich, daß in den genannten Fällen aufgrund des besonderen Gewichts dieser Bereiche die Überwachung durch die zuständige Behörde gesetzlich vorgeschrieben wird. In den übrigen Fällen obliegt es den zuständigen Behörden, im Rahmen der Durchführung des Gesetzes das Ausmaß der Überwachung festzulegen.

13. Zu § 17

Der Bundesrat ist der Auffassung, daß in § 17 Nr. 1 das Tatbestandsmerkmal „ohne vernünftigen Grund" der näheren Konkretisierung bedarf, um die Strafvorschrift justitiabel zu machen. Durch die Konkretisierung sollten die als strafwürdig in Betracht kommenden Fälle (z. B. Tötung aus Mordlust oder roher Gesinnung) erfaßt werden. Sollte eine entsprechende Konkretisierung nicht möglich sein, so bestünden gegen die Strafvorschrift in der Fassung des Entwurfs rechtliche Bedenken.
Die Bundesregierung wird ferner gebeten zu prüfen, ob der Begriff des „Wirbeltieres", zu denen neben Säugetieren, Vögeln und Fischen auch Reptilien und Amphibien gehören, nicht eingeschränkt werden sollte.

14. Zu § 18

a) Die Vorschrift des Absatzes 1 Nr. 1 ist als neue Nr. 1 a in Abs. 2 einzufügen.
   Begründung: Es erscheint notwendig, den Tatbestand des § 18 Abs. 1 Nr. 1 auch bei fahrlässiger Begehung unter Bußgeldandrohung zu stellen.
b) In Absatz 2 Nr. 1 ist nach dem Wort „hält" das Wort „betreut" einzufügen.
   Begründung: Folge der Änderung in § 2 Abs. 1.

15. Zu § 23

In § 23 Nr. 6 sind die Zitate „4 a und 4 b" zu ersetzen durch die Zitate „4 a, 4 b und 12 b Abs. 1, 2, 3 und 5."
Begründung: Die vorgeschlagene Ergänzung um die im § 12 b enthaltenen Zuständigkeitsregelungen ist im Hinblick auf die Regelung des § 4 b des nordrhein-westfälischen Tierschutzgesetzes erforderlich.

16.

Die Bundesregierung wird gebeten, Bestrebungen zur Schaffung einer Europäischen Tierschutzkonvention im Rahmen des Europarates bzw. der Europäischen Gemeinschaft nachdrücklich zu fördern, um insbesondere die Gefahr von unvertretbaren Wettbewerbsverzerrungen im Bereich der Tiererzeugung aufgrund nationaler tierschutzrechtlicher Beschränkungen zu begegnen.

9. Tierschutzgesetz vom 24. Juli 1972 (BGBl. I S. 1277)

Der Bundestag hat mit Zustimmung des Bundesrates das folgende Gesetz beschlossen:

Erster Abschnitt
Grundsatz

§ 1

Dieses Gesetz dient dem Schutz des Lebens und Wohlbefindens des Tieres. Niemand darf einem Tier ohne vernünftigen Grund Schmerzen, Leiden oder Schäden zufügen.

Zweiter Abschnitt
Tierhaltung

§ 2

(1) Wer ein Tier hält, betreut oder zu betreuen hat,
   1. muß dem Tier angemessene artgemäße Nahrung und Pflege sowie eine verhaltensgerechte Unterbringung gewähren,

2. darf das artgemäße Bewegungsbedürfnis eines Tieres nicht dauernd und nicht so einschränken, daß dem Tier vermeidbare Schmerzen, Leiden oder Schäden zugefügt werden.

(2) Die zuständige Behörde ist befugt, im Einzelfall Maßnahmen anzuordnen, die zur Erfüllung der in Absatz 1 genannten Anforderungen erforderlich sind.

(3) Tiere, die nach dem Gutachten des beamteten Tierarztes in Haltung, Pflege oder Unterbringung erheblich vernachlässigt sind, können von der zuständigen Behörde dem Halter fortgenommen und so lange auf dessen Kosten anderweitig pfleglich untergebracht werden, bis eine ordnungsgemäße Haltung, Pflege oder Unterbringung der Tiere durch den Halter gewährleistet ist.

§ 3

Es ist verboten,

1. einem Tier außer in Notfällen Leistungen abzuverlangen, denen es wegen seines Zustandes offensichtlich nicht gewachsen ist oder die offensichtlich seine Kräfte übersteigen,
2. ein gebrechliches, krankes, abgetriebenes oder altes, im Haus, Betrieb oder sonst in Obhut des Menschen gehaltenes Tier, für das ein Weiterleben mit nicht behebbaren Schmerzen oder Leiden verbunden ist, zu einem anderen Zweck als zur unverzüglichen schmerzlosen Tötung zu veräußern oder zu erwerben; dies gilt nicht für die unmittelbare Abgabe von Tieren an Personen oder Einrichtungen, denen eine Genehmigung nach § 8 erteilt worden ist,
3. ein im Haus, Betrieb oder sonst in Obhut des Menschen gehaltenes Tier auszusetzen oder es zurückzulassen, um sich seiner zu entledigen,
4. ein Tier zu einer Ausbildung, Filmaufnahme, Schaustellung, Werbung oder zu einer ähnlichen Veranstaltung heranzuziehen, sofern damit offensichtlich erhebliche Schmerzen, Leiden oder Schäden für das Tier verbunden sind,
5. ein Tier an einem anderen lebenden Tier auf Schärfe abzurichten oder zu prüfen,
6. ein Tier auf ein anderes Tier zu hetzen, soweit dies nicht die Grundsätze weidgerechter Jagdausübung erfordern,
7. einem Tier durch Anwendung von Zwang Futter einzuverleiben, sofern dies nicht aus gesundheitlichen Gründen erforderlich ist,
8. einem Tier Futter darzureichen, das dem Tier offensichtlich Schmerzen, Leiden oder Schäden bereitet,
9. ein Tier mit Nachnahme zu versenden.

Dritter Abschnitt
Töten von Tieren

§ 4

(1) Ein Wirbeltier darf nur unter Betäubung oder sonst, soweit nach den gegebenen Umständen zumutbar, nur unter Vermeidung von Schmerzen getötet werden. Ist die Tötung eines Wirbeltieres ohne Betäubung im Rahmen weidgerechter Ausübung der Jagd oder auf Grund anderer Rechtsvorschriften zugelassen oder erfolgt sie im Rahmen zulässiger Schädlingsbekämpfungsmaßnahmen, so darf die Tötung nur vorgenommen werden, wenn hierbei nicht mehr als unvermeidbare Schmerzen entstehen.

Ein Wirbeltier töten darf nur, wer die dazu notwendigen Kenntnisse und Fähigkeiten hat.

(2) Der Bundesminister für Ernährung, Landwirtschaft und Forsten (Bundesminister) wird ermächtigt, durch Rechtsverordnung mit Zustimmung des Bundesrates bestimmte Tötungsarten zu verbieten, zuzulassen oder vorzuschreiben, um sicherzustellen, daß den Tieren nicht mehr als unvermeidbare Schmerzen zugefügt werden.

Vierter Abschnitt
Eingriffe an Tieren

§ 5

(1) An einem Wirbeltier darf ohne Betäubung ein mit Schmerzen verbundener Eingriff nicht vorgenommen werden. Die Betäubung eines warmblütigen Wirbeltieres ist von einem Tierarzt vorzunehmen. Für die Betäubung mit Betäubungspatronen kann die zuständige Behörde Ausnahmen von Satz 2 zulassen, sofern ein berechtigter Grund nachgewiesen wird. Bei landwirtschaftlichen Nutztieren gilt die Ausnahmegenehmigung nach Satz 3 mit der Verschreibung des Betäubungsmittels durch einen Tierarzt als erteilt.

(2) Eine Betäubung ist nicht erforderlich,
1. wenn bei vergleichbaren Eingriffen am Menschen eine Betäubung in der Regel unterbleibt,
2. wenn die Betäubung im Einzelfall nach tierärztlichem Urteil nicht durchführbar erscheint.

(3) Eine Betäubung ist ferner nicht erforderlich
1. für das Kastrieren von unter zwei Monate alten männlichen Rindern und Schweinen und von nicht geschlechtsreifen männlichen Ziegen, Schafen und Kaninchen, sofern kein von der normalen anatomischen Beschaffenheit abweichender Befund vorliegt,
2. für das Enthornen von unter vier Monate alten Rindern sowie für das Enthornen von Rindern bis zu einem Alter von zwei Jahren mittels elastischer Ringe,
3. für das Kürzen des Schwanzes von unter vier Tagen alten Ferkeln sowie von unter acht Tagen alten Lämmern,
4. für das Kürzen des Schwanzes von Lämmern bis zu einem Alter von drei Monaten mittels elastischer Ringe,
5. für das Kürzen der Rute von unter acht Tagen alten Welpen,
6. für das Kürzen von Hornteilen des Schnabels beim Geflügel,
7. für das Absetzen des krallentragenden letzten Zehengliedes bei Masthahnenküken, die als Zuchthähne Verwendung finden sollen, während des ersten Lebenstages mittels Elektrokauter.

(4) Der Bundesminister wird ermächtigt, durch Rechtsverordnung mit Zustimmung des Bundesrates Verfahren und Methoden zur Durchführung von Maßnahmen nach Absatz 3 vorzuschreiben, zuzulassen oder zu verbieten, soweit dies zum Schutz der Tiere erforderlich ist.

§ 6

Verboten ist die vollständige oder teilweise Amputation von Körperteilen eines Wirbeltieres, soweit diese nicht nach anderen Rechtsvorschriften vorgeschrieben ist. Das Verbot gilt nicht,

1. wenn der Eingriff im Einzelfall nach tierärztlicher Indikation geboten ist,
2. wenn der Nutzungszweck des Tieres den Eingriff erforderlich macht und dem Eingriff tierärztliche Bedenken im Einzelfall nicht entgegenstehen oder ein Fall des § 5 Abs. 3 vorliegt,
3. bei Tierversuchen im Rahmen eines nach diesem Gesetz genehmigten Versuchsvorhabens oder
4. für das Kupieren der Ohren bei Hunden, wenn der Eingriff vor dem dritten Lebensmonat schmerzlos vorgenommen wird.

Eingriffe nach Satz 2 sind durch einen Tierarzt vorzunehmen; in den Fällen der Nummer 3 und des § 5 Abs. 3 können sie auch von anderen Personen vorgenommen werden, die die dazu notwendigen Kenntnisse und Fähigkeiten haben.

Fünfter Abschnitt
Tierversuche

§ 7

Wer zu Versuchszwecken Tiere für Eingriffe oder Behandlungen, die mit Schmerzen, Leiden oder Schäden verbunden sein können, verwenden will, hat dies vor Beginn der Versuche der zuständigen Behörde anzuzeigen.

§ 8

(1) Wer zu Versuchszwecken Wirbeltiere für Eingriffe oder Behandlungen verwenden will, die mit Schmerzen, Leiden oder Schäden verbunden sein können, bedarf der Genehmigung des Versuchsvorhabens durch die zuständige Behörde. Die Genehmigung darf nur Hochschulen sowie anderen Einrichtungen und Personen, die Forschung betreiben, erteilt werden. In der Genehmigung sind der Leiter des Versuchsvorhabens und sein Stellvertreter zu benennen.

(2) Tierversuche mit operativen Eingriffen dürfen nur von Personen mit abgeschlossener Hochschulbildung der Veterinärmedizin oder der Medizin, die die erforderlichen Fachkenntnisse haben, sowie von Personen mit abgeschlossener Hochschulbildung der Biologie an Hochschulen oder staatlichen wissenschaftlichen Einrichtungen, soweit diese Personen die erforderlichen Fachkenntnisse haben, durchgeführt werden. Sonstige Tierversuche dürfen auch von anderen Personen mit abgeschlossener naturwissenschaftlicher Hochschulbildung, die die erforderlichen Fachkenntnisse haben, durchgeführt werden. Die zuständige Behörde kann in besonders begründeten Fällen für Tierversuche mit operativen Eingriffen Ausnahmen von Satz 1 mit der Maßgabe zulassen, daß Personen, die diese Eingriffe vornehmen, die erforderlichen Fachkenntnisse haben und daß die Eingriffe nur unter Aufsicht eines in Satz 1 bezeichneten Tierarztes, Arztes oder Biologen durchgeführt werden. Die Personen, die die Versuche durchführen, müssen, wenn die Genehmigung einer Einrichtung erteilt ist, bei der Einrichtung beschäftigt oder mit Zustimmung des verantwortlichen Leiters zur Benutzung der Einrichtung befugt sein.

(3) Wechselt der Leiter eines Versuchsvorhabens oder sein Stellvertreter, so ist dies von dem Inhaber der Genehmigung der zuständigen Behörde anzuzeigen. In diesem Falle gilt die Genehmigung weiter, wenn die zuständige Behörde sie nicht innerhalb eines Monats nach Eingang der Anzeige widerruft.

(4) Die Genehmigung darf nur erteilt werden, wenn
1. dargelegt wird, daß die angestrebten Versuchsergebnisse nicht durch andere zumutbare Methoden oder Verfahren als den Tierversuch zu erreichen sind und
   a) die Versuche zur Vorbeuge, zum Erkennen oder Heilen von Krankheiten bei Mensch oder Tier erforderlich sind,
   b) die Versuche sonst wissenschaftlichen Zwecken dienen,
2. keine Tatsachen vorliegen, aus denen sich Bedenken gegen die Zuverlässigkeit des verantwortlichen Leiters des Versuchsvorhabens oder seines Stellvertreters, insbesondere hinsichtlich der Überwachung der Tierversuche ergeben,
3. die erforderlichen Anlagen, Geräte und anderen sachlichen Mittel sowie die personellen Voraussetzungen für die Durchführung der Tierversuche vorhanden sind und
4. die ordnungsgemäße Unterbringung und Wartung der Tiere sowie ihre medizinische Versorgung gewährleistet sind.

(5) Die Genehmigung kann inhaltlich beschränkt, befristet, unter Bedingungen erteilt und mit Auflagen verbunden werden. Die Genehmigung ist zurückzunehmen, wenn bei der Erteilung die Voraussetzungen nach Absatz 4 nicht gegeben waren. Sie ist zu widerrufen, wenn die Voraussetzungen nach Absatz 4 nicht mehr gegeben sind und dem Mangel nicht innerhalb einer von der zuständigen Behörde gesetzten Frist abgeholfen wird; sie kann widerrufen werden, wenn ihre Beschränkungen nicht eingehalten oder eine der mit ihr verbundenen Auflagen nicht erfüllt werden oder den Vorschriften des § 9 wiederholt oder grob zuwidergehandelt worden ist.

(6) Der Genehmigung bedürfen nicht
1. Tierversuche, die auf Grund gesetzlicher Vorschriften oder richterlicher Anordnung durchzuführen sind oder
2. Impfungen, Blutentnahmen und sonstige Maßnahmen diagnostischer Art an lebenden Tieren, wenn sie nach bereits erprobten oder staatlich anerkannten Verfahren vorgenommen werden und der Verhütung, Erkennung, Heilung oder Linderung von Krankheiten, Leiden. Körperschäden oder körperlichen Beschwerden der Menschen oder Tiere, der Erkennung der Schwangerschaft oder Trächtigkeit oder der Gewinnung oder Prüfung von Seren oder Impfstoffen dienen.

§ 9

(1) Für die Durchführung von Tierversuchen gilt folgendes:
1. Die Versuche sind auf das unerläßliche Maß zu beschränken.
2. Versuche an Wirbeltieren, die nach zoologischer Systematik den höheren Tieren zugerechnet werden, sind nur dann erlaubt, wenn Versuche an niederen Wirbeltieren für den verfolgten Zweck nicht ausreichen. Warmblütige Tiere sollen nur dann Verwendung finden, wenn Versuche an kaltblütigen Tieren für den verfolgten Zweck nicht ausreichen.

3. Schmerzen, Leiden oder Schäden dürfen einem Tier nur zugefügt werden, soweit sie für den verfolgten Zweck unvermeidlich sind.
4. Versuche an Wirbeltieren dürfen nur unter Betäubung vorgenommen werden, es sei denn, der Zweck des Versuchs schließt nach dem Urteil des Leiters des Versuchsvorhabens eine Betäubung aus oder der mit dem Eingriff verbundene Schmerz ist geringfügiger als die mit einer Betäubung verbundene Beeinträchtigung des Befindens des Versuchstieres. Abweichend von § 5 Abs. 1 Satz 2 kann die Betäubung auch von den in § 8 Abs. 2 Satz 1 bezeichneten Personen oder unter ihrer Aufsicht vorgenommen werden. An einem unbetäubten Tier darf nur einmal ein schmerzhafter Eingriff oder eine schmerzhafte unblutige Behandlung durchgeführt werden, es sei denn, daß der Zweck des Versuchs mit einem einmaligen schmerzhaften Eingriff oder einer einmaligen schmerzhaften unblutigen Behandlung nicht erreicht werden kann.
5. Wird bei einem betäubten Wirbeltier ein schwerer operativer Eingriff vorgenommen, so darf dieses Tier für ein anderes Versuchsvorhaben nur dann verwendet werden, wenn dies nicht mit Schmerzen, Leiden oder Schäden verbunden ist.
6. Nach Abschluß eines Versuchs ist jeder hierbei verwendete und überlebende Einhufer, Paarhufer, Affe, Halbaffe, Hund sowie jede verwendete und überlebende Katze und jedes verwendete und überlebende Kaninchen unverzüglich einem Tierarzt zur Untersuchung vorzustellen. Ist nach dem Urteil des Tierarztes ein Weiterleben des Tieres nur unter Leiden möglich, muß das Tier unverzüglich schmerzlos getötet werden. Andere als in Satz 1 bezeichnete Tiere sind gleichfalls zu töten, wenn dies nach dem Urteil der Person, die den Versuch durchgeführt hat, erforderlich ist.

Für die Einhaltung der Vorschriften nach den Nummern 1 bis 6 ist der Leiter des Versuchsvorhabens oder sein Stellvertreter verantwortlich. Die zuständige Behörde hat die Einhaltung dieser Vorschriften zu überwachen.

(2) Über Versuche an Tieren sind Aufzeichnungen zu machen. Die Aufzeichnungen müssen für jedes Versuchsvorhaben den mit diesem verfolgten Zweck, insbesondere die Gründe für nach Absatz 1 Nr. 2 erlaubte Versuche an höheren Tieren, sowie die Zahl und Bezeichnung der verwendeten Tiere und die Art und Ausführung der Versuche angeben. Die Aufzeichnungen sind von den Personen, die die Versuche durchgeführt haben, und von dem Leiter des Versuchsvorhabens zu unterzeichnen; die Aufzeichnungen sind drei Jahre lang nach Abschluß des Versuchsvorhabens aufzubewahren und der zuständigen Behörde auf Verlangen zur Einsichtnahme auszuhändigen, sofern die zuständige Behörde sich nicht mit einer kürzeren Aufbewahrungsfrist einverstanden erklärt hat.

(3) Werden Hunde oder Katzen zu Versuchszwecken erworben, so sind in den Aufzeichnungen nach Absatz 2 zusätzlich Name und Anschrift des Vorbesitzers anzugeben.

(4) Für Tierversuche nach § 8 Abs. 6 gelten die Absätze 1 bis 3 entsprechend. Darüber hinaus dürfen die Maßnahmen nur von Personen vorgenommen werden, die die dazu notwendigen Kenntnisse und Fähigkeiten haben.

Sechster Abschnitt
Eingriffe zu Ausbildungszwecken

§ 10

(1) § 5 Abs. 1 Satz 2 und die §§ 6 bis 8 sind nicht anzuwenden bei Eingriffen oder Behandlungen, die mit Schmerzen, Leiden oder Schäden verbunden sind und an Tieren im Rahmen

1.einer Ausbildung oder Fortbildung an einer Hochschule oder einer staatlichen wissenschaftlichen Einrichtung oder

2.einer Ausbildung für Heilhilfsberufe oder für naturwissenschaftliche Hilfsberufe

vorgenommen werden. In diesen Fällen gilt § 7 entsprechend.

(2) Eingriffe oder Behandlungen nach Absatz 1 müssen unter Aufsicht eines verantwortlichen Leiters durchgeführt werden. Dieser muß die erforderlichen Fachkenntnisse haben und bei operativen Eingriffen über eine abgeschlossene Hochschulbildung der Veterinärmedizin oder der Medizin, bei sonstigen Eingriffen oder Behandlungen über eine angeschlossene naturwissenschaftliche Hochschulbildung verfügen. Soweit Eingriffe oder Behandlungen nicht Versuche sind, gilt § 9 entsprechend.

Siebenter Abschnitt
Tierhandel

§ 11

(1) Wer gewerbsmäßig mit Tieren handelt, hat dies bei Beginn der Tätigkeit der zuständigen Behörde anzuzeigen. Dies gilt nicht für Personen, die mit landwirtschaftlichen Nutztieren aus dem eigenen Betrieb handeln, sowie für Züchter, die eingetragenen Züchtervereinen angehören und ausschließlich im Rahmen der Zweckbestimmung des Vereins Tiere halten, züchten und handeln.

(2) Absatz 1 Satz 1 gilt auch für natürliche oder juristische Personen, die gewerbsmäßig
1. einen Reit- oder Fahrbetrieb unterhalten,
2. Tiere zur Schau stellen. Üben diese Personen die Tätigkeit als Reisegewerbe aus, so ist die Anzeige der für den jeweiligen Ort der Gewerbeausübung zuständigen Behörde zu erstatten.

(3) Wer bei Inkrafttreten dieses Gesetzes gewerbsmäßig
1. mit Tieren handelt, ausgenommen in den Fällen des Absatzes 1 Satz 2,
2. einen Reit- oder Fahrbetrieb unterhält oder
3. Tiere zur Schau stellt,

hat dies innerhalb eines Jahres nach Inkrafttreten dieses Gesetzes der zuständigen Behörde anzuzeigen.

(4) Ohne Einwilligung der Erziehungsberechtigten dürfen Tiere an Kinder bis zum vollendeten 14. Lebensjahr nicht verkauft werden.

Achter Abschnitt
Verbringungs-, Verkehrs- und Haltungsverbot

§ 12

Wirbeltiere, an denen Schäden feststellbar sind, von denen anzunehmen ist, daß sie den Tieren durch tierschutzwidrige Handlungen zugefügt worden sind, dürfen nicht in den Geltungsbereich dieses Gesetzes verbracht oder im Geltungsbereich dieses Gesetzes gewerbsmäßig in den Verkehr gebracht oder gewerbsmäßig gehalten werden, wenn das Weiterleben der Tiere infolge der Schäden nur unter Leiden möglich ist. Dieses Verbot steht der zollamtlichen Abfertigung nicht entgegen.

Neunter Abschnitt
Ermächtigungen, Mitwirkung von Zolldienststellen

§ 13

(1) Der Bundesminister wird ermächtigt, durch Rechtsverordnung mit Zustimmung des Bundesrates, soweit dies zum Schutz der Tiere erforderlich ist, Vorschriften über deren Haltung, Pflege und Unterbringung zu erlassen. Die Rechtsverordnung kann insbesondere Vorschriften enthalten über

1. Art und Umfang einer Beschränkung der natürlichen Bewegungs- oder Gemeinschaftsbedürfnisse von Tieren,
2. Anforderungen an Räume, Käfige, andere Behältnisse oder sonstige Einrichtungen zur Unterbringung von Tieren sowie an die Beschaffenheit von Anbinde- und Fütterungsvorrichtungen,
3. Anforderungen an Lichtverhältnisse, Lufttemperatur, Luftfeuchte, Luftbewegung sowie Frischluftzufuhr bei der Unterbringung von Tieren,
4. Wartung und Pflege sowie Überwachung von Tieren durch den Tierhalter oder Betreuer.

(2) Der Bundesminister wird ermächtigt, durch Rechtsverordnung mit Zustimmung des Bundesrates zum Schutz des Wildes Maßnahmen anzuordnen, die das Wild vor vermeidbaren Schmerzen oder Schäden durch land- oder forstwirtschaftliche Arbeiten schützen.

(3) Der Bundesminister wird ermächtigt, im Einvernehmen mit dem Bundesminister für Verkehr durch Rechtsverordnung mit Zustimmung des Bundesrates Vorschriften zum Schutz der Tiere bei der Beförderung im Straßen-, Schienen-, Schiffs- und Luftverkehr zu erlassen, insbesondere Vorschriften über die Verladung, Entladung, Unterbringung, Versorgung und Betreuung der Tiere.

§ 14

(1) Der Bundesminister für Wirtschaft und Finanzen und die von ihm bestimmten Zolldienststellen wirken bei der Überprüfung des Verbringens von Tieren in den Geltungsbereich dieses Gesetzes mit. Für das Gebiet des Freihafens Hamburg kann der Bundesminister für Wirtschaft und Finanzen diese Aufgabe durch Vereinbarung mit dem Senat der Freien und Hansestadt Hamburg dem Freihafenamt übertragen. § 14 Abs. 2 des Finanzverwaltungsgesetzes in der Fassung des Finanzanpassungsgesetzes vom 30. August 1971 (BGBl. I S. 1426) gilt entsprechend. Die genannten Behörden können

1. Tiere sowie deren Beförderungsmittel, Behälter, Lade- und Verpackungsmittel bei dem Verbringen in den Geltungsbereich dieses Gesetzes zur Überwachung anhalten,
2. den Verdacht von Verstößen gegen Verbote und Beschränkungen dieses Gesetzes oder der nach diesem Gesetz erlassenen Rechtsverordnungen, der sich bei der Abfertigung ergibt, den zuständigen Behörden mitteilen,

3. in den Fällen der Nummer 2 anordnen, daß die Tiere auf Kosten und Gefahr des Verfügungsberechtigten der zuständigen Behörde vorgeführt werden.

(2) Der Bundesminister für Wirtschaft uns Finanzen regelt im Einvernehmen mit dem Bundesminister durch Rechtsverordnung ohne Zustimmung des Bundesrates die Einzelheiten des Verfahrens nach Absatz 1. Er kann dabei insbesondere Pflichten zu Anzeigen, Anmeldungen, Auskünften und zur Leistung von Hilfsdiensten sowie zur Duldung der Einsichtnahme in Geschäftspapiere und sonstige Unterlagen und zur Duldung von Besichtigungen vorsehen.

Zehnter Abschnitt
Durchführung des Gesetzes

§ 15

(1) Die Durchführung dieses Gesetzes und der auf Grund dieses Gesetzes erlassenen Rechtsverordnungen obliegt den nach Landesrecht zuständigen Behörden.

(2) Die zuständigen Behörden sollen im Rahmen der Durchführung dieses Gesetzes oder der auf Grund dieses Gesetzes erlassenen Rechtsverordnungen den beamteten Tierarzt als Sachverständigen beteiligen.

(3) Die Durchführung dieses Gesetzes obliegt für Tiere, die sich im Besitz der Bundeswehr befinden, den zuständigen Dienststellen der Bundeswehr.

§ 16

(1) Einrichtungen, in denen an Versuchstieren Eingriffe oder Behandlungen durchgeführt werden, ferner Betriebe im Sinne des § 11 Abs. 1 Satz 1 und Abs. 2, Nutztierhaltungen in neuzeitlichen Haltungssystemen, Zoofachhandlungen und ähnliche Einrichtungen, in denen Tiere feilgehalten werden, sowie Versuchstierhaltungen sind durch die zuständige Behörde zu beaufsichtigen.

(2) Die zuständigen Behörden können zur Durchführung der ihnen durch dieses Gesetz oder auf Grund dieses Gesetzes übertragenen Aufgaben von natürlichen und juristischen Personen und nicht rechtsfähigen Personenvereinigungen die erforderlichen Auskünfte verlangen.

(3) Personen, die von der zuständigen Behörde beauftragt sind, dürfen im Rahmen des Absatzes 1 Grundstücke, Geschäftsräume, Wirtschaftsgebäude, Transportmittel und zur Verhütung dringender Gefahren für die öffentliche Sicherheit und Ordnung auch Wohnräume des Auskunftspflichtigen, in denen Tiere gehalten werden, betreten und, soweit es zur Durchführung dieses Gesetzes erforderlich ist, die geschäftlichen Unterlagen einsehen. Der Auskunftspflichtige hat die Maßnahmen nach Satz 1 zu gestatten. Das Grundrecht der Unverletzlichkeit der Wohnung (Artikel 13 des Grundgesetzes) wird insoweit eingeschränkt.

(4) Der zur Auskunft Verpflichtete kann die Auskunft auf solche Fragen verweigern, deren Beantwortung ihn selbst oder einen der in § 383 Abs. 1 Nr. 1 bis 3 der Zivilprozeßordnung bezeichneten Angehörigen der Gefahr strafgerichtlicher Verfolgung oder eines Verfahrens nach dem Gesetz über Ordnungswidrigkeiten aussetzen würde.

Elfter Abschnitt
Straf- und Bußgeldvorschriften

§ 17

Mit Freiheitsstrafe bis zu zwei Jahren oder mit Geldstrafe wird bestraft, wer
1. ein Wirbeltier ohne vernünftigen Grund tötet oder
2. einem Wirbeltier
   a) aus Roheit erhebliche Schmerzen oder Leiden oder
   b) länger anhaltende oder sich wiederholende erhebliche Schmerzen oder Leiden zufügt.

§ 18

(1) Ordnungswidrig handelt, wer
1. entgegen § 8 Abs. 3 Satz 1 einen Wechsel in der Person nicht anzeigt,
2. einer nach § 8 Abs. 5 Satz 1 für einen Versuch an einem Wirbeltier festgesetzten Beschränkung oder Auflage zuwiderhandelt oder
3. die Anzeige nach § 11 Abs. 1 Satz 1 oder Abs. 2 oder 3 nicht oder nicht rechtzeitig erstattet.

(2) Ordnungswidrig handelt, wer vorsätzlich oder fahrlässig
1. einem Wirbeltier, das er hält, betreut oder zu betreuen hat, bei der Haltung, Pflege, Unterbringung oder Beförderung ohne vernünftigen Grund offensichtlich erhebliche Schmerzen, Leiden oder Schäden zufügt,
2. entgegen § 4 Abs. 1 ein Wirbeltier tötet,
3. einer vollziehbaren Anordnung nach § 2 Abs. 2 zuwiderhandelt,
4. einem Verbot nach § 3 zuwiderhandelt,
5. an einem Wirbeltier entgegen § 5 Abs. 1 Satz 1 einen Eingriff oder entgegen § 5 Abs. 1 Satz 2 eine Betäubung vornimmt, ohne Tierarzt zu sein oder entgegen § 5 Abs. 1 Satz 3 eine Betäubung ohne Erlaubnis vornimmt,
6. dem Verbot der Amputation nach § 6 Satz 1 zuwiderhandelt oder eine zulässige Amputation entgegen § 6 Satz 3 vornimmt,
7. entgegen § 7 oder § 21 Satz 1 einen Versuch nicht anzeigt oder entgegen § 8 Abs. 1 ein Versuchsvorhaben an einem Wirbeltier ohne Genehmigung vornimmt,
8. entgegen § 8 Abs. 2 Satz 1 Tierversuche ohne die geforderte Vorbildung oder Fachkenntnis durchführt oder von Personen durchführen läßt, die die nach § 8 Abs. 2 Satz 3 geforderte Vorbildung oder Fachkenntnis nicht haben,
9. entgegen § 9 Abs. 1 als Leiter eines Versuchsvorhabens oder als sein Stellvertreter nicht für die Einhaltung der Vorschriften des § 9 Abs.1 Nr. 1 bis 6 sorgt,
10. entgegen § 9 Abs. 2 Aufzeichnungen nicht, nicht richtig oder nicht vollständig vornimmt, nicht unterzeichnet, nicht aufbewahrt oder nicht aushändigt,
11. entgegen § 9 Abs. 3 Name oder Anschrift des Vorbesitzers nicht angibt,
12. entgegen § 10 Abs. 2 Satz 1 als verantwortlicher Leiter die Aufsicht bei Eingriffen oder Behandlungen führt, ohne die in Absatz 2 Satz 2 geforderte Vorbildung oder Fachkenntnis zu haben,
13. entgegen § 10 Abs. 1 Satz 2 die obliegende Anzeige nicht erstattet,
14. entgegen § 12 ein Wirbeltier in den Geltungsbereich dieses Gesetzes verbringt oder im Geltungsbereich dieses Gesetzes in den Verkehr bringt oder hält,
15. entgegen § 16 Abs. 2 eine Auskunft nicht, nicht rechtzeitig, nicht vollständig oder nicht richtig erteilt oder entgegen § 16 Abs. 3 den Zutritt zu Grundstücken, Ge-

schäftsräumen, Wirtschaftsgebäuden, Transportmitteln oder Wohnräumen oder die Einsichtnahme in geschäftliche Unterlagen nicht gestattet,

16. einer nach § 4 Abs. 2, § 5 Abs. 4, § 13 oder § 14 Abs. 2 erlassenen Rechtsverordnung zuwiderhandelt, soweit sie für einen bestimmten Tatbestand auf diese Bußgeldvorschrift verweist,
17. einer Vorschrift der §§ 1 bis 5 der Verordnung über das Schlachten und Aufbewahren von lebenden Fischen und anderen kaltblütigen Tieren vom 14. Januar 1936 (RGBl. I S. 13) zuwiderhandelt oder
18. entgegen § 11 Abs. 4 ein Tier ohne Einwilligung der Erziehungsberechtigten an Kinder bis zum vollendeten 14. Lebensjahr verkauft.

(3) Die Ordnungswidrigkeit kann mit einer Geldbuße bis zu zehntausend Deutsche Mark geahndet werden.

§ 19
Tiere, auf die sich eine Straftat nach § 17 oder eine Ordnungswidrigkeit nach § 18 bezieht, können eingezogen werden.

§ 20
(1) Wird jemand wegen einer nach § 17 rechtswidrigen Tat verurteilt oder nur deshalb nicht verurteilt, weil seine Schuldunfähigkeit erwiesen oder nicht auszuschließen ist, so kann ihm das Gericht das Halten von Tieren jeder oder einer bestimmten Art für die Dauer von einem Jahr bis zu fünf Jahren oder für immer verbieten, wenn die Gefahr besteht, daß er weiterhin eine nach § 17 rechtswidrige Tat begehen wird.

(2) Das Verbot wird mit der Rechtskraft des Urteils wirksam. In die Verbotsfrist wird die Zeit, in welcher der Täter in einer Anstalt verwahrt wird, nicht eingerechnet. Ergibt sich nach der Anordnung des Verbots Grund zu der Annahme, daß die Gefahr, der Täter werde nach § 17 rechtswidrige Taten begehen, nicht mehr besteht, so kann das Gericht das Verbot aufheben, wenn es mindestens sechs Monate gedauert hat.

(3) Wer ein Tier hält, obwohl ihm dies strafgerichtlich verboten ist, wird mit Freiheitsstrafe bis zu einem Jahr oder mit Geldstrafe bestraft.

Zwölfter Abschnitt
Übergangs- und Schlußvorschriften

§ 21
Wer bei Inkrafttreten dieses Gesetzes an Tieren zu Versuchszwecken Eingriffe oder Behandlungen vornimmt oder vornehmen läßt, die mit Schmerzen, Leiden oder Schäden verbunden sein können und für die ihm eine Erlaubnis zur Vornahme wissenschaftlicher Versuche an lebenden Tieren auf Grund bisheriger geltender Rechtsvorschriften erteilt war, hat die Anzeige nach § 7 innerhalb von drei Monaten nach Inkrafttreten dieses Gesetzes zu erstatten. Über die Weitergeltung einer bisher erteilten Erlaubnis als Genehmigung nach § 8 Abs. 1 entscheidet die zuständige Behörde.

§ 22
Dieses Gesetz gilt nach Maßgabe des § 13 Abs. 1 des Dritten Überleitungsgesetzes vom 04. Januar 1952 (BGBl. I S. 1) auch im Land Berlin. Rechtsverordnungen, die auf Grund

dieses Gesetzes erlassen werden, gelten im Land Berlin nach § 14 des Dritten Überleitungsgesetzes.

§ 23
Dieses Gesetz tritt am 01. Oktober 1972 in Kraft.
Gleichzeitig treten außer Kraft:

1. das Tierschutzgesetz vom 24. November 1933 (RGBl. I S. 987), zuletzt geändert durch das Einführungsgesetz zum Gesetz über Ordnungswidrigkeiten vom 24. Mai 1968 (BGBl. I S. 503);
2. die Erste Verordnung zur Ausführung des Tierschutzgesetzes vom 20. Juni 1934 (RGBl. I S. 516);
3. die Zweite Verordnung zur Ausführung des Tierschutzgesetzes vom 27. Juni 1936 (RGBl. I S. 539);
4. die Fünfte Verordnung zur Ausführung des Tierschutzgesetzes (Tierschutzvereine) vom 11. August 1938 (RGBl. I S. 1004);
5. § 6 der Verordnung über das Schlachten und Aufbewahren von lebenden Fischen und anderen kaltblütigen Tieren vom 14. Januar 1936 (RGBl. I S. 13).

Nordrhein-Westfalen

6. das Gesetz zur Änderung des Tierschutzgesetzes vom 16. Juni 1970 (Gesetz- und Verordnungsblatt für das Land Nordrhein-Westfalen S. 437), mit Ausnahme der durch Artikel I Nr. 1 in das Tierschutzgesetz eingefügten §§ 4 a, 4 b und 12 b Abs. 1, 2, 3 und 5.

Das vorstehende Gesetz wird hiermit verkündet.

Bonn, den 24. Juli 1972

Für den Bundespräsidenten
Der Präsident des Bundesrates
Heinz Kühn

Für den Bundeskanzler
Der Bundesminister der Verteidigung
Georg Leber

Der Bundesminister
für Ernährung, Landwirtschaft und Forsten
Josef Ertl

Quellenverzeichnis

Bundesarchiv Koblenz

Akten des Bundesministeriums für Ernährung, Landwirtschaft und Forsten (B 116)
(zit.: BA Koblenz Akte 116/.....):
B 116/19573 (1955-1960)
B 116/19574 (1960-1964)
B 116/19575 (1960-1966)
B 116/19576 (1962-1968)
B 116/19577 (1962-1963)
B 116/19579 (1963-1965)
B 116/19580 (1966-1968)
B 116/50088 (1966-1970)
B 116/50089 (1970-1971)
B 116/70507 (1969-1971; fortlaufend paginiert)
B 116/79305 (1962-1986)
B 116/84804 (1971-1972; fortlaufend paginiert)

Akten des Bundesministeriums der Justiz (B 141)
(zit.: BA Koblenz Akte 141/.....):
B 141/4078 und 4079 (1950-1957)
B 141/17471 (1959-1963)
B 141/32977 (1961-1971)
B 141/41830 (1950-1953)
B 141/41832 (1962-1971)

Akten des Bundeskanzleramtes (B 136)
(zit.: BA Koblenz Akte 136/.....):
B 136/8664 (1950-1958)
B 136/ 8666 (1952-1965)

Parlamentsarchiv Bonn

Akten des Deutschen Bundestages, 6. Wahlperiode:
(zit.: PA Bonn Band .. Nr. ...)

DOK VI/127 -Neunundzwanzigstes Gesetz zur Änderung des Grundgesetzes vom 18. März 1971 (BGBl. I S. 207) –Gesetzesmaterialien Parlamentsarchiv (lfd. Nrn. 1-22); (zit.: PA Bonn DOK VI/127, Nr. ...)

DOK VI/285 -Tierschutzgesetz vom 24. Juli 1972 (BGBl. I S.1277)
-Gesetzesmaterialien-

Band A: Von der Gesetzesvorlage durch die Bundesregierung beim Bundesrat bis zur Verkündung des Gesetzes (lfd. Nrn. 1-41).

Band B: Sonstiges Material:
- Kurzfassungen der Stellungnahmen von Verbänden und Organisationen zur Sachverständigenanhörung (nach Urhebern chronologisch geordnet).
- Stellungnahmen von Organisationen und Verbänden sowie Eingaben von Einzelpersonen (nach Urhebern alphabetisch geordnet).
- Verschiedenes (lfd. Nrn. 1-70).

Bayerisches Hauptstaatsarchiv

Akten des Bayerischen Staatsministeriums des Innern
betreffend Tierschutzgesetz (zit.: BayHStA MInn, Aktennummer)
Akte 87778, betr.: Tierschutzgesetz 1959-1963 Band I
Akte 91015, betr.: Tierschutzgesetz 1960 Band I

Akten der Bayerischen Staatskanzlei
(zit.: StK-GuV 13776)
Akte 13776 zum Tierschutzgesetz vom 24. Juli 1972 Band 2 B 11/60
(vom 14. Dezember1961 bis zum 24. Juli 1972)

Bayerisches Staatsministerium der Justiz

(zit.: BayStaMinJ, Akte)
Akte 4060-II-5307/66, Band I: „Initiativentwurf eines Tierschutzgesetzes – BT-Ds. V/934“

Akte 4060-II-2817/70, Band II: „Initiativentwurf eines Tierschutzgesetzes –BT-Ds. V/934“

Senatsverwaltung für Justiz Berlin

Generalakten der Senatsverwaltung für Justiz Berlin zum Tierschutzgesetz, Az. 4060-II/3-1, Band 1

Parlamentaria

Drucksachen des Deutschen Bundestages, zit.: BTDS Band (fortlaufend numeriert)

Drucksachen des Deutschen Bundesrates, zit.: BRDS, Jahrgang, Band

Materialien zur Strafrechtsreform, Beratungen des Sonderausschusses „Strafrecht“ in der 4. Wahlperiode des Bundestages

Materialien zur Strafrechtsreform, Beratungen des Sonderausschusses für die Strafrechtsreform in der 5. Wahlperiode des Bundestages, Sitzungen 1- 50 und 101-150.

Niederschriften über die Sitzungen der Großen Strafrechtskommission, zit.: Band, Seite;

- Band 5: Allgemeine Fragen zum Besonderen Teil (53. bis 58. Sitzung), Bonn 1958
- Band 6: Besonderer Teil (59. bis 66. Sitzung), Bonn 1958
- Band 12: Zweite Lesung des Entwurfs -Allgemeiner Teil-, Bonn 1959

Protokolle über die Sitzungen des Deutschen Bundestages, zit.: Stenographische Berichte, Band, Seite

Protokolle über die Sitzungen des Deutschen Bundesrates, zit.: Sitzungsberichte Bundesrat, Jahrgang, Nrn. ...-...(fortlaufend numeriert)

Literaturverzeichnis

Caspar, Johannes: Tierschutz im Recht der modernen Industriegesellschaft; Eine rechtliche Neukonstruktion auf philosophischer und historischer Grundlage, Baden-Baden 1999 (zit.: Caspar)

Cornelius, Karl: Das Reichsnaturschutzgesetz, Diss. iur. Köln, Bochum 1936 (zit.: Cornelius)

Das Recht der Tiere: Mitgliederzeitschrift des Bundes gegen den Mißbrauch der Tiere e. V., Jahrgänge 1955-1963 (danach eingestellt bis 1993)

Deutsches Ärzteblatt: Ärztliche Mitteilungen Jahrgänge 1969-1973 (zit.: Ausgabe/Jahr)

Deutsches Tierärzteblatt: Die Deutsche Tierärzteschaft (Hrsg.), Jahrgänge 1966-1972 (zit.: Ausgabe Jahr)

Döring, Otto: Das Schächtverbot des Gesetzes von 1933 eine „Gewaltmaßnahme"?, in: Das Recht der Tiere, 1/2 1961

Du und das Tier: Mitgliederzeitschrift des Deutschen Tierschutzbundes e. V. ab 1971; enthält die Beilage Tierschutz; Jahrgänge 1971-1974

Eberle, Arnulf: Das neue Tierschutzgesetz, in: NJW 1973, S.1408 ff.

Eberstein, Winfried C.J.: Das Tierschutzrecht in Deutschland bis zum Erlaß des Reichs-Tierschutzgesetzes vom 24.November 1933, Diss. iur. Kiel, Frankfurt am Main 1999

Ennulat, Klaus: Das neue Tierschutzgesetz tritt am 01.Oktober in Kraft, in: Du und das Tier 1972, S.60

Ennulat, Klaus: Die landesrechtliche Regelung der Zuständigkeiten nach dem Tierschutzgesetz vom 24.Juli 1972, in: Du und das Tier 1973, S.101

Ennulat, Klaus und **Zoebe, Gerhard:** Das Tier im neuen Recht (mit einem Kommentar zum Tierschutzgesetz), Stuttgart 1972 (zit.: Ennulat/Zoebe)

Gerold, Horst: Tierschutz, Frankfurt am Main 1972 (zit.: Gerold)

Giese, Clemens und **Kahler, Waldemar:** Tierschutzrecht Kommentar, 3. Auflage, Berlin 1951(zit.: Giese/Kahler)

Gruber, Franz Paul und **Spielmann, Horst (Hrsg.):** Alternativen zu Tierexperimenten: wissenschaftliche Herausforderung und Perspektiven; Heidelberg, 1996

von Hippel, Robert: Lehrbuch des Strafrechts, Berlin 1932

von Hippel, Robert: Vergleichende Darstellung des deutschen und ausländischen Strafrechts, Vorarbeiten zur deutschen Strafrechtsreform, Besonderer Teil, II. Band, Berlin 1906 (zit.: v. Hippel, Vergl. Darstellung)

Jentzsch, Rupert: Das rituelle Schlachten von Haustieren in Deutschland ab 1933 Recht und Rechtsprechung-, Diss. med. vet. Hannover 1998 (zit.: Jentzsch, Das rituelle Schlachten)

Kant, Immanuel: Anthropologie in pragmatischer Hinsicht, Band 7 Teil 2, (Friedrich Wilhelm Schubert, Hrsg.), Leipzig 1838

Kaplan, Helmut F.: Tiere haben Rechte: Argumente und Zitate von A-Z, Erlangen 1998

Klose, Hans und **Vollbach, Adolf:** Die Naturschutzgesetzgebung des Reichs, Das Reichsnaturschutzgesetz vom 26. Juni 1935 mit Durchführungsverordnung, Neudamm 1936, Nachdruck 1939 (zit.: Klose-Vollbach)

Lorz, Albert: Tierschutzgesetz Kommentar, (Ernst Metzger, Bearb.) 5.Auflage, München 1999

Lorz, Albert: Das neue Tierschutzrecht, in: NJW 1987, S. 2049 ff.

Lorz, Albert: Das neue Gesetz zur Verbesserung der Rechtsstellung des Tieres im bürgerlichen Recht, in: MDR 1990, S. 1057 ff.

Mitzlaff, Albert: Naturschutzgesetzgebung, 3. Auflage, Lübeck 1949 (zit.: Mitzlaff)

Mitzschke, Gustav: Das Naturschutzgesetz vom 26. Juni 1936 nebst Durchführungsverordnung vom 31. Oktober 1935 und Naturschutzverordnung vom 18. März 1936, Berlin 1936 (zit.: Mitzschke)

Mühe, Gregor: Das Gesetz zur Verbesserung der Rechtsstellung des Tieres im bürgerlichen Recht, in NJW 1990, S. 2238 ff.

Radkau, Joachim und **Uekötter, Frank (Hrsg.):** Naturschutz und Nationalsozialismus, Frankfurt, 2003

Roeckle, Axel Gerhard: Probleme und Entwicklungstendenzen des strafrechtlichen Tierschutzes, Diss. iur. Leonberg 1996

Sax, Boria (foreword by Klaus P. Fischer): Animals in the Third Reich –Pets, Scapegoats, and the Holocaust, New York/London 2000

Schopenhauer, Arthur: Preisschrift über die Grundlage der Moral, (Hans Ebeling, Hrsg.), Hamburg 1979

Spitaler, Armin: Gutachten über Schlachtungen nach religiösen Riten, in: Tierschutz 3/März 1962, S.18 ff.

Stenglein, Melchior (Hrsg.): Sammlung der Deutschen Strafgesetzbücher, Band 3, München 1858

Stolting II, Hermann und **Zoebe, Gerhard:** Das Tier im Recht. Handbuch für alle Tierschutzfragen, Frankfurt am Main 1962

Teutsch, Gotthard M.: Ethische Abwägung von Tierversuchen als gesellschaftlicher Auftrag: Von der zwischenmenschlichen zur artübergreifenden Humanität, in: Alternativen zu Tierexperimenten (Gruber/Spielmann Hrsg.), Heidelberg 1996

Tierfreund: Mitgliederzeitschrift des Deutschen Tierschutzbundes e. V. bis 1965; enthält die Beilage Tierschutz; Jahrgänge 1956-1965

Tierillustrierte: Mitgliederzeitschrift des Deutschen Tierschutzbundes e. V. ab 1966, enthält die Beilage Tierschutz; Jahrgänge 1966-1970

Tröndle, Herbert und **Fischer, Thomas:** Strafgesetzbuch Kommentar, 51. Auflage, München 2003 (zit.: Tröndle/Fischer)

Vierhaus, Rudolf und **Herbst, Ludolf (Hrsg.):** Biographisches Handbuch der Mitglieder des Deutschen Bundestages 1949-2002, Band 1 (A-M), München 2002 (zit.: Vierhaus/Herbst)

Vierhaus, Rudolf und **Herbst, Ludolf (Hrsg.):** Biographisches Handbuch der Mitglieder des Deutschen Bundestages 1949-2002, Band 2 (N-Z), München 2002 (zit.: Vierhaus/Herbst)

Vontz, Werner: Reform des Tierschutzrechts, Vorschriften über Versuche an lebenden Tieren, in: Deutsches Ärzteblatt 15/1973 S. 1006 ff., 17/1973 S.1148 f., 18/1973 S. 1218 f. und 19/1973 S. 1294 ff.

Weller, Siegfried und **Hierholzer, Günther**: Tierexperimente im Rahmen der medizinischen Forschung, Parallelversuch und Wiederholung, in: Deutsches Ärzteblatt 22/1991, S.1307 f.

Wolf, Ursula: Das Tier in der Moral, Frankfurt am Main 1990

Zoebe, Gerhard: Gerechtigkeit auch für die Tiere, in: Du und das Tier 1971, S. 4 ff.

Zoebe, Gerhard: Das Tier im Recht, in: Du und das Tier 1972, S.90

Zoebe, Gerhard: Das Tier im Recht, in: Du und das Tier 1973, S.48

RECHTSHISTORISCHE REIHE

Band 1 Studien zu den germanischen Volksrechten. Gedächtnisschrift für Wilhelm Ebel. Vorträge gehalten auf dem Fest-Symposion anläßlich des 70. Geburtstages von Wilhelm Ebel am 16. Juni 1978 in Göttingen. Götz Landwehr (Hrsg.) 1982.

Band 2 Hans Poeschel: Die Statuten der Banken, Sparkassen und Kreditgenossenschaften in Hamburg und Altona von 1710 bis 1889. 1978.

Band 3 Thomas Kolbeck: Juristenschwemmen, Untersuchungen über den juristischen Arbeitsmarkt im 19. und 20. Jahrhundert. 1978.

Band 4 Norbert Hempel: Richterleitbilder in der Weimarer Republik. 1978.

Band 5 Rolf Stratmann: Die Scheinbußen im mittelalterlichen Recht. 1978.

Band 6 Martin C. Lockert: Die niedersächsischen Stadtrechte zwischen Aller und Weser. Vorkommen und Verflechtungen. Eine Bestandsaufnahme. 1979.

Band 7 Joachim Rückert/Wolfgang Friedrich: Betriebliche Arbeiterausschüsse in Deutschland, Großbritannien und Frankreich im späten 19. und frühen 20. Jahrhundert. Eine vergleichende Studie zur Entwicklung des kollektiven Arbeitsrechts. 1979.

Band 8 Peter Bender: Die Rezeption des römischen Rechts im Urteil der deutschen Rechtswissenschaft. 1979.

Band 9 Friedrich Karl Alsdorf: Untersuchungen zur Rechtsgestalt und Teilung deutscher Ganerbenburgen. 1980.

Band 10 Dietmar Willoweit/Winfried Schich (Hrsg.): Studien zur Geschichte des sächsisch-magdeburgischen Rechts in Deutschland und Polen (Sammelband). 1980.

Band 11 Brigitte Hempel: Der Entwurf einer Polizeiordnung für das Herzogtum Sachsen-Lauenburg aus dem Jahre 1591. 1980.

Band 12 Klaus-Detlev Godau-Schüttke: Rechtsverwalter des Reiches. Staatssekretär Dr. Curt Joël. 1981.

Band 13 Rainer Polley: Anton Friedrich Justus Thibaut (AD 1772-1840) in seinen Selbstzeugnissen und Briefen. Teil 1: Abhandlung. Teil 2: Briefwechsel. Teil 3: Register zum Briefwechsel. 1982.

Band 14 Michael Wettengel: Der Streit um die Vogtei Kelkheim 1275-1276. Ein kanonischer Prozeß.1981.

Band 15 Otto Wilhelm Krause: Naturrechtler des sechzehnten Jahrhunderts. Ihre Bedeutung für die Entwicklung eines natürlichen Privatrechts. 1982.

Band 16 Helga Spindler: Von der Genossenschaft zur Betriebsgemeinschaft. Kritische Darstellung der Sozialrechtslehre Otto von Gierkes. 1982.

Band 17 Holger Otte: Gustav Radbruchs Kieler Jahre 1919 - 1926. 1982.

Band 18 Rüdiger Teuner: Die fuldische Ritterschaft 1510 - 1656. 1982.

Band 19 Gerhard Dilcher/Rudolf Hoke/Gian Savino Pene Vidari/Hans Winterberg (Hrsg.): Grundrechte im 19. Jahrhundert. 1982.

Band 20 Karl-Hans Schloßstein: Die westfälischen Fabrikengerichtsdeputationen - Vorbilder, Werdegang und Scheitern. 1982.

Band 21 Birger Schulz: Der Republikanische Richterbund (1921-1933). 1982.

Band 22 Engelbert Krause: Die gegenseitigen Unterhaltsansprüche zwischen Eltern und Kindern in der deutschen Privatrechtsgeschichte. 1982.

Band 23 Meent W. Francksen: Staatsrat und Gesetzgebung im Großherzogtum Berg (1806-1813). 1982.

Band 24 Gerd von Sonnleithner: Bearbeitung des Handelsrechts durch Ignaz von Sonnleithner in seinem "Leitfaden über das österreichische Handels- und Wechselrecht". 1982.

Band 25 Rudolf Palme: Rechts-, Wirtschafts- und Sozialgeschichte der inneralpinen Salzwerke bis zu deren Monopolisierung. 1983.

Band 26 Helen Bosshard: Pestalozzis Staats- und Rechtsverständnis und seine Stellung in der Aufklärung. 1983.

Band 27 Jens Jessen: Die Selbstzeugnisse der deutschen Juristen. Erinnerungen, Tagebücher und Briefe. Eine Bibliographie. 1983.

Band 28 Günter Martin Jensen: Das Domanium Waldeck. Die rechtliche Zuordnung eines Fürstenvermögens. 1984.

Band 29 Johann Heinrich Kumpf: Petitionsrecht und öffentliche Meinung im Entstehungsprozeß der Paulskirchenverfassung 1848/49. 1983.

Band 30 Sabine Frey: Rechtsschutz der Juden gegen Ausweisungen im 16. Jahrhundert. 1983.

Band 31 Dietrich Joswig: Die germanische Grundstücksübertragung. 1984.

Band 32 Andreas Baryli: Konzessionssystem contra Gewerbefreiheit. Zur Diskussion der österreichischen Gewerberechtsreform 1835 bis 1860. 1984.

Band 33 Gerhard Oberkofler: Studien zur Geschichte der österreichischen Rechtswissenschaft. 1984.

Band 34 Rudolf Lauda: Kaufmännische Gewohnheit und Burgrecht bei Notker dem Deutschen. Zum Verhältnis von literarischer Tradition und zeitgenössischer Realität in der frühmittelalterlichen Rhetorik. 1984.

Band 35 Jens Jensen: Die Ehescheidung des Bischofs Hans von Lübeck von Prinzessin Julia Felicitas von Württemberg-Weiltingen AD 1648-1653. Ein Beitrag zum protestantischen Ehescheidungsrecht im Zeitalter des beginnenden Absolutismus. 1984.

Band 36 Horst Schröder: Friedrich Karl von Savigny. Geschichte und Rechtsdenken beim Übergang vom Feudalismus zum Kapitalismus in Deutschland. 1984.

Band 37 Andreas Hatzung: Dogmengeschichtliche Grundlagen und Entstehung des zivilrechtlichen Notstands. 1984.

Band 38 Matthias Klasen: Das Billwerder Landrecht. Landrecht und Landgericht in den Hamburger Elbmarschen. 1985.

Band 39 Rainer Jamin: Aufbau, Tätigkeit und Verfahren der Auseinandersetzungsbehörden bei der Durchführung der preußischen Agrarreformen. 1985.

Band 40 Henry Winter: Teilschuld, Gesamtschuld und unechte Gesamtschuld. Zur Konzeption der §§ 420 ff. BGB - Ein Beitrag zur Entstehungsgeschichte des BGB. 1985.

Band 41 Hermann Eichler: Verfassungsbewegung in Amerika und Europa. 1985.

Band 42 Dagmar Bandemer: Heinrich Albert Zachariae. Rechtsdenken zwischen Restauration und Reformation. 1985.

Band 43 Eva-Christine Frentz: Das Hamburgische Admiralitätsgericht (1623-1811). Prozeß und Rechtsprechung. 1985.

Band 44 Karl Lillig: Rechtsetzung im Herzogtum Pfalz-Zweibrücken während des 18. Jahrhunderts. Ein Beitrag zur Geschichte der territorialen Rechtsbildung. 1985.

Band 45 Walter Weber: Die Entwicklung der Sparkassen zu selbständigen Anstalten des öffentlichen Rechts. Ein Beitrag zur Entwicklung des Anstaltsbegriffs im 19. Jahrhundert. 1985.

Band 46 Bärbel Baum: Der Stabreim im Recht. Vorkommen und Bedeutung des Stabreims in Antike und Mittelalter. 1986.

Band 47 Hans Popp: Die nationalsozialistische Sicht einiger Institute des Zivilprozeß- und Gerichtsverfassungsrechts. 1986.

Band 48 John Karl-Heinz Montag: Die Lehrdarstellung des Handelsrechts von Georg Friedrich von Martens bis Meno Pöhls. Die Wissenschaft des Handelsrechts im ersten Drittel des 19. Jahrhunderts. 1986.

Band 49 Volker D. Anhäusser: Das internationale Obligationenrecht in der höchstrichterlichen Rechtsprechung des 19. Jahrhunderts. 1986.

Band 50 Udo Beer: Die Juden, das Recht und die Republik. Verbandswesen und Rechtsschutz 1919-1933. 1986.

Band 51 Herbert Grziwotz: Der moderne Verfassungsbegriff und die "Römische Verfassung" in der deutschen Forschung des 19. und 20. Jahrhunderts. 1986.

Band 52 Ralf Conradi: Karl Friedrich Eichhorn als Staatsrechtslehrer. Seine Göttinger Vorlesung über "Das Staatsrecht der deutschen Bundesstaaten" nach einer Kollegmitschrift aus dem Wintersemester 1821/22. 1987.

Band 53 Dieter Dannreuther: Der Zivilprozeß als Gegenstand der Rechtspolitik im Deutschen Reich 1871 - 1945. Ein Beitrag zur Geschichte des Zivilprozeßrechts in Deutschland. 1987.

Band 54 Stephan Felix Pauly: Organisation, Geschichte und Praxis der Gesetzesauslegung des (Königlich) Preußischen Oberverwaltungsgerichtes 1875 - 1933. 1987.

Band 55 Rüdiger Schulz: Die Entstehung des Seerechts des Allgemeinen Deutschen Handelsgesetzbuches unter besonderer Berücksichtigung der Bestimmungen über die Reederei, den Schiffer und die Schiffsmannschaft. 1987.

Band 56 Reinhold Reis: Deutsches Privatrecht in den Weistümern der Zenten Schriesheim und Kirchheim. 1987.

Band 57 Jürgen Christoph: Die politischen Reichsamnestien 1918 - 1933. 1987.

Band 58 Gerhard Oberkofler/Eduard Rabofsky: Hans Kelsen im Kriegseinsatz der k.u.k.-Wehrmacht. Eine kritische Würdigung seiner militärtheoretischen Angebote. 1988.

Band 59 Arne Wulff: Staatssekretär Prof. Dr. Dr. h.c. Franz Schlegelberger. 1876-1970. 1991.

Band 60 Gerhard Köbler (Hrsg.): Wege europäischer Rechtsgeschichte. Karl Kroeschell zum 60. Geburtstag. 1987.

Band 61 Rüdiger Hütte: Der Gemeinschaftsgedanke in den Erbrechtsreformen des Dritten Reichs. 1988.

Band 62 Markus Göldner: Politische Symbole der europäischen Integration. Fahne, Hymne, Hauptstadt, Paß, Briefmarke, Auszeichnungen. 1988.

Band 63 Wolfgang Kröner: Freiheitsstrafe und Strafvollzug in den Herzogtümern Schleswig, Holstein und Lauenburg von 1700 bis 1864. 1988.

Band 64 Werner Gaile: Die Norder Theelacht. 1988.

Band 65 Karl v. Kempis: Andreas Gaill (1526 - 1587). Zum Leben und Werk eines Juristen der frühen Neuzeit. 1988.

Band 66 Wolf-Rüdiger Osburg: Die Verwaltung Hamburgs in der Franzosenzeit. 1811-1814. 1988.

Band 67 Christian Schudnagies: Hans Frank. Aufstieg und Fall des NS-Juristen und Generalgouverneurs. 1988.

Band 68 Otmar Jung: Senatspräsident Freymuth. Richter, Sozialdemokrat und Pazifist in der Weimarer Republik. Eine politische Biographie. 1989.

Band 69 Joachim Lohner: Das landeshauptmannschaftliche Gericht in Oberösterreich zu Beginn der Neuzeit. Eine Darstellung des oberösterreichischen Prozeßrechts am obersten Territorialgericht des Landes anhand der oberösterreichischen Landtafel.1989.

Band 70 Bernd Klemann: Rudolf von Jhering und die Historische Rechtsschule. 1989.

Band 71 Adalbert Langer: Männer um die österreichische Zivilprozeßordnung 1895. Zusammenspiel / Soziales Ziel. 1990.

Band 72 Robert-Dieter Klee: Die Landessuperintendentur Lauenburg. Ursprung und Entwicklung sowie Ende der Sonderstellung des Kirchenkreises Herzogtum Lauenburg durch die nordelbische Kirchenvereinigung. 1989.

Band 73 Heinrich Herrmann: Die Gehöferschaften im Bezirk Trier. 1989.

Band 74 Wilhelm Brauneder, Franz Baltzarek (Hrsg.): Modell einer neuen Wirtschaftsordnung. Wirtschaftsverwaltung in Österreich 1914 - 1918. 1991.

Band 75 Thomas Dreyer: Die "Assecuranz- und Haverey-Ordnung" der Freien und Hansestadt Hamburg von 1731. 1990.

Band 76 Bernhard Sendler: Die Rechtssprache in den süddeutschen Stadtrechtsreformationen. 1990.

Band 77 Brigitte Lehmann: Ehevereinbarungen im 19. und 20. Jahrhundert. 1990.

Band 78 Michael Sunnus: Der NS-Rechtswahrerbund (1928-1945). Zur Geschichte der nationalsozialistischen Juristenorganisation. 1990.

Band 79 Stefan Schulz: Die historische Entwicklung des Rechts an Bienen. (§§ 961 - 964 BGB). 1990.

Band 80 Gerhard Lingelbach, Heiner Lück (Hrsg.): Deutsches Recht zwischen Sachsenspiegel und Aufklärung. Rolf Lieberwirth zum 70. Geburtstag dargebracht von Schülern, Freunden und Kollegen, herausgegeben von Gerhard Lingelbach und Heiner Lück. 1991.

Band 81 Manfred Krohn: Die deutsche Justiz im Urteil der Nationalsozialisten 1920 - 1933. 1991.

Band 82 Angelika Kühn: Privilegierung nationaler Minderheiten im Wahlrecht der Bundesrepublik Deutschland und Schleswig-Holsteins. 1991.

Band 83 Georg Brun: Leben und Werk des Rechtshistorikers Heinrich Mitteis unter besonderer Berücksichtigung seines Verhältnisses zum Nationalsozialismus. 1991.

Band 84 Wolfgang Simon: Claudius Freiherr von Schwerin. Rechtshistoriker während dreier Epochen deutscher Geschichte. 1991.

Band 85 Friedrich-Carl Wachs: Das Verordnungswerk des Reichsdemobilmachungsamtes. Stabilisierender Faktor zu Beginn der Weimarer Republik. 1991.

Band 86 Jens-Uwe Petersen: Die Vorgeschichte und die Entstehung des Mieterschutzgesetzes von 1923 nebst der Anordnung für das Verfahren vor dem Mieteinigungsamt und der Beschwerdestelle. 1991.

Band 87 Ulrike Haibach: Familienrecht in der Rechtssprache. Die historische Entwicklung zentraler Ausdrücke des geltenden Familienrechts. 1991.

Band 88 Joern Christian Nissen: Die Beratungen des Seeversicherungsausschusses der Akademie für Deutsches Recht zu einem neuen Seeversicherungsgesetz (1934-1939). Ein Beitrag zur Entwicklung der allgemeinen Lehren des Seeversicherungsrechts unter besonderer Berücksichtigung des Handelsgesetzbuchs und der Allgemeinen Deutschen Seeversicherungs-Bedingungen 1919. 1991.

Band 89 Diethard Bühler: Die Entstehung der allgemeinen Vertragsschluß-Vorschriften im Allgemeinen Deutschen Handelsgesetzbuch (ADHGB) von 1861. Ein Beitrag zur Kodifikationsgeschichte des Privatrechts im 19. Jahrhundert. 1991.

Band 90 Gerhard Oberkofler: Die Vertreter des Römischen Rechts mit deutscher Unterrichtssprache an der Karls-Universität in Prag. Vom Vormärz bis 1945. 1991.

Band 91 Ulrich Andermann: Ritterliche Gewalt und bürgerliche Selbstbehauptung. Untersuchungen zur Kriminalisierung und Bekämpfung des spätmittelalterlichen Raubrittertums am Beispiel norddeutscher Hansestädte. 1991.

Band 92 Heinz Marcus Hanke: Luftkrieg und Zivilbevölkerung. Der kriegsvölkerrechtliche Schutz der Zivilbevölkerung gegen Luftbombardements von den Anfängen bis zum Ausbruch des Zweiten Weltkrieges. 1991.

Band 93 Kirsten Kraglund: Familien- und Erbrecht. Materielles Recht und Methoden der Rechtsanwendung in der Rechtsprechung des Oberappellationsgerichts der vier Freien Städte Deutschlands zu Lübeck. 1991.

Band 94 Reinhard Lorenz: Die politische und rechtliche Stellung des Proletariats in Preußen in der Zeit zwischen den Reformen und der Revolution 1848/49. 1991.

Band 95 Eric Hilgendorf: Die Entwicklungsgeschichte der parlamentarischen Redefreiheit in Deutschland. 1991.

Band 96 Hans J. Reiter: Die Handelsgesellschaft Villeroy & Boch von der Gründung 1836 bis zum Jahr 1878. 1992.

Band 97 Martin Johannes Heller: Reform der deutschen Rechtssprache im 18. Jahrhundert. 1992.

Band 98 Michael Kotulla: Die Tragweite der Grundrechte der revidierten preußischen Verfassung vom 31.01.1850. 1992.

Band 99 Michael Siefener: Hexerei im Spiegel der Rechtstheorie. Das crimen magiae in der Literatur von 1574 bis 1608. 1992.

Band 100 Andreas Ebert-Weidenfeller: Hamburgisches Kaufmannsrecht im 17. und 18. Jahrhundert. Die Rechtsprechung des Rates und des Reichskammergerichtes. 1992.

Band 101 Enno Bommel: Die Entstehung der Verwirkungslehre in der Krise des Positivismus. 1992.

Band 102 Ralph Steppacher: Die Berücksichtigung der bäuerlichen Postulate bei der Entstehung des ZGB und der Revision des OR. Ein Beitrag zur schweizerischen Kodifikationsgeschichte (1893 - 1912). 1992.

Band 103 Martin Fleckenstein: Die Todesstrafe im Werk Carl Joseph Anton Mittermaiers (1787 - 1867). Zur Entwicklungsgeschichte eines Werkbereichs und seiner Bedeutung für Theorie- und Methodenbildung. 1992.

Band 104 Jörn Eckert: Der Kampf um die Familienfideikommisse in Deutschland. Studien zum Absterben eines Rechtsinstitutes. 1992.

Band 105 Jörg Grotkopp: Beamtentum und Staatsformwechsel. Die Auswirkungen der Staatsformwechsel von 1918, 1933 und 1945 auf das Beamtenrecht und die personelle Zusammensetzung der deutschen Beamtenschaft. 1992.

Band 106 Andreas Rohde: Die Garantiehaftung des Vermieters und ihr Verhältnis zum Unmöglichkeitsrecht in dogmengeschichtlicher und modernrechtlicher Sicht. 1992.

Band 107 Tjark Siefke Kunstreich: Gesamtvertretung. Eine historisch-systematische Darstellung. 1992.

Band 108 Jürgen Krüger: Blindheit und Königtum. Die Blindheit des Königs Georg V. von Hannover als verfassungsrechtliches Problem. 1992.

Band 132 Detlev Schmidt: Die Reform des Rechts der Handelsvertreter von 1953. 1995.

Band 133 Gabi Roßdeutscher: Privatautonomie im Scheidungsrecht. Scheidungsbezogene Vereinbarungen in den letzten 200 Jahren. 1995.

Band 134 Harald Kahlenberg: Leben und Werk des Rechtshistorikers Walther Merk. Ein Beispiel für das Verhältnis von Rechtsgeschichte und Nationalsozialismus. 1995.

Band 135 Michael Steitz: Adelbert Düringer am Reichsgericht (1902-1915). Seine aktienrechtlichen Entscheidungen und sein Einfluß auf das Aktienrecht in Deutschland. 1995.

Band 136 Christian Becker: Beata Justorum Translatio. Juristen in schleswig-holsteinischen Leichenpredigten. 1996.

Band 137 Christoph Seiler: Vom Allgemeinen Landrecht zum Bürgerlichen Gesetzbuch. Dargestellt am Beispiel der höchstrichterlichen Judikatur zum kaufrechtlichen Sachmängelgewährleistungsrecht. 1996.

Band 138 Bernd Mayer: Die Vertrauensmännerausschüsse auf den preußischen Steinkohlegruben an der Saar. Entstehung und Wirken. Eine rechtshistorische Untersuchung. 1996.

Band 139 Rochus Scholl: Juden und Judenrecht im Herzogtum Pfalz-Zweibrücken. Ein Beitrag zur Rechtsgeschichte eines deutschen Kleinstaates am Ende des alten Reiches. 1996.

Band 140 Meike Bursch: Judentaufe und frühneuzeitliches Strafrecht. Die Verfahren gegen Christian Treu aus Weener/Ostfriesland 1720-1728. 1996.

Band 141 Markus Hillenbrand: Fürstliche Eheverträge. Gottorfer Hausrecht 1544 - 1773. 1996.

Band 142 Ulf Häder: Das gemeinschaftliche Oberappellationsgericht thüringischer Staaten in Jena. Ein Beitrag zur Geschichte des Gerichtswesens im 19. Jahrhundert. 1996.

Band 143 Andreas Bauer: Das Gnadenbitten in der Strafrechtspflege des 15. und 16. Jahrhunderts. Dargestellt unter besonderer Berücksichtigung von Quellen der Vorarlberger Gerichtsbezirke Feldkirch und des Hinteren Bregenzerwaldes. 1996.

Band 144 Christian Wirth: Der Jurist Johann Andreas Georg Friedrich Rebmann zwischen Revolution und Restauration. 1996.

Band 145 Stefanie Müller: Die Rechtsprechung des Hanseatischen Oberlandesgerichts zum persönlichen Eherecht in Hamburgischen Gerichtsfällen von 1879 -1900. 1996.

Band 146 Jean-Nicolas Morisset: Der Frachtvertrag in der *Ordonnance de la marine* von 1681. 1996.

Band 147 Dirk Lentfer: Die Glogauer Landesprivilegien des Andreas Gryphius von 1653. 1996.

Band 148 Wencke Mull: Die Haftung für Einsturzschäden nach den §§ 836-838 BGB in der Rechtsprechung des Reichsgerichts. 1996.

Band 149 Renate Zelger: Teufelsverträge. Märchen, Sage, Schwank, Legende im Spiegel der Rechtsgeschichte. 1996.

Band 150 Guido Kraß: Das Arrestverfahren in Frankfurt am Main im Spätmittelalter. 1996.

Band 151 F. Benedict Heyn: Die Entwicklung des Eisenbahnfrachtrechts von den Anfängen bis zur Einführung des Allgemeinen Deutschen Handelsgesetzbuches (ADHGB). 1996.

Band 152 Thomas Lang: Die Staats- und Verfassungslehre Carl Salomo Zachariaes. 1996.

Band 153 Michael Hebeis: Karl Anton von Martini (1726-1800). Leben und Werk. 1996.

Band 154 Gerald Hubert: Die Diskussion um die rechtliche Natur der Bizone in den Jahren 1947-1949. 1996.

Band 155 Christof Horn: Die Rechtsprechung des Reichsgerichts in Ehescheidungssachen der Jahre 1900 bis 1905. 1996.

Band 156 Hermann Nehlsen / Georg Brun (Hrsg.): Münchener rechtshistorische Studien zum Nationalsozialismus. 1996.

Band 157 Jan Otto Clemens Kehrberg: Die Entwicklung des Elektrizitätsrechts in Deutschland. Der Weg zum Energiewirtschaftsgesetz von 1935. 1997.

Band 158 Johannes Tradt: Der Religionsprozeß gegen den Zopfschulzen (1791-1799). Ein Beitrag zur protestantischen Lehrpflicht und Lehrzucht in Brandenburg-Preußen gegen Ende des 18. Jahrhunderts. 1997.

Band 159 Dietmar Olsen: Das kaufrechtliche Sachmängelgewährleistungsrecht des Code civil in der Rechtsprechung deutscher Gerichte im 19. Jahrhundert. Ein Beitrag zur Ablösung der Partikularrechte durch das BGB. 1997.

Band 160 Ulrich Bernhardt: Die Deutsche Akademie für Staats- und Rechtswissenschaft „Walter Ulbricht" 1948-1971. 1997.

Band 161 Claudia Susan Hoppe: Die Bürgschaft im Rechtsleben Hamburgs von 1600 bis 1900. 1997.

Band 162 Franz-Rudolf Ecker: Die Entwicklung des Bergrechts im Saarbrücker Steinkohlenrevier bis zum Ende des 18. Jahrhunderts. Ein Vergleich mit dem älteren deutschen Bergrecht. 1997.

Band 163 Anne Katrin Rückert: Politik und Privatrecht in der „konservativen Revolution". 1997.

Band 164 Gisbert Laube: Der Reichskunstwart. Geschichte einer Kulturbehörde 1919-1933. 1997.

Band 165 Nicolas Lührig: Die Diskussion über die Reform der Juristenausbildung von 1945 bis 1995. 1997.

Band 166 Regula Gerber Jenni: Die Emanzipation der mehrjährigen Frauenzimmer. Frauen im bernischen Privatrecht des 19. Jahrhunderts. 1997.

Band 167 Mischa A. Färber: Das gemeinschaftliche Testament in der höchstrichterlichen Rechtsprechung zum Allgemeinen Preußischen Landrecht und zum BGB. Ein Beitrag zur Ablösung der Partikularrechte durch das BGB. 1997.

Band 168 Catherine Antoinette Gasser: Philipp Lotmar 1850-1922. Professor der Universität Bern. Sein Engagement für das Schweizerische Arbeitsrecht. 1997.

Band 169 Lars Immisch: Der sozialistische Richter in der DDR und seine Unabhängigkeit. Der Versuch eines Rechtsvergleiches zum Unabhängigkeitsbegriff in der bundesdeutschen Rechtsordnung. 1997.

Band 170 Jessica Jacobi: Besitzschutz vor dem Reichskammergericht. Die friedenssichernde Funktion der Besitzschutzklagen am Reichskammergericht im 16. Jahrhundert, dargestellt anhand von Kameralisten. 1998.

Band 171 Ewald Hügemann: Die Geschichte des öffentlichen und privaten Mietpreisrechts vom Ersten Weltkrieg bis zum Gesetz zur Regelung der Miethöhe von 1974. 1998.

Band 172 Lutz Rentzow: Die Entstehungs- und Wirkungsgeschichte der Vernewerten Landesordnung für das Königreich Böhmen von 1627. 1998.

Band 173 Sabine Stürmer: Mühlenrecht im Herzogtum Pfalz-Zweibrücken während des 18. Jahrhunderts. Ein Beitrag zum Wirtschaftsrecht eines deutschen Kleinstaates im Alten Reich. 1998.

Band 174 Mario Bogisch: *Nemo testis in re sua*. Das Problem der Zeugnisfähigkeit bei der Anwendung der deutschen Zivilprozeßordnung von 1877. 1998.

Band 175 Rainer Oßwald: Pactane sunt servanda? Freiwilligkeit, Zwang und Unverbindlichkeitserklärungen im islamischen Vertragsrecht malikitischer Schule. 1998.

Band 176 Bettina Kern: Der preußische BGB-Entwurf von 1842. 1998.

Band 177 Inken Fuhrmann: Die Diskussion über die Einführung der fakultativen Zivilehe in Deutschland und Österreich seit Mitte des 19. Jahrhunderts. 1998.

Band 178 Annette Rieck: Der Heilige Ivo von Hélory (1247-1303). Advocatus pauperum und Patron der Juristen. 1998.

Band 179 Frank Bottenberg: Die Hamburgische Strafprozeßordnung von 1869. 1998.

Band 180 Matthias Krauß: Das kursächsische Postrecht von seinen Anfängen bis zum Ende des Alten Reichs. 1998.

Band 181 Torsten Schmidt: Die Entmündigung von den Anfängen des BGB bis zu ihrer Ablösung durch das Institut der Betreuung. 1998.

Band 182 Christian Nunn: Rudolf Müller-Erzbach. 1874-1959. Von der realen Methode über die Interessenjurisprudenz zum kausalen Rechtsdenken (Leben und Werk). 1998.

Band 183 Christian Ortloff: Das staatskirchenrechtliche System Wilhelm Traugott Krugs. Glaubens- und Gewissensfreiheit – eine Forderung der Vernunft. 1998.

Band 184 Christian Hattenhauer: Schuldenregulierung nach dem Westfälischen Frieden. Der sog. § *de indaganda* und seine Umsetzung im Jüngsten Reichsabschied (AD 1648 und 1654). 1998.

Band 185 Werner Schubert: Preußen im Vormärz. Die Verhandlungen der Provinziallandtage von Brandenburg, Pommern, Posen, Sachsen und Schlesien sowie – im Anhang – von Ostpreußen, Westfalen und der Rheinprovinz (1841-1845). 1998.

Band 186 Silvia Schumacher: Das Rechtsverhältnis zwischen Eltern und Kindern in der Privatrechtsgeschichte. 1999.

Band 187 Kai Sommer: Die Strafbarkeit der Homosexualität von der Kaiserzeit bis zum Nationalsozialismus. Eine Analyse der Straftatbestände im Strafgesetzbuch und in den Reformentwürfen (1871-1945). 1998.

Band 188 Jan Erik Backhaus: Volksrichterkarrieren in der DDR. 1999.

Band 189 Ralf Ruhnau: Die Fürstlich Thurn und Taxissche Privatgerichtsbarkeit in Regensburg. Ein Kuriosum der deutschen Rechtsgeschichte. 1999.

Band 190 Antonio Grilli: Die französische Justizorganisation am linken Rheinufer 1797-1803. 1999.

Band 191 Stephanie Kammerloher-Lis: Die Entstehung des Gesetzes über die religiöse Kindererziehung vom 15. Juli 1921. 1999.

Band 192 Jan Telp: Ausmerzung und Verrat. Zur Diskussion um Strafzwecke und Verbrechensbegriffe im Dritten Reich. 1999.

Band 193 Kurt von Pannwitz: Die Entstehung der Allgemeinen Deutschen Wechselordnung. Ein Beitrag zur Geschichte der Vereinheitlichung des deutschen Zivilrechts im 19. Jahrhundert. 1999.

Band 194 Sylvia Busch: Die Entstehung der Allgemeinen Gerichtsordnung für die Preussischen Staaten von 1793/95. Ein Beitrag zur Geschichte der Kodifikationsbewegung und der Reform des Zivilprozesses in Preußen im 18. Jahrhundert. 1999.

Band 195 Dirk Bieresborn: Klage und Klageerwiderung im deutschen und englischen Zivilprozeß. Eine rechtshistorische und rechtsvergleichende Untersuchung unter besonderer Berücksichtigung der Beeinflussung durch das römisch-kanonische Verfahren. 1999.

Band 196 Andreas Thier / Guido Pfeifer / Philipp Grzimek (Hrsg.): Kontinuitäten und Zäsuren in der Europäischen Rechtsgeschichte. Europäisches Forum Junger Rechtshistorikerinnen und Rechtshistoriker München 22.-24. Juli 1998. 1999.

Band 197 Franz Smola: Die Fürstlich Liechtenstein'sche Kunstsammlung. Rechtsfragen zur Verbringung der Sammlung von Wien nach Vaduz in den Jahren 1944/45. 1999.

Band 198 Frank Martin Krauss: Das geteilte Eigentum im 19. und 20. Jahrhundert. Eine Untersuchung zum Fortbestand des Teilungsgedankens. 1999.

Band 199 Matthias Frey: Die spanische Aktiengesellschaft im 18. Jahrhundert und unter dem Código de Comercio von 1829. 1999.

Band 200 Alexandra Gilde: Die Stellung der Frau im Reichsstrafgesetzbuch von 1870/71 und in den Reformentwürfen bis 1919 im Urteil der bürgerlichen Frauenbewegung. Eine Analyse ausgewählter Straftatbestände. 1999.

Band 201 Malte Dießelhorst / Arne Duncker: Hans Kohlhase. Die Geschichte einer Fehde in Sachsen und Brandenburg zur Zeit der Reformation. 1999.

Band 202 Jörg Hillmann: Territorialrechtliche Auseinandersetzungen der Herzöge von Sachsen-Lauenburg vor dem Reichskammergericht im 16. Jahrhundert. 1999.

Band 203 Carsten Engler: Die Kommanditgesellschaft (KG) und die stille Gesellschaft im Allgemeinen Deutschen Handelsgesetzbuch (ADHGB) von 1861. 1999.

Band 204 Vesta Hoffmann-Steudner: Die Rechtsprechung des Reichsgerichts zu dem Scheidungsgrund des § 49 EheG (EheG 1938) in den Jahren 1938-1945. 1999.

Band 205 Michaela Thiele: Die Auflösung von Arbeitsverhältnissen aufgrund Anfechtung und außerordentlicher Kündigung nach der Rechtsprechung des Reichsarbeitsgerichts (1927-1945). 2000.

Band 206 Peter Landau / Hermann Nehlsen / Mathias Schmoeckel (Hrsg.): Karl von Amira zum Gedächtnis. 1999.

Band 207 Marcus Flinder: Die Entstehungsgeschichte des Zivilgesetzbuches der DDR. 1999.

Band 208 Boris Franz Leo Bromm: Die Entstehungsgeschichte des Berufs des Handelsvertreters. Unter besonderer Berücksichtigung der Sozialgesetzgebung in den Jahren von 1871-1933. 2000.

Band 209 Winfried C. J. Eberstein: Das Tierschutzrecht in Deutschland bis zum Erlaß des Reichs-Tierschutzgesetzes vom 24. November 1933. Unter Berücksichtigung der Entwicklung in England. 1999.

Band 210 Patrick Deller: Der „nach dem Vertrage" vorausgesetzte Gebrauch (§ 459 Absatz 1 Satz 1 BGB). Eine kaufrechtliche Untersuchung unter Berücksichtigung rechtshistorischer wie rechtsvergleichender Grundlagen. 2000.

Band 211 Eckard Freiherr von Bodenhausen: Haftung des Geschäftsherrn für Verrichtungsgehilfen im Straßen- und Schienenverkehr. Eine Analyse der Entscheidungen des Reichsgerichts zu § 831 BGB (1900-1945). 2000.

Band 212 Birte Gast: Der Allgemeine Teil und das Schuldrecht des Bürgerlichen Gesetzbuchs im Urteil von Raymond Saleilles (1855-1912). 2000.

Band 213 Hansjörg Michael Huber: Koloniale Selbstverwaltung in Deutsch-Südwestafrika. Entstehung, Kodifizierung und Umsetzung. 2000.

Band 214 Ulf Björner: Die Verfassungsgerichtsbarkeit im Norddeutschen Bund und Deutschen Reich (1867-1918). Eine rechtshistorische Untersuchung über Gerichtsbarkeit im Spannungsfeld von Politik und Recht innerhalb der von Bismarck geschaffenen deutschen Bundesstaaten. 2000.

Band 215 Mathias Freiherr von Rosenberg: Friedrich Carl von Savigny (1779-1861) im Urteil seiner Zeit. 2000.

Band 216 Reinhard Binder-Krieglstein: Österreichisches Adelsrecht 1868-1918/19. Von der Ausgestaltung des Adelsrechts der cisleithanischen Reichshälfte bis zum Adelsaufhebungsgesetz der Republik unter besonderer Berücksichtigung des adeligen Namensrechts. 2000.

Band 217 Claudia-Regine Nerius: Johannes Lehmann-Hohenberg (1851-1925). Eine Studie zur völkischen Rechts- und Justizkritik im Deutschen Kaiserreich. 2000.

Band 218 Ludger Meuten: Die Erbfolgeordnung des Sachsenspiegels und des Magdeburger Rechts. Ein Beitrag zur Geschichte des sächsisch-magdeburgischen Rechts. 2000.

Band 219 Christoph Alexander von Wilcken: Die Reformbestrebungen zum Genossenschaftsgesetz in der Frühzeit der Bundesrepublik. Die Beratungen der Sachverständigenkommission zur Überprüfung des Genossenschaftsrechts 1954 bis 1958 und der Referentenentwurf von 1962. 2000.

Band 220 Verein Junger RechtshistorikerInnen Zürich (Hrsg.): ¿Rechtsgeschichte(n)? ¿Histoire(s) du droit? ¿Storia/storie del diritto? ¿Legal Histori(es)? Europäisches Forum Junger Rechtshistorikerinnen und Rechtshistoriker Zürich 28.-30. Mai 1999. 2000.

Band 221 Hans Christian Schüler: Die Entstehungsgeschichte der Bundesnotarordnung vom 24. Februar 1961. 2000.

Band 222 Nils-Eberhard Schramm: Die Vereinigung demokratischer Juristen (1949-1999). 2000.

Band 223 Silke Anke Torp: Das Rechtsverhältnis zwischen den Eltern und ihren Kindern. Dienstleistungspflicht, Aussteuer und Ausstattung. Eine Analyse der Rechtsprechung des Reichsgerichts und des Reichsarbeitsgerichts zu den Vorschriften der §§ 1616 bis 1625 des Bürgerlichen Gesetzbuches in der Zeit von 1900 bis 1945. 2000.

Band 224 Martin Jürgen Maaß: Die Geschichte des Eigentumsvorbehalts, insbesondere im 18. und 19. Jahrhundert. 2000.

Band 225 Stefanie Langer: Rechtswissenschaftliche Itinerarien. Lebenswege namhafter europäischer Juristen vom 11. bis zum 18. Jahrhundert. 2000.

Band 226 Ulrich Schmitz: Der Unterhaltsanspruch des nichtehelichen Kindes gegen seinen Erzeuger. Die rechtsgeschichtliche und dogmatische Entwicklung im deutschen Recht. 2000.

Band 227 Sebastian Günther: Friedrich Carl von Savigny als Grundherr. 2000.

Band 228 Henning Ibs: Hermann J. Held (1890-1963). Ein Kieler Gelehrtenleben in den Fängen der Zeitläufe. 2000.

Band 229 Matthias Rücker: Wirtschaftswerbung unter dem Nationalsozialismus. Rechtliche Ausgestaltung der Werbung und Tätigkeit des Werberats der deutschen Wirtschaft. 2000.

Band 230 Hendrik Sandmann: Die Entwicklung von Begriff und Inhalt des Wirtschaftchsrechts durch die Rechtswissenschaft in der Weimarer Republik. 2000.

Band 231 Sibylle Müller: Gibt es Menschenrechte bei Samuel Pufendorf? 2000.

Band 232 Karin Olechowski-Hrdlicka: Die gemeinsamen Angelegenheiten der Österreichisch-Ungarischen Monarchie. Vorgeschichte – Ausgleich 1867 – Staatsrechtliche Kontroversen. 2001.

Band 233 Johannes Mierau: Die juristischen Abschluß- und Diplomprüfungen in der SBZ/DDR. Ein Einblick in die Juristenausbildung im Sozialismus. 2001.

Band 234 Jörg Wolff (Hrsg.): Stillstand, Erneuerung und Kontinuität. Einsprüche zur Preußenforschung. 2001.

Band 235 Friedo Schröder: Die anwaltliche Tätigkeit während der nationalsozialistischen Herrschaft. Eine Analyse der anwaltlichen Argumentation in Zivilprozessen anhand der vorhandenen Prozeßakten der Landgerichte Frankenthal, Wiesbaden, Limburg und Frankfurt und der Handakten der *jüdischen Konsulenten* des OLG-Bezirks Frankfurt. 2001.

Band 236 Der Code pénal des Königreichs Westphalen von 1813 mit dem Code pénal von 1810 im Original und in deutscher Übersetzung. Herausgegeben und mit einer Einleitung versehen von Werner Schubert. 2001.

Band 237 Klaus Richter: Deutsches Kolonialrecht in Ostafrika 1885-1891. 2001.

Band 238 Kai von Lewinski: Deutschrechtliche Systembildung im 19. Jahrhundert. 2001.

Band 239 Alexander Herzog: Sittenwidrige Rechtsgeschäfte in der höchstrichterlichen Rechtsprechung aus den Jahren 1948-1965. 2001.

Band 240 Claudia Rönnau: Die Beratungen des Wasserrechtsausschusses der Akademie für Deutsches Recht zu einem Reichswassergesetz (1934-1941). Ein Beitrag zur Dogmatik der Begriffe *Gemeingebrauch* und *Sondergebrauch* in der Zeit des Nationalsozialismus. 2001.

Band 241 Momme Rohlack: Kriegsgesellschaften (1914-1918). Arten, Rechtsformen und Funktionen in der Kriegswirtschaft des Ersten Weltkrieges. 2001.

Band 242 Rolf Geyer: Der Gedanke des Verbraucherschutzes im Reichsrecht des Kaiserreichs und der Weimarer Republik (1871-1933). Eine Studie zur Geschichte des Verbraucherrechts in Deutschland. 2001.

Band 243 Felix Lorenz Benjamin Lehmann: Der Rote Adlerorden. Entstehung und rechtliche Grundlagen (1705-1918). 2002.

Band 244 Marc Ludwig: Der Pfändungsschutz für Lohneinkommen. Die Entstehungs- und Entwicklungsgeschichte der Vorschriften zum Schutz vor Lohnpfändung in Deutschland. 2001.

Band 245 Alexander Wachter: Dorfschule zwischen Pastor und Schulmeister. Zur Säkularisierung des niederhessischen Schulwesens im 19. Jahrhundert. 2001.

Band 246 Richard Scholz: Analyse der Entstehungsbedingungen der reichsgerichtlichen Aufwertungsrechtsprechung. Untersuchung unter besonderer Berücksichtigung der konservativen Geldpolitik der Reichsbank und der Inflationspolitik der Reichsregierung. 2001.

Band 247 Judith Laeverenz: Märchen und Recht. Eine Darstellung verschiedener Ansätze zur Erfassung des rechtlichen Gehalts der Märchen. 2001.

Band 248 Christina Schenk: Bestrebungen zur einheitlichen Regelung des Strafvollzugs in Deutschland von 1870 bis 1923. 2001.

Band 249 Nils Werner: Die Prozesse gegen die Landvolkbewegung in Schleswig-Holstein 1929/32. Ein Beitrag zur Justizkritik in der späten Weimarer Republik. 2001.

Band 250 Wolfgang Walter: Das Duell in Bayern. Ein Beitrag zur bayerischen Strafrechtsgeschichte. 2002.

Band 251 Jörn Eckert / Kjell Å. Modéer (Hrsg.): Geschichte und Perspektiven des Rechts im Ostseeraum. Erster Rechtshistorikertag im Ostseeraum 8.–12. März 2000. 2001.

Band 252 Jan Könighaus: Die Inauguration der Christian-Albrechts-Universität zu Kiel 1665. Symbolgehalt und rechtliche Bedeutung des Universitätszeremoniells. 2002.

Band 253 Andreas Görgen: Rechtssprache in der Frühen Neuzeit. Eine vergleichende Untersuchung der Fremdwortverwendung in Gesetzen des 16. und 17. Jahrhunderts. 2002.

Band 254 Ralf Schäfer: Die Rechtsstellung der Haigerlocher Juden im Fürstentum Hohenzollern-Sigmaringen von 1634-1850. Eine rechtsgeschichtliche Untersuchung. 2002.

Band 255 Regine Schmalhorst: Die Tierhalterhaftung im BGB von 1896. Die Entstehung und Änderung des § 833 BGB sowie eine Analyse der Rechtsprechung des Reichsgerichts bis 1908. 2002.

Band 256 Thomas Hense: Konrad Beyerle. Sein Wirken für Wissenschaft und Politik in Kaiserreich und Weimarer Republik. 2002.

Band 257 Christian Mahlmann: Die Strafrechtswissenschaft der DDR. Klassenkampftheorie und Verbrechenslehre. 2002.

Band 258 Henning Kahmann: Die Bankiers von Jacquier & Securius 1933–1945. Eine rechtshistorische Fallstudie zur "Arisierung" eines Berliner Bankhauses. Mit einem Geleitwort von John Kornblum. 2002.

Band 259 Volker Friedrich Drecktrah: Die Gerichtsbarkeit in den Herzogtümern Bremen und Verden und in der preußischen Landdrostei Stade von 1715 bis 1879. 2002.

Band 260 Andreas Klass: Standes- oder Leistungselite? Eine Untersuchung der Karrieren der Wetzlarer Anwälte des Reichskammergerichts (1693-1806). 2002.

Band 261 Wolfgang Eder: Das italienische Tribunale Speciale per la Difesa dello Stato und der deutsche Volksgerichtshof. Ein Vergleich zwischen zwei politischen Gerichtshöfen. 2002.

Band 262 Albrecht Cordes / Bernd Kannowski (Hrsg.): Rechtsbegriffe im Mittelalter. 2002.

Band 263 Thomas Hildebrandt: Die Brandenburgischen Provinziallandtage von 1841, 1843, und 1845 anhand ausgewählter Verhandlungsgegenstände. 2002.

Band 264 Jan Finzel: Georg Adam Struve (1619–1692) als Zivilrechtler. 2003.

Band 265 Björn Carsten Frenzel: Das Selbstverständis der Justiz nach 1945. Analyse der Rolle der Justiz unter Berücksichtigung der Reden zur *Wiedereröffnung* der Bundes- und Oberlandesgerichte. 2003.

Band 266 Nils Reichhelm: Die marxistisch-leninistische Staats- und Rechtstheorie Karl Polaks. 2003.

Band 267 Raik Schneider: Altrechtliche Personenzusammenschlüsse. Ihre Entwicklung unter besonderer Berücksichtigung des Rechts des Großherzogtums Sachsen-Weimar-Eisenach sowie der Herzogtümer Sachsen-Meiningen und Sachsen-Gotha. 2003.

Band 268 Anke Meier: Die Geschichte des deutschen Konkursrechts, insbesondere die Entstehung der Reichskonkursordnung von 1877. 2003.

Band 269 Stefan Jens Jordan: Leben und Werk des Tübinger Rechtsprofessors Wilhelm Gottlieb Tafinger 1760–1813. 2003.

Band 270 Stefanie Hubig: Die historische Entwicklung des § 23 ZPO. Zum Ursprung und Fortleben des Vermögensgerichtsstandes im deutschen Prozeßrecht des 19. Jahrhunderts. 2003.

Band 271 Michael G. Perband: Der Grundsatz der freien Beweiswürdigung im Zivilprozeß (§ 286 ZPO) in der Rechtsprechung des Reichsgerichts. 2003.

Band 272 Mathias Bouveret: Die Stellung des Staatsoberhauptes in der parlamentarischen Diskussion und Staatsrechtslehre von 1848 bis 1918. 2003.

Band 273 Barbara Széchényi: Rechtliche Grundlagen bayerischer Zensur im 19. Jahrhundert. 2003.

Band 274 Sylvia Scharfenberg: Die Entstehungsgeschichte des Beurkundungsgesetzes vom 28. August 1969. 2003.

Band 275 Urte Nesemann: Die schwedische Familiengesetzgebung von 1734 bis zu den Reformgesetzen von 1915 bis 1920 und deren Einfluss auf die Gesetzgebungsprojekte der Weimarer Republik. Unter besonderer Berücksichtigung der Rechtsstellung der Frau und des unehelichen Kindes. 2003.

Band 276 Alexandra Brück: Die Polizeiordnung Herzog Christians von Braunschweig-Lüneburg vom 6. Oktober 1618. 2003.

Band 277 Torsten Landwehr: Das Kommissionsgeschäft in Rechtswissenschaft, Gesetzgebung und Rechtspraxis vom 16. bis zum Ende des 18. Jahrhunderts. 2003.

Band 278 Tassilo Wilhelm Maria Englert: Deutsche und italienische Zivilrechtsgesetzgebung von 1933–1945. Parallelen in der Rechtsetzung und gegenseitige Beeinflussung unter besonderer Berücksichtigung des Familien- und Erbrechts. 2003.

Band 279 Tobias Prang: Der Schutz der Versicherungsnehmer bei der Auslegung von Versicherungsbedingungen durch das Reichsgericht. 2003.

Band 280 Thorsten Lieb: Privileg und Verwaltungsakt. Handlungsformen der öffentlichen Gewalt im 18. und 19. Jahrhundert. 2004.

Band 281 Michael Rühling: Das Ladenschlussgesetz vom 28. November 1956. Vorgeschichte, Entstehung des Gesetzes und weitere Entwicklung. 2004.

Band 282 Kathrin Nawotki: Die schleswigsche Deichstavengerechtigkeit. Vom 17. Jahrundert bis in die Gegenwart. Eine gewohnheitsrechtliche Superfizies an nordfriesischen Deichgrundstücken und ihre Entwicklung. 2004.

Band 283 Erik Nils Voigt: Die Gesetzgebungsgeschichte der militärischen Ehrenstrafen und der Offizierehrengerichtsbarkeit im preußischen und deutschen Heer von 1806 bis 1918. 2004.

Band 284 Dorothea Riedi Hunold: Die Einführung der allgemeinen Wechselfähigkeit in der Schweiz in der zweiten Hälfte des 19. Jahrhunderts. Unter besonderer Berücksichtigung der politischen, wirtschaftlichen und sozialen Verhältnisse. 2004.

Band 285 Thomas Gergen: Pratique juridique de la paix et trêve de Dieu à partir du concile de Charroux (989–1250). Juristische Praxis der Pax und Treuga Dei ausgehend vom Konzil von Charroux (989–1250). 2004.

Band 286 Kathrin Bethkenhagen: Die Entwicklung des Luftrechts bis zum Luftverkehrsgesetz von 1922. 2004.

Band 287 Heiko Lüpkes: Die Verbrechen der Diener des Staats im Allgemeinen Landrecht für die Preußischen Staaten von 1794 und ihre Entwicklung zu den Vergehen und Verbrechen im Amte im Strafgesetzbuch für die Preußischen Staaten von 1851. 2004.

Band 288 Mirco Peter Hirsch: Von der Erbbescheinigung des Preußischen Rechts zum Erbschein des Bürgerlichen Gesetzbuchs. 2004.

Band 289 Bettina Günther: Die Behandlung der Sittlichkeitsdelikte in den Policeyordnungen und der Spruchpraxis der Reichsstädte Frankfurt am Main und Nürnberg im 15. bis 17. Jahrhundert. 2004.

Band 290 Seunghyeon Seong: Der Begriff der *nicht gehörigen Erfüllung* aus dogmengeschichtlicher und rechtsvergleichender Sicht. 2004.

Band 291 Steffen-Werner Meyer: Bemühungen um ein Reichsgesetz gegen den Büchernachdruck. Anläßlich der Wahlkapitulation Leopolds II. aus dem Jahre 1790. 2004.

Band 292 Ulrich Löffler: Instrumentalisierte Vergangenheit. Die nationalsozialistische Vergangenheit als Argumentationsfigur in der Rechtsprechung des Bundesverfassungsgerichts. 2004.

Band 293 Norbert Koch: Die Entwicklung des deutschen privaten Immissionsschutzrechts seit Beginn der Industrialisierung. Unter besonderer Berücksichtigung des Einflusses der höchstrichterlichen Rechtsprechung. 2004.

Band 294 Julius Ludwig Pfeiffer: Das Tierschutzgesetz vom 24. Juli 1972. Die Geschichte des deutschen Tierschutzrechts von 1950 bis 1972. 2004.

Band 295 Bert-Hagen Strodthoff: Die richterliche Frage- und Erörterungspflicht im deutschen Zivilprozeß in historischer Perspektive. 2004.

Band 296 Tim Kannewurf: Die Höfeordnung vom 24. April 1947. Entstehungsgeschichte und Einordnung in die Entwicklung des Anerbenrechts. 2004.

www.ingramcontent.com/pod-product-compliance
Ingram Content Group UK Ltd.
Pitfield, Milton Keynes, MK11 3LW, UK
UKHW021915290926
8980IPUK00015B/1264

9 783631 527085